努力する人間になってはいけない

学校と仕事と社会の新人論

芦田宏直

人間の嗅覚とは、予感すること《アーネン》Ahnenである。ところがしかしわれわれは、久しくすべての知と能力とを論理学的思考に基づいて理解している。そのため「予感すること」もまたこの論理学的思考の尺度によって測られている。たとえば、国家試験の受験者は出題問題について何も知らない《カイネ・アーヌング》keine Ahnungというように。…しかし、「予感するahnen」という古くからの言葉は別のことを言っている。この「予感するahnen」は、ちょうど「言い表す《オイセルン》äußern」が「外に《アオセン》außen」という言葉に由来するように、「傍に《アン》an」という前置詞に由来している。「予感するahnen」という言葉は、元から非人称的に「予感がするes anet mir」、あるいは「予感に襲われるes anet mich」などと使われている。すなわち何かが予感到来し《アンコメン》ankommen、何かが私を超えて襲う《ユーバーコメン》überkommen のである。本来的な予感とは、本質的なこと《ヴェーゼンハフテス》Wesenhaftesがわれわれに予感到来し《アンコメン》ankommen、われわれがその本質的なことを注視《アハト》Achtの内に保持するようにとその本質的なことがわれわれの注視の中へそれ自身を与える《ジッヒ・ゲーベン》sich geben、その仕方である。

（ハイデガー『思惟とは何の謂いか』）

【目次】

まえがきにかえて――「話体表出の方法」について……016

第一章

努力する人間になってはいけない
――これから社会人になるあなたたちへ

■努力する人間になってはいけない……026
努力する人が目標を達成できない理由／努力主義はエゴイズム／〈努力する〉の反対語が〈考える〉
■イノセントであってはならない……034
最初はみんな泥だらけ／「時間がない」「お金がない」は禁句
■単純な仕事にほど差異がある……041
コピー初級・中級・上級／「期待通り」では〈信用〉は生まれない
■マーケットは会社の〈外部〉にあるわけではない……047
社内の対立意見はマーケット獲得の前哨戦／お客様は「遠い」ところからやってくる／「お客がつく」技術者とは
■〈顧客満足〉とは何か……055

現代人は〈記号〉を消費している／「自立」とは払いたくないお金を払うこと

第二章 掛け算の思考 割り算の思考
——これから勉強を始めるあなたたちへ

■自立してはいけない……068
メダカ状態に自分を追い込むな／依存とは信用のこと／勝手に自分で考えるな

■掛け算の思考、割り算の思考……078
専門家に専門的な仕事を任せるな／掛け算で城壁を飛び越えよ／社会人の勉強は単なる後悔

■読書〈初級〉〈中級〉〈上級〉……085
書物の〈心〉を示す語句を見出す／クルマの〈心〉を読めるガソリンスタンド

第三章 就職活動への檄二〇箇条
——大きな企業が有利な本当の理由

■「一流」とは何か……096
うさんくさい「出世」をする人の特徴／どんな〈現在〉にも有利、不利はない

■就職活動、出陣の言葉——できるだけ大きな企業を目指しなさい……100
若いうちはできるだけ大きな企業を狙いなさい／人生の大逆転／「遠い」ものを見る力が就職活動を制す
■就職活動開始の学生諸君に贈る「就職活動への檄二〇箇条」……111
■八王子・大学セミナーハウスの青春
——進路とは進路を考えなくても済む専門性を身につけること……119
何もかも忘れて没頭できるものを見つけよう／高等教育は若者の自尊心を破壊するところ

第四章

「読書」とは何か

——本を読める人はわからないことを恐れない人

■読書の方法と無方法——なぜ読めないのか……126
〝わかる〟箇所からこじ開ける／始まりも終わりもない書物
■テキストを読むとは、何を意味するのか
——福沢諭吉『独立のすすめ』感想文コンクールの審査結果が発表されました……130
すぐに自分の意見を述べるな／テキストの〈像〉を理解せよ

■「コピペ」は本当に悪いことなのか
――NHK「クローズアップ現代」の視点は不毛……133
レポート評価は教員の手抜き／研究者の論文は「引用」（コピペ）が決め手

第五章　家族は「社会の基本単位」ではない
――家族の社会性と反社会性について

■小田急線の少年に出会う
――大人と子供との出会いがこんなにも楽しいなんて（春は近い）……140
男性の手元を真剣に見つめる少年／腕時計少年の純粋さに乾杯！
■予備校営業が突然家にやってきた――リビングの家族の顛末……144
塾や予備校を見極める二つの質問／僕はお父さんに捨てられたんです／あなたがこの仕事をしている意味がわかった
■老兵は消え去るのみ――息子の太郎がわが家を巣立つ……156
わが家の子育て方針／警察に補導された息子に伝えた言葉／親として引退する作法は難しい
■散髪屋にて――勤労感謝の日を祝して……167
〝散髪〟と〝通勤〟は代理がきかない／父親の夢を実現する長い、遠い道程

第六章　なぜ、人を殺してはいけないのか
――愛の自由と出生の受動性

■なぜ人を殺してはいけないのか――一つの〈責任〉論……174
自由に殺しうるから深く愛しうる／生の受動性を受け入れることができるか

■人間の病気は、機械の故障と同じではない……180
人間の機能、目的とは何か／生死は間断なく再生する

■コミュニケーションは沈黙の中にある……183
沈黙が怖くてたまらない／会話なんていつも片思い

■女性とは何か――女性にとって男性とは何か……187

第七章　学校教育の意味とは何か
――中曽根臨教審思想から遠く離れて（個性・自主性教育はいかに間違ったのか）

■学生は〈顧客〉か――〈学校教育〉とは何か……200
学校教育と生涯教育の違い／教員と学生の関係は〈利害〉関係ではない

■学校教育と生涯学習と家族と
――中曽根臨教審思想の呪縛（学ぶことの主体とは何か）……205
個性・意欲重視の教育は学力格差を拡大させるばかりではなく、意欲自体を衰退させる／学校の校門と塀の意味
■〈シラバス〉はなぜ機能しないのか――大綱化運動の経緯と顛末……213
自己表現主義カリキュラムの矛盾／討論型、体験型授業の流行
■大学全入時代におけるカリキュラムとは何か（インタビュアー・田村耕太郎）……219
「積み上げ型」になっていないカリキュラム／教員人事が大学のカリキュラム改編を妨げている／教育に「社会人としての偏差値」を持ち込む／科目が多すぎることの弊害――四単位、六単位授業を増やすこと／従来の「それなり教育」では就職できない／日本の若者は消費者としてのエリート

第八章

キャリア教育の諸問題について

――学校教育におけるキャリア教育とは何か（ハイパー・メリトクラシー教育批判）

■接遇＝コミュニケーション能力と専門教育と
――キャリア教育は本来の学校教育を衰退させる……244
お客様は黙って立ち去る／接遇教育が専門教育を衰退させる

■大学における「キャリア教育」の行方
――就職センターの充実する大学はカリキュラム改革に向かわない……248
なぜ「教育の本体」を改革しないのか／就職指導は教務の仕事

■なぜ専門学校は「コミュニケーション能力」に走るのか
――技能教育と技術教育とハイパー・メリトクラシーと……256
専門的な知識とは商品知識ではない／キャリア教育は〈力《りょく》〉教育の掃きだめ

第九章

ツイッター微分論
――機能主義批判と新人論と

■気仙沼はどうなっているのか…――「港町ブルース」と大震災……266
新人は見つかったときには終わっている／〈現在〉を微分するツイッター、あるいは井上陽水の「傘がない」

■機能主義とメディアの現在――学校と仕事と社会の新人論（講演）

1 機能主義とは何か……275
機能主義の起源はパブロフの犬／機能主義はインプットとアウトプットとの〈中間〉にあるものは無視する／コントロールできないものとコントロールできるもの／サイバネティクスの原理は「実

際の」行動に対応すること／フィードバックシステムは「思考」と同じ／機能主義から行動主義へ／チューリングテスト

2 機能主義の蹉跌……286
フレーム問題／〈関係のないもの〉を無視する、忘れることができる人間

3 環境とは、後からやってくるもの……291
因果を辿れない「環境」／自伝は、自分の人生を二度殺しているのと同じ

4 データベースと後悔……296
〈後悔先に立たず〉を解消するためのデータベース／なぜ〈検索〉なのか

5 近代の問題……302
近代的主体性＝自由の問題——人間性を言うのは差別主義、階級主義／マークシート試験、○×試験、選択問題こそが、近代的自由の源泉

6 ツイッターにおける自由と平等……310
検索主義の解体——グーグルの時代の終わり／ツイッターにおけるストックの時間性——専門性とは入力と出力との間に時間差があること／ハイパーリンクの課題——強力な学びの主体がないと機能しない

7 ツイッターにおける検索主義の解消……318
ツイッターの五つの特徴
（一）ツイッターはデータベース＝ストック情報ではない

（二）単にフローではなく、〈現在〉を共有している
（三）現在の共有＝インプットとアウトプットとが同時に存在する
（四）情報の受発信の先に、書き手と読者とがいつも同時に存在している
（五）この書き手と読者とは、いつも断片化し、ストック化に抗う
8 一九九〇年代中盤から始まったオンライン自己現象……324
ネット上の人間関係でしか自己を形成できない人たち／ハイパー・メリトクラシー教育
9 消費社会における知識のあり方……328
消費社会の深化はストック人材をますます不要にしていく
10 ＩＴ社会〈高度情報化社会〉と「オンライン自己」……331
人間関係重視の社会／高卒求人件数の九割減と〈主体〉の時代／小さな共同体における他者の肥大
／内面の肥大とツイッター現象／現在を微分することの他者化機能
11 ツイッターの〈現在〉の限界とポストモダン……342
現在の微分は、身体と死の微分／死ぬことと死ぬことの代理／死の記号化は、記号化〈代理性〉の
起源でもある――「コミュニケーション」としての死／個性とは、内在の別名か――土井隆義の
『個性を煽られる子どもたち』における個性論（1）／〈現在〉を書き留める「濃密手帳」――土井
隆義の『個性を煽られる子どもたち』における個性論（2）／関数主義としての機能主義
〈functionalism〉こそが、〈個性〉を要求する／個性幻想とコミュニケーション幻想との機能主義的

な矛盾／ヘーゲルと「存在しない」今と／「終わりなき日常を生きろ」と終わりの日常化／「人間は外見じゃない」というのはあり得ない──「話せばわかる」が無効になること、あるいは決着の時間性について／動物の生死と人間の生死とツイッターと──ツイッター再論（1）／身体の心理主義化と「死ぬなう」──デカルトの〈主観〉の現前性からハイデガーの〈気分〉の現前性へ──ツイッター再論（2）

12 〈新人〉の発掘としての学校教育──ハイデガーのエネルゲイア論と大学……372
新卒人材の「即戦力」論は間違っている／新人賞は矛盾した作品──「作家は処女作へ収斂する」の意味について／「できない学生」ほど大学へ行くべきだ／終わりを見た人としての大学教授／ハイデガーのエネルゲイア解釈と新人論／最後に──暇な人でも忙しい窮乏の時代

第十章　追悼・吉本隆明
──機能主義批判としての言語の〈像〉概念

■吉本隆明、NHK出演その後
──自己表出の「沈黙」は唯物論的であることについて……394
「自分にしかわからない」と思わせたら一流／〈表現〉は不可能なものに賭ける営み／柄谷も蓮實も「お勉強好きの学生」／吉本隆明尾行

■「検索バカ」と「自己表出」の反ファンクショナリズムについて……405
「検索バカ」な人たち／著作を理解することは「沈黙の解読」
■追悼・吉本隆明……412
吉本から離れて行き着いた先は…／ちひさな群への挨拶／廃人の歌／涙が涸れる
あとがきにかえて――キャリア教育と高等教育のグランドデザインについて……424
著作・作品・その他の索引……444
人名索引……447
欧語索引（ＡＢＣ順）……450
索引（五十音順）……494

まえがきにかえて――「話体表出の方法」について

「先生、先生」と言われ続けて何十年にもなる。そうすると「先生」は大体がバカになる。先生がバカになるのにはわかりきった理由がある。自分より少しはバカな人（学生たち）を相手に教え続けるからだ。だからバカな人はどんどん賢くなっていくけれど、自分自身はバカなままにとどまる。社会人なら「お前はアホか」と言われ続ける二〇代、三〇代でも、「先生」と言われ続けるのだから、おかしな大人になるに決まっている。そうして自分のバカが学生にばれそうになったときに、選択科目は半期で変わり、担当学年が変わり、入学生と卒業生が変わり、学生は消えていく。先生のプレゼンスは長くても四年もてばいいわけだ。先生のバカはそうやって二重に守られている。

百歩譲って、〝教え方〟はどんどん賢くなっていくと言ったところで、知っている内容が変わらない点では一緒のことだ。「教え方が変わることによって教える内容も変わる」ともっともそうなことを言う人もいるが、それは〝教え方〟という言葉の乱用にすぎない。「教育」というのは、〝教え方〟の研究――文科省は「教育研究」という便利な言葉をよく使うが――でもって教える内容を棚に上げるシステムだと思った方がいい。「先生」と言われる以上は、それくらいの恥を覚悟しないと。

千歩譲って、「先生」の相手は学会に集う研究者たちであってバカな人（学生）ではないと言っても、日本ムラのような学会で論文業績を作ることは、大学全入時代の学生を人材として育てるより遥かに簡単なことだ。もっとも私の経験では、〈教育〉に関心のない教員より、〈研究〉に関心のない教員の方が遥かに教育力がない。百歩譲っても千歩譲っても、しかしいずれにしても「先生」は変わらない。

昔、トロツキーは、「ロシア共産党はすべてを変えたが唯一変わらなかったものは、そのロシア共産党自身だ」と言ったことがある（埴谷雄高は何度もこの言葉を紹介していた）。前衛主義や啓蒙主義が破綻するのは、自分が考えていることについていつも「知ったかぶり」をするからである。

前衛主義や啓蒙主義の本性はいつも軽薄で保守的なものにすぎない。映画「ミッドナイト・イン・パリ」に出てくる大学教授やアメリカ文化もそれと似たところがあるのかもしれない。

ラテン語の格言でDocendo discimus（ドケンドーディスキムス）という言葉がある。「教えることによって学ぶ」という意味だが、これはくだらない『学び合い』教育とは何の関係もない。いつでもどこでも最高判断、最高認識が露呈する仕方で学ぶ者に接しなさいということだ。学ぶ者の程度を考えることは教える者自身の堕落に他ならない。留保なく教えることができるときにこそ、〈教育〉と〈研究〉は重なることが可能になる。そもそも学ぶ者の程度を選ばないためにこそ専門性探求は存在するのではなかったのか。できない研究者ほど、学ぶ者（の程度）を選びたがる。そんなに偏差値の低い学生が嫌いなら、偏差値の高い大学へ行けばいいじゃないかと言いたくなるくらいに。

「教えることによって学ぶ」とは、教えることによって自分を空っぽにするほどまでに最高判断で語りなさい、教える者自身が一から学び直さなくてはならないまでに学びなさい＝教えなさいということだ。

私が大学の最初の教壇に立ったのは四〇〇名の受講者のいる階段教室だったが、一コマ目で話すことが尽きてしまったことがある。そのとき私は、一〇年以上哲学（ハイデガー・フッサール、および現代思想）の勉強に集中してきた私のストックの貧弱さに自己嫌悪しきりだった。一〇年はたかが一〇年でしかなかったわけだ。「有益な」情報が学生であってもすぐに手に入る昨今の状況では、当時の一〇年はいまの一年。だからいまの大学の教壇に立つには一〇〇年はかかるということだ。田辺元でさえ、講義の曜日の二日前から毎週面会謝絶だったらしいから、一〇〇年も決して大げさな話ではない。

トークというのは、研究者にとって通俗の極みのようなところがあるが（そんなものは政治家にでも任せればいいというように）、ときとして書き言葉よりは遥かに圧縮率が高いことがある。五〇〇枚の論文の内容も九〇分のトークで語り尽くせることがあるように。書き言葉はストックを積み重ねてどんどん観念的、体系的になってしまうが、トークは一言で認識を地べたに引きずり落とすことがあるのだ。若輩者の私にとってストックが足りないのはもちろんのことだが、トークの解体力というのはとてつもなく私自身の「学ぶ」姿勢を揺さぶり続けたと言える。

ところで、この本の諸々の記事は二〇〇一年以来書き続けてきたブログと式辞・講演録からなっている。「ブログ」と言っても半分以上は仕事関連の記事だ。だからブログ本という趣とは少し異なる。それには理由がある。

もともとブログを始めたのは、一九九五年に私が学内にロータスノーツを入れたことが機縁になった。学生すべて＋教職員すべてをノーツクライアントにしたのが一九九五年だから、全国の（大学を含めた）学校の中ではグループウェア導入の最初の組織的事例だったと思う。まだ高速LAN規格も決まっておらず、「イントラネット」という言葉がやっと出回り始めた頃の話だ（当時ITOKIなどは「内部インターネット」という言い方をしていた）。一九九五年に全教室定員数の「情報コンセント」（懐かしい言葉！）が存在しているというのも日本で最初の校舎設計だったと思う。サーバーですべての授業のシラバス・コマシラバス、および教材テキストを管理したかったのだが、当時テキストデータベースとしてはノーツが最良のものだった（全記事、全文フルテキスト検索ができるものは当時ノーツしかなかった）。

そのノーツの全学掲示板に、グループウェア活性化の演出も含めて日々書き込んでいたが、まだグループウェア掲示板に何を書き込めばいいのかわからない教職員から、「芦田さんの書き込みは管理職のくせに私事が多すぎて公私混同している」という風評が出回り始めた（いまなら笑い事で済まされるが）。その風評は大学時代の恩師の追悼記事を書き込んだときに頂点に達した。ネット時代の〝公私〟とはなかなか難しいものだというのがそのときの私の印象だった。それはいまでも何も解決していない。

ツイッターのように秒刻みで私事を〝公表〟するメディアが登場しているいま、その問題はもっと複雑なものになっている。論文にも教育にも関心のない暇な大学教授や仕事の少ない小企業の社長が空虚な〝オフィスアワー〟で〝公〟を交えてツイートするのもいまでは慣例に近いものとなりつつある。現代の掲示板とも言えるツイッターでは公私共々偽装する傾向があるが、それは意識的なものばかりではない。旧来の公私の概念が崩壊しつつあるということだ。

そういった事態の萌芽とも言える掲示板騒動を一〇年以上前に経験して、私は学内掲示板への記事アップを当分差し控えることにした。その結果が私のブログ『芦田の毎日』だった。それもあって、私のブログはほとんどすべてのものが仕事場の諸問題に関わって形成されたものとも言える。単なる学内掲示にとどまらなかったという意味では、内閉的になりがちな「学内」文章も少しはまともなものになったのかもしれない。

ブログで私が確かめようとしたのは、トークと書き言葉、私的な文体と公的な文体との接点だった。「公的な」とここで私が言うのは、二〇代〜四〇代前半までの〈哲学〉学究時代の「論文」、ストックの文体のことだ（一部は拙著『書物の時間』にまとめられている）。私の仕事をいまでも支えているのはほとんどすべてこの時期に形成された思考だが、哲学論文の概念思考ばかりでは四〇代、五〇代以降の組織の思考を形成することはなかなか難しい。それは会社組織はもちろんのこと、大学を含めた〈学校〉組織でも同じことだった。

学究上の論文は長い溜めを待ってくれるが（最近ではそうとも言えず一年単位で論文業績を求められる即席ラーメンのような論文が増えているが）、組織文書では日常的に巻き起こる案件に引きずられた文体を強いられる。孤高を保つか、疲弊し続けるか。それとも両者の限界を同時に乗り越えることができるような文体を形成するか、そんなことが本当にできるのか、それが、私がブログに込めた思いだった。

昨年亡くなった吉本隆明は、中期以前の太宰治の文体を評して〈構成的な話体〉と言ったことがある。「太宰のばあい自己の〈私〉意識の解体が意識されればされるほど話体表現は風化や横すべりに走らずにかえって構成的になるという逆説がはじめて成立した」(『言語にとって美とはなにか』)というものだ。あと一歩外れると通俗に堕してしまう太宰の文体の彩をこんなふうにえぐった評論に当時高校生の私は衝撃を受けたが、その本来の意味については長い間わからないままだった。

インプットとアウトプットとが同時に生じるネットの文章を書き続けていると、吉本が〈表現転移論〉でやろうとしたこととの意味がよくわかる。フロー(話体)に文体がずーっと晒され続けるからだ。これは読者の多少を問わない。書き手の質も問題ではない。まさに話体を構成的に形成できるかどうかに関わっている。ネットの書き手はいつでも「風化や横すべり」に晒されている。

特にブログは制限のない長文というフローを出現させたし、ツイッターでは開き直った短文が大手を振って公共化された。「三・一一では大いに役立った」「無名の者が一気に多数を獲得できるまったく新しいメディア」というように。吉本が(太宰を)芥川よりも重要だとまで言って、守ろうとした文体の質——「話体表出の方法」と吉本は言っていたが——はどこへ行ったのだろう。

この本の文体が、概念展開でもない、講演・講義録でもない、そしてブログの文体でもないとすれば、「話体表出の方法」に私が少しはこだわったからかもしれない。

もちろん「話体表出の方法」というのは、吉本が言語の〈像〉、「大衆の原像」(を知識の課題の中に「繰り込む」)と呼んだものに関わっており、彼のキー概念である指示表出と自己表出との交点の課題でもある。私が少しくらいこだわったところで思いが叶うものではないことは私自身が一番わかっている。

一方で「話体表出の方法」にこだわった吉本がいる。一方で秒刻みに根こそぎ「話体表出の方法」を解体するツイッター現象――一つ一つの秒刻みの「つぶやき」にまでアドレスが存在するという情報化――が存在している。私の試み自体はどんなに脆弱でも、この事情がどうなっているのかに関心を持たないわけにはいかない。

私がこの本をまとめる気になった動機はそんなところだが、ヘーゲルは、前書き(Vorrede)はもともと余分なものだと何度も繰り返していた。動機は〈本文〉の中にこそあるからだ。本文から離れた動機など存在しない。前書きなどはほとんどウソかもしれない。確かにそうだが、しかし、ヘーゲルほど序文が好きな哲学者はいなかった。ドイツ本国では『ヘーゲル序文集』という本まで出ているくらいだ。

前書きは、出版社や編集者から言えば読者と本文とをつなぐ架け橋なのだろうが、自分で架け橋を作る著者というのもおかしなものだ。架け橋自体も〈本文〉の役目だろうからである。それに前書きだけで、前書きを読んだからこそ、そこで〈本文〉へと進むのを止める読者も多いに違いない。そうなると架け橋もまた、単なる本の体裁にすぎない。結局、どんなに理屈をつけても前書きが存在する理由などない。

「でもねぇ」と言う著者がそこにいる。終わったときにこそ、人は何か一言言いたくなるものだ。終えたいという気持ちと続けたいという気持ちの表れが、前書きへと人を浮力のように誘う。生きることの余分、生死の余分のように前書きが存在している。ヘーゲルのように体系的な美を求めた哲学者でさえそうだった。よーく考えてみれば、吉本の言った「話体表出の方法」とは〈体系〉に出入りする過剰――ハイデガーの言う「傍ら《アン》(an)」にあるものとしての予感《アーネン》(Ahnen)――を組織することだったのかもしれない。そのことにこの本が成功しているかどうかは、私よりほとんどの人が若いであろうこの本の読者たちに委ねるしかない。

二〇一三年三月一八日　東京品川・桜芽吹く御殿山にて　芦田宏直

第一章

努力する人間になってはいけない

——これから社会人になるあなたたちへ

※この章は、著者が二〇〇二年から二〇〇八年まで理事・校長を務めた東京都内の専門学校卒業式式辞を文字起こししてまとめたものです。

努力する人間になってはいけない

企業や組織の中で活躍することのできる人材とは、どんな人材なのか少し考えてみましょう。

この間、TBSのTVプロデューサーとお話しする機会があって、彼と、ゼークトの組織論を思い出しながらこんな話をしていました。

人材には以下の四つのパターンがある。

一つ目は、怠け者だけれども目標を達成する人
二つ目は、がんばり屋で目標を達成する人
三つ目は、がんばり屋で目標を達成できない人
四つ目は、怠け者で目標を達成できない人

この四つです。この四つの人材の中で、どの人材がもっとも有害な人材なのか（私も他人ごとではないのですが）。組織の中で一番大切なことは、目標を達成することです。四つの人材はどれもこれも目

標を達成するかどうかに関わっています。さてどうでしょうか。

答えは、三番目の人材、「がんばり屋で目標を達成できない人」です。組織の中では、いくらまじめで努力をする人でも、目標を達成できない人は評価されません。「結果ではなくてプロセスが大切だ」と言っても、それは、目標を達成するためにはどんな方法（プロセス）が必要なのか、という観点からのみであって、やはり目標達成の大切さに変わりはありません。プロセスが大切なのは、目標達成を偶然的なものにしない、継続的なものにするためなのです。したがって、まじめで努力を重ねる人でも、目標を達成しないのであれば評価されない。上司からも周りからも相手にされないようになってくる。組織の中で孤立し始める。

さて、こういった人は上長や周囲の人の言うことをなかなか聞きません。なぜか。怠けるつもりもないし、他の社員が遊んでいるときにも仕事をしているし、人より朝早く来て、誰よりも帰社する時間が遅いくらいに仕事をしているのに、なぜ、その自分が怒られなくてはいけないのか、ということが必ずその人の心の中で前面化するからです。最後には、「これ以上がんばることなどできない」「私に死ねというのか」「クビにでも何でもしてください」ということになる。

要するに、目標達成ができない場合、こういった〝まじめ〟な人は、もっと働かなくてはいけない、というように（まじめに）反省しますから勤務時間がどんどん延びていく。誰よりも早く来て、誰よりも遅くまで残って仕事をする、というのはそういうことです。最後は「死ねと言うのか」ということになる。さらに最後には組織や指導者を恨むようになる。「こんなにがんばっているのに」「他に私より遅く来て、早く帰る人もたくさんいるのに」というように。組織内のコミュニケーションが空回りし始めるのです。こんな人を組織が抱えていたら大変です。指導する側も気を遣う。すべてが裏目に出る。上司、部下どちらの善意も悪意に転化し続けることになります。だから答えは三番目（がんばり屋で目標を達成できない人）です。

一番目は指導者の資質です。〈いま〉ではなくて〈先〉を見通せなければならない指導者が毎日ルーティンワークであくせく働いていたら、先を見通すことはできません。二番目は指導者の側近です。遊び心のある指導者を実務面から支える人間がいないと組織は安定しません。四番目の人材は、最初から周りも期待していない、自分にも期待していませんから人に迷惑をかけることがありません。いつのまにか組織からいなくなります。

努力する人が目標を達成できない理由

さて、三番目の人材は、なぜ目標を達成できないのでしょうか。それは自分の仕事の仕方を変えないからです。仕事の仕方を変えて目標を達成しようとはせずに、時間をさらにかけて達成しようとする。これが努力をする人が目標を達成できない理由です。努力することが自分の唯一の武器（取り柄）だと思っている。努力は時間ですから（努力＝時間）、努力すればするほど、疲弊する。目標が高くなればなるほど息苦しくなる。毎日がつらくなる。そして最後には「死ねと言う気か」となる。それもこれも自分の仕事の仕方を疑わないでいるからです。これまでよりも時間をかければ目標が達成できると思っている。この時間主義を努力主義と呼んでいいのですが、これでは仕事はできません。

特に企業は時間を嫌います。時間をかけることが企業の美徳ではなく、いかに短時間で高度な目標を達成できるかが企業の見果てぬ夢だからです。昨日二時間でできたものを今日は一時間で果たそう、そう企業は考えます。努力主義は昨日二時間でできなかったから、今日は残業して（無理して）四時間でやり遂げようとします。まったく逆のことをやっているのが企業や組織における努力主義です。

わが学園では、すべての授業時間で定時開始前に教室に先生が入室していることという目標＝ルールがあるのですが、朝九時二〇分に始まる一時間目の授業についてはなかなか守れない。

なぜか。一時間目の授業の資料を朝印刷しようとするからです。朝一時間以上早く、八時には学校に来て印刷しようとする〝まじめな〟先生たちがわが学園にはたくさんおられるのですが、でもそんなときに決まってコピー機やリソグラフ輪転機が故障してうまく動かない。教員同士で機械を奪い合うこともある。

こういった問題を「朝コピーは混み合います。気をつけましょう」とか「前日までには資料を仕上げておきましょう」などといくら貼り紙を用意して注意してもルール厳守などできない。「気をつけましょう」などという末尾に「しょう」の言葉がつくルールで守れるものなどではまったくないのです。時々注意すると、「何も私のせいで遅れているのではない」「好きで遅れているのではない」「それなら資料なしの授業をしてもいいのですか」「なぜ、資料をたくさん作って遅れるところだけを捕まえて私が怒られるのですか。何も作らず手ぶらで教室へ行く先生よりよっぽどましでしょ」などと逆に〝脅し〟をかけてくる教員もいる。善意と努力が招来する亀裂はなかなか根深いものがあります。

こういったことを繰り返すうちに学生であるみなさんに何度もご迷惑をおかけして、始業時間が遅れがちでした。いまから二年前くらいのことです。そこで、「朝コピー禁止」というルールを私は作りました。朝九時〜九時半まではコピー機を使ってはいけないというものです。「後は、明日の朝にしよう」という〝朝努力主義〟をそこで断ったわけです。気をつけて使いましょうではなくて、端的に使わないというものです。

そうしたら、ほとんどの授業で開始時間は遅れないようになりました。小さな目標ですが、その目標を達成できるようになりました。要するに気をつけよう、心得ようという努力主義を変換して、別のルールを作ったのです。仕事を時間的にフォローするのではなくて、仕事の仕方そのものを変えたということです。結局、朝やること（朝の努力）を夜やること（夜の努力）に変えただけのことじゃないか、という人もいるかもしれません。しかし、朝の努力は、失敗する可能性の高い努力にすぎない。夜の印刷は必ずできる努力、必ず達成できる努力です。努力の質が変わる。仕事の質が変わったわけです。

努力主義はエゴイズム

仕事は人間がやることですから、「心得」ばかりを叫んでもできないことはいくらでもあります。むしろ「心得」や「まじめさ」や「努力」や「時間をかけること」ではできないことの方が仕事には多いのです。一生かかっても（命をかけても、クビをかけても）できない人はできない。仕事とは厳しいものだというのは、努力ではできないことが世の中にはたくさんあるということです。

それは、〈才能〉がすべて、あるいは〈能力〉がすべてということではありません。努力主義は、自己のやり方を変えようとしないエゴイズムなのです。努力する人は謙虚なように見えてそうではない。むしろ自分に固執する偏狭な人なのです。

目標達成ということについて重要なことは〈変える〉〈変わる〉ということです。「朝コピー禁止」にさしたる努力はいらない。前日までに印刷を終えるという点では努力が必要ですが、それは必ず目標を達成できる努力です。一回、二回と失敗を繰り返すとき、同じ目標を何度も達成できないときには、その方法（いまのやり方）は間違っていると判断すべきです。つまりその方法で何時間やっても、一生かかっても、どんな天才でも目標は達成できないと判断すべきです。組織や企業は若いあなたたちの一回や二回の失敗は許してくれますが、三回、四回と続くときにはもう待ってはくれません。どんなに個人的に見える失敗であっても、たくさんの迷惑やたくさんの損失が背後に存在しているからです。そのときには違うやり方、違う方法を考えないといけない。

これからみなさんはさまざまな同僚や上司に囲まれて、怒られて、努力して、疲弊して、「なんでこんなに努力しているのに評価してくれないんだよ」と叫び続ける日々を一度ならず迎えると思います。そんなときには、立ち止まって、深呼吸して、やり方を変える、自分のスタンスを変える、自分を変える、そのことに思いをはせてください。

〈努力する〉の反対語が〈考える〉

数年前私は六本木にあるＩＢＭ社を訪問したことがあって、そのとき社員の机の上に、THINKと書かれた文鎮（木製のペーパーウエイト）を見つけました。すべての社員の机にそれが置いてありました。気になって、「これちょうだい」と頼んでいまでは校長室の私の机の上に置いています。このTHINKはもちろん動詞の命令形、「考えろ」です。

そして、このＩＢＭの言葉の意味はもはや明確です。「考えろ」は「変えろ、変われ」ということです。THINK＝CHANGEです。「考えろ」の反対語は、したがって「行動しろ」ではありません。ＩＢＭの言うTHINKとは、「考えてばかりいないで行動しろ、まずは行動だ」と批判される場合の理論的な思考のことを言っているのではなくて、平たく言えば、工夫をしろ、やり方を変えろ、ということです。

だから〈努力する〉の反対が、〈考える〉ということです。THINKの反対語は「行動しろ」ではなくて、努力しろ、ということなのです。逆に、努力する人は考えない人なのです。

みなさんは〈努力〉に逃げる人ではないはずです。努力というのは、仕事の真の課題を隠してしまいます。努力に逃げてはいけない。そのためにこそ、あなた方は、この二年間、あるいは三年間、四年間、専門的で、実践的な勉強を重ねてきました。専門性の高い人、実践的な人とは、〈努力をする人〉ではなく、〈変える人〉であって、そのための勉強をあなた方は積み重ねてきたのです。〈カリキュラム〉とは、〈考える〉ためのものであったわけです。

毎日毎日、教室を回ってみなさんの熱心な授業への取り組みを見てきた校長として私はその自負を持っています。その自負を持って、その期待を持って、私もまたこの卒業式を迎えることができました。ぜひ自分のこれから入社する企業を世界一の〈考える〉企業にしてください。企業や組織を日々変える、日々仕事の質を変える人材になってもらいたい。これをもって卒業の式辞に代えたいと思います。ご卒業おめでとう。

（二〇〇五年三月一六日卒業式）

イノセントであってはならない

「古畑任三郎」で有名な脚本家・三谷幸喜の作品で「ラヂオの時間」という映画があります。主人公はラジオ番組の脚本家です。若き三谷幸喜の分身と思われるその脚本家は、自分が渾身の力を込めて書き下ろした脚本に絶対の自信を持っています。でもプロデューサー（やディレクター）レベルでは、真っ赤っかに訂正の赤が入れられ、見るも無惨に原稿は修正されます。

若き脚本家は、こんなに直されるくらいなら私の名前なんか出さないでいい、原稿もなかったことにしてほしいなんてことを言い出します。新人であっても作家のプライドが許さないというものです。するとプロデューサーは半分怒りながら、こう言い始めます。

あなたが本当に個性的で創造的であるのならば、どんなに原稿に手を入れられようと、修正を加えられようと、その中でも光り輝くものがあるはず。どんな有名な作家であっても、新人時代は原稿をいじられまくってそれでもそれに耐えて光る〝自分〟を有していた。作家の〝個性〟とか〝創造性〟とか〝オリジナリティー〟とか言うけれども、そんなものは、実はいつも泥だらけで、泥だらけだけれども、その泥の厚みを跳ね返しても輝き続ける個性というものがある。「私の個性」、「私の特長」、そして〈私〉などというものは、純粋無垢なものではなくて、泥だらけであって、いつも対立をはらんだもの、ダイナミックで闘争的なものだというのを忘れてはならない。

そんな感じのシーンだったと思います。まったくのうろ覚えで、かなり私が勝手にまとめていますが、「ラヂオの時間」のそのシーン、私には印象的でした。

最初はみんな泥だらけ

同じことを別の局面で考えてみましょう。いまから二〇年ほど前、日産で〝Ｂｅ－１（ビーワン）〟というクルマが大ヒットしたときがありました。

このクルマの特徴は、その色にありました。黄色がそのイメージカラーだったのですが、どうやってその色が決まったかと言うと、その社外デザイナーは（たしか、このクルマの企画開発は社外のマーケティングチームによって遂行されていたと思います）、「クルマの色の中で使われていない色は何？」と聞いたらしい。社内の関係者は「黄色かな」と答えた。「よし、では黄色にしよう」と、黄色のＢｅ－１が決まったわけです。黄色と言えば、いまとなってはレガシーの美しい黄色のように当たり前のようにマーケットに受け入れられていますが、その当時は本当に珍しかった。狂気じみた色でしかなかったのです。社内の企画関係者のすべてを敵に回して、あるいはマーケットの常識的な感性をすべて敵に回してＢｅ‐１の黄色が決まり、結果、Ｂｅ‐１は大成功を博した。黄色は、言わば〝泥だらけの〟黄色だったわけです。

同じように、最近はｉＰｏｄに押されがちなウォークマンですが、世界を席巻したこの商品も最初は誰一人社内で支持する者はいなかった。当時カセットテープを使った機械というのは、すべて〝テープレコーダー〟という商品であり、カセットテープを利用した機械は録音機ではあっても再生機ではなかった。再生するということが中心ではなかったのです。約三〇年前に登場したウォークマンは、再生専用の機械として初めてこの世に登場したわけですが、再生専用という〝概念〟がまだ誰にも理解されていなかったのです。つまり音楽（〝ステレオ〟）は自宅で、自宅のリビングでくつろいで聴くものだということ。そうみんなは思い込んでいた。ソニー社員のみならず、マーケットのど真ん中にいる私でもそう思い込んでいました。

新しいものが好きな私でも、さすがにこのウォークマン初代機だけは手を出さなかったのです。私の後輩の学生が福島かどこかの実家へ帰郷したときに、このウォークマン初代機を早速買って使ったときの感想をいまでも覚えています。「芦田さん、このウォークマンさえあれば、どんなに長い旅の乗車も退屈しませんよ。二時間や三時間はあっという間に過ぎてしまいます」と興奮しながら話していたのを思い出します。

社内では誰一人賛成しなかったウォークマンも、一人盛田社長だけが「出してみようじゃないか」と支持したらしい。そうやって、〝多数決〟では明らかに負けてしまう社内環境の中で、ウォークマンは誕生し、世界風俗にまで成長していく。ｉＰｏｄもこの盛田の孤独な決断（＝泥だらけの決断）なしには存在し得なかったのです。

会社の特徴やコアとなるコンテンツの形成は、後から見れば理路整然としているし、すでに社会現象になっている状態では、すべてがそうなるべくしてそうなったというように〝説明〟されたりもします。マーケティングや経営学の本でも〝成功事例〟の王道のように語られもします。けれども実際の生成過程は紆余曲折ばかり。〝泥だらけ〟の過程だと言えます。逆に言えば、社内に対してであれ、マーケットに対してであれ〈対立〉（やある種の負い目や受動性）を担わないような提案は、決して大きな影響力を与える仕事にはならないということです。

発達心理学には、〝イノセント〟という言葉があります。この語は普通「潔白（無罪）」「無邪気」「無垢」「うぶ」と訳されたりします。しかし心理学的には、この語は、親を否定したいという気持ちの青年期の心象を意味しています。

〈親〉は〈子供〉にとっては受動性（有限性）の最大の徴表です。〈子供〉は〈親〉を選ぶことができない。

だからどんなに自立しようと〈自我〉を形成しようと、そういった自立的自我は、親の存在の前では単なる幻想であって、自我の自立性は親の存在を前にしていつも相対化されます。そうやって、人間の自立過程期では、「なぜ自分はこんな親の元に生まれたんだ」というふうに親を拒絶する傾向が強くなる。逆に言えば、いつも〝純粋な自分〟があると信じ続けている。あるいは純粋な、汚れなき自分になり続けようとする。この状態を「イノセント」と言います。「イノセント」とは、自分の受動性や有限性の側面を受け入れようとしない傾向のことです。

それに反して「大人になる」ということは、たとえ、飲んだくれで、お金を一切入れようとはしないだらしないお父さんであっても、「この父でよかったんだ」とその父を受け入れることができるようになることです。どんなに〝能力〟のない親であっても、その親に対して「お父さん、お母さん、私を生んでくれてありがとう」と言えることです。それを「大人になる」と言います。

子供が成長して自立する、大人になるということの最大のポイントは、自分の自由やポジティビティを阻害するものを、イノセントな仕方で排除せずに、きちんと担えるようになるということです。

「ラヂオの時間」の若き脚本家は、だから「イノセント」だったと言えます。またそれとは反対に最初から〝敵〟を意識してそれを担おうとした〝Ｂｅ－１〟のマーケターやソニーの盛田社長たちは、〝大人〟だったと言えます。みなさんが〝社会に出る〟というのは、そういったイノセント状態から脱皮して「大人になる」ことを意味しています。

「時間がない」「お金がない」は禁句

ところで、「自分の自由やポジティビティを阻害するもの」とは、単に抽象的な〝敵〟なわけではありません。あなた方は、入社式後の四月を迎えて、新人研修で忙しくなり、その後も（新人であるが故に）覚えなくてはならないこともたくさんあって、必ず「時間がない」と言うようになります。そして、仕事を覚えて、ノウハウも蓄えて、そこそこの仕事ができるようになった後でも「時間がない」と言うようになります。そして、「時間がない」というだけではなく、「時間（とお金）があれば、もう少しいい仕事ができた」とまで言うようになります。

　これは間違っています。こんなことを言ってはいけない。今日のこの日をもってわが卒業生たちは「時間がない」と言わないことを約束してください。

　どんなプロの人間でもいつも時間がないこととお金がないこととの中で仕事をしています。六割、七割の満足度で仕事を終えています。悔いが残ることの連続です。プロの仕事というのは実は悔いの残る、不十分な仕事の連続なのです。一見、素晴らしい仕事に見える、お金もふんだんに使える、時間もたっぷりかけている、スタッフも十分だと外部から見えているにしても、プロの仕事には、それでいいということはありません。不満だらけで（穴があったら入りたいくらいの気持ちで）仕事を〝終えている〟。しかし外部評価は及第点を取れている。それがプロの実際の仕事のあり方です。

　それは、どういうことでしょうか。結局、六割、七割でも外部に通用するようなパワー（強力なパワー）を有しているというのが、仕事をするということの実際だということです。みなさんが尊敬するプロの仕事は、その仕事をするための十分な時間（とお金）が与えられてできあがっていると思ったら大間違いだということ。「時間とお金があれば、もっといい仕事ができるんだけどな」というのは、だから〝イノセント〟だということです。そんな純粋な時間もお金も実務の現場には存在しません。時間もお金も実際は〝泥だらけ〟なのです。

六割、七割の時間とお金でも仕事ができること。それがみなさんがこの二年、三年、四年と、わが校の卓越したカリキュラムと先生たちによって勉強してきたことの本来の意味です。〈能力〉とは六〇%の力で人々を満足させることのできることを言うのです。

みなさんがここ数年で学んだこと、知識と技術を身につけたこと、それはまさに「お金と時間がない」ときにはどうすればいいのか、という知恵をつけたことにあります。そもそもそれが〝勉強する〟ことのもっとも実践的な意義だったわけです。だから、みなさんはすでにイノセントではない。今日の卒業式を迎えて、もはやイノセントではあり得ない。

四月から始まる社会人一年生のあなたたちは、一年生であってももはやイノセントではありえない。「時間がない」と言ってはいけない。「お金（予算）がない」と言ってはいけない。まして「クライアントはケチだ」などと言ってはいけない。そしてまた四〇%もの〝赤入れ〟にも耐えて、そういった〝対立〟や〝否定〟をしっかりと担える人材になってください。それが私がみなさんに言い渡さなければならない最後の言葉です。卒業おめでとうございます。

（二〇〇六年三月一五日卒業式）

単純な仕事にほど差異がある

みなさんはこれから職場に入っていきますが、ほとんどの人は自分のやりたい仕事はできません。わが学園で学んだ専門知識、技術をすぐには発揮できません。最初は誰にでもできる単純な仕事をすることになります。

でも単純な仕事は誰にでもできるかというとそうでもありません。若いうちは、「専門的なこと（自分が得意なこと）をやりたい」、「企画をやりたい」、「商品開発をやりたい」、場合によっては「社長をやりたい」（笑）、というように考えがちです。だから誰にでもできる単純な仕事はやりたくないと。しかし、世の中に何一つ単純な仕事はないと思ってください。

コピー初級・中級・上級

たとえば、コピー一つ取る場合も、そうです。私はコピーを他人に取ってもらうとき、コピー初級・中級・上級というように三段階の評価基準を持っています。

「コピー初級」は、機械の操作をただ単に知っているだけ。他人に聞かなくてもとりあえずコピーを取れる段階。「コピー中級」は、たとえば、一〇枚のコピーをするとき、最初の一枚目を刷って、紙の傾き、文字や写真の濃度を確かめてそれから残りの九枚を取れる人。最初から「一〇」枚の数字を入力して刷る人はまだ初級です。「コピー上級」は、ちょっとした上司の依頼の紙にも（時間をかけずに）目を通し、「この人はこんな文章を書くんだ」とか「こんなことがいま会社で話題になっているんだ」というように、内容についての関心を持ちながら印刷できる人。場合によっては、書類の不備（誤字や脱字も含めて）を指摘することもできる人。私は、コピー能力をこのように三段階に分けて評価しています。

これは、私が頭の中で勝手に考えた三段階ではありません。世の中には、実際にコピーを頼んだら、同じ「単純な」仕事を頼んでも、このようにはっきりと違う仕方で仕事をこなす人がいるのです。この三段階は、実際に私が出会った人たちの三段階です。

一見、単純に見えるコピー作業の中にも、考え始めるときりがない仕事の諸段階が潜んでいます。単純な仕事を単純にしかこなせない人は、いつまで経っても単純な仕事しか与えられません。だから、「コピー上級」の人になれば、会社は、こんな人にコピーを取らせ続けるのは失礼だし、もったいないと逆に思い始めます。そのようにして、コピー上級の人は〝出世〟をしていくわけです。

自動車系の職場で言えば、最初のうちは朝から夜まで洗車ばかりで、「これじゃガソリンスタンドのアルバイトの方がまだましだ」と思うかもしれません。建築インテリア系の職場で言えば、朝から夜まで現場の後片付けばかりかもしれません。ＷＥＢデザインやインターネットプログラミング科の人たちは、最初のうちは、データベースのデータ入力の仕事だけを朝から夜までさせられるかもしれません。でも、それらは、重要な昇進試験なのです。

洗車一つ取っても、一回目の洗車と二回目の洗車とでは、どうですか。最初は二〇分かかった洗車が二回目には五分短縮できましたか。あるいは短縮できないまでも一回目ではきれいにできなかったところまで二回目にはきれいにできましたか。これも「洗車は単純だ」と思っている限りは何回やってもスピードは速くならないし、洗車の質も上がりません。

同僚たちや上司は、無関心なように見えていつもそこを見ています。洗車の仕事はその意味では無限です。決して単純なことではない。千人の人間が洗車をするとしたら、千の水準の洗車が存在しているのです。学校の期末試験は満点が一〇〇点でしたが、実際の仕事はもっと細かいチェックの分節が存在しています。

だから単純な仕事は決して単純ではありません。そう思える人だけが、次の水準の仕事を「与えられる」ことになります。

仕事は、自分から進んでするものだという人がいますが、それは間違い。会社は、「顧客」を相手に仕事をします。だからいつでも真剣勝負です。だから会社は、いつでも真剣勝負のできる人を採用後の会社内であっても探し続けています。その結果、仕事は「与えられる」のです。だから「与えられる」というのは、それ自体〈評価〉なのです。評価の結果なのです。仕事が与えられるということが最大の栄誉であって、その与えられた仕事に期待以上の成果を出して応える。それが仕事をするということの意味です。一見受動的に見えるこの「与えられる」という言葉の中に、ポジティブな意味を見出せるかどうかが、みなさんのここ数年の仕事の最大の課題です。

期待されない人間は、いつでも自分の好きな仕事だけを自分の勝手な仕方でしかこなしていません。そんな人の仕事はいつまで経ってもスピードは上がらないし、質も上がりません。こんな人間は、いつまでたっても〝大事な〟仕事を「与えられる」ことはありません。

「期待通り」では〈信用〉は生まれない

若いうちは、格好の良い仕事、見栄えの良い仕事をしたくなりがちですが、単純なことの中にも数え切れない仕事の諸段階、深さがある。みなさんが会社に入ってまず試されることは、一見単純に見える、誰でもができる仕事の中に、注意をしなければならない情報をどれだけ読み取ることができるか、そしてどれだけのスピードと質でそれらの注意点を踏まえた処理ができるかということです。

職業人として「社会人」になるということは、最初に〈選択〉や〈好き嫌い〉があるのではなくて、他人に仕事を頼まれた、任されたという〈信用〉や〈期待〉です。この〈信用〉〈期待〉というのは、その仕事を頼んだ人が期待したように仕事をするだけではなかなか得られるものではありません。そんな仕事の仕方があったのか、と頼んだ人が少し驚くような仕事をすることこそが〈信用〉というものに繋がっていきます。仕事を頼んだ人が、「悪かったね、こんな仕事をさせちゃって」というくらいの仕事をすることが、〈信用〉を生んでいきます。期待とは、いつでも期待以上のことなのです。

だから、こういった〈信用〉や〈期待（期待以上）〉を得るのに、単純も複雑もありません。単純か、複雑かは本人が判断することではなく、周りの人間が決めること。単純な仕事を単純にしか考えない人は、単純な仕事しか回ってこないのです。仕事に高級な仕事も低級な仕事もありません。コピー取りであっても、その〈信用〉に応えることこそが仕事というものです。そういった些細ではあるけれど、一つ一つの信用に応えていくことが、みなさんが大きな仕事をするようになるきっかけになっていくのです。単純な仕事をさりげなく、かつ高度にやり遂げて、自分に単純な仕事を与えた会社の上司を見返すような仕事をやっていただきたいと思います。

他人と違うことを言ったり、違う行動を取ったりして評価を得ることはある意味で簡単なことです。本当に難しいことは、一見何の変哲もない単純な行動や日常の中に深い意味を読み取ること。人が日常的に行っている何の変哲もない行動の中に変化や違いを読み取ること、そのことの方が遥かに難しい。四月から始まる仕事の、みなさんの課題がそこにあるわけです。

単調な仕事が課せられるからこそ、新人であるみなさんの仕事の仕方の違いは、大きなものとなって表れます。それに比べれば、会社の社長さんたちの仕事の仕方は、どれを取ってもそれほど大きな違いはありません。トップに上り詰めれば上り詰めるほど、どの社長も〈同じこと〉を言い始めます。経験も理論も年齢につれて、出世につれて洗練されてきているからです。単調な仕事をこなさなければならない新人のときにこそ、違いと競争が存在しています。それをよく心得て、四月からの仕事に臨んでください。卒業おめでとうございます。これをもって祝辞に代えます。

（二〇〇四年三月二三日卒業式）

マーケットは会社の〈外部〉にあるわけではない

私事で恐縮ですが、私の家内は五年前に重い病気で倒れて、あと一歩で寝たきりという状態になっています。彼女は、いつもお天気のことを気にしています。ちょっとした天気の変化が身に応《こた》えるからです。特に低気圧が良くない。大きな低気圧が長い間居座っていると、まったく歩けなくなります。よく季節の変わり目は体調を崩しやすいと言いますが、それは季節の変わり目は、低気圧が停滞しやすいということを意味します。低気圧は身体の血の巡りを悪くすると言われています。神経痛などを抱えている方は、天気予報を調べなくても身体が痛くなった段階で「明日は雨」なんて言いますが、それも血行不順が生じるからです。低気圧が長い間居座った後には新聞の「おくやみ」欄での死亡記事も増えるわけです。病気を患い、歳を取り、生命力が弱ると自然の変化についていくのも大変。家内のように重い病気にかからなくても歳を取ると自然の変化は身に応えます。身近なものに大変敏感になっていきます。

私も同じように歳を取ってしまって、今年（二〇〇八年）で五四歳。家内に引きずられて、鳥の鳴き声に耳を傾け、ベランダを訪れる鳥に目を留める歳になりました。これは堕落と言ってもよい。若いときはそうではなかった。雨が降っても、不便だとは思ってもそんなことはどうでもよかった。学生時代に季節を感じるのは期末試験のときと入学式・卒業式のときくらいでしょう。若い時代の〈原理〉は天気予報や自然ではなくて、〈意志〉です。自然論や人生論や経験論ではなくて〈世界観〉です。前方だけを見るまなざしです。社会の変化は自然の変化よりも速く厳しい。それに耐えうるのはみなさんの〈意志〉と〈世界観〉だけなのです。

私の高校時代の尊敬する恩師・塩見甚吾先生は、若い私に、「人間の本質は、若者に引き継がれている、人間性とは若者のことだよ」といつも言っていました。その言葉の意味がいまになってよくわかります。

若者が勉強するというのは、お天気の変化に負けない意志と世界観を形成するためです。歳を取ると「勉強する」ことが少なくなり、最後は季節の変化すら耐えられなくなる。老人は、いろいろな意味での自然に支配されながら天気予報と思い出、そして経験（と人生論）だけで生きていますが、あなた方は前方だけを見ながら、新しい世界を作っていかなければならない。

最近は少子化で若い人が減っている。天気予報を気にしてわが身を振り返る人ばかりが増え、社会全体が保守的になっている。みんな病人なわけです。若い人が減って栄えた文明は世界史上一つもないと言います。社内でも天気予報屋みたいな人がいっぱい増えてくるとその企業は滅びます。その意味でも企業が若いあなた方に期待することは大きい。

その期待に上乗せして今日は、〈お客様〉と〈マーケット〉について二つの原則をあなた方に提案して式辞に代えたいと思います。

社内の対立意見はマーケット獲得の前哨戦

みなさんが四月以降入社して、必ず耳にする言葉があります。「お客様を大切にしなさい」というものです。これは当たり前のように見えて、理解するのが大変難しい言葉です。通常、お客様のいるマーケットは会社の〈外部〉にあると思われています。「顧客を大切にしなさい」と言われたときには、いつもそう思いがちです。一方に〈会社〉という固まりがあり、もう一方にお客様を含んだ〈マーケット〉という固まりがある。通常、そう理解されています。

しかし、本当にそうか。会社の中にも、技術者の部署もあれば、営業の部署もある。広報の部署もあれば、お金を扱う財務や経理という部署もある。一つの会社の中にも、顔を見ただけでわかるくらいに異質な人たちが集まって、一つの組織を形成している。この人たちは、マーケットに向かう以前に多様な意見を持った人々であり、まとめるのに一苦労する人たちでもあります。マーケットにはいろいろな人間がいることをとりあえず認めるくせに会社内に意見が違う人がいると目くじらを立てる。社内の対立はマーケット内の多様性とは異質なものであるかのように神経質になっている。

世の中には〈強い人〉と〈弱い人〉とがいる、世の中には〈明るい人〉と〈暗い人〉とがいるというように、われわれは、〈強い〉とか〈明るい〉とかを実体的に考えたりしますが、そんなことはない。

その強い一人の人間の中でも、弱気になるし自信をなくすことがあります。明るい人でも暗いときはあります。自分の中のどこかで他人は繋がり合っている。自分の中のどこかを探し出せば、そこに遠いと思っていた他人、絶対に折り合わないと思っていた他人が潜んでいる。自分は他人であり、他人も自分であるような関係が必ずある。一九世紀ドイツの哲学者、ヘーゲルはそのことを「それ自体であるものは表面的にも《アン・イーム》（表面的にも分裂・敵対して）存在している」と言ったのです。

同じように会社の外と内というのは、そんなに単純に区別できるものではありません。意見の違う人、性格の合わない人、許せない人、そういった人はどこにでもいます。社内でそんな人に出会ったときには、それを「社内なのに」と思わずに、社内vs社外という対立や区別が、そのように社内に反映したものだと思えばいい。会社とマーケット（＝会社の外部）はちょうど鏡が反射し合うような反映関係にあります。マーケットが複雑でいろいろな意見を持つ人がいるように会社の中も多様な意見がある。会社内の対立も、マーケットが決して一様ではないことの表れにすぎない。

それは社内対立を放置しろ、ということではない。むしろ逆。だからこそ、対立を克服しなければならない。その対立を乗り越えない限り、外部のマーケットを説得することはできない。結局、自分以外はすべてマーケットだと思えばいい。会社の中の人に評価されないような自分は決してマーケットにも評価されたりはしない。

自分の好きな人にだけ商品を売っている限りは、マーケットは広がりはしない。会ったこともない、意見も合わない人に喜んで商品を買ってもらうようになって初めてマーケットは広がり、商品やサービスは売れる。その意味で、社内マーケットはその前哨戦です。自分以外のすべての人をお客様だと思いなさい。まず目の前の同僚や先輩に評価される人材になりなさい。これが第一のアドバイス。

お客様は「遠い」ところからやってくる

第二のアドバイスは、「遠い」お客様を大切にしなさい、ということ。お客様は近所であっても「遠い」ところから来ている人たちだと思いなさい。

クルマのショールームの内側の人だけがお客様ではなく、外のウインドウでクルマを眺めている人もお客様です。そのウインドウの外にお客様がいるということは、そのお店が人通りのある大きな通り、目立つ通りにあるということです。目抜き通りにあるということはお店の土地代がかかっているということです。ウインドウの外に人が立っているということは偶然のことではない。そもそもその店の前に来たのは、ネットの広告か、新聞か、新聞チラシか、テレビ広告か、クルマの雑誌かを見て来たのかもしれない。つまり、あなた方がお店で出くわすお客様の以前に、会社は多くのお金をかけており、ウインドウの外に立つ一人の通行人にもすでに多くのお金が支払われている。

一人のお客様を店の内部で相手にするということは、本当はごく一部の出来事であって、そのお客様を獲得するのに、多くの逃げ去ったウインドウの外のお客様がいる。店まで足を運んだけれど、店内が活気がなかった、店内が汚れていた、忙しそうだった、暇そうだった、などなどあなたたちが学校で学んだ知識・技術力を発揮する前に勝負がついていることはたくさんあります。あなたたちが力を発揮する以前にパンフレットやテレビ広告、また商品そのものの不評・不備などで勝負がついているかもしれない。

目の前のお客様の背後には見えない消費者がたくさん控えています。出会えるお客様は、その複雑で長い経路を辿ってやっと目の前に存在している。お客様はその意味で重い、だからこそ大切にしなければならない。会社の商品開発力、広報力、営業力、店舗運営、そういったあらゆる力が実を結んでやっと目の前の一人のお客様が存在している。会社はすでにたくさんのお金をそのお客様に使い込んでいる。それが「お客様は遠いところから来ている」という〈遠さ〉の意味です。それに思いを致すべきです。

「お客がつく」技術者とは

みなさんは、技術者です。その意味では、こういった話は伝わらないかもしれない。ちょっと言い方を変えてみましょう。

最近は車が故障しなくなっている。定期点検も少なくなってきた。一年に一回か二回しか、お客様も顔を出さない。でも一年ぶりに来たお客様は、一年間何もクルマに関心がなかったかと言えば、そうではない。修理しようか、買い換えようか、別のメーカーのクルマにしようか、行きつけのガソリンスタンドでオイル交換しようか、それともオートバックスでオイル交換かな、などと車に乗っている人は毎日のようにさまざまなサービスの誘惑や関心の中でクルマを利用しています。

こういった数々の誘惑に囲まれている顧客を〈消費者〉といいます。「顧客満足」のことを普通英語で略して「CS（Customer Satisfaction）」と言いますが、最近では「CS」の「C」は、Customerではなくて Consumer の「C」だと言ったりもします。「顧客満足」ではなくて、「消費者満足（Consumer Satisfaction）」がキーワードです。「消費者満足」は、「顧客満足」の心理主義を払拭するための言葉です。

それはどういうことか。一人の顧客の背後には、何千、何万と数多くの消費者が控えています。また一人のお客様の行動は、数々の情報選択、価値選択の結果です。今日の情報化時代は、一日の間にも多くの商品選択の情報が飛び交い他者の買い物にまで口を出す〈消費者〉があふれています。そういった氾濫する情報の中で、一年ぶりだけれども、あなた方のお店にそのお客様が来てくれたということは、あなた方の技術力やサービスがさまざまな広告や口コミの誘惑を乗り越えて打ち勝ったということです。誇るべきことです。

ただ単に、目の前のお客様に喜んでもらえるのではなくて、一年間のさまざまな誘惑に、あなた方の技術力が勝てるのか、今度もまたあの店で、あのお兄さんに修理してもらおう、自分の車を預けよう、少しくらい高くてもいいや、という気になってもらえるか、そこが技術者としてあなた方が問われている本来の技術力です。

「苦情がなかった」だけでは、これからの技術者はつとまらない。「苦情がない」はエンジニア初級です。上級は「お客がつく」ということです。お客様に指名されるような技術者になってほしい。そういった長いスパンの「お客様」を相手にできることこそが技術者としての誇りであるわけです。最近は、お客様が一年ぶりに来る前に早々と辞めてしまったり、転職する若い人が多いのですが、息の長いお客様を獲得することこそが職業人としての最大の栄誉です。

〝就職は自分の夢を叶えるためのもの〟ブームのようなものもあって、そういった〝夢派〟の一部が広い意味でのフリーター（非正規労働者）を形成しているようですが（なんと全労働者数五〇〇〇万人のうち三三％を超える労働者が非正規労働者の時代になってしまいました、二〇一一年以降は三五％を超え、四〇％に近づく勢いです）、そういったフリーター労働者と、しっかりと勉強を積んできたあなた方を区別するのは、目の前のお客様を満足させるのか、長い時間のお客様を相手にできるかの違いです。

これからみなさんが就職する会社の先輩たちは、目の前の顧客だけではなく、息の長い競争に勝ち続けた誇り高い先輩たちです。その人たちの言うことをよく聞いて、まずは真っ先に出会うお客様がその先輩たちであることに心して、社会人一年生を出発してください。ちょっと苦手な先輩に出会ったときには、「これもお客様、これもお客様」と念仏を唱えて、一から勉強していただきたいと思います。卒業おめでとうございます。

（二〇〇八年三月一八日卒業式）

〈顧客満足〉とは何か

四月から社会人になるみなさんが必ず言われるようになる言葉があります。「お客様を大切にしよう」という言葉です。一見当たり前のように思える言葉ですが、本来の意味で理解するにはなかなか難しい言葉です。

みなさんは、卒業する今日まで〈学生〉でした。だからみなさんの価値の基準は、「正しいか、間違っているか」だったと思います。学生にとっては、基本的には試験判定が優劣を決めますから、答えが正しい、間違っているということがすべてだったわけです。そのうえ、みなさんのほとんどは、エンジニアの教育を受けてきました。「エンジニア」とは語源的にも物に関わり、物を作る人のことを言います。みなさんは、いわゆる工学的な勉強をしてきたわけです。物を作ったり、物を直したりするのに、間違ったこと（正しくないこと）をしたら、思うようにことは運びません。〈エンジニア〉はその意味で正しいことをする人を意味しています。間違ったことをしたら、車も走らない、家も建たない。ホームページも動きません。その意味でもみなさんは正しい、正しくない、何が正しいのか、何が間違っているのかということを大切な価値観として、ここまで過ごしてきたわけです。

ところが、「お客様を大切にしよう」というのは、正しい、正しくないという問題ではありません。正しいことをやっていても、お客様が認めないことがあります。そんなことはいくらでもあります。車の整備をした。完璧に直した。でも、「調子が悪いんだよね」とお客様に言われる。技術的にはもうこれ以上直しようがない。先輩に見てもらっても、所長に見てもらっても、もはや直すところはない。でもお客様は「調子が悪い」と言い続ける。そんなことはいくらでもあります。

そんなときに「やるべきことはやりました」なんて言ったら身も蓋もありません。筋の通らない文句を言い続けるお客様に「私は正しい」なんて言ったらもっと大事《おおごと》になります。お客様との「関係」というのは、白黒をつける場所ではないのです。学校の試験なら、答えが合っていれば＝正しければ、それで◎と点数がついて終わりですが、仕事の現場では、正しいことが確認されてからが仕事になります。正しいということをお客様にわかってもらわなくてはならない。

お客様が〝わかる〟ということを仕事の現場では、〝正解〟とは言わず、〈納得〉、〈満足〉というふうに言います。お客様に納得していただく、満足していただくということです。

「顧客満足（Customer Satisfaction）」という言葉をみなさんはどこかで聞いたことがあると思いますが、それは、試験で〈解答〉を得るよりは遥かに難しい課題です。

この言葉が使われ始めたのは、三〇年前。日本が高度成長を果たして消費社会が成熟し始めた頃です。「お客様を大切にしよう」「顧客満足」というのはいまでは当たり前の言葉のように聞こえますが、実はつい最近の歴史的な言葉なのです。それまでは、物を買うという行為は、作り手あっての世界でした。作る人の方が、買う人よりも優位にあったのです。その時代には「顧客満足」という言葉は存在していませんでした。〈作る人〉がいるからこそ、〈買う人〉がいる。これこそが第一の原則だったのです。これを経済学で言うと、欠けているもの（＝不足）を補うのが〈買う〉という行為だということになります。経済学的な「欲望の充足」というものです。

みなさんも高校か中学の英語の時間で「want（欲する）」という英語のもともとの意味は「欠乏する」ことを意味していると聞いたことがあるでしょう。その意味で「欲望の充足」というのは欠けているものを補うという意味です。古典経済学的にはそうです。従来の経済学は、その意味で〈作る〉人中心の経済学でした。

現代人は〈記号〉を消費している

ところが、一九七〇年代になってくると先進国の産業形態が変わり、工業生産（第二次産業）よりもサービス産業（第三次産業）が扱う金額の方が増えてきます。第三次産業の従事者は先進諸国では七〇％を超えます。作る人なんてほとんどいない。売る人ばかりの国になっている。またGDP（国民総生産）における個人消費も六〇％近くを占めるようになります。一回に一〇〇億、一〇〇〇億単位のお金を使う政府の公共投資や大企業の設備投資よりも、あなたたちがコンビニで使うお金、携帯電話のパケット料金、デパート、スーパーでの買い物の方が遥かに規模が大きい。つまり生産が消費の根拠なのではなくて、消費が生産の主体になっている。

たとえば、携帯電話で音楽を聴きながら、iPodも持っている。携帯電話で音楽が聴けるなんて便利！と飛びつきながら、すぐに電池が切れちゃう、とか言って（やっぱり携帯はメールと電話で使うのが一番とか言って）、結局iPodで音楽を聴いていたりもする。まだまだ使える携帯電話をわざわざ捨てて新しい商品を買った理由がとっくに崩壊しているのに、でも人前では携帯電話に一〇〇〇曲も入るんだよ、と威張ってむしろメーカーの人間のように宣伝している。

周りから見ているとなんと無駄なことをしているのか、ということになるのですが、でも本人は「満足」している。使いもしない機能（使えもしない機能）を誇りながら、その携帯電話を持っていることに「満足」している。こんな人たちに向かって、「あなたは間違っています」なんて言うのはほとんど無意味です。

音楽が携帯で聴ける、お財布代わりにもなる、テレビも見られる、地図にもなる、電子手帳のみならず、PCの代わりにもなる、なんて新製品が出てくると、そんな機能要らないのに自分の携帯電話が急に古くさく見えてくる。もっと言えば、部屋の空気が汚いから空気清浄機が必要なのではなくて、空気清浄機が存在するから部屋の空気が汚れているように思えてくる。

ビデオデッキもVHSテープからHDD（ハードディスク）レコーダーに変わりました。何百時間と録画できる。見たい番組が自由に録画できるようになって〝便利になった〟。けれども録画してあるだけで見ることは逆に減ってしまった。安心して見ないようになった。テープのときには必ず見ていた録画番組をＨＤＤになって逆に見ないようになってしまった。何のために録画しているのかわからない。何が〝便利になった〟のかわからない。

今月の初めに死んだボードリヤールというフランスの社会学者（あまり好きな思想家ではありませんが）は、「差異」こそが買うことの動機だと言っていました（『物の体系』一九六八年）。欠乏の経済から差異の経済へと移ったということです。彼は、現代人は〈物〉を消費しているのではなくて、〈記号〉を消費していると考えたわけです。同時期にアメリカの経済学者ガルブレイスも同じようなことを言い始めていました（彼も最近死にましたが）。

ポルシェもバブル後期の九〇年代初頭からデザインを変えてきた。そうすると「永遠のデザイン」と言われてきたポルシェが急に古くさく見えてきた。〈差異〉が生じたからです。「永遠のデザイン」とは実体的な価値なのではなくて、変わらないことの結果にすぎなかったわけです。クルマのモデルチェンジをマーケティングの言葉では「人工的陳腐化」と言います。そうやって、購買意欲をかき立てるわけです。

「顧客満足」という心理主義的な言葉が企業活動の中心に据えられたり、マーケティングという分野が市民権を得始めるのは、〈欠乏〉や〈必要〉を中心に据えた生産（＝欠乏）の経済学が衰退していくのと軌を一にしています（一九七〇年代後半）。〈買う〉というのは、先進消費大国ではもはやすべて無駄使いを意味しているわけです。だから、〈買う〉という行為には根拠（＝正しさ）がないことになる。

たとえば、みなさん自動車分野の学生が車を売ったりする場合、自分の嫌いな車を売らなくてはならないときが必ずある。エンジニアとしての自分が専門的・客観的に見ても性能の悪い車を売らなくてはならない。そんなときが必ずあります。でもお客様がショールームに来店されて、「いい車だね、この車、素敵だね」なんて褒めてくださる。自分だったら絶対に買わない車を、喜んで大金を出して買ってくださるお客様が、いま、目の前にいる。さてあなたはどうしますか。

あるいは、建築やインテリアの学生なら、こんなこともあります。コストダウンで、本当はつけたくもなかった安物のドアノブ（ドアの取っ手）をつけた。でもお客様がモデルルームにやってこられて、「このドアノブ素敵ね」と褒めてくれた。そんなことないよな、と（専門家としての）自分は思っていても、お客様は褒めてくれた。さて、あなたはそのお客様にどんな対応をしますか。

普通、こういった顧客対応の場面では「お客様の褒めるものを褒めなさい」なんて指導されたりもしますが、「実はこのノブ安物なんですよ」と言うとします（普通は、このトークは邪道です）。「あっ、そうなの。あなた正直な人ね。あなたの言うことなら信じられそうだわ」と逆に信頼を勝ち取るときもあります。車の場合も同じです。

こういったことは論理的に解決できない。勉強しても答えが出ない。「正しい」答えがない。「いろんなお客様がいるんだよ」と店長や所長に言われても、こちらも人間、そう簡単に「いろいろな人がいる」と認めることができない。「いろんなお客様がいるんだよ」なんてことを本気で言えるのは死ぬ間際の悟りの境地の人間でしかない。

特に〈勉強〉というのは、「いろいろ」ではなくて、人が従うべき普遍的真理を追究することですから、「いろいろ」なんて言われたら、自意識が一挙に吹っ飛んでしまいます。自己意識の強い（＝勉強したての）若いみなさんにとっては、「いろいろな人がいる」というのは耐えられない屈辱でしかありません。学生時代、まじめに勉強した人ほどそういった屈辱にまみれることになります。そういった場面にあなたたちはこの四月から突入するわけです。

「自立」とは払いたくないお金を払うこと

そこで私は、みなさんにお願いがあります。最後のお願いです。四月の下旬からでしょうか、みなさんは初めてサラリー（正社員としての給料）を得ることになります。みなさんのほとんどは自宅から通う人でしょう。そこで自宅から通う人にお願いします。すでに一人暮らししている人は少し我慢して聞いていてください。

給料をもらったら、最低でも五万円は自宅のお父さんやお母さんに入れなさい。社会人になって一五万円、二〇万円と毎月入ってくるお金は、食事や光熱費、アパート代がそこから支出されていないとすれば、結構な金額です。クルマのローンにそれを充てれば、普通の社会人には買えないほどの高級車が買える金額です。ついつい錯覚してしまいます。給料の全額をクルマのローンに充てても〈生活〉はなんとかできます。「自宅」があるからです。親から見れば、子供はどんなに大きくなっても子供ですから、親切なお母さんは息子や娘が社会人になって働いていても掃除や洗濯をして、さらには夕食を作って待っているでしょう。でもそんな生活は幻想です。

〈自立する〉というのは、自分が使いたくないものにもお金を使うということを意味しています。われわれは〈光熱費〉にお金を使いたいなんて思いません。〈アパート代〉もできればなしで済ましたいと思っています。しかし社会人になるということは、使いたくないものにも自分のお金をかけるということと同じです。そういうものを自分で担えるようになることを「大人になる」と言います。

これまであなたたちが使いたくないと思っていたほとんどのコストは、すべてあなたたちのお父さんやお母さんが担っていました。それを〈親〉と言います。〈子供〉というのは欲しいものにしかお金を使わない人のことを言います。〈社会人〉ということは、自らが親になる出発点です。〈光熱費〉を自分で担わない社会人なんてあり得ません。

最近「フリーター」、「ニート」という言葉をよく耳にしますが、フリーター、ニートと呼ばれる人たちの半分以上は、自宅通いです（労働政策研究・研修機構の小杉礼子は三分の二が「親と同居」と報告していたことがあります）。この人たちがまともに働かないのは、払いたくない金、つまり光熱費やアパート代を払っていないからです。だからアルバイトをしながら一〇万円しか稼がないとしても、結構やっていけるという幻想を持つのです。自宅がないなら（＝親に世話になっていないのなら）本当は一万円、二万円しか手元に残らないはずなのに、一〇万円、一五万円のアルバイトで満足している（我慢ができる）。「フリーター」「ニート」と一口に言っても「モラトリアム型」「夢追求型」「やむを得ず型」などとあって（これも小杉礼子の「フリーター」分類ですが）、社会的・構造的な要因もあるし、親の年金がぐるっと回って同居低賃金労働者の福祉になっていると辛口なことを言う人もいますが、ここでの問題はその金銭的な満足や我慢の質に関わる問題です。

この人たちは金銭感覚が麻痺しています。実際の社会人は家庭を持ち、住宅ローンを支払い、光熱費を担い、そのうえ、子供を養育し、と自分の欲しいもの、買いたいもの以外の出費で大半の稼ぎをなくしています。そういう人たちに、それでもお金を出させて、「顧客にする」。それがあなたたちの四月からの課題になります。そういったなけなし状態の家族持ちに、車を買わせたり、家を建てさせたりする仕事があなたたちの仕事になります。そのときに自らが、自由になる一〇万円の贅沢をしているようでは「顧客の要求」に応えることなどできません。「なんでけちなんだよ」、と顧客の悪口を言うばかりで終わってしまいます。

社会人というのは、基本的にけちな人たちなのです。それは自分の買いたいものだけを買っている人たちではないからです。それが好きなものだけを適当なアルバイトをしながら買い続けてきたあなたたちとの大きな違いです。「オレ、クルマ買ったんだよ」と喜びながら言う人はいても「オレ、光熱費払ったんだよ」とうれしそうに言う人はいない。スーパーマーケットで買い物をすることを〈ショッピング〉に行く、とは言わない。スーパーの買い物は生活必需品の買い物だからです。それは〈ショッピング〉ではない。

買わなくてもいいものを買うことが一番楽しい買い物であって、選択の余地のない買い物（＝食物や光熱費など）を楽しいと思う人はいません。社会人になるというのは、選択の余地のない買い物に給料の大半を費やす存在になるということです。

そのためにも、四月からは家に五万円以上を入れなさい。ワンルームを借りても東京では八万円かかる時代ですから、光熱費を入れれば十万円は入れなければならないところです。そんなに入れるんだったら、外へ出ると言うのなら外へ出なさい。それでいいのです。働く意味も生活の意味もそこでよくよく勉強できるはずです。自分が支払いたくないものにもお金を使う。生活費の全体を自分でまかなう。これがまず若いみなさんが、子供っぽい自己意識を自分でへし折る第一の訓練になります。人の声に耳を傾ける訓練の第一歩です。

これからあなたたちが人材力を競い合わなくてはならない大学生にもし負けるとしたら、大学生の方が遥かに自宅から通う人が少ないということです。勉強の量は、あなたたちの方が遥かにしのいでいる。それは校長である私が保証します。でもあなたたちは、未だに部屋の掃除や洗濯をお母さんにしてもらっている。大学生は地方から出てきている分、あなたたちより一歩先に大人になっているのです。

みなさんのほとんどは東京出身、東京近辺に住んでいます。あなたたちは自宅から学校へ通える。自宅から企業に通える。これは幸運なのではなくて、不幸です。東京の人間の自宅通いの社会人ほど人材として大成しない人間はいません。四月からはお母さんを雇うつもりで（不謹慎な言い方ですが）、光熱費・住居費含めてきちんと自分で支払いなさい。それがイヤなら、自宅を出ればいい。あなたたち自身が自分の財布のひもを締めずして新しい商品や新しいサービス、ましてや新しい顧客を作り出すことなどできません。顧客の声に耳を傾けること。それはスーパーの買い物とショッピングとの違い、微細な差異に、大きなセンサーを張ることから始まります。

それが、私が教員を代表して最後にみなさんに伝える言葉です。卒業おめでとうございます。

（二〇〇七年三月一六日卒業式）

第二章

掛け算の思考　割り算の思考

――これから勉強を始めるあなたたちへ

※この章は、著者が二〇〇二年から二〇〇八年まで理事・校長を務めた東京都内の専門学校入学式式辞を文字起こししてまとめたものです。

自立してはいけない

アドルフ・ポルトマンという動物学者がいます。彼は、人間はもともとから早産で生まれてきたという説を立てました（『人間はどこまで動物か』岩波新書）。半世紀以上前のことです。

普通胎児がこの世に生まれてくるのはお母さんのお腹に宿って十ヵ月と十日（とつきとおか）かかると言われていますが、それだけお母さんのお腹にいても、それでも人間は一年以上早産なのだとポルトマンは言いました。人間は脳だけが過剰に大きくなったため、母胎の骨盤がその大きさに耐えられない（通過できない）。だから、脳が小さいうちに、一年くらい早産で生まれてくるというものです。つまり人間はみんな未熟児で生まれてくるわけです。

これをポルトマンは、悲観的に考えません。一年分は、母胎の中で生理的に育つのではなくて、外界に飛び出て、社会的な過程の中で育つとポルトマンは考えました。早産した分、人間の子供は、さまざまなことを生理的に学ぶのではなくて社会的に学ぶ。そこにこそポルトマンは人間社会が自然的環境を超えて、文明を持ったり、文化を有したりする根源を見たのです。

メダカ状態に自分を追い込むな

たとえば、馬や牛の子供は、母胎から生まれ出てすぐに自力で立とうとする。数時間も経たないうちに、馬や牛の子供は〝自立〟する。つまり馬や牛の出産は早産ではない。生まれて直後に自立的に（自分で）動ける。このことが意味することは、馬や牛の子供たちは、生まれてくる以前に自分が何であるかについてすでに生理的に決定されているということです。これは動物が〝下等〟になればなるほどそうです。

メダカの学校は誰が生徒か先生かわからないと言いますが、メダカの親も子供も二、三ヵ月も経てば区別がつかなくなります。〝文明化〟していない動物ほど親と子供の区別がつかない。子供の自立が早い時期に生じてしまうということです。一気に大人になってしまう。

ところが人間は放っておけばすぐに死んでしまうほどに自立できない。お父さんやお母さんだけではなく、おじいちゃん、おばあちゃん、親戚の人々、保育園の先生、近所の人々、買い物先の店員、その他たくさんの人々に世話になってやっと歩き始めます。つまり、直接の父や母ではない、家族ではない人たちの世話にもなりながら育ちます。そういった周囲の人たちは、学校で十分学び、社会人になり、仕事をし、ときには世界を飛び回っている多くの経験を持つ人たちであります。その人たちに囲まれながら人間の子供は育つ。

動物は文字通り親が育てますが、人間は社会が育てるのです（この考えはファシズムにも繫がると批判される側面も有していたのですが、そうポルトマンは考えました）。社会的な伝承は、母親のお腹の中で生理的にではなくて、そういった社会的な環境それ自体の中で行われる。そうやって人間の胎児＝乳幼児は、生理的な伝承よりも、遥かに多様な、文化的、文明的な要素を受け入れることができたわけです。

生理的な自立は、したがって非文明的な自立でしかありません。つまり文明化度というのは人間の乳幼児の段階では、人間の非自立度＝社会依存度と等しいと言えます。

独り立ちが早いメダカや牛や馬は、生理的な反応としてしか〝社会〟を生きる術《すべ》を持たないために社会的な〈能力〉も低いわけです。〝出産後〟の自立度が高い動物ほど〝人の言うことを聞かない〟。その分、〈能力〉の発達も自分のＤＮＡの中にあるものだけに直接的に支配されているため制約されているわけです。したがって、動物の社会は親の社会を反復的に模倣しているだけです。動物の場合は親を見れば子供がわかる。子供を見れば親がわかる。しかし、人間の親子は動物の親子のようには単純な関係にはありません（たまには動物のように類推できる親子もいますが・笑）。

この親と子との間に生理的な関係以上の要素が入ることの根拠が「早産」ということなのです。未熟児で生まれるからこそ、必ずしも親子の関係が直接的にはならない。逆にその関係が直接的な動物には、人間のようには社会に変化がない、歴史がない、発展がない。

さて、みなさんは、もはや高校を卒業して大人になろうとする寸前の状態にあります。少なくとも身体は立派に大人になっている。まさに自立しようとする寸前の状態にあります。親の世話になりたくないと思い始めるのも、この季節です。あるいはうるさい親だな、もう自分でアルバイトでも何でもして家を出たいと考え始めるのもこの季節です。

しかしよくよく考えてみてください。アルバイトをしたり、家を出たくなるというのは、言ってみればメダカ状態に自らを追い込むことであります。

依存とは信用のこと

独り立ちするということは、一般的には良いことのように思われていますが、私はそうは思いません。たとえば、ごく少数の特別な企業を除いて多くの企業は銀行からお金を借りて経営しています。あるいは銀行のみならず、株式会社は株主から資本を調達しています。

こういったことは、ポルトマン的に言えば、全部、「早産」状態だということです。かつてポルトマンの早産説を「モラトリアム」と言い換えた日本の心理学者もいました。これは学生時代の学生の心理状況を言い当てた言葉でしたが、もともとの「モラトリアム」の意味は、「返済猶予」ということです。

学生をモラトリアムというのなら、すべての企業は「モラトリアム」なわけです。企業はそのことによってまさに人の力をも借りてこそ大きな力を発揮するわけです。自分だけの力で生きている人というのは、別の言葉で言い換えれば、誰の言うことも聞かない唯我独尊状態だということです。一見パワーがあるように見えますが、実際は一人の力でしか生きていない。自分しか自分の支持者でない状態だということです。これは美徳ではなくて悲劇です。

銀行にお金を借りれば、銀行の言うことにも耳を傾けねばならない。同じように株主の言うことも聞かなければならない。親に生活させてもらっていればたまには親のお小言に付き合わねばならない。それは友達にお金を借りても言えること。こういったことは一見不自由なことのように見えますがそうではない。そういった〝交流〟が物事を考えたり、考え直したり、そして深く考えたりするチャンスを生んでいるのです。

お金を借りるには、貸してくれる人を説得しなければならない。説得する過程で一所懸命自分のプランを練らねばならない。そうやって自分のプラン自体がより精度の高い、成功する確率の高いプランに成長していくわけです。そうやって人間は他人の経験をも自分の経験に織り込んでどんどん大きくなっていく。銀行も親も友達も、ポルトマンの言う〈早産〉を保護する仕組みなのです。それを経済的には〈投資〉と言います。投資の根本は〈信用〉です。自立を急ぐ人は投資も信用もされない人のことです。

みなさんのいまの状態で言えば、学生時代はそれ自体借金状態だということです。それは親の、みなさんへの投資であり、親がみなさんを信用してお金を出しているのです。親が子供に学費を出すのは当たり前だというのは、その意味でまったくの間違いです。

当たり前ではないけれど、だからと言ってあなた方の親孝行は「親に少しでも迷惑をかけたくない」と言ってアルバイトに精を出すことではありません。アルバイトに精を出し小銭を貯めても、それでもって（深夜まで遅く働いたがために）学校の授業中勉強もしないで寝ていたら意味がありません。あなた方は勉強すべく親に依存しているのであって、親もまた勉強させるべく投資しているのですから、親に直接お金（小銭）を返すことの意味などないのです。まして授業中寝ているなんてことは、親にとっては問題外のことです。大切なことは、そういった投資や信用に報いることであって、それを跳ね返すことではありません。

小銭にうつつをぬかすと一生小銭しか動かせなくなります。親に温泉旅行のプレゼントもできなくなる。逆に一生親に小銭をせがみ続けることになることの方が多い。そんなことにならないように、学費を気にかけるよりは気にかけた分勉強すればいいのです。返済とはみなさんの場合、学業成績を良くすることでしかありません。そうすれば、親の投資よりも何倍ものお返しができるようになるのです。

人間はうるさく言ってくれるものがいるからこそ、成長します。銀行も株主もそして親も、そしてまた「先生」もうるさい人たちの代名詞のようなものです。他人の言うことを聞くということは何かの制約のように思うかもしれませんが、それは他人の経験分が自分の生き様に付加されることなのですから、自分がさらに大きくなることだと思えばいい。自分の考えと違う人間がうるさく言うときにほど大きくなれると思えばいい。それを〈成長〉と言います。

アルバイトをして小銭を稼いでいるくらいの仕事ではそんなにうるさく言う人はいません。「非正規労働者」（広い意味でのアルバイト労働者）の増大がなぜ問題なのかと言うと、この人たちは何時でも首にできるから、雇用者が（少々仕事ができなくても）「うるさく」言わないのです。だから人材として成長しない。三〇歳、四〇歳になっても年収が三〇〇万円を超えない。

また、親元を離れて、その小銭で自活したときにはそれなりの〝自由〟を得たと勘違いすることも多いかと思います。昨今のフリーター問題（あるいはニート問題）は大概がそういった自活志向の顕在化なわけです。自活志向、自己表現志向は、言い換えれば、人の言うことを聞かずに、DNAだけで生きていこうとする社会的な衰弱志向です。フリーター・ニート問題、あるいは非正規雇用問題は、いくつかの他の社会的要素も複雑にからんでいますが、これから学校で学ぶあなたたちは、まだまだ「早産」状態なのだということを肝に銘じておいていただきたい。

勝手に自分で考えるな

今日のインターネット社会や情報化社会は、私が学生時代のときよりも遥かに膨大な情報を若者に与え続けています。若者であっても自由に社会参加できるような誘惑があちこちに働いています。かつての自立した大人や組織が何年何十年かけても手に入らなかった知識や情報が、簡単に個人のレベルで（しかも無料で）手に入る。何もしないでも〝自立〟したような気になる。

しかし誰からも「投資」されていないし、誰からも「信用」されていない（親のみならず、会社からも正規採用社員として投資も信用もされていない）、それがフリーター、ニートです。まるでメダカやアメーバーのように自立しているだけなのです。フリーターやニート現象はリストラの結果ではなくて、自立志向現象なのです。

たとえば、カードローンで引き落としの期日にお金がなくて落ちない。最初のうちは二〇日くらい経って、「お客様何かご事情がおありでしたでしょうか」なんてやさしくお姉様から電話がかかってくる。二回目からはそれが一〇日くらい。三回目からは五日も経たずに怖いお兄さんが電話をかけてくる。これはだんだん「返済猶予」（モラトリアム）の時間が短くなってきているわけです。本人の「信用」が摩滅し始めている。最後にはカード破産（自己破産）。まさに借りた本人は、あらゆる依存から脱却して（取り立てのヤクザとさえ〝関係〟を切って）「自立」し、〝自由〟を得ましたが、こんな自立や自由は、「信用」が摩滅した破産の結果なのです。それはもっともパワーが小さい状態だと考えるべきです。動物のように一気に立ち上がってしまっているのです。

そして人間が〈学校〉というものを持つということ。それは安易な自立の道を選ばずにまず勉強しなさい、自分が未熟であることを自覚しなさいということを意味します。われわれ学校関係者にはあなた方がまだ社会的な幼児にしか見えない。学生を「顧客」と見なす学校は危うい学校です。「勉強しなさい」というのはまだ勝手に自分で考えてはいけませんということを意味しています。二〇歳前後のあなたたちに一番うるさいのは銀行でも親でもなくまさに〈学校〉であるべきなのです。

〈勉強〉が存在する、〈学校〉が存在するというのは人間が「早産」である証です。メダカは誰が生徒か先生かわからないのですから、メダカの学校というのは本来、存在しない。逆に学校の勉強が長く続く社会は、それ自体が高度な社会であることの証です。

最近は「生涯学習時代」と言います。もはや人間は死ぬまで早産状態であるほどに、文明を高度化してきているとも言えます。真の自立は死ぬまで延期されているように高度化しているということです。子供が親や家族や近所の人、つまり血縁、地縁を越えて〈先生〉や〈学校〉に学びながら成長すること、これこそが高度な文明や社会そしてまた高度な人材を築く基礎です。教科書や教材、そしてカリキュラムは、まだまだ社会に出るにはたくさんの勉強があるということ、あなた方がどこまでも早産の未熟児であることを告げる役目を果たしています。というよりは〈学校〉というところは、未熟児のまま生まれた人間の社会的な母胎なのです。この場合〝母胎〟というのは比喩でも何でもなく、まさに母胎なのです。

若いときは生意気になって、ついつい自立したがる、何かを知ったような気になる、親なしでも生きていけるような気がするものですが、私ども学園の全カリキュラムや全教員は、そういったみなさんの生意気な自立志向を粉々にくじくためにこそ存在しています。高等教育機関（社会へ出るための最後の学校）の使命は、まだまだ学ぶべきことがたくさんあるよ、と言い続けることだと思っております。

私は、だからあなたたちにこう言いたい。「自立するな」「自分で考えるな」と。「自立」や「自分で考える」なんて言い出したら、メダカにさえ勝てない。アメーバーなんて生まれたときから自立している。自分で考えている。その順位で言えば、人間は絶対最下位。間違いない。
　私のみなさんへのお願いは、そんなことがあるのか、こんなことってあるんだ、というように、驚きと自分の無知を恥じることの連続であるような〝謙虚な〟学生生活を送ってもらいたいということ。そういった学生時代を過ごせるように、私は校長として日夜努力しておりますし、カリキュラムも教職員も最高度にブラッシュアップした状態でみなさんを待ちかまえています。ぜひしっかりと勉強をしていただきたいと思います。入学おめでとうございます。

（二〇〇六年四月一二日入学式）

掛け算の思考、割り算の思考

みなさんは、ほとんどの方が、この学校を最後の学びの場として卒業されていくかと思います。学校で学ぶということは、いったいどういう意味なのでしょうか。世間では「生涯学習時代」などと言って、社会人であろうと学生であろうと、その垣根はないもののように思われていますが、本当にそうなのでしょうか。

学生時代と社会人になってからの勉強の一番の違いは、〈必要〉かどうかということが最大の目安になります。〈社会人〉になると、毎日毎日「必要な」勉強に迫られます。勉強しないと「上司」からは怒られるし、「仲間」にも迷惑をかけるし、「お客様」にも満足してもらえない、そんな「必要」から勉強をすることが日常的になります。言い換えれば、「生活がかかっている」勉強というもののほとんどはそういうものです。「必要」に迫られて他人との関係を無視できない勉強。これが社会人の学習の特質です。「必要」「必要」の連続を通常「経験を積む」と言います。経験を積みながら、その道の〈専門家〉になる。これが職業人の学習の傾向です。

それに反して、学校の勉強はそういった意味で特に誰かに迷惑をかけるというものではありません。赤点を取って卒業できないのなら、親に迷惑をかけることはあっても、ほとんどは自業自得という程度。自分（か家族）で責任をとればよいというものになります。いずれにしても内輪話にすぎません。これは、学校教育の甘さ（自己満足的な甘さ）のようにも見えますが、私はそうは思いません。

専門家に専門的な仕事を任せるな

先月、慶應大学の高橋俊介さんとお会いする機会がありました。彼は企業人材マネジメントの「第一人者」と言われている人です。企業の人材を配置する上で重要なことは、その人が学んだ専門よりも少しずれた部署に（その人を）置くことだ、と彼は言っていました。

面白いことを言う人です。たぶん彼が言いたいのはこういうことです。自分の専門で得意なことは自信があるからいつも同じ仕方で仕事をしてしまう。それは好きなことであっても同じです。自信がない、好きではない仕事に向かうときには、いろいろと試行錯誤して新しいことを発見したりする。専門的な仕事にはある意味で〝発見〟がない。それに専門家は専門家であるが故に他人の言うことを聞かない。「素人」だと言って専門家がバカにするような発言や行動の中に新しい価値やマーケットが存在する可能性があるにも関わらず、専門家は他人の言うことを聞かない。だから専門家には専門的な仕事を任せない方がいい。専門とは少しずれた仕事をさせるところに本来の専門家活用の道がある。それが高橋さんの言いたかったことなのだと思います。

ｉモードを作った元リクルートの松永真理さんもパソコンなどまったくできなかった人です。インターネットもやったことがない、携帯電話を持ったこともない、そんな人でした。だからこそｉモードはパソコンを使えない人でもインターネットを使えるようになったのです。パソコンも含めて、何の〝設定〟もなしにインターネットを利用できるようになったのは彼女の作った携帯電話が最初だったのです。そして文明を変えるような爆発的なヒットを生み出しました。

これは従来の企業行動の反省でもあります。企業は利益を追求します。利益を追求するというのは、無駄を省き、合理性を追求するということです。一つのことに成功すると今度はそれをよりコストをかけずに実現する、より時間をかけずに短時間で実現する。これは割り算をやり続けているわけです。たとえば、一〇のスケールを持っていた商品がヒットする。それをコストダウン、時間短縮で割っていく。しかしいくら割り続けたにしても一〇それ自体は変化しない。割り算して一〇が七になる。三の利益が上がる。また割り算して一〇が五になる。利益が五になる。そのようにどんどん一〇というスケールの城壁を作っていく。大きな企業というのは、このスケールが大きいため、ほとんど割り算だけで成り立っているとも言えます。

〈ブランド〉というのは、その会社が割り算だけで済むようになった事態だと言ってもよい。そうやってどんどんその内部の専門家を生んでいきます。他のこと、城壁の外を考えなくなる。一〇自体（インターネット技術）を一〇〇（携帯電話）にしようと考えなくなる。専門家というのはいつも城壁の中で生じる人材のことを言います。〈新しいこと〉を考えなくなる人、壁の外で起こっている変化に目を向けない人と同じことを意味します。

掛け算で城壁を飛び越えよ

「王様は裸だ」と言った子供がいました。王様だけが錯覚していたのではなく、周りの大人たちもまた、王様が華麗な衣装を身につけていると知ったかぶりをしていたわけです。企業で専門家が増えてくるというのは、知ったかぶりをしている〝大人〟だらけの会社になるということです。さて、ここで「王様は裸だ」と誰が言うのでしょうか。誰がそういう役目を担っているのでしょうか。

毎日毎日「必要」に追われて仕事をするということは、知ったかぶりの大人になるだけのことです。学校教育の特長は、そういった「必要」とは無縁な勉強をするところにあります。エンジンの専門家になる前にサスペンションの勉強もします。設計やデザインの専門家になる前に地震に強い建物とはどんなものかという「構造」の勉強もします。データベースの専門家になる前にオブジェクト指向とは何かといった勉強もします。実験の名手になる前にタンパク質の基礎理論を学びます。しかもこういった〝前後〟は学校においては順不同です。

こういったことを「お客様」にも媚びず、ましてや「上司」や「同僚」にも遠慮せず留保なく学ぶ、いわば純粋に、「王様は裸だ」と言った子供のように勉強するのです。どれもこれもが横に並んだり、縦に並んだりしながら、決して割り算にならない勉強をするところ、それが〈学校〉というところです。〈学校〉で学ぶということは、したがって掛け算で勉強するということです。城壁を絶えず無限に外へ押し広げる、掛け算をして城壁を飛び越えていく、それが学校で学ぶということです。

最近のインターネット社会は、これまでの社会の一〇年を一年で実現するように進んでいます。〈変化〉が速いということがその特長です。昨日通用したことが今日は通用しない。みんなが見ていると思っているものが、大きな錯覚。それが毎日のように起こっている、そんな時代にあなた方はあと二年、三年しないうちに飛び込んでいく。

そうなると仕事ができることの要件は、まさに「王様は裸だ」と言える純粋性なわけです。専門的な仕事とは少しずれた仕事をさせる、という先の人材論の話も、まさにそのことを言っているわけです。そういった純粋で無垢な勉強を徹底してやることが、生涯にわたって自分の仕事を活性化させていく原理です。

社会人の勉強は単なる後悔

学校で勉強しなかった人の特徴は、

(一) 人から教わることしか学ばない(書いてあることしか学ぼうとしない)。この種の人は、夕方五時過ぎになると仕事のことをまったく考えない。もちろん土日には頭の中は空っぽ。

(二) 見たものしか信じない。この種の人は「幽霊を見た」という人と同じで「へぇー」と黙って聞くしかない話をする。会話にならない話が得意。知識が経験（ドグマ）に堕している。

（三）権威に盲従する（有名なものしか信じない）。この種の人は、有名人の話には飛びつくが、隣の同僚が書くレポートは「長い」と言って読まない。

この三点です。どれもこれも、すでに存在しているものしか信じないという点で共通しています。要するに新しいものを自ら生み出せないのです。知ったかぶりをしているだけなのです。その原因は、学生時代に純粋な勉強、無垢な勉強をしなかったからです。時間や利益や社会性に関係のない勉強（純粋な驚きに発する勉強）というものがあるということに（学生時代に）出会わなかった人たちなのです。そういう人たちに限って歳を取ってから教養書やビジネスノウハウ本（『世界』『文藝春秋』なども含めて）を読み始める。職場の休憩時間に単行本を読んでいたりもする。なんとさもしい〝教養〟でしょうか。社会人になって、「あの人は勉強好き」というのは、蔑視の言葉です。三〇歳を過ぎてＭＢＡを取っても意味がないのです。ほとんどの場合、それは学歴コンプレックスの裏面にすぎません。単なる後悔の勉強なのです。

どうか、「学生時代、もっと勉強をしておけばよかった」なんて後悔しないようにしてください。最近の社会人は、さすがに知ったかぶりしている自分を自己嫌悪している人も多いようで、学生になりたがっている人が増え始めています。しかしそれはもう遅い。「王様は裸だ」と言ったのは子供であったように、私がここで言う勉強は二〇代前後でもう終わりです。二〇歳を超え始めると、恋人もでき、結婚し家庭を持ち、子供もできというようにだんだん他人のことを考えざるを得なくなっていく。それはすでに存在しているもの（＝家族）を割り算で考えるようになっているのです。社会人になって歳を取るというのは、さまざまな「必要」にまみれ、もはや純粋に事柄に向かい合うことができないということです。親の元を離れる直前の年齢が純粋な勉強のできる唯一の貴重な時間なのです。

学生時代にしっかりと（＝純粋に、無垢に）勉強した人は、学校を卒業してからはもはや書物や学歴、そして教員や教授に頼ろうとはしません。その人たちにとっては、世の中そのもの、職場そのもの、仕事そのものがテキストだからです。いい歳をして〈書物〉の中に、〈教育〉の中に、何らかの教えを見出すのではなく、日々の仕事や生活それ自体の中に課題を見出す純粋な能力が備わっているからです。「もっと勉強をしておけばよかった」は、したがって、後悔どころか、むしろ諸課題（と諸解決）からの逃亡を意味しているにすぎません。

これからみなさんが勉強するカリキュラムは、われわれが精魂を込めて作った「純粋な」カリキュラムであります。「必要」に面して決して摩耗しないカリキュラムの〈全体〉をしゃにむに学んでください。これからのあなたたちが、これからの職業人として、どんな既成の権威にも媚びずに自立的に仕事ができるように精魂込めて作ったものがわれわれのカリキュラムであります。

その意味で、こうやって新しいみなさん、純粋で無垢なみなさんを、今日の日に迎えることができることを私は光栄に思います。〈学校〉教育のリーダーとして純粋で無垢なみなさんを迎えることを誇りに思っています。入学おめでとう。これをもって式辞に代えたいと思います。

（二〇〇四年四月八日入学式）

読書〈初級〉〈中級〉〈上級〉

みなさんはほとんどの方がこの学園が最後の学校になると思います。「最後の」というのは、出口は別の学校ではなく、〈社会〉だということです。まさにみなさんは社会に出るために、この学校へ入学してきたわけです。

実務の世界は厳しいと言われますが、そんなことはないと、私はこれから学生になる、そして最後の学生時代を送るあなた方に言いたい。実務の世界は、一言で言えば、分業の世界です。〈効率〉と〈精度〉を求めて分業に走ります。分業における効率と精度とは、本来の意味での〈勉強〉を必要としません。〈勉強〉をしないでも働ける条件を作り出すのが、分業における効率と精度の意味です。

たとえば、会社組織では、技術部門、広報・営業部門、経理・財務部門などと分かれている。技術者は、「良い商品を作ればいいんでしょ」と言う。営業は、「売れば（売れれば）いいんでしょ」と言う。経理・財務は、「儲かればいいんじゃない」と言う。もちろんこんなことしか言わない技術者は「良い商品」なんて作れないし、営業も売ったりできない。もちろん儲けることもできない。また同じ技術部門の中でも、エンジンの設計、部品作り、組み立て、すべて別々の人がやっている。建築も

〈設計〉と〈施工〉は完全に分かれている。憎しみ合ってすらいる。工事をやる人は、壊れなければいいんだよ、と思って工事をやっていますが、設計をする人は、美しくなければいけない、と思っています。仲がいいわけがない。設計をやる人はほとんどが一生設計、施工工事をやる人は一生工事という感じです。

トヨタなんて会社は、本当か嘘か知りませんが、新卒を採用するときに、クルマに関心のない人を採用すると言われています。車が「好き」、「あんな車」「こんな車」が好きという変に狭い了見で入社されても困るというものです。偏った知識、偏った関心によって、クルマやクルマのマーケットの〈全体〉が見えなくなることを危惧してのことです。社内全体に広がる分業主義、セクト主義を最初から排除したいわけです。

学校は、それに反して〈全体〉を学ぶところです。学校は、エンジンの部品や機械部分を学ぶだけではなく、燃焼や流体力学までをも学びます。いわばエンジンの〈心〉を学ぶわけです。建築も施工へ行こうが、設計をやろうが、設計は施工の心に配慮し、施工は設計の心を配慮できるような全体を学びます。その結果、建築の〈心〉を学ぶわけです。

よく三〇過ぎ四〇過ぎの社会人が、「もう一度学校で勉強したいな」と言うのを聞きます。彼らは、分業で寸断され、断片化された自分の知識や技術をもう一度統合化したいと思っているのです。いわば、自分の扱う商品の〈心〉を再発見したいわけです。

若者には情熱があるとよく言われますが、それは、あなたたちが単に体力があって元気だという意味ではなく、〈学生〉であるからです。勉強する、全体を勉強する学生であるからであって、〈心〉を学ぶ学生だからです。

書物の〈心〉を示す語句を見出す

経験主義を離れて〈心〉を学ぶ学生にとって、読書は必須ですが、本の読み方にも〈初級〉〈中級〉〈上級〉があります。

〈初級〉は、自動車や建築のことが知りたい場合、「自動車」「建築」という言葉がタイトルや目次に出ている本を買う人たちです。この人たちは、普段、雑誌や新聞しか読まない人たちです。本を読んでもノウハウ本、平積み本、ハードカバーのついた本であってもせいぜい司馬遼太郎か歴史小説しか読まない。朝礼当番か、プレゼンの前の日に忙しく本を読む人たちです。本を自分で買っても新書しか買わない。

〈中級〉は、本の一部を地の文のまま一段落以上引用することのできる人です。これは大学院生程度でしょうか。でも大学院生でも自分の都合の良いところを「引用」しているだけです。一種の分業主義的、職業主義的な引用なのです。彼らの〝職業〟は、引用の（内容ではなくて）数で飯を食うことですから。

〈上級〉は、著者（の魂）で本を買うことのできる人です。著者のモチーフとそのモチーフの解決場所が一冊の本のどこに書かれているかを見出せる人です。

本のモチーフやその解決場所は、序文や後書きを読めばいいというものではありません。かえって目立たないところにその著者の根性が見えるときがあります。いわば、書物の〈心〉というものです。それが著作のどこかでほのかに見えてくるときがある。

二〇年ほど前、誰かがこういうことを言っていました。書物には、著者の〈入射角〉〈出射角〉があると。彼は著作の動機を〈入射角〉、解決場所を〈出射角〉と呼んだわけです。私の言葉で、その意味でもう一つ突っ込んで言うと、それは書物の〈像〉というようなものです。読み込んでいくと書物が継起的な言葉の羅列から離れて著者の〈像〉や書物の意味の〈像〉のように見えてくる瞬間がある。その〈像〉から自然と逆照射されるいくつかの言葉やフレーズがある。それが〈入射角〉や〈出射角〉の言葉です。それは論理的な演繹で辿れるものではない。書物の全体とは、言葉の全体ではなくて、〈像〉の全体性なのです。

どんなに大部な著作でも、たった一つの語句が〈入射角〉や〈出射角〉を決めている場合がある。それを見出すのは大変なことです。でもそれが著作の〈全体〉＝〈心〉を〈読む〉ということです。それ以外は、すべてご都合主義的な断片化なわけです。時間とルーティンワークに追われている社会人には絶対にできません。

社会人は、その意味で本が読めない。会社の課長や部長が、朝礼や式典で、有名な知識人やベストセラー作家の名前を出しながら、話をする場合には、みんな読書「初級」。まともに本なんか読めていない。彼らは自分の縄張り（＝分業）を守ることに汲々としている人たちです。

本をまともに読むことができるのは学生時代だけです。効率主義で社会的に分業化された社会人は雑誌か新聞かベストセラーしか読めない。本を読むということは、もっとも〈効率〉と反することだからです。だから、書物の〈心〉なんてわからない。じっくり書物が読めるときは、学生時代しかありません。卒業するまでに分厚い専門書を一〇冊は〈心〉まで読み込んでみてください。それだけで一生死ぬまで〈社会人〉に勝てます。

クルマの〈心〉を読めるガソリンスタンド

さて、最後に最近私の身の周りで起こったことをお話しして終わります。

私は千歳烏山に住んでいます（現在は北品川四丁目に引っ越しましたが）。新宿方面に出るときには甲州街道をよく走ります。その甲州街道と環八の交差点の近くに「エネオス高井戸」という小さなガソリンスタンドがあります（甲州街道と旧甲州街道の分かれ目にあるガソリンスタンドです）。

ここはいつ行っても大変お客さんが多い。それほど大きな店ではないのですが流行っている。セルフガソリンスタンドが流行る中、従業員も多い。この店の特徴は、単にガソリンを給油するときでも、必ずドライバーを外に出し店の休憩室の中に入れることです。入れる方法は、「お客様、車内掃除を致しましょうか」です。「やってよ」ということになります。タイヤなども暇なときはワックスがけしてくれる。サービスがいいというふうに見えます。だから流行っているのだと。そう考えてもいい。またこの程度のことは、どこでもやっていると言ってもよい。

でもこの間、面白いことがありました。店員の一人が、「お客さん、タイヤ変ですよ。空気がちょっと減っていませんか?」と休憩所で休んでいる私に語りかけてきた。

「本当? チェックしてみてよ」

ジャッキアップしてもらって、私も一緒にチェックしましたが、釘拾いの形跡はまったくない。結局、空気漏れの原因がわからない。「明日の朝ディーラーに持っていって点検してもらうよ。空気だけは補充しておいて」と頼んでその場を凌ぎました。「タイヤ交換するのなら、うちでお願いしますよ」なんて不安な一言をかけられて「エネオス高井戸」を後にしました。

次の土曜日の朝、ディーラーに予約つきで持っていって一時間以上待たされましたが、「何も異常ありませんね」とのこと。

「だって空気圧が明らかに一本だけ異常なのよ。絶対空気漏れていると思いますよ」

「いやお調べしましたが、私どもではこれ以上無理です。タイヤ専門店で見てもらえばどうですか。『成城タイヤ』が近くにありますよ」なんて言われて追い出されてしまった。

早速、「成城タイヤ」で、タイヤを外して石鹸水をかけて見てもらった。タイヤの空気漏れの一番原始的なテスターが石鹸水だ。「お客さん、パンク修理したところから漏れていますね」と言われた。見せてもらったら、修理跡からプクプクと泡が出ている。やれやれ。

私が腹が立ったのは、私を追い出したディーラー。こんな程度のこと誰でもやれることではないか。ディーラーは私のタイヤに石鹸水さえかけていなかった、ということだ。そうやって「専門店」へ追い出す。どういうことでしょう。しかも私は、専門店店員に「お客さん、このタイヤもう交換時期ですよ」と言われて、その店で四本とも買い換えることになった。二三万円も突然の出費を強いられたのです。先月の実際の話です。

どうですか。みなさん、ディーラーは、なぜこんなバカなことをしてしまったのだと思いますか。それはディーラーの人がバカだからではありません。ディーラーは、クルマを売るところだと思っているのです。だから一度クルマを売ってしまって何百万かの大金が入ってくれば、二〇〇〇～三〇〇〇円の修理、あるいは一〇万円、二〇万円のタイヤ交換には関心がなくなる。だからタイヤに石鹸水すらかけない。車の売買契約書に判子を押した瞬間からもう私はお客様ではないと思っている。買い換えの時期が来るまではビジネスの対象ではないと思っている。ディーラーは、クルマを売るところという分業主義がはびこっているのです。修理箇所やクルマの現状全体を絶えず顧客に提示して、ビジネスチャンスを拡大する気がない。故障箇所の展開は、それ自体が次の車を買うサインだということをわかっていない。故障は故障だという〝分業〟主義に陥ってもいる。たぶんこのディーラーは整備部門と販売部門との連携がとれていない。それに、このディーラーは、私に「もうタイヤ交換の時期ですよ」とさえ言わなかった。みすみす何の関係もないタイヤ専門店に客を取られてしまったのです。サイテーのディーラーです。

一方「エネオス高井戸」は、自分たちをガソリンを入れるだけのガソリンスタンドとは思っていない。一台の車がガソリンを入れに入ってきたら、給油口に給油ノズルを差し込んでいる間に、窓ガラスから、タイヤのクリーニング、車内清掃まできれいにやってくれる。

私は最初、これは付加価値サービスだと思っていましたが、そうではない。車体、タイヤ、車内を毎回チェックして、ビジネスチャンスを見出そうとしている。〝付加価値〟ではなく、このガソリンスタンドにとってはクルマのすべてが〝価値〟なのです。まるで私がユーザーとして車を愛するように、ビジネスとして車を愛している。愛している、というのは、いつでも全体を愛しているということです。クルマの〈心〉をわかっているわけです。ガソリンスタンドはガソリンを入れるところ、ガラス拭きはガラス拭き、車内清掃は車内清掃、そういった分業主義を排しているわけです。

昨日も、仲良くなった店員が、私が待合室で休んでいる間、私の車のボンネットを開けて、オイルや冷却水などをすべてチェックしていました。この「エネオス高井戸」でガソリン給油だけをして、「ありがとうございました」と送り出されたときには、お客様の車には異常がありません、と言われたことと同じことを意味しています。

そう思うと、私は、このガソリンスタンドの〈入射角〉、〈出射角〉が読めてきました。このガソリンスタンドは、クルマ全体を相手にしている、クルマの〈心〉を読めているガソリンスタンドなわけです。大資本に安住し、分業主義で固まっているディーラーより遥かに全体を見通せる仕事をしている。いわば、ここの社員は、社会人であっても勉強している社員なわけです。勉強熱心な、知的な、インテリジェントな社員たちなのです。

分業主義の組織では全体を見ているのは〈社長〉だけですが、このガソリンスタンドでは、すべての店員が〈社長〉の目＝知的な目で顧客を見ている。ガソリンを入れる〈経験〉、清掃の〈経験〉だけでは、決して〈全体〉や〈心〉までは読めない。〈経験〉主義では、一〇年ガソリンスタンドに勤めても、ただガソリンを入れるのがうまくなる、掃除をするのがうまくなる、タイヤ交換がうまくなるだけで、それぞれがクロスすることがない。それでは〈経営〉にならない。

甲州街道沿いのガソリンスタンドはセルフスタンドにお客を奪われつつあるのですが、セルフスタンドより遥かに高いガソリン代を払っても、エネオス高井戸はビジネスが成立している。それは車全体を経営〝資源〟にしているからです。

みなさんは、高校までの勉強に不満を持っている。国語は好きだけど、数学は嫌い、というように。そしてやっと好きな勉強ばかりができる専門学校に入ってきた。だけど、エンジンさえも、さまざまな要素の集合体であることに気づかされます。機械工学から、化学、物理学など多分野にわたります。どんなに専門を掘り下げても、必ず周辺領域や異分野の勉強をしなければならない。それが専門を極める、全体を勉強することの本来の意味です。学生時代こそ、ご都合主義や効率主義、分業主義では見えてこない他者への関心を育てる時期なのです。〈全体〉や〈心〉を読み取る時期なのです。

特に最近はインターネットの〈検索〉という便利なものができて、全体というものが、以前よりも遥かに見えやすくなったように思われていますが、それは断片の全体であって、決して本来の意味での全体ではありません。だからインターネット情報では〈心〉や〈像〉が見えない。インターネットのグローバリティやユニバーサリティは、私が言う意味での〈全体〉を隠蔽し続けます。

もっともっと一つ一つの書物に、あなたたちは沈潜すべきです。内部に全体があると思える時代が学生時代の最大の特権です。インターネットは、社会的には、放っておいても使わざるを得ない水道水のようなものなのですから。

しかし〈勉強〉はインターネットのようにいつでもできるものではありません。歳を取って本を読んでいる人なんて、私は絶対に信じません。そんな連中は職場の中では必ず嫌われ者です。若いときの勉強や読書の質は、その人の勉強の一生のスタイルをすべて決めているのです。

これからの最後の学生時代、みなさんには心して勉強していただきたいと思います。それが、私がみなさんにお伝えしなければならないこの門出の入学式の言葉です。入学おめでとうございます。

(二〇〇七年四月五日入学式)

第三章

就職活動への檄二〇箇条

——大きな企業が有利な本当の理由

「一流」とは何か

この間、わが学園生え抜きの教員が某大手ベンダーから引き抜きの誘いを受けた。本人は、結構うれしそうに、「これは芦田さんには内緒にしてね、と言われたんですけどね」だって。情けないことだ。そう言われてひるんだ瞬間、このわが校教員は、本当の意味で「二流」の人間に成り下がったわけだ。私は、なぜ、「あなたこそ、わが学園で一緒に私と働きませんか」とすぐさま言い返せなかったのか、とその教員をしかりつけた。「情けないね」とも。

うさんくさい「出世」をする人の特徴

私は、こういった問題は「一流問題」と呼ぶことにしている。一人の人間が、こつこつと努力してそれが認められてメジャーになる。いわゆる「出世」。これはよくあることだ。たとえば、お笑いの西川きよしが「出世」して国会議員になる。お笑いのたけしが「出世」して映画監督になる。同じくお笑いの島田紳助が「出世」してニュースキャスターになる。しかしこういった「出世」はどことなくうさんくさい。

たとえば同じ芸人でもタモリや明石家さんまは、こういった「出世」の仕方を拒んでいる。彼らは「出世」したからといって、「国会議員」や「知識人」「文化人」にはならない。要するに芸人としては（あるいは思想家としても）タモリや明石家さんまの方が遥かに優れている。こういった違いはどこから出てくるのだろう。

西川きよしもたけしも紳助も自分にコンプレックス（現在の自分を否定的に考える性向―この性向の究極がキリスト教の「原罪」というもの）があるのだろう。自分にコンプレックスがあるということの意味は何か。自分の存在の評価を他者による評価によって測ろうとすることだ。他人に褒められると自分を過度に甘やかし、他人が非難すると極端に自信喪失する。自分で自分のしていることを評価できない。褒められても簡単には納得しない、けなされても落ち込んだりはしない、そういった自己評価ができない。自己評価することができないと通俗的な既成の世界秩序（＝世間）に頼らざるを得なくなる。

かつて、島田紳助は、松本人志と深夜番組（日本テレビ）で対談する番組をレギュラー化していたが、紳助の、松本へのこのすりよりは見ていられないほど悲惨なトークを露呈している。それはたけし軍団を侍らせ、面白くもないトークを連発するたけしと同じ悲惨さだ。

漫才師よりは国会議員、知識人、文化人。ジャーナリストよりは大学教授。学歴や部長、重役といった肩書き。小さい会社よりは大きな、有名な会社などなど。こういった悲惨な秩序は蔓延している。もちろん最初から社長であったり、最初から文化人であったりすることなどできないから、こういったことを気にし始めるといつもコンプレックスで悩まされることになる。大きな会社から誘いを受けたり、多額の給料を提示されたり、芥川賞を取ったりしたら、急に偉くなったような気になって態度が変わり始める。いったいこれはどういうことか。

そういった社会性は、一人の人間にとってはいつでも偶然だ。社会的な不遇も、厚遇も、理由をつけようと思えばいくらでもつけることができそうだが、ほとんど嘘だ。人は偶然出世し、偶然落伍する。それが〝社会〟観の究極の認識だ。つまり社会評価は、評価にはならない。

どんな〈現在〉にも有利、不利はない

そもそも社会的な頂点というものはいつでも没落の始まりでしかないし、没落は、また新生の始まりでもある。横綱になってから強くなる「千代の富士」みたいな力士もいるし、勝ち続けていても強くない「巨人」のような野球もある。それが「社会」というものだ。

〈評価〉とは、そういった「社会」から限りなく遠ざかることだ。「王様は裸だ」と言うことのできる力を持つことだ。何が没落の兆候であり、何が新生の始まりであるのかを見極める力を持つことだ。このことは、〈現在〉の自分の社会性とは何の関係もないことである。というのも〈現在〉とは、没落と新生との交点だからだ。

どんな企業も最初から大企業であったことはない。どんな企業も永遠に大企業であることはない。同じようにどんな〈人物〉も生まれたときから天才であるわけでもなければ、永遠に天才であり続けたわけでもない。大概の個人（天才）は、死ぬ何年も（何十年も）前から衰退しているし、逆に死ぬ数年前に「有名」になる人もいる。企業の成長、個人の成長は、どんな生理や有機体とも類似のない仕方で盛衰を繰り返している。

したがって、どんな〈現在〉にも不利、有利、二流、一流ということはない。〈現在〉は、差別なく平等に（没落に向かっても、新生に向かっても）与えられている。この〈現在〉が自己評価の源泉だ。たった一人の自分だけが自分の支持者にすぎないことが、世界を魅了する天文学的な支持量となって現れることの始まりであるのかもしれないし、そしてその時点こそが、現在「である」かもしれないことを誰も拒むことはできない。

むろんこのことは、憶測であり、経験的な憶測である。憶測ということで言えば、たった一人の自分だけでの支持に終わりそうな無数の世界性が世界史のあちこちに埋もれているかもしれないということも、拒み得ない憶測のもう一つである。

私の〈現在〉の緊張に耐えうること、これが〈歴史〉というものだ。〈歴史〉とはどんな必然性や因果とも無縁な概念である。自分の近傍に天才や一流を見出せない人間に、どんな評価が可能だろうか。自分の〈現在〉に世界史を見出せない人間に、どんな上昇が可能だろうか。

（初出・二〇〇一年四月一七日）

就職活動、出陣の言葉――できるだけ大きな企業を目指しなさい

先々週の金曜日（就職指導プログラムの期間）は久しぶりにWEBプログラミング科の学生の前で話をした。春のフレッシュマンキャンプ以来だ。

内容は、就職活動を開始する君たちへ、というもの。専門学校は二年課程が多い。したがって、就職活動は学校へ入学して半年足らずで開始しなければならない。特に大学生（一流大学の大学生）と本気で戦うには、大企業が採用活動を開始する一〇月は勝負時なのである。

それは遥かにハンディを背負った活動開始である。大学生は三年生の一〇月。専門学校生は一年生の一〇月。一流大学に在籍してようが、三流大学に在籍してようが、この年代の二年間はどんな学生だって大きく成長する時期で、三年生は一年生に比べて遥かに大人の落ち着きがある。

だから、ほとんどの専門学校の就職活動は、この時期には開始しない。一流企業の、一流大学三年生の採用が一巡する春先が専門学校の就職活動が本格化する時期なのである。一年生の一〇月に就職活動を開始する専門学校なんて、日本中どこを探しても存在しない。三年生の大学生に勝てないからだ。「専門学校は（大学に比べて）就職がいい」というのはウソだ。それはそもそも大学生がもともと

相手もしない企業への就職率がいいと言っているだけで、同じ土俵で優劣を競っているわけではない。しかも最近では、大卒の就職落ちこぼれ組が旧来の専門学校就職域まで降りて来ているために専門学校（専門学校生）の就職率はどんどん落ちてきている。

若いうちはできるだけ大きな企業を狙いなさい

こんな状況の中で、私は次のような話を学生諸君に行った。

まず、みなさん、できるだけ規模の大きな企業への就職を目指しなさい。それは中小企業は良くないという意味ではなくて、まずは大きな企業で学ぶべきことを学びなさいという意味です。大きな企業があなたたちの終点や理想であるわけではありません。

理由は二つあります。

第一の理由。

大きな企業は、人材評価を複数の系列から汲み上げるノウハウを有しています。直属の上司と折り合いが悪くても必ず直属の上司共々評価の対象にする仕組みを有しています。したがって、人間関係で失敗する可能性が少ない。

小さな会社は、トップの顔が見え、動きも速くて快適なように見えますが、一度上司（あるいは社長）とうまくいかなくなったら評価を取り返すのに大変な努力が必要になる。これは若いあなたたち、人間関係にまだまだ経験の少ないあなたたちにとっては大変な負荷です。小さな会社への就職機会が多い専門学校生がキャリアを積みづらい理由がここにあるわけです。お調子者が多い大学生に比べて、無口な学生が多い専門学校生は、特にここで損をしているわけです。離職率が高いのもそれが理由（の一つ）です。

第二の理由。

大きな組織は、大きいが故に人を動かすノウハウを有しています。見たこともない社長が、何千人、何万人という末端の（世界大の）従業員を組織しているというのはそういうことです。

このこと（＝マネージング）を若いあなた方はまず学ぶ必要がある。組織に入って、まずあなた方が目にするのは、（たとえば）目に見えないところで努力する先輩や同僚の姿です。（たとえば）上司や同僚の不正や怠惰です。そして真っ先に自分自身の。そういった個々人の目立たない努力や不正や怠惰をその組織はどのように評価したり、見抜いたり、許さないのか、どの程度にそういったノウハウを有しているのか、それが大きな企業であればあるほど重要になってきます。「誰も見ていない」ことが多いのが大企業だからです。「マネージング」「マネジメント」とは、見たこともない、会ったこともない人を動かす能力のことを言います。遠いものに影響を与えることができるからこそ、大企業は大企業であるわけです。

それは組織内の遠さ・近さだけではなく、マーケットの広さ、マーケットに対する影響力の大きさとしてもそうです。目の前のお客様に受け入れられるだけではなく、会ったこともなければ、言語も違う、風習も違う、民族も違うお客様の要望にも応えられる商品やサービスも提供できること。これが大企業の生産・サービス活動の特質なわけです。そのノウハウを若いあなた方はまず真っ先に社会人として学ばなくてはならない。

何年か前、ホリエモンのライブドア騒動がありました。あっという間の出来事でしたが、若い人たちがどんどん起業する、特にＩＴ分野の青年たちがどんどん起業する傾向がここ一〇年あります。でもホリエモンと同じように長続きしない。なぜか。答えは簡単です。ＩＴ産業は（農業や製造業と違って）あまりにも一気に売上げが増加し、会社規模（従業員数）も大きくなるために、「会ったこともない」従業員の管理ノウハウを身につけるのが遅れてしまうからです。

最初は思想を同じくする優秀な人たちが集まって、少数精鋭の生産的な組織であったにも関わらず、図体が大きくなることによって、ノイズや無駄が増えていくことに鈍感になっていく。急激な売上げの伸びが（売上げの伸びと共に発生している）リスクを隠してしまう。そうやって成長の速さと同じように没落が始まる。これではマネジメントは学べない。

さてしかし、大企業は専門学校の学生にとっては難関です。もちろん大多数の大学生にとっても難関です。なんといっても、あなたたちが高校生時代遊んでいたときに一所懸命勉強をしていた東大や早稲田や慶應の学生たちと戦わなければならない。

世の中の一流企業と言われている組織には必ずこういった大学の連中がいます。学校では偏差値の高低で分離していたこの人たちと、会社ではふたたび一緒になる。そして大抵の場合、偏差値の高低にしたがって数年後には、その大学生に使われることになる。専門学校生はジョブスキル職のままとどまることになる。そんなくだらない悲劇はありません。この連中をあなたたちはまずやっつけなくてはならない。

人生の大逆転

あなたたちは、まだまだ学歴社会であるこの社会では出遅れた専門学校生ですが、しかしこの専門学校に入学して、彼らが受験勉強をした以上に十分に学んできた。彼らは大学では何一つ学んでいない。受験勉強で蓄えた勉強の余力で就職活動を（小器用に）こなしているにすぎない。

専門学校で学ぶことは、その学校で良い成績を取ること、その学校を卒業することにあるのではありません。残念ながら、この学歴社会では「専門学校」はそのもっとも良質な部分ですら「ブランド」にはなっていない。一〇月に採用活動を始める多くの企業は、最初から「専門学校」生の「エントリー」を阻んでいます。悲しいかな「専門学校」という選択欄がない。これは〝差別〟ですが、しかし「専門学校」というのが、早稲田や慶應に入る学生がやってきた受験勉強以上の勉強をさせてこなかった一つの結果でもあります。

だから、あなたたちの真の課題は学校の期末試験を突破すること、専門学校を「卒業」することではなくて、技術そのものを磨いて企業に入ってから彼らと戦える状態を作ることなのです。

あなたたちが、彼らより遥かに技術力があることは、私が一番よく知っています。あなたたちが卒業する頃には、Java、Oracle、UML三つの資格をあなたたちすべて（在籍学生のすべて）が有することになる。専門学校生はもちろん、大学生や社会人のプログラマーでさえも同時に（体系的に）持つのが難しい資格を一年足らずの短時間で三つとも有している。またそういった資格にとどまらず、あなたたちは、本格的なWEBアプリケーションを簡単に作ることができる。プログラマーを超えて、あなたたちは二〇歳になるかならないかでソフトウェアアーキテクトであるわけです。このことにあなたたちは、もっと自信を持つべきです。

すでにあなたたちの今年の先輩たちは、日本総研、日立ソフトウエア（※現在は日立ソリューションズ）、リコーテクノシステムズ（※現在はリコーITソリューションズ）などかつて専門学校生が、SEとして、総合職採用として就職できなかった企業に就職し始めている。学歴差別の未だに残存している日本の大企業の風土の中であなたたちの先輩が初めて切り開いた道です。

あなたたちの先輩は、たとえ専門学校生の総合職採用がない企業であっても、自分で学んだ内容をPowerPointにスライド化し、「ぜひ一度私と会って、プレゼンを見てほしい、プログラムを見てほしい」と先生と共に懇願し、一〇月採用の企業への道を切り開こうとしてきました。こんなことをやっているのは、全国の専門学校で、私たちの専門学校だけです。

なぜ、専門学校は、一〇月採用の道を選ばなかったのか。答えは簡単です。二年課程がほとんどの専門学校の現状で、一〇月から就職活動を開始するためには、たった六ヵ月で一八歳の学生を仕上げなければならない。しかも大学生は三年生。二年間もあなたたちよりも長く（一応）〝勉強している〟。二〇歳前後《はたち》の二年の差は大変大きい。どんなに勉強していない大学生でも二〇歳を超えると落ち着きが出てきたり、〝コミュニケーション〟能力も向上する。アルバイトやコンパばかり二年もやっていれば、〝コミュニケーション〟能力がつくのは当たり前のことです。少なくとも一八歳の高校出たての一〇月の青年よりも遥かに。

大学生と専門学校生、どちらが優秀か、という問いは最初から不公平。だから逆に専門学校関係者も最初から大学生を相手にしない（諦めている）。専門学校生は「それなり」のところに就職させればいいと考えている。そんな専門学校に入るのなら、大学に行った方が遥かにマシでしょう。

「遠い」ものを見る力が就職活動を制す

その意味で、私たちの作るカリキュラムは、最初の五ヵ月〜六ヵ月で就職活動に耐える中味を持たせています。すでに夏休み明けにSun Java資格（SJC-P）を取った、あなたたちの仲間の学生が二人もいる（社会人でさえも合格率平均は五〇％ですが、二人とも八〇点以上の高得点で合格しました）。三年前は、Sun Java資格のカリキュラム上の目標は二年生の秋学期でした。二年前からSun Java資格カリキュラム目標は一年生の冬学期にまで縮まった。そのようにわれわれは、毎年カリキュラムの解像度を上げ（あるいは圧縮率を上げ）、そして今年はすでに二人。一〇月採用の就職活動で、あなた方はすでに「オブジェクト指向プログラミング」とは何であるのかを十分に語ることができるようになっている。

そういったみなさんの努力によって、一〇月採用（専門学校生は採用しない大企業）の一〇社に一社くらいは会ってくれるようになってきている。実力社会はその程度には日本に浸透しつつある。そのおかげであなたたちの先輩、現在の二年生は今年の五月末で早くも一〇〇％の就職率（在籍数比）を達成しました。これは全国の大学、専門学校の中でもトップの成績だと思います。早期の就職率とは「質の高い」就職率を意味しているわけです。

しかしこれらの成果は、残念ながら私たちの「専門学校」というブランドではなくて、あなたたちがこの学校で身につけた技術と能力そのものによっています。これらの一流企業は、あなたたちを一人の個人として人材として評価してくれたのです。「専門学校にもすごいのがいる」というように。これは校長としては複雑な思いです。「実力」とは基本的には個人の徴表であって、「学校」の徴表ではないからです。

日本の新卒採用の基準は、ほとんどの場合、高校卒業時（＝大学入学時）の能力、つまり受験勉強の経験の有無で測られるのがほとんどです。一流大学というのは、受験勉強をまともにした学生が多い大学ということを意味しているのであって、一流の教育を行う大学のことを意味しているのではありません。

しかし「受験勉強」というのは決して悪いものではありません。一流の大学へ入学するには、計画力や実行力、忍耐や我慢、継続性、自己の欠点や強みの認識、欠点の補正能力など社会人になっても要求される数々の心理モデルが必要になります。また、もう一つ受験勉強の特質があります。それは「遠い」ものへの意識を経験するということです。全国模擬試験や偏差値を通じて、クラスの級友（のライバル）を越えた関係を意識することになります。「遠い」もの、見えないものを制御する意識を受験勉強で初めて経験し、それを乗り越えていくわけです。

スポーツのできる国体級の学生も全国のライバルの能力を測る実力、「遠い」ものを測る能力を備えています。「体育会」系も就職にはそれなりに強い。一〇〇メートルをコンマ何秒縮めるというのは偏差値よりも客観的な戦いを勝ち抜いていくわけですから。そのように高等教育の入り口で日本の青年たちは大企業マネジメントモデルをすでに経験しているわけです。

大概の大学生は就職活動時に、この心理モデルを反復して企業就職を可能にしています。残念ながら、専門学校の入学生にはこの心理モデルが形成されていません。受験勉強経験がないからです。だからこそ、大企業は「専門学校生」に関心がない。学歴差別の実際は、「東大」か、「早稲田」か、「中堅」か、「それ以下」かの差別なのではなくて受験勉強有無差別なのです。そしてその差別は十分根拠がある。したがって、専門学校の課題は、この受験勉強モデルを凌ぐ勉強や勉強のモデルを見出すことです。そう思ってわれわれはこの学校のカリキュラムや教育体制を作ってきました。

みなさんは、コマシラバス、授業シート&授業カルテ、企業提携課題学習や役割認識型グループ学習、補習サークル、模擬試験サークルなどを通じて、受験勉強では得られない密度の高いそれでいて柔軟性の高い学習を経て、たった半年でWEBアプリケーションを作ることができるようになっている。すでに入学してたった五ヵ月でJava認定試験を合格している学生もいる。これらは一八歳の学生に与えられるプログラムとしては世界でもっとも優れたものだと、私は確信しています。

それでもなお、その成果は、あなたたちが大学生より遅れて開始した勉強の分、遅れざるを得ない。つまりあなたたちの勉強の成果は、大学生のようにどんな「学校」に入れたかではなく、どんな「企業」に入れたかによってのみ表現できる。受験生のように学校が勉強の最終目標ではなく、企業就職が勉強の最終目標なのです。受験勉強では負けたかもしれないけれども、企業活動の場で初めて（あるいは再度）あなたたちは大学生と戦うことになる。

今年「日本総研」の内定を取ったOT君は、内定式では七割の学生が大学院生、「日立ソフトウェア」の内定を勝ち取ったH君の内定式の列（七人席）ではH君以外のすべての学生は大学院生だったそうです。なんで専門学校生がここにいるの？という感じだったそうです。残りの連中は早稲田や東工大の学生たちです。

ここであなたたちは、高校、あるいは中学、あるいは小学校の時代の連中と再度、並んだわけです。この戦いを避けてはいけない。私は教職員と共に、あなたたちに「遠い」ものを見る力を育ててきた。学校の成績や試験の点数ではなく、実務の現場を見通す「遠い」もののための能力、「遠い」ものに耐えられる力です。学校の成績や勉強に安住してはいけない。いまこそ試験問題を解くようにして企業選択の○×をつけるときです。そこからが競争です。

科の先生たちとよく話し合って、まず一〇〇〇名以上のＩＴ企業（「開発」系ＩＴ企業）を目指しましょう。〈人材〉を本当に欲しがっているまともな企業であれば、たとえ、エントリー欄に「専門学校」がなくても必ず試験は受けさせてくれます。ここ二年間くらいの先輩たちがその規模の企業に何人も行き始めています。次に続いてみなさんがもっと大きな道を切り開いてくれることを校長として切に期待しています。

これをもって〝出陣〟の言葉に代えます。

（初出・二〇〇七年一一月五日）

就職活動開始の学生諸君に贈る「就職活動への檄二〇箇条」

就職活動も九月になって本格化してきた。私が学生の就職について思うところを二〇箇条にしてまとめてみた。お役に立つかな。学生諸君、がんばれよ。

【就職活動への檄（一）】

就職は、「自分の夢」「将来の夢」「自己実現」「能力の開花」に関わっているだけではない。自分自身が新たに築く家庭の家計の支えになることにも繋がっている。

【就職活動への檄（二）】

「夢」を実現しても生活ができなければ意味がない。特に最近は、共稼ぎをしても世帯年間収入が六〇〇万円を超えない家庭が多い。子供を妊娠・出産しなければならない女性が働くことを前提にしてもその程度の年収ということを真剣に考えている学生が少なすぎる。

【就職活動への檄（三）】

そもそも就職は「私の夢」を実現することではない。まずは自分を会社に買ってもらうわけだから（学費を払って授業を買うのではなくて、給料を貰うわけだから）、〈夢〉を語る前に、自分に何が「できる」のかをはっきりさせねばならない。しかもその「できる」は、自分が食べられるだけではなく、人（家族、特には自分の子供）をも食べさせる能力でなければならない。

【就職活動への檄（四）】

つまり〈就職〉とは、まだ見ぬ他人を納得させる能力を開花させる場所であるわけだ。これまでは、試験勉強が中心で担当教員を（カンニングをしてでも）納得させればそれで済んだが、就職試験はそうはいかない。別の難しさがある。

【就職活動への檄（五）】

試験官は、背後にいる何千、何万、何億もの顧客を想定してあなたの前に立っている。また、数十年後、会社のリーダーになって何百人、何千人、何万人もの社員を部下として動かすことができるかどうか、多くの社員に尊敬される人間になれるかどうかを見ている。その点をあなたたちは忘れがちだ。

【就職活動への檄（六）】

その点を忘れているあなたたちは就職ノウハウ本に頼る。ノウハウ本で就職できるような会社はすぐつぶれる会社。何もできない、何も勉強してないバカな自分を入社させてくれる会社は、それ自体がバカな会社だ。なぜ冷静にそう考えられないのか。

【就職活動への檄（七）】

背後に多数の顧客、多数の社員を有している会社は、ノウハウではなくて、あなたの根性（別名・コンピテンシー）を見ている。根性だけが、他人を動かすことができる。根性だけが未来を切り開くことができる。根性だけが世界を動かすことができる。

【就職活動への檄（八）】

しかし〈根性〉は、努力主義ではない。それは〈素性〉と言われているものに近い。素性の本性は、ながーい時間をもって形成されたものを意味する。親子関係も地域も学校も友達もあなたの〈素性〉の一部を培ってきた。そして何よりも〈学校〉体験もその〈素性〉を形成している。その素性＝根性を持って、あなたは世の中に飛び立とうとしている。

【就職活動への檄（九）】

そんなあなたの〈根性〉は何か。〈根性〉には〈表情〉がある。それは性格のプラマイを相殺した絶対値のようなものだ。「性格」なんてどうでもいい。長所は短所、短所は長所だから。そうではなくて、何が自分と他人とが違うところなのかということだ。ながーい時間をかけて形成されたものとはかけがえのないものという意味と同じことなのだから。二〇歳を超えた人間が初めて問える問いだ。

【就職活動への檄（一〇）】

〈根性〉は、どんな人間にも備わっている。親との関係、地域との関係、友人との関係、学校との関係、趣味やアルバイトの経験などなど、自分が二〇年以上も生きてきて、（無意識にも）形成されてきたものをいまこそ冷静に掘り尽くすことだ。そここそを面接官は見ている。

【就職活動への檄（一一）】

「自分の個性」「自分の特長」などと思っているものは、大概のところ「個性」でも何でもない。高度な二四時間情報社会に生きるあなたたちの「個性」や「特長」ほどくだらないものはない。携帯メール、ミクシィ、ツイッターによって二四時間アウトプットばかりしているあなたたちにどんなストックがあるというのか。面接官がそれらの個性について二つ三つと質問するともう何も言うことがなくなるほどの薄っぺらな個性にすぎない。自分の語った言葉や事態さえ、満足に説明できないあなたたちの「個性」「特長」って何？

【就職活動への檄（一二）】

そのように、大概の「個性」は月並みなものにすぎない。「適性にあった就職を」とバカなキャリアカウンセラーは言うけれど、そんな「適性」など存在しない。だから奥が深い、楽しい。そんな新しい実社会に、薄っぺらでできあいの個性や適性を持ち出しても意味がない。社会とは、〈変化〉の代名詞。自分が〈変化〉できる場所でもある。だから「適性」「適応」とは自他共に変わる気のない者の持ち出す言葉。「適性」は、すでに出遅れているわけだ。

【就職活動への檄（一三）】

あなたたちのこれまでの勉強は、〈努力〉すれば先が見えるという性格のものだった。つまり〈累積〉がものを言う世界だった。でも、実社会は、〈累積〉では仕事ができない。「予習」や「復習」が効かないのが実社会というもの。いつも〈変化〉を迫られている。だから〈努力〉では就職はできない。就職ができないだけではなく、〈努力〉では〈仕事〉ができない。

【就職活動への檄（一四）】

私の言う〈根性〉とは、そんな変化を担ったり、変化に耐える能力のことだ。些細であるとはいえ、あなたたちの二〇年以上の経験の中にも、親が亡くなる、身体を悪くする、友達と大げんかする、親友に裏切られる、失恋をする、親に大きな嘘がばれるなどなどの〈変化〉があったに違いない。そのときあなたはどうした？

【就職活動への檄（一五）】

そんな〈変化〉に見舞われたとき、あなた方のストックは、ほとんど役立たずで絶望に見舞われたに違いない。自己嫌悪にも陥ったに違いない。そのとき、何がその〈変化〉を支えたのか。その何が、私の言うCompetencyとしての〈根性〉。英語で、He is competent to play the piano. と言えば、彼は単にピアノ演奏が得意でうまいのではなくて（スキルがある、というように）、聴衆をうならせるほどのピアノ演奏ができるということだ。Competencyとは、他者を動かすほどに「充分competent」な能力のことを言っている。ドイツ語では、Austrag（アオストラーク）という言葉がある。引き裂かれても持ちこたえる能力のことを言う。同時に「配達」「胎児を臨月まで持ちこたえる」を意味する言葉でもある。二つの言葉（CompetencyとAustrag）をまとめて言えば、他者に届くほどに十分な能力。それが〈根性〉。

【就職活動への檄（一六）】

大概の日本の若者は、こういった〈変化〉を受験勉強で経験している。受験勉強は、累積型の努力主義ですが、年に一回の試験で合否が決まるという集約性（偶然性）が、大きな〈変化〉の体験になっている。成熟した日本の学生の〈根性〉形成は、実生活の変化よりは、〈大学受験〉なのである。

【就職活動への檄（一七）】

学歴偏差値の序列は、無体験な日本の学生を徹底的に孤独に追い詰めることによって〈根性〉形成に寄与している。〈根性〉に偏差値は相関している。「学歴は問わないが、ふたを開けてみれば名門大学だった」というのはその意味でのことだ。大概の一流企業の人事は、毎年そんな経験を繰り返している。

【就職活動への檄（一八）】

情報社会に包囲されている若者ではあるが、大学受験の一回性は、この高度情報社会（交換と代理だらけの社会）での唯一の身体性。その身体性の根性を企業は見ている。だから、高学歴と一流企業就職とは一致している。

【就職活動への檄（一九）】

さて、あなたが、たまたま高偏差値、あるいは高学歴でもない場合にはどうすればいいのか。重要なことは、しかし高偏差値・高学歴自体ではなく、それに伴う〈根性〉なのだ。あなたの根性をどこで見出すのか、それが就職活動の鍵を握っている。〈受験勉強〉の代わりにあなたの根性探しをしなくてはならない。

【就職活動への檄（二〇／まとめ）】

さて、したがって、就職活動とは、面接官を通過することではなくて、自分の〈根性〉を見出すことです。〈根性〉とは一言で言えば、自分の子供や年老いた親を食わせる能力のことです。バカほど「自分の夢」を語りたがります。しかし能力とは他人を養う力のことを言うのです。そのことを踏まえた根性探しをしましょう。それが就職活動の成否の鍵を握っています。

（初出・二〇一〇年九月七日）

八王子・大学セミナーハウスの青春
――進路とは進路を考えなくても済む専門性を身につけること

金曜日（四月一八日）は、八王子にある大学セミナーハウスに行ってきた。わが校のＦＭＣ（フレッシュマンキャンプ）が今年は「大学セミナーハウス」で行われたからだ（昨年は代々木にあるオリンピック記念青少年センターだった）。毎年、新入生を対象に一泊二日の研修を行う。名実共にこのフレッシュマン研修で新入生はわが学園の学生になる。

このセミナーハウスには、おおよそ二五年ぶりになる。感慨深い。早稲田の大学院修士時代、川原栄峰ゼミの『存在と時間』（Sein und Zeit）原典講読研修がここであったとき以来である。私の二〇代から三〇代前半はハイデガーばかりを読んでいたから、このゼミには並々ならぬ印象があった。おまけに川原ゼミは、当時の早稲田の哲学科の教授たちすべてから完全に孤立していたから（早稲田の哲学科はサルトルの松浪信三郎、ヘーゲルの樫山欽四郎亡き後、誰も哲学している人がいない）、それがまた私には面白かった。私はもっと孤立していたが。

私にとっての大学院時代というのは、一年かけても数頁、数十頁しか進まない原典講読の面白さだった。中には、二、三行しかない一段落を進むのに一年かかった講読の授業もあった（いまは亡き高橋允昭のデリダ講読の授業）。

ゆっくりと読むということは大切なことだ。あるいは、日本語的に言えば、助詞の使い方の一つ一つに思想の決定的な要素を読み取る訓練は、私にとっては、この時代においてのことだ。

でも、そのことと自分が今後どんなふうに生きていくのかということとはまったく繋がっていなかった（「校長先生」のいまでさえそうだ）。別に大学教授になりたいわけでもなく、かといってサラリーマンになって仕事をしたいわけではなく、そもそも大学院に進学したのも、いい歳をして本を読むことについて、言い訳なしに過ごせる環境が欲しかっただけのことだ。

当時、私には自分の将来のイメージがまったくなかった。専門学校の校長になって、この大学セミナーハウスを再度訪れるなんて、神様さえも予想してはいなかっただろう。いま、専門学校の校長という職にあって、若い学生たちの進路をヘルプするのが私の役目だが、「進路」なんて誰がわかるというのだろうか。私にとって進路とは、進路を考えなくても済む専門性や自立性を身につけることでしかない。

専門学校生は、なぜ、大学生に負けてしまうのか。答えははっきりしている。大学生は勉強しない（＝授業に出ない）からだ。勉強しないで遊んでばかりいる。アルバイトばかりしている。そうやって、友達との〝コミュニケーション〟のノウハウや職場の人間関係（〝店長〟とのコミュニケーション、同僚や顧客へのコミュニケーション、新アルバイト者への指導）を学ぶ。そうやって、授業では得られない理解力や表現力や指導力を身につける。むしろ大学生の方が職業教育の基本を身につけている。それに反して、専門学校生は仕事の専門知識や技術ばかりを朝から夕方まで学校（＝教室）で学ぶ。だから、本当の職業教育を体験しているのは、むしろ大学生の方だと言えば言える。

特に、社会が知的に高度化して（第三次産業就業者が七〇％近くになり）、仕事のほとんどがサービス産業になっている今日の日本では、仕事能力の実体のほとんどは理解力・表現力・指導力（リーダーシップ）に他ならない。「専門性」とはある意味で後進国の徴表であって、現に今日の日本において「専門家」とは組織の中の部品にとどまっている。それは使われる存在であって、組織のリーダーの特徴ではない。たとえば、大震災や原子力発電所事故が起こってテレビに登場する地震学者や原子力の専門家のように。彼らはテレビ局のおもちゃ箱における引き出しの一つにすぎない。その意味では専門学校生が組織や社会のリーダーになる契機は何もない。大学教授も専門学校生も分類された引き出しの中に入っている人材にすぎない。

何もかも忘れて没頭できるものを見つけよう

しかし専門学校生にいまさら、学校へ来るな、アルバイトをして人間関係を学べ、などというわけにもいかない。そういったとき、私は、学生たちに、〈社会〉や〈親〉や〈恋人〉を忘れるくらいに没頭できるもの、自信のあるものを見つけろ、と言っている。専門学校とは、単に専門知識や技術を身につけるところではなく、没頭できるもの、自信のあるものを身につけるところだ。そういった自信が、理解力・表現力・指導力のもっともまっとうな源泉だ。自信がつけば、人の話を聞く聞き方もわかるようになる、自分の身につけた知識や技術を組織したくなる、教えたくなる、そんなものだ。大学生は、能力の実体が何もないまま、ただ「話がうまい」だけ。これでは先が見えている。課長以上には出世できない。

一人の人間が、自分に適した会社を見つけることなどありそうでないことだ。満足しようと思えば、どんな会社でもそれなりの過ごし方があるし、不満だと思えば、どんな大きな会社でも有望な会社でも不満だ。だから、大切なことは、一生涯にわたって現役であり得るような何かを見出すことだ。世界のすべてがことごとく変化しても、あるいは世界が死滅しても、これだけはやり続けていられるというような何かを見出すことが決定的なことだ。専門性の真の意味は、生涯研鑽を積んでもなお先がありそうな深みを感じられるものに出会えるかどうかに関わっている。したがって、それはあれこれの具体的な仕事や会社への就職とは別のことだ。学校は就職センターではない。専門学校でさえそうだ。一生涯続けていける知識や技術の深みに出会えるところ、それが〈学校〉というところだ。

私はそういったものは、人間が二〇歳前後のときにしか得られないものだと思っている。三〇歳、四〇歳で右往左往し始めると、何が自分にとって大切なことなのか（あるいは〈自分〉や〈世間〉や〈身内〉を越えた大切なものが何であるのか）を見極めるのが難しい。その年齢では社会的な負荷がかかりすぎていて（経験を積みすぎ賢くなりすぎていて）、〈純粋性〉に欠けるからだ。

高等教育は若者の自尊心を破壊するところ

逆に若いくせに、最初から自信に満ちている〝奴〟もイヤなものだ。若いときには自己嫌悪の極点くらいのところにいるのが一番いい。そういう若者だけが真の専門性を見出すことができる。私は、高等教育全般（大学であれ、専門学校であれ）は、若い奴らの自尊心を破壊するところ（真の専門性の気高さを感じさせるところ）だと思っている。その経験がないと、街の話題に週刊誌程度にそのつど言及するだけで何も勉強しない人間になってしまう。経済が変わればグローバル談義、政権が変わりそうになれば政治談義、エネルギー問題が起こればエネルギー談義。これらの問題を、昨日の野球やサッカーはどちらが勝ったというのとほとんど同じ調子で論じ続ける人になってしまう。昨今のソーシャルメディアにはそういったにわか仕立ての街の専門家たちが秒単位で登場してきている。この人たちは、大学時代まともな専門勉強をしてこなかった人たちなのである。だから他分野へ介入するときのマナーがわからない。

そう思いながら、休憩時間、大学センター本部前の広い庭で遊ぶ学生たちを見ていた。ここは、テニス、バスケットボール、バレーボール、卓球、サッカーなど何でもできる。一〇〇人くらいのわが学生たちが、そのすべてをやり始めた。バレーボールを始めた女の子たちの輪に男子学生がなかなか入れない。入ればいいのに（入りたいのに）、じっと立って見ている。ヤンキーな男子学生がとまどっている姿を見るのもなかなかいい。こういった気持ちにはもうだいぶ遠ざかっている自分に気がついた。「一緒にやれよ」と言っても恥ずかしそうにしている。「一緒にやれよ」というのは、この若い子たちにとっては大人の無神経なアドバイスなのだ。

この子たちの〝現役性〟を、専門的な現役性に変えるのが私の仕事だ。私が二五年前に現役であった哲学は、いまでも、いまこそ現役だ。それを育んだ大学セミナーハウスの中庭に学生たちが新たな、別の現役を担うべく、私の眼前に広がっている。〈専門性〉に年齢はない。いつでもかかってこい。これが、私のフレッシュマンキャンプの挨拶だ。

（初出・二〇〇三年四月二〇日）

第四章

「読書」とは何か

——本を読める人はわからないことを恐れない人

読書の方法と無方法――なぜ読めないのか

〝難しい〟文章や本を読むのが苦手な人というのは、何が苦手なのだろうか。その理由ははっきりしている。〝難しい〟本を読めないのは、順追って最初から読んでいこうとするからだ。どの一行にも意味があると思って（もちろん意味はあるのだが）、そしてまた後の行、あるいは後の段落は、最初の行や最初の段落を理解しなければ理解できないと思って、最初からきまじめに読もうとする。そして「こりゃあ、ダメだ」と言って投げ出す。これではどんなに自己研鑽を進めても〝難しい〟本は読めない。

〝わかる〟箇所からこじ開ける

すべての文言が理解できる本などというものは、ほとんどあり得ない。〝本が読める人〟というのは、むしろ読み飛ばすことができる人のことを言う。どんな難しい本も、必ず二行や三行くらいは〝わかる〟文章に出会うことがある。そういった二行や三行が五頁おき一〇頁おきに一箇所、二箇所必ず存在している。そういった〝わかる〟箇所を一つ、二つと見出し始めていくと、従来わからなかった箇所の一部までもがなんとなくわかってくる感じがする。点が線で結びついていく。そうやって、こじ開けるようにして難しい本を読み開いていく。それが読書だ。

本を読める人というのは、すべてがわかる〝賢い人〟なのではなくて、わからないことを恐れない人のことを言う。わからないところで断念するのではなくて、飛ばして先に進む勇気があるかないか、それが読書の境目。本を読めない人は、わからないところが出てくるとすぐにそれで諦める。誰が読んでもわからないものはわからない、そう思えないのが本を読めない人の特徴。

本の〝全体〟とか〝部分〟というのは、機械の部品（の集積）のような全体でも部分でもない。一行の文章がその行を含む一冊の書物の全体を表現している文章であることもあるし、どの行もどの言葉も均質の意味を有し続けている全体であることもある。それはどちらにしても最初とか最後という時間性を拒否しているのである。

始まりも終わりもない書物

言葉を読み込む、文章を読み込むということに最初もなければ最後もない。点を線に繋いだり、線を点に戻したりしながら、一つの同じ言葉が、一つの同じ文章が何回もその意味を変えていく様（さま）を体験すること、それが読書だ。

だから、文章の〝全体〟に始まりも終わりもない。どこから読んでも読み終われるのが文章というもの。古典的とも言われる〝名品〟の書物ならなおさらのこと。ダメな文章ほど、因果（あとさき）に縛られ、ストーリーに縛られている。直木賞の文学が芥川賞の文学に差をつけられているとすれば、三流の文学は因果的だということに他ならない。

推理小説が文学としてくだらないのは、二回目を読む興奮は最初に読む興奮よりも半分以下になっているだろうからである。推理小説を後ろから読むことは危険この上ないことだし、飛ばし読みも難しい。推理小説がもし本気で〈文学〉でありたいとすれば、二回目に読むと〝犯人〟が別の人になるくらいの〝工夫〟がなければならない。三回目にはまた別の〝犯人〟が登場するというように。

大概の古典は何回も〝犯人〟が変わる推理小説のようだ。私の二〇代後半はヘーゲルの『大論理学』、ハイデガーの『存在と時間』を読むことに明け暮れていた。なんど読んでも〝犯人〟が見つからない。最高の文学＝哲学だ。

何回も読み直せるかどうかがその文学を本質的なものにする。それが始まりも終わりもない書物や文学の本質を言い当てている。だから本来の文章にはアプローチの作法というものはない。三流の文学や思考、そしてまた官庁の白書、そしてまた区役所の広報情報、そしてまたリクルートの情報誌こそが丁寧に（あとさきを間違えずに）読まなければ〝意味がわからない〟文章にあふれており、不自由な〝読書〟を強いる。

それに比べて、自由な文学（文章）は自由な読書を可能にする。行儀良く読む必要などまったくないのである。

（初出・二〇〇六年四月七日）

テキストを読むとは、何を意味するのか
——福沢諭吉『独立のすすめ』感想文コンクールの審査結果が発表されました

猪瀬直樹さんと一緒に最終審査した表記の感想文コンクールの審査結果が公表されました。第一位〜第三位までは、猪瀬さんとまったく評価が異なり、調整に大変でしたが、最終的には、猪瀬賞と芦田賞とを設置し、なんとか合意形成できました(苦笑)。

私の講評は以下の通り。

すぐに自分の意見を述べるな

久しぶりに中高生たちの文章に触れて感じたことは、「自分の意見」を〈言う〉こととテキストを〈読む〉こととの乖離感だ。すぐに、「自分の」評価を下し、すぐに「自分の」意見を述べてしまう。「自分の」意見を述べる前に、福沢諭吉自身が『学問のすすめ』の中で何を言おうとしているのかの読み込みが足りない。そもそも「自分の」意見と思えるものも、先人の形成した文化の中で培われて

きたものだ。テキストを読むことと「自分の」意見を述べることとは、特に異なる作業ではないことを理解する必要がある。

　優れたテキストであればあるほど、すべての議論をそこに蔵したものであって、その議論を読み込むことが「自分の」意見の処理の仕方を教えてくれる。優れたテキストとは、「自分の意見」の出番がないほどに先行的で内面的な議論を反復してくれるもののことを言うのだから。

　さらに気になったのは、「ここは賛成する」「ここは同意できない」というように、まるで会議の議論をするかのように「自分の」意見を言う文体が多かったこと。〈テキストを読む〉ということがまるで心理主義的な賛否を巡って行われるように錯覚している中高生が多かった。テキストは「同意」「非同意」を巡って心理主義的にアプローチすると何も見えてこない。というのもテキストは心理主義的には声を上げないからだ。いつも沈黙しているからだ。

テキストの〈像〉を理解せよ

　これはいったい何なのだろう。〈テキストを読む〉ことは、賛成、反対の以前に、なぜそういうことを言うのか、という問いが先立たねばならない。これは、死者の声を拾うような孤独な作業だ。しかし、その声こそ騒々しく、どんな現在の対話よりも活発で質の高いものである。それがわかることが〈テキストを読む〉ということだ。

わかったところだけを引用しても、読んだことにはならない。すべての言葉は和音として〈一つの音〉を出している。〈全部〉が鳴ることによって〈一つの音〉を出している。その〈一つの音〉から一つ一つの言葉、文節、行、段落が存在している。

何が書いて〈ある〉のか、というテキストの〈像〉への参照性なしには、個々の言葉への言及はほとんど意味をなさない。〈引用〉とはその像の理解なしには意味のないもの。〈像〉を離れれば、すべてはご都合主義の引用でしかない。

今回の私の審査では、特に内容が優れているというよりは、地の文と引用との関係がバランスの取れているものを優先して選んだ。

芦田賞の合田知世さん（「怨望」について）、二位の三﨑奈津美さん（「政治」について）、三位の椎名日菜さん（「真実」について）は、それぞれ、主観的でもなく客観的でもなく、福沢の言葉の和音をそれなりに表現できていたように思う。

（初出・二〇一一年四月六日）

※（編集部注）中高生を対象に実施した『独立のすすめ』（福沢諭吉の『学問のすすめ』を現代向けに再編集した本。ロゼッタストーン刊）感想文コンクールの優秀作品は弊社ＷＥＢに掲載されています。
http://www.rosettaj.jp/concours/2010kekka.html

「コピペ」は本当に悪いことなのか
——ＮＨＫ「クローズアップ現代」の視点は不毛

今日のＮＨＫ「クローズアップ現代」（二〇〇八年九月一日放映）ははばかげていた。テーマは、「コピペ——ネットの知とどう向き合うか」。「コピペ」が学生レポートを軽薄なものにしているというものだった。自分で考えて書かずに、ネット上の文章を切り貼りしたものをレポート提出されて困っている（教員が）、というものだ。

バカなことを言ってはいけません。学生がレポートをまともに書かないのは、教員自身がそのレポートをまともに読まないからです。そして先生が困っているのは、いい加減に読んでいる限りはコピペかどうかを判断できないから「困る」と言っているだけです。

だから原因は学生の方にあるのでもネット社会の方にあるのでもなく、先生自身がまともに学生を評価しようとしていないことにある。

レポート評価は教員の手抜き

そもそもレポート提出というのは、教員にとってもっとも簡単な評価法。先生は何もしなくてもいいのですから。ところが、この手抜きの評価法もネット社会によって、少しは真剣に読まざるを得なくなった。場合によっては先生自身がだまされることが起こってきた。要するにレポートを真剣に読まないと本物か本物でないかを見分けることができなくなってきた。それで「困る」と言い始めた。それだけのこと。要するに教員は何もやりたくないのです。何も考えていないのは、学生ではなくて教員の方です。

このレポートで「困る」と言って登場したのは、小樽商科大学江頭進教授。専攻は経済学史。この教授は困ったあげく、レポート提出を止め、「学生同士の討論による授業」をやり始めた。これも手抜き授業の典型。先生は教室の後ろで座って授業の様子を見ているだけ（ときどき思いつきのコメントを投げつけるだけ）。まともな講義ノートを書く必要がまったくないのがこの種の授業モデル。

講義で学生に授業を聴いてもらえない、レポート（宿題）で学生をいじめられない先生や学校が最後にやり始めるのが学生参加型の授業。先生が何もしなくても学生同士で盛り上がっている。少なくとも従来型の授業に比べて学生は寝はしない。先生も手を抜ける、学生は楽しんでいる、いいではないか、というのが、ここ数年の大学の教育改革モデルの主流。私がここ数年審査を続けた「特色ある大学教育支援プログラム（特色GP）」の申請のほとんどはこの種の取り組みで占められている。

そう思いながら、テレビを見ていると今度はあの金沢工業大学の杉光一成教授が出てきた。この教授は、学生のレポートの引用状況を自動的に判別してくれるソフトを開発中という。そのプログラムに学生のレポートテキストを落とすと引用箇所が自動的にマーキングされて「引用率六九％」などと出てくる。この教授がやっていることは、小樽商科大学の江頭が「困る」と言ったことをさらに発展させているにすぎない。要するに、いかにレポートを真剣に読まないで済ませるかを追求しているにすぎない。〈教育〉をどんどん放棄することを国の予算を使って〝研究〟している。バカじゃないの（失礼！）。

（教育者としての）教員の仕事を評価するもっとも簡単な方法は、その教員がどんな方法を使って学生評価をしているのかということ。つまり学生のアウトプット＝Outcomeを測るノウハウを持っているかどうかが決め手になる。教員とは〈教える人〉ではなくて、〈問う人〉（問いの専門家）だということをわかっていない。どんなにトークがうまくても、どんなに板書がうまくても、どんなに教材作りがうまくても、どんなに授業が盛り上がっていても、最終的にどんな仕上がりに学生を持っていくのか、またその最終的な仕上がりをどんな方法で確かめるのか、そこが曖昧であれば、すべての教育法改善は宙に浮いてしまう。

小樽商科大学や金沢工大のような〝中堅の〟大学の教員がやるべきことは、「コピペ」を嘆くことではなくて、レポート提出（やポートフォリオ教育）しか学生をいじめる術を知らない学生評価法を転換することなのである。そこがわかっていない。

研究者の論文は「引用」（コピペ）が決め手

もう一つ。この番組のコメンテーターはあのクオリア理論紹介者の茂木健一郎。彼もまた「苦労しないで得た知識は身につかない」などと〝普通のこと〟しか言っていなかった。そのうえ、野口悠紀雄の「コピペも悪くはない。要は使い方」。最後には齋藤孝が出てきて「三色ボールペンを使って紙片に書き込まないと頭には入らない」とそれぞれ勝手なことを言って番組は終わっていた。何だ、この番組は？と怒っていたのは私だけではあるまい。

ＩＴ技術の成果である「コピペ」は単に人間の能力の一部が反映したものにすぎない。そもそもすべてのＩＴ技術は人間の経験（人間的な経験）のノウハウが反映したものにすぎない。ワードもエクセルも数々の（超優良な）人間のノウハウを一般化したものにすぎない。なぜそんなものをわざわざ三色ボールペンを使って陳腐化しなければならないのか。

そもそも研究者の論文とはコピペ（＝引用）でしかないではないか。むしろ参考文献の多さがその論文の価値を決めると思い込んでいる論文審査が多いのだから、そんな先生たちに「自分の頭を使わないでコピペするのは困る」なんて言われる筋合いはない。

私の研究者時代なんて、ちょっと気の利いた文章を自力で書くと、「芦田君、このことって文献、何から引いてるの？」と何度も聞かれたくらいだ。また私が参照文献の一切ない論文を（わざと）仕上げたときにも教授たちの紀要審査会で問題になったらしい（最後には通ったが）。大学院では良いアイデアは大概の場合、「コピペ」だと思われている。そもそも修士課程も博士課程も言ってみれば「コピペ」の技法を見倣うところなのだから。特に文系の修業時代はそれでしかない。

研究者は実際読んでから引用しているのだから、学生の「コピペ」とは根本的に異なるなどという声が教授たちから聞こえてきそうだが、引用論文数の数だけを上げるための形式的な引用は昔から（ネット技術以前から）捨てるほどある。それは学会の日常的なあり方だ。学生の「コピペ」を批判する教授たちの傾向はむしろ近親憎悪とも言える。

大学が膨大な助成金を国家からもらってやっていることは、自由な「コピペ」文化を大衆的な規模で実現するためのもの。学者の仕事の中核は「翻訳」。よく、翻訳ばかりやって、ろくに自分の思想も持たないくだらない翻訳学者というレッテルを貼る輩もいるが、それは大きな間違い。翻訳を何一つやらずに未邦訳の文献を使って自分の意見しか書かない研究者の方がどれだけたちが悪いか。

まずは世界的な水準の研究を自国文化に馴染ませることが研究者の仕事。研究者がたくさんの文献をこなすのは正確な翻訳をするためのこと。その翻訳が多数の自国読者（特に新しい世代の新しい読者）を生み、たくさんの読解＝解釈を生み、そのことによって底辺文化が広がり、その結果、研究水準全体が上がっていく。それが大学教授を国民が税金で養っている理由。

教授＝研究者たちはなぜ「コピペ」文化を嫌うのか。その理由ははっきりしている。ネット文化の方が自らの旧式の文献研究を遥かに飛び越える可能性があるからだ。場合によっては、学生たちの方が遥かに有益な文献を探し出してくる可能性がある。だからこそ、先生たちは「コピペ」を「困る」と言うのである。それは学生が「頭を使わない」こととは何の関係もない。NHKさん、取材が足らないよ。

（初出・二〇〇八年九月二日）

第五章

家族は「社会の基本単位」ではない

――家族の社会性と反社会性について

小田急線の少年に出会う
――大人と子供との出会いがこんなにも楽しいなんて（春は近い）

今日（一三日金曜日）は朝八時から東海大学湘南キャンパスへ。小田急線の成城学園前から西へ。成城学園前から新宿方面には何度も行くが、西へ行くのは今回が初めて。成城学園前から東海大学前までは約五〇分かかる。

初めての風景に新鮮さを感じながら、この車中で面白いことがあった。書かずにいられない（苦笑）。和光大学を越えたあたりで、小学校四年生くらいの男の子が、私の斜め左前の席に座った。登校途中かどうかはわからない。時間的には少し遅い。小学生らしい男の子は車両の中ではその子だけだった。しかも私服。私学はもう春休みか。

男性の手元を真剣に見つめる少年

座った途端その子は、私の左隣の男性の手元をまじまじと見つめている。あまりにもまじまじと見ていたので、思わず私は私の隣のその男性を見てしまった。たぶん男性がゲーム機か何かを持ってゲームでもしているのだろう、と思いながら。するとその男性は、腕を上げて携帯電話でメールを打っているだけ。特に変わったふうでもない。

私には少年が何を見ているのかさっぱりわからなかった。しかしその目は明らかに異常なくらいにぱっちりと男性の手元を見ている。それだけはわかった。

何駅かは忘れたが、しばらくするとその少年は立ち上がり電車を降りようとしていた。左隣の男性にその立ち上がるチャンスを逃さずにぐっと近寄り、まだその男性の手元を見ていた。今度は私の手元にも目をやり、そして私の右隣の男性にも、まなざしは車内を歩くに連れて移動する。しかも目つきの真剣さは変わらない。次々と目線が左の手元に移動する。

そのとき、私ははたと気づいた。「そうか、この少年は学校を遅刻して、いま何時か知りたいのか」と。少年の目当ては腕時計だったのだ。

そのとき、少年は出ようとしてドアのポールのそばに立っていたが、まだなお私（たち）の手元を恋しそうに見ていたので、私はその理由がわかった感激から（ちょっと大げさか）左腕をあげて彼に私の時計を見るように手招きして呼び込んだ。「はい」と手の甲を、私の時計を指さしながら差し出した。そうすると降りようとしていた少年は、小躍りして私のそばに戻ってきて、「グランドセイコーだ。すごい！　機械式？」と大きな声で叫んだ。

あちゃー。私は、驚きと恥ずかしさで一瞬赤面した（こんなに恥ずかしい思いをしたのは久しぶり！）。

そうか、この少年は腕時計ファンだったのだ。ということは、私が腕を差し出したことは、私のイヤミな自慢？ と思わず赤面したのだが、しかしそういった自慢の（大人の）反省をかき消すくらいに少年の顔には、満面の笑みが浮かんでいた。

私には、その顔が忘れられない。私もその笑顔につられて「僕のはクオーツのグランドセイコーだけど三年間で四秒しか狂ってないよ」と思わず普通にしゃべってしまった（たぶん周りの人には聞こえていたと思う）。「グランドセイコー、やっぱりすごい」と少年が言葉を継いだときには出ようとしていたドアの一つ隣のドアの出口にさしかかっていた。

ホームからの電車が動き始めた窓越しに、少年は私の方を見やりながら、「バイバイ」と言いたげに手を振っていた。この間「グランドセイコーだ」と言ってから三、四秒の出来事。狐につままれる、というのはこういったことか。

腕時計少年の純粋さに乾杯！

周りの大人たちは、何も聞いていないかのように静まり返っていたし、身動き一つしない。私の方を見ようともしない。まるで何事もなかったかのような電車の普段の車中に戻っていた。私はなぜか、妙に恥ずかしくなかった。いったい、この数分間は何だったのだ。私はあの少年の顔とまなざしがいまでも忘れられない（いまは夜中の一時、なぜか愛媛県松山市のホテル東急インにいる）。

あの少年は、グランドセイコーにとどまらず、また車中であろうがなかろうが、町中を歩くときは、いつも腕の袖口のわずかなすきまから垣間見える腕時計をのぞき込んでいるのだ。そりゃぁ、絶対に楽しいに違いない。というか、そのわずかな隙間から時計を同定するのもまたなんとも楽しそうだ。

「三年間で四秒しか狂ってないよ」なんていう超自慢をさらっと言わせてもらえた少年の純粋さに乾杯！　三年前に一二回分割払いで無理して買った甲斐があったというもの。この少年に出会うために私はこの時計を買ったのか。京王線にはあんな少年はいないかもしれない（笑）。きっといない。

週末の食卓で、少年は、喜々として「今日、小田急線の電車で僕にグランドセイコー、見せてくれたおじさんがいたんだよ、すごいでしょ。かっこよかったよ、グランドセイコー」なんて言っていたのだろうか。お母さんは、その言葉をどんなふうに返したのだろうか。「よかったわねぇ」と優しく返してくれたのだろうか。少年が育つのはそんな会話の中でしかない。そう思うとなんだか胸が熱くなってきた。

いきものがかりは、「さくら　ひらひら　舞い降りて落ちて…小田急線の窓に　今年もさくらが映る君の声が　この胸に　聞こえてくるよ…」と昨年の紅白歌合戦で歌ったが、私にとっての「小田急線の窓」には、この腕時計少年の純粋なまなざしだけが映っている。同じ「小田急線」でも西に向かう春近し「小田急線」だからこその出来事だったのかもしれない。きっとそうだと思う。

（初出・二〇〇九年三月一四日）

予備校営業が突然家にやってきた――リビングの家族の顛末

今日（三月七日金曜日）も一日が一〇分くらいの忙しい一日だった（一〇分というのは誇張でも何でもない）。朝六時半に朝食をとったまま、一日中食事もせず、二二時二〇分くらいに学校を出た。

その間、会議が三つ。レポートが一つ。学園の広告原稿が三つ。日経NET取材記事の校正が一件。麗澤大学教授一行との二時間の商談。武蔵大学教授一行の二時間の契約話が一件。オリコとの電子決済の契約話に一時間。コンビニ決済の業者との商談が一件一時間。来期カリキュラムとそのパンフレット作成の打ち合わせ。あっという間に二二時。もうこの時間になると目が見えなくなり始める。ところがこれだけ目がくぼんでパンダみたいになっているのに、それに食事も昼夜抜いているのに、お腹だけはくぼまない、痩せない。どういうことだ。

塾や予備校を見極める二つの質問

やっと自宅に辿り着いたと思ったら（二二時五〇分）、今度は来客中。息子と家内が対応している。

「誰？」と家内に聞いたら、予備校の「営業の方」らしい。山崎さんという人。個人指導中心の予備校とのこと。全国で三〇校以上ある予備校らしい。組織の母体は都内にたくさんの専門学校を有している学校法人。私もよく知っている。早速、息子の隣に座って、話を聞くことにした。

「太郎君のお父さんですか？　お会いしたかったです」と挨拶された。

私はこういった営業と営業の電話（要するに予備校評価）には、必ず二つの質問をすることにしている。一つは「東大に現役で何人入れたの？」（息子を東大に入れるかどうかは別にして）、もう一つは「先生はどんな人がいるの？」である。

私が「東大」にこだわるのは、東大の数学や歴史の試験は暗記や知識だけではまったく歯が立たない問題が出るからだ。よくもまあこんな問題が解けるね、といった〝考えさせる〟問題が出る。だから、そんな東大問題に〝対策〟を立てられる教員は、そういない。

それにしては、「東大」の卒業生には大した奴がいない。一説によれば、そんな優秀な問題を解いた学生たちも、難しいけれど平板な公務員試験（官僚になるための上級公務員試験）の準備でふたたびダメになるかららしい。

「ところで『東大』現役入学は何人？」

「一五六人です」

「全国で？」

「そうです」

「息子が通うことになる新宿校、代々木校からは何人入ったの？」

「それはわかりません」

「それじゃ、そこに、いい先生がいるかどうかわからないじゃないの」

「そうですけど、自信はあります」

「なんで、そう言えるの？」

「実際、たくさんの学生を東大に入れているからです」

「でもあなたが教えたわけじゃないでしょ」

「そうですけど」

「誰（どんな先生）が教えた生徒が東大に入ったのか、というデータはあるの？」

「ありません」

「それじゃ、どうやって、信じろというのよ」

「合格するかどうかは、先生ではなくて、生徒のやる気です」

「違うよ。やる気を起こさせるのが先生の仕事だよ。やる気がある学生を教えるくらいのことは、誰でもできるよ」

「でも私は、カウンセラーとしてたくさんの生徒を合格させてきました」

「それは違うよ。『やる気』という科目が東大の試験科目にあるのなら、話は別だけど、実際の点数は国語の点数であったり、数学の点数であったりするのだから、教員の実力が問題のすべてなんだよ。大学受験くらいの内容になってくると、教員の専門的知識の有無が『やる気』の原点であって、カウンセリングで救える合格なんて、大した合格じゃないよ。

うちの息子の都立戸山高校の教員なんて、まともな教員が一人もいない。予備校の先生の方がずっと奥の深い知識を（ただ暗記しろなんて言わずに）教えてくれる。それが『やる気』のすべてだと思うよ。あなたがカウンセラーとしていくら優秀でも、実際にその生徒が戻っていく（あなたの学校の）数学の先生がくだらない学習指導を行ったら、その生徒は絶対に受からないでしょ。だから先生なんだよ、結局は。だからどんな先生がいるのか、その情報をちょうだいよ」

「それはいまありません。でも先生が気に入らなければ、交代させられますよ」

「そんなに分厚い資料集を持ってきておいて、なんで教員データが一つもないのよ。交代、交代のあげく、最後まで気に入らなければどうするのよ」

「そんなことは絶対ありません。自信があります」

「『そんなことは絶対ありません』とあなたが思うその情報を私にもちょうだいよ。そうじゃないと、私を信じてください、と言っているだけのことだよ」

「たとえば、どんな情報が必要ですか？」

「どの教員が東大に、あるいは早稲田に何人入れたのか、とか、教員の定着率、たとえば、あなたの会社に何年間くらいいる講師が多いのか。それと平均年齢。常勤率、非常勤率なんかどうですか？」

「わかりませんね」

「それじゃ、あなたは何に『自信』を持っているの？　どうやって、『自信』を持ったの？」

「現にたくさんの合格生を出しているからです」

「それは単に結果であって、その背後には、たくさんの落伍者もいるわけでしょ。私の息子が、そのどちらに入るか（合格か不合格か）は結果や実績だけではわからない。実績は大切だと言うけれど、どうやって、実績を出したのかを説明してくれないとあなたの学校に息子を入れる決定はできないよ。実績というのは、半分ウソなんですよ。だって、悪い実績もあるのだから。でも悪い実績は決して言わないでしょ。占い師が当たった実績しか言わないのと同じ。それについて私はあなたに責めているわけじゃないよ。営業ってそういうものだから。だからいい実績の話だけでいいから、どうやって、その実績を出せたのかを知りたいんだよ」

「じゃあ、何をお知りになりたいのですか」

「だから、先生はどんな人がいるの？　どの先生がどんな実績を出していて、その先生はこちらで自由に選ぶことができるの？　そもそも先生は何人くらいいるの？」

「一〇〇人くらいです。自由に指名もできます」

「一〇〇人もいるのか。自由に指名できるのだったら、指名率というのがあるでしょ。そのランキングデータがあるでしょ」

「わかりません」

「あるに決まっているじゃない。だって、その人たちの講師料はどうやって決めているの？　指名率が多分、決定的でしょ。その指名率の高い教員に教えてもらえるの？」

「大丈夫です」

「大丈夫って言ったって、その人は、センターで管理されていて、都内の各学校に派遣されているのだから、こちらが受講したいときには引っ張りだこで、ほとんど受講できないでしょ。一〇回に一回くらいじゃないの、実際にいい教員に指導してもらえるのは」

「そういうこともあります。でも他にもいい教員がいますから。それに私が息子さんの学習に万全のご相談にのりますから」

「ダメだよ。なんとなく、あなたの学校の仕組みがわかってきました。結局、『個別指導』『個人指導』と言ったって、一〇〇人くらい（常勤、非常勤含めて）講師を登録プールしておいて、〝注文〟があれば、そのとき空いている（時間の取れる）講師をあてがう。講師の質の不安定な分（場合によっては毎回講師が違ってしまい不安定な分）は、あなたのような〝カウンセラー（学習指導員）〟がその不備を補う、そういう〝システム〟があなたの学校でしょ。そんな学校ダメだよ。それじゃ、誰が、合格させたのか、わからない。何をあてにして、あなたの学校へ入れればよいのかわからないじゃないの」

「私を信じてください」

「でも、あなたが教えるわけじゃないんだから。それに私の息子は、あなたに〝相談〟することはないよ。勉強で教えてほしいことはいくらでもあるけど」

「そうですかね」（と言いながら、静かになる）

「そうだよ。あなたの学校、良くないよ。結局、教員の内容的な実力じゃなくて、ヒューマンマネージメントのようなもので成り立っている。都内のパソコンスクールや英会話スクールによくあるパターンだよ。穴の空いているバケツ（指導力のない教員）の水漏れをあなたのような（ヒューマンな）〝相談員〟が補いながら、退学率をカバーするんだから、多分、あなたの学校は、いい教員がいないんだよ。そもそも、いい教員が個別指導なんてするわけないじゃない。いい教員だったら、コストも高いのだから、一度にたくさんの生徒を教えなければ経営的には割が合わない。『個別指導』『個人指導』します、というキャッチは、『いい教員はいません』と言っているのと同じだよ」

「……」

僕はお父さんに捨てられたんです

「あなた、何歳？」

「三一歳です」

「こんな仕事していて面白い？」

「いや、楽しいですよ。自分の担当した高校生が目指す大学に入って、感謝されたりすると、この仕事をして良かったと思います」

「そうかね。もっといい学校、いい先生のいる学校を営業しないと」

「そんなことないです」

「なんで」

「僕、実は母子家庭で育ったんです」

「あっ、そう。お父さんは生き別れ？　死別？」

「生き別れです。僕が二歳のときに離婚しました。僕は捨てられたんです」

「何言ってんの？　両親が離婚しただけのことじゃない」

「違います。お父さんは兄を選んで、僕はお母さんの方に残ったんです」

「あっ、そう」（思わず、絶句した）

「だから僕はお父さんに捨てられたんですよ」

「お父さんとは連絡があるの？」

「ありません。母の両親には時々連絡があるみたいですが、僕には教えてくれません。兄は結婚して子供ができたみたいです」

「お父さんには会いたい？」（このあたりから、私の家内が隣で泣き始めた）

「いやー（本当に困った顔をして）。怖いですね。会いたいし、会いたくないし。会っても何を話していいのかわからないし」

「それは会いたいってことだよ。そうだよね。自分のお父さんに会いたくない子供なんていないよね」（このあたりまで来ると、さっきまでの予備校選択のトークの場からリビングの雰囲気が一転）

「そうですかね」

「お母さんはあなたを育てるのに大変だったでしょ」

「いまでも働いています。僕も広島大学を目指していたんですけれど、二浪しても入れず、結局、日本福祉大学に行って奨学生になり、学費もアルバイトで稼ぎました」

あなたがこの仕事をしている意味がわかった

「大学出た後は、どこに就職したの?」

「いまの会社です」

「なんでそうしたの」

「教育に関心があったからです。夢は広島にいまの学校を作って(広島には支店がないんですよ)、お母さんのところに戻りたい。実は、ごく最近結婚したんですよ。福祉大学の友達だった人なんですけど。それが、東京都大島出身で、お母さんは東京に僕を捕られたと思って淋しがってると思います」

と言いながら、彼女との結婚式の写真をおもむろに取り出して、私に見せてくれた。元気そうな奥様で、楽しそうな二人が式場の前で写っている。どんな顔をして見たらよいのか私が恥ずかしいくらいだった。間がもたないから隣にいた息子や家内にすぐさま回した。

「よかったね」と恥ずかしそうに私。

「僕、高校生と話していて、真っ先に思うのが、この子のお父さんはどんな人なのかな、ということなんです。お父さんとどんな話をしているんだろうと、思うんですよ」

「お父さんがいないから、余計そう思うんでしょ」

「そうですかね」

「そうだよ。だから、あなたがお父さんになったつもりで話しているんだよ。そうやって、あなたは、自分のお父さんを自分で思い出そうとしているんだよ。カウンセリングの度に、あなたはお父さんのいなかった自分の生い立ちを必死で補おうとしているんだよ」

「そうですかね」

「そうだよ。それがあなたのカウンセリングが、同じように淋しい（家庭があっても、お父さんがいても家族の会話のない）高校生に訴える何かがあるんだよ」（もう、隣の家内は泣きっ放し。息子は予想もしない展開にとても興味津々）

「そうですかね」

「そうだよ。あなたが、この仕事をしている意味がわかったよ。いい仕事を選んでよかったね」

「そうですか」

「あなたは、進学相談や進学指導をしているんじゃなくて、都市の孤独な生徒たちの話し相手になっているんだよ。それがあなたの存在している意味だよ」

ここで家内が泣き笑いながら突然、口を挟む。

「だから、あなた私のところに最初に電話してきたときから、『お父さんも一緒に私の話を聞いてほしいんですけれど』と言っていたのね。私はやめておいた方がいいよ、と言っていたんだけど」

「若い子と話していると、そのお父さんと話したくなるんですよ」

「そうだね。もう遅いよ（もう時間は二三時五〇分）。電車がなくなるから、早くした方がいい。また機会があればいつでも来てください」

「今日はためになりました」

「そう言ってくれれば、いいけど。私も今日は特に疲れていてね」

「申し訳ありませんでした。芦田さん、なぜか私の父のようにも思えたりして」

「俺、駅まで送ってくるよ」（と息子がなぜか言う。「ええ」と家内が静かにびっくり。いつも無愛想な息子がそんなことを言うものだから）

後で息子に聞いたら、「勉強になったよ。受験がんばってね」とまじめな顔をして話していたらしい。京王線芦花公園駅から分倍河原方面最終にかろうじて間に合った（彼の家は川崎の多摩区）。もう深夜〇時半近くだった。

山崎さんは今頃、奥さんに、昨日のわが家のリビングでの出来事を話しているのだろうか。奥さんは、昨日の夜は「夜勤で家にいない」と言っていた。大島出身の奥さんも福祉施設で働いているらしい。たぶん、自分のお父さんと話したような気持ちになって（僭越だが）、話し続けているのかもしれない。そう思うと胸が熱くなる。

山崎さんに、一つだけ大切なことを言うのを忘れた。「お父さんがあなたを選ばず、お兄さんを選んだのは、ただあなたがまだ二歳の幼少で、男の手で育てるのにはとてもかなわない年齢だっただけのことだ。だからお父さんは決してあなたを選ばなかったわけじゃない、捨てたわけじゃない」と。もう一つ、いまにして思ったことがあった。結婚式場で幸せそうに写っている二人の写真をとっさに恥ずかしそうに見せてくれたのも、お父さんへの報告のように見せてくれたのか、ということだ。

なんとも不思議な一日だった。都市の一日にはいろんなことが起こる。どこまでが仕事でどこまでがプライベートかわからない。本当に「芦田の毎日」（私のブログ名）だ。

（初出・二〇〇三年三月八日）

老兵は消え去るのみ――息子の太郎がわが家を巣立つ

息子の太郎が、四月一日から社会人。これで私（たち）の子育ても終わった。

生まれたのが一九八五年七月二六日（獅子座のB型）。獅子座（私）と射手座（家内）との相性を合わせるには、獅子座（か牡羊座か射手座）しかないということで超計画的に獅子座生まれを狙ったが、七月の上旬に生まれそうになって（もっとも相性の悪い蟹座になったら大変！）、「いま、生まれたら大切にされないよ」とお腹をさすりながら言い聞かせたのがついこの間のよう。見事にその脅しが効いて、七月の下旬までなんとかもった。そうやって生まれてきたのが「太郎」。

命名の趣旨は、どこにでもあるようであまりない名前（かつ名前らしい名前）を目指した。その当時、私が主宰していた哲学の研究会で名称検討会を開いた。私は「類（るい）」を最初考えていたが、どうも〝すわり〟が悪い。それに語源を考えるとあまり良い漢字ではない。私自身はドイツ語のGATTUNG（マルクスの『経済学・哲学草稿』に出てくるあのGattung）を意識して「類」とつけようとしていたが、その場の〝委員〟から反対にあって諦めた。

そもそも名前に凝るのは偏差値の低い親たちらしい。当時、ある社会学者が女子の名前で名前の下に「子」がつかない女子は進学率が良くないとかわけのわからない報告を詳細なデータと共に報告していたので、凝るのはやめた。そこで決まったのが「太郎」。ついでにこの名前なら、全国の銀行の預金通帳は彼のもの。曰く「住友太郎」、「みずほ太郎」というようにお金に困らない人生を、という願いもこもっている（笑）。

わが家の子育て方針

家内と私の子育ての暗黙の原則の一つは、高校を卒業するまでは子供を家で一人きりにしないこと。留守番をさせないということだった。私は、息子の太郎を生後二ヵ月から小学校へ入るまで五年以上毎日保育園に迎えに行ったし、家内は二〇年以上勤務している会社を病に倒れて退職するまで毎日定時に（就業規則に沿って）帰宅している（勤務先のみなさん、ゴメンナサイ）。

「芦田さんに仕事を頼もうと思ったら、五時までがリミット。六時には（必ず）もういない」という不文律が二〇年続いてきた。会社を出てからも乗り換えのホームを走り続けての二〇年だった。そうやって、今頃難病にかかったのかもしれない。

昔、「台風クラブ」という相米慎二の名作映画の中で「ただいま。おかえり」と独り言を言い続ける中学生の登場人物がいたが、なんとも印象的なせりふだった。いまでも頭の中にこびりついている。若い世代の狂気なくらいの孤独をこんなに上手にえぐった映画はない。

一人もいない家に帰ることの淋しさはいったいどこから来るのだろう。わが息子も、(われわれが少し遅れて)帰ると玄関や廊下はもちろんいつもすべての部屋の電気を(その部屋に居もしないのに)点けっ放しにしている。「何してるのよ、もったいない」と私が家内に言うと「太郎はいつもこうなのよ」と注意する様子もない。別に特に淋しい家ではないのだが(おそらく普通にはその逆の家族にしか見えない)、なんとなくその感じはわからないわけではない。

息子・太郎のことで言えば、彼には淋しさの原・痕跡《ウーアシュプール》(Urspur)とでも呼ぶべきものがあって、生後二ヵ月で預けた私立の保育園から数ヵ月後に公立の保育園に転園した瞬間一週間泣き続けて、急遽再度元の私立の保育園に戻したことがあった。太郎は、その保育園の沖縄出身の保母さん(「我那覇(ガナハ)」という沖縄そのもののような名前の優しい保母さんだった)によく懐いていたのである。それ以来、寝るときにタオルを離さない(わが家ではそれを「牛乳のタオル」と呼んでいる)。

我那覇先生に預かってもらっていたときに牛乳がこぼれたときに拭くタオル(首周りにかけるタオル)を転園した保育園でも使っており、泣き続けながらそのタオルを離さなかったといういわくつきの薄青色のタオル。それが「牛乳のタオル」である。一八年近くになるそのタオルがいまでは(いまでも)ボロボロに断片化して、その一部しか残っていないが、それでも自室のベッドの枕付近に置いてある。

時々家内がからかうようにして「捨てようか」と声をかけるが、「いいよ(捨てなくてもいいよ)」とさりげなく(低い声で)かわしている。そのさりげなさに妙にリアリティがあるものだから、勝手に捨てるわけにもいかない。たぶん我那覇先生からの別離は、母胎からの別離の第二の別離であったほどのショックだったのだろう。

母親からの卒業式は難しい。高校の卒業の最後の年に母親が倒れた。わずかばかりに残っている「牛乳のタオル」（のきれぎれの断片）は、いま、太郎の心の中でどうなっているのだろうか。私は子育てに内容的に関わろうとは思わないが（現に小さいときから息子に話すこと、教えること、怒ることなどほとんどない）、こういった原・痕跡（Urspur）には関心がある。

お腹が空いていても私が帰るのを待って食事を取ろうとする息子の気持ちは、いわば男のマザーシップのようなものだ。会社を出てからも乗り換えのホームを走り続けての家内の二〇年は、決して無駄ではなかったように思う。

太郎と私の最大の思い出は、乳幼児から小学校へ入るまで通った上祖師谷保育園の六年間。六年間毎日私が迎えに行った（家内は朝の預け役）。私の三〇代は自宅にこもりっきりの研究生活。ちょうど子供の迎え役には適していた。

最初の一年くらいはベビーカーを押すだけの退屈きわまりないお迎えだったが、少しくらい歩けるようになってからは、烏山の「京王書房」へ行くのが日課。五時過ぎから、家内が帰ってくる七時前まで、「京王書房」で過ごす。自転車に子供用のイスをつけるのが嫌いで、私の前に彼を立たせた。自転車の足下に伸びる前後を繋ぐフレーム用の一本パイプに足を置かせて立たせた。この姿を烏山駅前商店街の人たちは六年間見続けていたことになる。「京王書房」では常連中の常連だった。

まだ体の柔らかい二歳位のときからそうさせていたので、彼の足首はいまも曲がっている。中学校の頃、「太郎の足曲がってない？」と家内に聞いたら、「あなたが自転車に無理な形で立たせていたからよ」と怒られたことがあった（そのとき初めて気づいた）。

京王書房では彼の背丈だとちょうど横置き（平置き）の新刊書の高さが、ちょっとした机代わりになる。私と彼とは見る本が違うので（当然だが）、書店に入った途端、右（私）と左（太郎）とに分かれる。

一時間以上経つと、さすがに太郎が耐えきれずに私の方に来る。「もう帰ろう…」という感じか。そんな夕方を六年間繰り返していた。この習慣のために、太郎の足が曲がっただけでなく、目も悪くなってしまった。二歳前後の子供には書店の照明は暗すぎる。平置きの本の高さが低いためにもっとも照度が暗い箇所で本を読んでいたことになる。いまから気づいても遅いが…。視力は一気に〇・一まで落ちてしまった。

どうでもいいことでもう一つ思い出すことがある。小学生の低学年のときに東京に大雪が降りマンションの共用駐車場に三〇センチくらい一面雪が積もった。轍も何一つついていない（大雪でクルマが出せない）。厚い雪の絨毯が敷かれたようになっていた。私はクルマが心配で太郎を連れて出て駐車場の入り口まで来ていた。

ふかふかに積もった雪の地面で私はなぜか「太郎、見てろ」と言って、大の字に手を広げてゆっくりと倒れた。三〇センチ近くもあるからそうやって倒れてもまったく痛くない。気持ちがいい。きれいに人文字の跡がついた。東京生まれの太郎にはそんな遊びは思いもつかなかったらしく、異常に興奮。うれしそうな顔をしてところかまわずバタバタと人文字を親子でつけまくった。「ゆっくりと倒れるのが楽しいんだよ」と指導したのだが、キャッ、キャッと興奮して倒れまくっていた。親が無意味なことをすると子供は異常に興奮する。子供と遊んだりしたことがほとんどない私の唯一の太郎との時間だった。いまでもよく覚えている。

太郎は小学校の頃は野球が大好きで、小さい頃からいつも家内相手にボールを思い切り投げ込んでいたらしい。いつしか家内にも飽きたらず、友達を巻き込んでいった。「遠い空の向こうに」という父子映画の名作があるが、そこでの息子と父親との絆は「キャッチボール」。誰にでも思い出があるかもしれない。私もまた小学校時代は野球が好きだったが、しかし、息子とのキャッチボールについて気づいたときにはもう遅かった。そんなもの意識してやるものでもない。三〇代の私は土日でもほとんど自宅にこもっていたから、ほとんどは家内が育てたようなものだ。雪面の人文字作り以外は。

警察に補導された息子に伝えた言葉

もう一つ、太郎の子育てには事件がある。都立戸山高校時代に高田馬場から戸山高校まで五分足らずの距離なのに道端に置いてあった自転車を失敬して友達と二人乗り。何日かその自転車を通学に使っていたらしい。日曜日のクラブ活動の帰り道二人乗りしていたところを警察官に補導された。

その日は日曜日の夜八時頃。太郎の帰りが遅いよね、と言っていた矢先のことだった。突然、自宅に電話。「芦田太郎君のお父さんですか」「そうですが」「戸塚署ですが、太郎さんを預かっています。至急来ていただけますか」「わかりました」。電話を切った後、「何がわかりましただよ」と大騒ぎ。日曜日の夜、明日の準備をして静かに一日を終えようとしていたのに、胸騒ぎの夜が始まった。

家内も私もクルマの中で無口。

「なんて言うの？　お父さん、あまり怒らないで」

「…」

戸塚署に着いたら、まず担当官が「捨ててあった自転車をちょっと使っていたみたいですね。盗難届は出てはいませんが…」。

「そうですか」

「学校ではまじめなリーダー格の生徒みたいですね。みんなの人望も厚い。学校には連絡しません。ここで済ませますからご家族の方でよろしくお願いします。お父さんの仕事は？と聞いても『わからない』と答えないんですよ（笑）」

「わかりました。ご配慮ありがとうございます」

警察はもう息子のことを調べている！と驚いたが、そんな場合ではない。しばらくして太郎が私たちのところへ連れてこられた。伏し目がち（そりゃそうだろう）。家内は太郎が起こしたことよりも、私と太郎がこれからどうなるかの方に一〇〇％気を取られていた。

三人は黙って車に乗り込んだ。家内は「お腹空いてるんじゃないの?」と言うのが精一杯。クルマの中では以下のような会話が続いた（いまでもはっきり覚えている）。

私は最初にこう聞いた。

「あなたが他人の自転車を無断で使っていたことを友達（サッカー部の連中）は知っていたの?」

「知ってた」

「その友達、なんて言ってた?」

「別に、何も言わない」

「何も言わない、ってどう思う?」

「どうって?」

「何も言わない、って、あなたを許していることだと思う?」

「そうは思わないけど…」

「あなた、友達が許せないこと、自分のマナーとは異なることをしているときに、いちいち注意する?」

「場合による」

「その『場合』って、ひどいことをしてる場合だけではないでしょう。悪いことの順位があって、よほどひどいときには注意する、ということではないと思うよ」

「どういうこと?」

「悪いことに順位なんかないのよ。悪いことなんて本当はどうでもよくて、こいつ俺とは違うな、と思われたらもう終わりなのよ。何も言わない友達は、『こいつ何だよ』とあなたにすでにケリをつけているのよ。あなたが自転車泥棒して無期懲役になろうが死刑になろうが、もう友達はケリをつけているのよ。そういった〝ケリ〟は、法律の罪よりも遥かに重いのよ。あなただって、そういった〝ケリ〟を周りの友達につけるときがあるでしょ。『こいつこんな奴なんだ』っていうふうに。ない？」

「ある…」

「でしょ。あなたが他人の自転車乗るのを見ていて、『こいつこういう奴だったんだ、バカじゃない』と思っているのよ、みんな。それがみんなの沈黙の意味よ。わかる？」

「わかる…」

「注意や法律よりも先に決まっていることはいくらでもあるのよ。そちらの方が人間にとって遥かに重い。その重さのためにみんなあなたに何も言わないのよ。あなたは友達の期待と信頼をことごとく裏切っている。あなたと二人乗りで自転車に乗った友達さえ、そう思っているのよ。そういうことわかる？」

「わかる…」

「バカなことをしたね…」

こんな感じで沈黙が続き、あっという間に家に着いた。それ以後、この話は一切しなくなったが、後で家内が聞いた話によると次の日に太郎はサッカー部の連中に「ごめんな、ごめんな」と謝って回っていたらしい。友達たちも面食らったでしょう、何をしてるのか、わがバカ息子は。そんなこと謝ってもしようがないのに。まあ、謝らないと気が済まない感じだったのかもしれない。私の道徳哲学原論、私的講義のチャンスだった。

親として引退する作法は難しい

子育てには自分が気づく範囲内でもいくつかの曲がり角があるが、本当は毎日のやりとりが決定的なような気がする。何がどこでどう作用しているのかわからない。

小学校のときに太郎が家に友達を数人連れてきていて、偉そうにしながら完全に仕切っている。家内に「太郎はなんであんなに偉そうに仕切っているの？」と聞いたら、「あなたが（電話口でもお客様にでも）いつもそうしているからよ」と言われて冷や汗が出たことがあったが、結局、何を注意しても自分のことを棚に上げて子育てを語ることにはほとんど意味がない。息子・太郎には私（たち）の痕跡が数々潜んでいるのだろうが、それを乗り越えていくのも子供の仕事。もう四月からは、何をするのも彼自身の責任。

昨週は大学の卒業式だった。高校の卒業式も大学の入学式・卒業式も家内は難病にかかり入院中。大学受験の一年間もほとんどは病院。しかし家内の思いはすでに十分に息子・太郎の中に伝わっていたのだろう。なんとか就職活動も乗り切ったし、在学中、サッカーでも大学日本一のチームのマネジメントに成功した。家内は発病した高校二年のときにすでに息子から卒業していたと言うべきか。

「老兵は消え去るのみ」と言うが、人間は〈作る〉ときよりも離れるとき、引くときの方が遥かに難しい。子育てでさえ五里霧中だったのに、親として引退する作法などもっと難しいと言うべきだろう。それは死ぬときも同じで、生まれることに受け入れも何もないが、死は受け入れの過程を大概伴う。別れにこそ、儀式が必要なのだ。

そんな儀式など何も必要としないかのように、息子が四月から社会人。太郎君、四月からはしっかり仕事をして次世代の新しい文化の創造者になってください。


（初出・二〇〇八年三月三〇日）

散髪屋にて——勤労感謝の日を祝して

今日の祝日（勤労感謝の日）は、快晴だった。こんな日は、きっと散髪屋は空いているだろうと思って電話をかけたら、やっぱり空いていた。「五分後に行きますから」と〝予約〟して、いつもの散髪屋さんに行った。

私は東京に出てきて、約三〇年、六回引っ越しているが、散髪屋は二回しか変えていない。学生時代を含めた前半の一〇年くらいは、実家の京都に帰ったときにだけ馴染みの散髪屋に行き（というより、散髪するためにのみ京都に帰っていた）、中盤の一〇年は家内によるカット、残りの一〇年が東陽町の散髪屋といまの世田谷・粕谷《かすや》の散髪屋さんだ。

〝散髪〟と〝通勤〟は代理がきかない

散髪というのは、いまどき珍しく身体を介在させる作業であって、私はまず女性にカットしてもらうのが耐えられない。指先の感触が〝愛撫〟の連続のように感じるからだ。どんな〝おばさん〟にカットしてもらってもそうだ。今日《こんにち》の仕事や生活において、代理のきかない行動は、たぶん散髪という行為であって、第二に通勤という行為だ。満員電車の中では、否応なく、人間である自分が身体を有しているという〝自覚〟をせざるを得ないし、散髪は合法的に自らの身体に他人を介在させざるを得ない。第三には〝病気〟（診療と治療）があるが、これは健康である限りは日常的ではない。

仕事なんてものは、自分がいなくてもいつでも代わりがきくと思っておいた方がよい。これは、自分と同等かそれ以上に能力のある人間が職場にいるという意味ではなく、経営の本質は、自分が退いたときでも組織が同じように（あるいはそれ以上に）回転する状態を作り出すことにあるからである。

「こんな会社なんて俺がいなくなったら、直ちにつぶれるんだから」なんて吠えている限りは、その管理職は無能な社員である。むしろ、経営（＝管理職）の本質は代理にある。だけども、散髪だけは管理職であろうがなかろうが自分で行くしかない。秘書に任せるわけにはいかない。会社を休むことはあっても散髪に行くことは休めない。

私は、この代理のきかない〝散髪〟という行為がいやでいやでしようがなかった。こんなに近くに人が寄ってきて好きなだけ髪の毛をさわり、切るなんて、恋人であっても、家内であってもここまでは近づいたり、さわったりはしないだろう。なんと〝エッチ〟な行為なのだろう。だから、散髪屋を何度も変えるなんて、それは女房を取り替えるのと同じくらいスリルがありすぎて、とんでもないことなのだ。散髪屋を平気で変える人間は、自らの身体を上手に受け入れることができていないのである。

私の行く世田谷粕谷《かすや》の散髪屋は、七〇歳を超えるご夫婦が営んでおられる。どこから見ても普通のご夫婦だが、お子さんがおられない。普通どころか、最初の頃は、奥さんは無粋だし、ご主人のぎょろっとした目が怖くて、「この夫婦、何が楽しみで生きているのだろう」といつも思っていた。

たしか、七、八年前、ご主人が胆石か何かで入院されて、一、二ヵ月お店を不在にされたとき、「主人を看病に行っても、店を閉めるな、帰れ、と言うんですよ」と話しかけられ、なんで？と聞いたら、「だって、お客さんが他の店に行っちゃうと困るじゃないですか」とさりげなく答えられたのが印象に残っている。

なるほど、馴染みの散髪屋が店を休んでも髪の毛は伸びるのだから、いくら馴染みであっても〝我慢〟できることではない。他の店に行かざるを得ない。散髪屋というのはうまい下手というよりは、〝馴染み〟かどうかが決め手なのだから、店を不在にするというのは致命的なことなのだ。というか散髪を機能だけで選べる人は（うまいか下手かだけで店を転々とすることのできる人は）、自分の身体の受け入れ方が間違っている。

そう思うと、「店を閉めるな、帰れ」と言われたご主人のコトバとそれを守って店の開店を死守しようとしたご夫人の緊張感がひしひしと伝わってきた。ご主人不在の入院中、ちょうど店を通りかかったときに店じまいのカーテンを閉じようとしていたご夫人を見て、〝がんばっているな〟と思わず応援したくなったものだ（そう思っても毎日髪を切りに行くわけにはいかない。毛が薄くなり始めている私にはとんでもないことだ）。こんな超平凡な（少なくとも私にはそう見えていた）日常の中にも重い日常があるのだと思ったら、急にこのご夫婦がほほえましく思えてきた。

父親の夢を実現する長い、遠い道程

今日の勤労感謝の日、このご主人からいい話を聞いた。

ここのご主人は青森県出身で、東京に出てきて修行され、世田谷・粕谷《かすや》に店を構えたのが昭和三〇年代。ところが、最初は、東京は修行の場にすぎず、一人前になったときには、青森に帰り、そこで店を構えることになっていた。青森で農業をされていたご主人のお父さんは、それを楽しみに、土地や店の資金を用意して待っていたらしい。たぶんそれがご自身の老後の最大の楽しみだったのだろう（地方出身の私にもよくわかる話だ）。ご主人も、そのつもりで何度か青森に戻り、店の計画を具体化しようとされたが、こんな田舎で何ができるのだろう、と思われ、帰るのを急遽断念。東京に残って、東京で店を出すことを決意された。もちろん、お父様は失望され、激怒。それ以来勘当の日々が続いていた。

ご夫人との結婚式もされないままの（ご夫人はお父様に会ったことがないままの結婚生活だった）、家族から孤立した日々の中で、いまの粕谷に貸店舗ではあるけれど独力で店を構えられ、八年後にはご自身の土地と店（＝いまの店）を持てるようになった。

お店は、二人が努力をして軌道にのり、その四年目の夕方のことだった（お父様は六六歳になられていたらしい)。「どこかで見たことのある人が店の前でタクシーから降りてきたんですよ」。よく見たら「親父《おやじ》だったんです。びっくりしました」。「心配で見に来られたんでしょう。ドラマみたいな一瞬ですね」と私。

そのまま、お父さんは一週間滞在され、一日目は三人で同じ部屋に布団を並べて寝たものの、いびきがやかましくて、遠慮して次の日からは別の部屋に寝ることになったらしい。朝起きたときには、箒で部屋を掃除したりして、「そんなことは青森の家ではやったこともない親父だったのに」とのこと。

緊張したのか二日目に歯が痛くなって、ご夫婦は歯医者に行かせることにした。これには作戦があった。馴染みの歯医者と手を組んで、「一ヵ月くらい治療させることにしたんですよ。そしたら親父もゆっくりしてくれるじゃないですか」。なるほど、せっかくの父上の来京とはいえ、店を閉めるわけには行かない。「月曜日」しかゆっくりできないのだから、歯痛はこの心優しいご夫婦にとってチャンスだったのだ。

ところが、この歯医者に朝一番に行った「親父」がお昼になっても帰ってこない。「おかしいな、お前見てこい」と言ってご夫人を見に行かせたら、お父様が待合室に座ったまま、まだ順番を待っている。尋ねてみると、「わたしなんか急いでいないのだから」と言いながら、後から来た人を、どんどん先に送っていたらしい。確かに「戻ってこない」はずだ。

忙しい二人に相手にされないまま、付近を散歩に行ったお父様。青森弁が通じない。まだ田んぼの残る粕谷《かすや》の農夫に話しかけても青森弁が通じない。最後には「耳が聞こえない」そぶりをされたらしい。「東京の人は耳が遠い人が多いなあ」なんてうそぶいていたお父様。お店で働く二人を見ながら、「わざわざ、お店に来てくれるお客様からお金なんか取るんじゃないよ。ただにしてあげなさい」と何度も「親父に言われた」。ご主人は、「東京は、お金をもらわないと生活できないところなんだよ」とそのつど〝教えた〟が、最後まで納得されなかったそうだ。

そんなお父様も、例の一ヵ月作戦は実らず、一週間で青森に戻られた。戻ってからは、「東京はいいぞ。もう農業なんかやっている場合じゃない。もうそんな時代じゃない」と盛んに周囲の人たちに言われていたとのこと。

お父様はその後ほどなく病に倒れられ、和解の来京後二年で（七〇歳を前にして）お亡くなりになった。「たぶん、ご夫婦の元気で働く姿を見られて安心されたんですよ」と私。

私がそのとき思ったのは、六六歳にして「東京はいいぞ。もう農業なんかやっている場合じゃない。もうそんな時代じゃない」と思えるこのお父様があってこそ、ご主人の「帰らない」と言える若き決断があったのではないか、ということだった。

若いご主人の、またご夫婦の孤立は、決して孤立ではなかったのだ。お父様を拒絶した若い決断と長い勘当が、むしろお父様自身の夢を実現する遠い道程だったのである。そう思うと、私の髪を切りながら淡々とお話しになる、鏡の中のご主人を前に、涙を隠すのが大変だった。いい勤労感謝の日だった。

（初出・二〇〇五年一一月二三日）

第六章

なぜ、人を殺してはいけないのか

——愛の自由と出生の受動性

なぜ人を殺してはいけないのか――一つの〈責任〉論

今日、ある人から「人を殺してはいけない理由」って何ですかね、といきなり聞かれた。子供に突然尋ねられたらしい。私は即座に「殺してはいけない理由なんてないよ。殺すことが〈できる〉ことが人間〈である〉ことよ」と答えておいた。

昔『文芸春秋』が「なぜ人を殺してはいけないのか？と子供に聞かれたら」という特集を組んでいた。山折哲雄（宗教学）、野田正彰（精神分析学）、岸田秀（心理学）、谷沢永一（国文学）、三田誠広（小説家）など二、三冊くらいは自分の書棚にある人たちの名前が並んでいたので、意見を聞いてみたいと思って買ったが（私は基本的に雑誌を買わないが）、案の定、サイテーの内容だった。この人たちは、結局は凡庸な〝ヒューマニスト〟にすぎない。

私であれば、自分の子供に、「人間は殺しうるものだけを愛しうる」と教える。人間の歴史は、殺すこと（否定すること）の対象を拡大することにあったわけです。〈自然〉が脅威の対象であった時代には、自然を愛することなどはあり得なかった。自然から自由〝である〟ことが自然を愛することの根拠であったわけです。

もし桜の木が人間を襲ってきたら、春になって桜を愛でるなんてことはなかったでしょう。桜からいつでも自由であることが、桜に近づきたい（桜を見に行きたい）理由なのです。その存在を否定できることと接近したいこととは同じ理由なのです。「世の中に絶えて桜のなかりせば 春の心はのどけからまし」（古今和歌集）と在原業平が詠めるのも、桜の存在に強意を置いているのではなくて、無くせるのに無くせないどうしようもない存在＝非存在についてのことです。

自由に殺しうるから深く愛しうる

一人の人間を愛することが〈できる〉という根拠も、その人間から自由に離れうる（その究極の形態として殺しうる）ということなしにはあり得ないことです。それは動物の殺し合いとはまったく別物。動物の殺し合いは、弱肉強食ですが、人間だけは、〝弱い〟人間でも〝強い〟人間を殺すことができる。子供でもちょっとした〝武器〟で憎い人間を殺すことができる。人間が武器や戦術を持ちうるというのは、人間が自然的な〝弱者〟の諸条件（子供、女性、病者など）を超えて、どう猛な動物や強者から肉体的に自由であるということです。それは、〈歴史〉の存在の条件でもあったわけです。

どんなに愛し合う間柄であっても、いつでも、その相手から逃げることができるという原理が根底にない限り、「離れられないんだよね」なんて絶対に言えません。場合によっては一突きで殺しうるからこそ、人間は命をかけて添い遂げることができるのです。つまり人間は自由に殺しうるからこそ、自由に(＝深く)愛しうるわけです。

動物の〈愛〉と人間の〈愛〉とを類比的に語る連中がいますが、その人たちはとんでもない勘違いをしています。動物の愛と人間の愛とはまったく別物。動物の愛(あるいは家族)は強さの表現ですが、人間の愛はそういった強弱からは最初から逸脱しています。人間の〈愛〉は〈自由〉が根底に存在している。あえて動物的に言えば、この自由は殺しうる自由です。

「なぜ人を殺してはいけないのか」。バカな問いを発してはいけません。殺すこと(殺しうること)は、人間の最大の自由、人間が人間であることの原理です。人間はどんなに〝強い〟人間であれどんなに〝弱い〟人間であれ、殺しうることと愛しうることとを同時に手に入れた。ここに人間の愛憎の本質があります。

ヘーゲル(ドイツの哲学者一七七〇～一八三一)は、人間を殺すことは、人間を〈否定〉したことにならないと考えます。かれは、殺すことを〈否定〉ということから考えるわけです。ある人間を否定することにとって一番重要なことは、その否定する人間(殺す方の人間)の存在を相手(殺されるはずの相手)に認めさせる契機を持つということです。

〈殺す〉ということは、相手を文字通り無にすることですから、殺す方の人間を相手に認めさせる契機自体を失うことを意味します。これでは、相手を〈否定〉したことになりません。〈否定〉の最大の目的は、相手に自らを〈承認〉させることだからです。たとえば、自分の肉親を殺された人間が、殺した人間を許せないと言って、その犯人を殺したとします。これでは、犯人は何を反省したのか（何を否定されたのか）わからないままに死んだことになります。それは、殺人犯に対する真の報復ではないとヘーゲルは考えます。

真の報復は、殺人行為をそれ自体に即して精神が反省することであって（そのつらさを犯人が自覚することであって）、それ自体をも無化する死をもたらすことではない、とヘーゲルは考えるわけです。生かしながら殺すことがヘーゲルにおける〈殺人〉の意味です。フーコーの〈生権力〉論のテーマになった考え方です。

生かしながら殺すという点で、ヘーゲルは人を殺してはいけないと考えます。これはヒューマニストの側からする一番深い殺人反対論です。ヘーゲルには、死を感性的な痛みの極限と考えているところがあります。しかし本当に痛いのは、精神の痛み（心の痛み）だとヘーゲルは考えるわけです。死ぬことはその痛みに比べれば些細なことだと考える。したがって、殺人より高度な否定として精神の否定（精神における否定）を想定するわけです。

この死の考え方は、ある意味では通俗的です。この死の考え方を二〇世紀最後の哲学者ハイデガー（一八八九～一九七六）は乗り越えようとします。はてさて。

生の受動性を受け入れることができるか

たぶん、殺意と殺人の起源は、出生の受動性にあると思います。なぜ、私は非意志として（生まれたいと思ったわけでもないのに）この世に生まれてきたのかと。しかも「この」親の元に生まれてきたのかと。この問いは、自己意識（＝私は私である）にとっては最大の屈辱です。生の受動性が受け入れられない人は自分を殺すか、他者を殺すこと（その究極は親殺し）によってしか自己確証できません。

一方、自己意識の最良の本質（＝たぶんそれを〈愛〉と呼んでもいい）は、生の受動性を受け入れ直すことです。それに失敗した人は、自分を殺すか、他者を殺すしかない。最悪の場合、そうなる他はない。

だから、殺意や殺人の問題は、なぜ殺してはいけないのか、ではない。殺す（自分を殺す、他人を殺す）、殺さないかは、人が生きる局面で、「自分のせいではない」と思えることをどんなふうに受け入れ直すかに関わっています。人間にとって一番つらいことは、自分に責任（＝負い目）のないことを受け入れることです。そしてこの世の中でもっとも自分に責任のないことは、自分が生まれてきたことです。生きることは、人間にとってもっとも無責任であっていいことです。

生きている人、人殺しに無縁な人は、どんなふうにしてか、生の受動性を受け入れることのできている人たちなのです。その人たちを〈大人（おとな）〉と言います。遠い責任（負い目）を受け入れることのできる人、それを〈大人〉と言います。

大企業の経営者は、会ったこともない自分の部下の不祥事で引責辞任を余儀なくされます。これはマネージメントの不備という以前に人間の組織の一つの〈美〉です。生まれ落ちた偶然にもっとも近接した人間の組織や社会性と言われるものの顕現です（動物の組織＝社会には決してあり得ない）。大企業のトップ（あるいは大組織のリーダー）は、ほとんどの場合、遠い責任＝偶然性を担える人でなければならない。彼は誰よりも〈大人〉でなければならない。リーダーとは部下を否定しない人のことを言います。

〈子供〉はなぜあんなにも残虐なのか。それは、まだ近いものにしか自分の責任を負えないからです。まだ生の偶然性を引き受けることができない。だから自分に向かっても他人に向かっても残虐性が近接しているわけです。偶然性を否定することによってしか死を受け入れることができない。

さて、あなたは〈大人〉ですか、〈子供〉ですか。

（初出・二〇〇七年三月二八日）

人間の病気は、機械の故障と同じではない

人間の病気は、機械の故障と同じではない。

たとえば、車の故障。エンジンが故障して動かなくなった。それを修理してまた車が動き始める。こういった車の故障と修理と元の状態への復帰は、なぜ、そう言われるのか。それは車という《機械》が〈機能〉や〈目的〉を持った存在だからだ。通常、車は「走るための道具」、「移動の手段」などと言われている。すると、車の「故障」とは、走れない、移動できない状態を意味する。機能を果たさない、目的を満たさない状態を「故障」と言うわけだ。「故障」とは、〈機能〉や〈目的〉に関わって、それらを満たさない状態を言う。

人間の機能、目的とは何か

さて、だとすれば、人間の病気は、「故障」ではない。もし「故障」だとしたら、人間の目的や機能が何であるかがあらかじめわかっていなくてはならない。人間の目的とは何か、人間の機能とは何

か。それをなくせば、人間の目的や機能が果たせなくなるものとは何か。小学生や中学生ならば、「心臓」や「脳」と言うかもしれない。それは、半分正しい。死んでしまえば、人間は〝無〟だから。しかし人間の〝無〟と車の「故障」とは別ものだ。「故障」はまだ直せるが、死は直せない。だから、死は〈機能〉や〈目的〉に帰すことはできない。車の目的が走る「ため」というように、人間の目的が死ぬ「ため」というようには言えない。

そもそも、死は、人間が生まれ落ちたときからどんな所与のものよりも先に与えられている。親が存在することが絶対的な受動であるようにして、死が存在することも絶対的な受動性だ。親（＝家族）とは人間の生死の別名なのだから、死の受動性こそが先にある。もし死が絶対的な受動性ならば、死が何のためにあるか（どんな機能のためにあるのか）、などと問うことは無意味だ。〈目的〉や〈機能〉は、人間が自ら作ったものにのみ属しているからである。神による世界創造の「目的」を問うのがおこがましいように（私はクリスチャンではないが）。

生死は間断なく再生する

したがって、死は故障ではない。死が故障ではないようにして、病気も故障ではない。病気が故障であるように見えるのは、たとえば、それが仕事の中断を意味したり、手足の機能が不全になったりするからであるが、仕事の中断が別の仕事の再生であることもいくらでもあるし、手足の不全が身体

（手足）に依存しない別の生の再生であることもしばしばだ。

そもそも、最大の病は人間が死ぬということなのだから、健康に戻るのは〝死ぬために〟戻ることでしかない。病気も健康も死ぬことの様相でしかない。健康は、ときとして死を忘れさせる分、もっとも大きな病なのかもしれない。だから、病気もまた生きることの別の様相なのだ。病気や老衰だけが死に近いわけではない。人間の生は、特定の目的や機能に従属しない分、毎日再生している。それは人間の死が毎日再生する可能性の中にあることと同じことだ。生とは死〝である〟。

新品の機械製品が時間をかけて中古になっていくように人間の生は摩滅するのではない。老衰も青春もいずれも未熟だし、いずれも美しい。人間の生はいつでも廃品になるし、いつでも新品になる、そのように生死は間断なく再生する。だから、人間の病気は機械の故障ではない。

（初出・二〇〇七年二月六日）

コミュニケーションは沈黙の中にある

家内の長期の病気のために、私が〝代わり〟にやっていることは、何も炊事や掃除ばかりではない。金魚の餌やり（水槽掃除）とテラスの植栽の水やりも私の〝仕事〟だ。餌やりは、毎食の（私たちの）夕食時とほぼ同時かその前後。水やりは週に一回（土曜か日曜）、南側東テラスはバケツ四杯分、南側西テラスはバケツ二杯分。ホースで水を出す方が楽だが、その際の最大の問題は、水の分量がわからないこと。バケツの方が端的にわかる。ひょっとしたら任意のホースの先につけるだけでその水量がわかるメーター（〝ホース水量計〟）を発明したら特許を取れるかもしれない、なんて思いながら、毎週水やりをしている。

沈黙が怖くてたまらない

金魚や植栽にせっせと餌をやったり、水をやったりするのを病気の家内がベッドから見ているたびに、「金魚も紅葉《もみじ》（私の趣味は紅葉と竹）も幸せね。忙しくて疲れているお父さんにいつも手をかけて世話してもらって」なんて言う。私はそのたびに「そうだよ。あなたは『喉が渇いた』とか『お腹が空いた』とか『痛い』とか『つらい』とか声を出すことができるけれども、金魚も紅葉《もみじ》もそんなことを口に出すことはできないからね。だからあなたのことよりも心配なのよ」と答えることにしている。

これは冗談ではなくて、本気だ。特に水やりなんかは、土日に疲れがたまって、二日間寝続けているときにはついつい忘れていたり、思い出しても「まあ、いいや。なんとかあと一週間我慢してくれ」と気づかないふりをしている場合もある（テラス側を故意に見ないようにしている）。そんなときには、その一週間（月〜金）はいつも〝良心が痛む〟。ウィークデイに、草木の世話までする暇と余裕（心の暇と心の余裕）はまったくないから、余計に〝良心が痛む〟。紅葉《もみじ》は私を恨んでいるのではないか、と。紅葉《もみじ》は何も言わない。特に秋を越えて、葉が落ちると、まるで死んだ枯れ木のように紅葉《もみじ》は沈黙している。この枯れ木の沈黙を前にしては、水やりをするのが馬の耳に念仏を唱えるかのように空虚な行為であるように思える。私は何をしているのだろうか、と。もっと他にやることがあるのではないか、と。

しかしこの沈黙は、無視することができない。というよりこの沈黙が怖くてたまらない。というのも完全に死んでいるかのように見えるその紅葉《もみじ》が五、六月頃には葉が蘇生し始めるからだ。このときには本当にびっくりする。おいおい生きていたのかよ、と。醜い枯れ木の私に水をやり続けてくれてありがとう、と言っているかのように瑞々しく蘇生する。葉が蘇生するその時期はほっとする瞬間なのである。草木を愛でる気持ちなど私にはみじんもない。「ほっとする」というのが正直なところ。

だから枯れ木に水をやらないことは、蘇生した紅葉《もみじ》に水をやらないこと以上に大きな恨みを買うような気がして怖くてたまらない。私は、秋の紅葉《こうよう》を期待して水をやり続けると言うよりは、むしろ（冬の期間は）無機的に水をやるように心がけている。夏の道路に水をまくように無機的にやっている。枯れ木の中に、紅葉《こうよう》のもみじの心が潜んでいる、なんて思ったら怖くて水をやれないからだ。

金魚なんて、紅葉《もみじ》に比べればもっと心がなさそうだ。バカそのもののように見える。しかしバカほど恨みを買うと怖いものはない。だから私はむしろ愛情がないが故に、金魚へ餌をやり続けている。愛情がないものほど、大事にしておかないと大変なことになるからだ。自分が夕食を食べるときには、必ず金魚にもあげることにしている。自分だけ美味しそうに食べている、なんてバカな金魚に思われたら、何を仕返しされるかわからないからだ。

バカでない金魚（そんな金魚はいないが）ならば、少しは「疲れているから、私のことなんか気を遣う暇がないんだ」と思ってくれたりするが（それに期待できるが）、バカな金魚は、そんな配慮ができないからだ。特に私の家の金魚鉢は、食卓の近くにある（家族みんなの食事風景が常時見える）から、余計に恨みを買いやすい。だから食事をしているときにも（餌をやらないと）落ち着かない。

会話なんていつも片思い

私は、コミュニケーションというのは、いつも無償のもの（＝片方向）だと思っている。お互いが理解し合うなんて、最低の貧相なコミュニケーションだ。帰ってこない（＝返ってこない）から、配慮、無償の配慮が存在するのである。

〈アンケート〉を取ったり、〈市場調査〉をしたりして企業や組織の行動を決定するというのは、実際には《マーケット》を愛していない証拠にすぎない。そんなことでは《マーケット》と〝会話〟はできない。実際の《マーケット》は、《マーケット》の沈黙（無反応）の中にある。見返りを期待しないで《マーケット》に向き合うことが、《マーケット》と会話する最大の方法（無方法）だ。「マーケットの声に耳を傾けろ」「ニーズを探れ」「顧客優先」なんて言うリーダーほど市場や顧客の声を無視している。そんなものはすべて存在しないものなのである。

ところで、もし紅葉《もみじ》が芽吹くのが四季のサイクルではなくて私の死よりもより先の（死後の）出来事だとすれば、それでも私は水をやり続けるだろうか。金魚が私のやる餌を一粒も食べないとしても、私は餌をやり続けることができるだろうか。

至高のコミュニケーションはそのことに関わっている。

（初出・二〇〇五年一月一五日）

女性とは何か――女性にとって男性とは何か

以下の三〇講は、昨晩二二時四七分二〇秒から深夜の〇時三分一二秒まで約一時間二〇分にわたって（ツイッター上に）連続ツイートした内容です。ひょんなことから、女性論の話になり、ちょっと本格的に、女性という性はどんな性なのか、男性とどこが違うのかを論じてみたくなりました。もちろん突然の主題でしたので、十分な準備をしていません（私の議論はほとんどフロイト論です）。しかも書き殴り（笑）。言いすぎているところは読者の知性で修正しながら読んでみてください。

※なお、この記事は最初にツイートした文言を、わかりやすさを配慮してかなり修正しています。

【女性について（一）】

〈女性〉とは、最初に愛し愛された人間が〈同性〉である者のことを言う（と、フロイトは言っている）。反対に〈男性〉とは、最初に愛し愛された人間が〈異性〉である者のことを言う。

【女性について（二）】

この場合、〈同性〉も〈異性〉も、大概は、〈母親（女性）〉のことを指している。したがって、男性は思春期の異性イメージの原型として〈母親〉を再生するだけでよい（もちろん、このことは〝母親〟に対する、男性における実際の好悪の問題ではない）。が、女性は、そう単純にいかない。最初に愛し・愛された者が「同性である」女性だからだ。

【女性について（三）】

しかし、これは〝定義〟にはならない。というのも、同性か異性かがわかっているのであれば、最初から、女性とは、男性とは、と問い返す必要などないだろうから。同性「である」、異性「である」というのは、まだこれからその性が何であるかの問いの答えを先取しているわけだ。だから、これは性器的な差異などを先取しながら形成される構造的な規制、あるいはクリプキ的な共同体の規制と考えるしかない。つまり同性／異性という概念、あるいは男／女という概念は、論理的ではなく、つねにすでにア・プリオリだということだ。経験的・学習的に作られると言っても、作る・作られる作為が、個人的な作為にとどまるものではない以上（個人的に作為しても、対他的には単に〈異常〉と思われるだけ）、同性／異性、男／女という対はいつも循環的な〝定義〟に陥らざるを得ない。ここでの同性、異性は、対他・対自的にそう思われている〈同性〉〈異性〉という概念にすぎない。「すぎない」というのは、経験的には乗り越え不能な無力という意味で。

【女性について（四）】

さて、その女性は〈同性である母親〉から〈異性である父親〉への移行を通じてしか異性原型ができない。同性への愛は基本的には（＝対他、対自的には）禁じられているからだ。


【女性について（五）】

女性にはもう一つの移行がある。それはクリトリスからヴァギナへの移行。乳幼児期に、女性もまた無意識も含めてクリトリスを刺激してオナニーを行うが、これを思春期に反復する（男子は言うまでもない）。しかし女性の特有性はヴァギナ快感（男性と異なる過剰な性感）。クリトリスからヴァギナへの移行が存在するこの移行性も女性の〈性〉を特徴づけている。


【女性について（六）】

女性には男性には存在しない過剰な性感が存在している。この意味でも、思春期以降の男性には乳児期の性感の単純で単調な反復しか存在しないが、女性はヴァギナ快感を（ある意味で）一から学ばなくてはならない。乳幼児期にもない経験を新たに経る必要が生じる。


【女性について（七）】

このクリトリスからヴァギナへの移行は、基本的に、愛し愛される男性との邂逅以外には達成されることはない。これに失敗するとセックス体験（＝挿入体験）は豊富であるにも関わらず、死ぬまでクリトリス派にとどまる。

【女性について（八）】

「処女性」を巡る諸問題（「最初の男性が大切」などと言われたりする諸問題）は、このクリトリス反復の問題に関わっている。「クリトリスでしか感じない」という問題は、性感について男性の関与を認めないのと同じか、かえって「男性との性交は鬱陶しい」ということになる。つまり男性がペニス快感を女性の身体を道具化する仕方で実現するのと同じようにしか、女〈性〉もまた自らの身体を外面的にしか受容できないのと相似している。つまりその女性は男性的なのだ。

【女性について（九）】

女性が、①母親から父親へ移行すること　②クリトリスからヴァギナへと快感を並存させつつ移行させせること。この二重の移行は男性にはない危うい綱渡りである。というか、移行はいつでも危うい。この危うい移行の〈性〉を〈女性〉と言う。〈男性〉は精神としても肉体（快感）としても単純で安定しており、乳幼児期を反復すれば性的には大人になれる。つまり自分が誰（どんな異性）を愛すべきなのかの〈像（異性像）〉ができあがっている。

【女性について（一〇）】

〈男性〉が遊ぶ性（遊びうる性）である理由は簡単だ。本命（母親原型）がいつでもあるからである。どんな女性が好きなのかができあがっているからだ。だから容易に順番もつけられる。だから遊ぶことが「できる」。が、女性はどこからが遊びか本命かわからない。異性原型が明確ではないからだ。母親（同性）には戻れないからだ。

【女性について（一一）】

言い換えれば、女性は愛されて受動的に男性を確かめるということだ。「確かめる」というよりは、女性は、性愛（過剰な性愛としてのヴァギナ性愛）を思春期以降初めて学ぶのである。愛される度合いに応じて男性像を形成していくという、性愛の学習過程が女性の性愛の特質をなしている。

【女性について（一二）】

同じ〈もてる〉という言葉を使っても女性と男性では意味がまったく異なる。男性はもててもしようがない。嫌いな（好みの合わない）者は「美しい」女性であっても「評判の良い」女性であっても嫌いだからだ。男性が女性を口説くことはあっても、女性が男性を口説くことはなかなか難しい。女性が口説くことに成功しても、大概はむしろ遊ばれているだけのこと。口説く〈性〉は、異性原型が存在する男性に特有な現象にすぎない。「女だって選ぶわよ」というのは、その女性が選ばれた後に存在する文句にすぎない。つまり偶然のことなのだ。

【女性について（一三）】

逆に女性は、愛されることを通じて〈男性像〉を作り上げていく。だから「最初の」男性に遊ばれてしまうと、不幸なことが連続することになる。愛し愛される〈男性像〉が像を結んでいかないからだ。恋愛を重ねる度に、自分がどんな男性と合っているのかがわからなくなっていく。誰が本気で自分を愛してくれているのかがわからなくなっていく。

【女性について（一四）】

逆に言えば、浮気しやすい男性は（大概の場合）原初の母親に傷ついている母子関係不全の男性だとも言える。彼は浮気し続けること（心なく口説き続ける）によって、女性がいかにいい加減な者（いかに騙される性）であるかを確証し続けているわけだ。そうあってくれないと、自分が母親に捨てられた意味を受け入れることができないからだ。

【女性について（一五）】

ところで、（先に触れた）女性の性的な二重の移行性（母親→父親、クリトリス→ヴァギナ）は、基本的には、女性は、男性よりも愛すべき異性像が広いことを意味している。男性のように異性像が狭くはない。異性原型が二重の移行によって不安定で曖昧化されている分、〝男性次第〟の要素が相対的に大きくなっている。

【女性について（一六）】

その分、愛されることによって、選ばれた男性に「染まる」度合いが高い。それ故にこそ、男性に「遊ばれること」は、危険この上ないことになる。女性は、異性イメージが曖昧な分、遊べない性だから（逆にすべては遊びだと言ってもよい）。交際をしながら（経験的に）、自らの異性像（＝性愛）を確かめ続けているのが女性なのだから。男性では異性原型が強い分、そういう〝試行〟は、そう多くはない。男性は（その意味では）結局のところ、遊べない性なのだ。

【女性について（一七）】

したがって、女性が〈性〉として幸せになるということは危うい綱渡りだ。まずは受動の〈性〉だということ。愛されることによってしか自分の〈性〉を精神（男性像）としても肉体（ヴァギナ快感）としても引き受けることができない。

【女性について（一八）】

しかし自分が本当に愛されているのかどうか、女性にはその基準そのものがない。しかも遊ぶのが上手な男性ほど、自分はうぶだ、純粋だということを前面化して近づいてくる場合も多い。騙されやすいということそのものが性愛の原理になっているのが女性。騙されやすいということと柔軟性の像とが区別できないからだ。

【女性について（一九）】

大概の娘の父親が、娘の「連れてくる」男性を拒否するのは、このことと関わっている。「本当にあの男でいいのか」という父親の不信は、女性に「本当（の男）」など本質的に存在していないという確信の裏面でしかない。だからまたラカンも「女性というものは存在しない」と言うのである。

【女性について（二〇）】

だから、男性が女性を囲いたがるのは、女性の背後に他者（他の男性への柔軟性）を感じているから。女性の男性像が不安定だから。それが異性愛のダイナミクスを産んでいる。そして文学や芸術をも。

【女性について（二一）】

女性が恋愛をして、「私が選んだ人」というふうに主体転換し、無事（とりあえず）結婚へ至るということが、どんなに危うい偶然の上になり立っているか、ここに思いをはせない恋愛論はありえない。

【女性について（二二二）】

男性は（極論を言えば）「好き、好き、好き」を押し通せばいいだけのことなのだから。女性が「好き、好き、好き」と押せば、男性は腰を引くばかりだ。


【女性について（二二三）】

つまり、恋愛は、n個の主体（＝個人の自由）による意志と能力によってなされるものではない。恋愛は、特に女性にとって〈出会い〉でしかない。〈恋愛〉ほど反近代的なものはない。だから主体性が強化されればされるほど、女性は恋愛から疎外される。少子化現象も、主体主義・自立主義的な近代化のなれの果てかもしれない。


【女性について（二二四）】

男女交流が新しいメディアによって活発化すればするほど、むしろ不遇な出会いは増えている。ソーシャルメディアは、「好き、好き、好き」と言う男性のインフレーションにすぎないのだから。その被害者女性のたまり場が深夜のツイート女性たちだと言ってもいいかもしれない。


【女性について（二二五）】

もしも「男女平等」を主張するフェミニズムが存在しうるとすれば、こういった（あれこれの）意志と能力を超えた〈出会い〉によってしか自分の異性像と身体とを受け入れられない女性の特有な水準を、社会、そして男性が気に留めていない場合のことだろう。フェミニズムで〝得をする〟のは結局、男（あるいは経営者）なのだ。

【女性について（二六）】

男性は努力や能力で差別されるが、その差別は「主体的な」努力や能力が根拠であることによって、不本意なものもあるにせよまだ納得できる要素が強い。しかし女性の恋愛＝家族形成は、まったく主体的ではない。ここに家族という〝社会〟の固有な水準がある。家族はその意味では〈社会〉でも〈組織〉でもない。不合理そのものだ。そもそも親（先行する原因）が存在すること自体が近代的な〈主体〉の蹉跌であるのだから、その始原である〈恋愛〉が、女性が主体的・自立的に生きることの蹉跌であることはそうおかしなことではない。

【女性について（二七）】

主体的な能力や努力の女性とは、化粧をしたり、着飾ったり、知性を身につけたり、キャリアを持つ女性ということであるが、そんなの大きらーい、という男性はいくらでもいる。「自然な方がいい」と言われて自然に振る舞うのも不自然だ。女性からすると、いったいどうすればいいの、ということになる。男の社会的なプレゼンスは、女性を引きつける力と相関しているが、女性の社会的な

〝出世〟には、男を性として引きつける力はない。

【女性について（二八）】

男性の主体的な努力はそのまま社会的なパワーに繋がり、着飾ることなく、女性を選ぶパワーに繋がっている。社会的な成功と男性としての成功とはほぼ重なっているのだ。この落差は、社会運動では「改革」できない。

【女性について（二九）】

つまり女性の社会進出という問題は、性としての女性の問題ではない。その意味でなら、女性はむしろ社会の起源であって、それ自体は社会的ではない。家族は、偶然に成立した社会であるし、女性という〈性〉もまた偶然に（経験＝学習によって）成立した〈性〉なのであって、偶然に依存するからこそ、女性は「弱い」性なのである。

【女性について（三〇）】

女性の本来の〝理想〟があるとすれば、男性なし（＝恋愛なし）で子供を作ることができ、男性なしで〝家庭〟を築くことができるということかもしれない。その意味でこそ、男性は優しくなくてはいけない。女性を大切にしなくてはならない。さまざまな意味を込めて、私は、そう言うしかない。

※　なおこのツイートの前提となっているフロイトの直接の文献は、「女性の性について」(岩波版『フロイト全集第二〇巻』)。この論文の冒頭でフロイト自身は以下のように言っていた。関心のある方は、ぜひ引き続いて読んでいただきたい。

通常のエディプスコンプレクス期では、子供は、異性の親に対して情愛深い拘束を示し、その一方で同性の親との関係では敵対的関係が優勢である。男の子については、この分析結果の原因を説明するのは、われわれにはなんら難しいことではない。彼の最初の愛の対象は母親だった。これはその後も変わらない。そして、恋の追求が強まり父と母との関係が次第に分かってくるにつれて、父親は競争相手とならざるを得ない。幼い女の子では事情は異なる。女の子の最初の愛の対象もたしかに母親であった。どのようにして女の子は父親へと向かう方向を取るのか。どのようにして、いつ、なぜ、女の子は母親から離れるのか。女性の性の発達は、最初主導的である性器領域、つまりクリトリスがヴァギナという新しい性器領域に座を明け渡すという課題があるために複雑になるということは、かなり以前からわれわれも理解していた。これと似たもうひとつの、対象を最初の母親から父親へと取り替える転換も、同様に女性の発達を特徴付けるものであり、第一の転換に劣らず大きな意味を持つと思われる。この二つの課題がどのような形で相互に結びついているのか、それについては、われわれもまだ見極めることができないでいる。(岩波版『フロイト全集第二〇巻』「女性の性について」高田珠樹訳)

(初出・二〇一〇年一〇日一二日)

第七章

学校教育の意味とは何か

——中曽根臨教審思想から遠く離れて

学生は〈顧客〉か――〈学校教育〉とは何か

この間、若手教員と話していて、面白い議論になった。保護者と学生とは授業料をいただいている〈顧客〉なのだから大切にしなくてはならない、「CS = Customer Satisfaction（顧客満足）」を意識しない学校運営は意味がないという意見だ。私は若手のその意見を聞いていて、ずーっと違和感があった。一番大きな違和感は、まさにCS＝〈顧客満足〉という言葉そのものだった。

私は、言葉になかなか合点がいかないときにはその反対語を考えることにしている。「顧客満足」の反対語は何か。「顧客満足」の反対語は「教育」でしょうと私はふと思った。教育される側は、本当に「顧客」なのか。もともと「顧客」や「CS」というマーケティング概念は、〈消費者〉という概念が成立して以来の概念だ。というよりも〈マーケティング〉という領域そのものが《消費者の時代》の到来と分かちがたく結びついている。

では《消費者の時代》とは何か。それは個人消費が国家の総消費の五〇％、六〇％を超える時代のことを言う。一回で億単位のお金が動く大企業の設備投資よりもデパート、スーパー、コンビニ、行楽地などでの個人消費の方が消費額として上回る時代が《消費者の時代》だ。

七〇年代以降、高度先進国は軒並みそういった《消費者の時代》に突入していった。別の言い方をすれば、生産が消費の前提ではなく、消費が生産の前提、消費が新たな消費を生み出す時代ということだ。古典経済学では〈不足＝欠如〉が生産の前提だが、つまりその意味では生産が消費の前提だが、そんな〈不足＝欠如〉など高度な消費大国では存在していない。何重にも記号化され、シンボル化された消費（消費の必要のない消費）が、人々の消費行動を規定している。こういった人々を〈消費者〉〈顧客〉という。

〈顧客満足〉とは〈不足＝欠乏〉や〈必要〉（機能という意味での必要）を超えた消費者、自立した消費者としての〈顧客〉の〝満足〟を意味している。つまり生産に従属しない主体的な消費者＝顧客の〝満足〟を意味している。

学校教育と生涯教育の違い

この意味で、〈学生〉というのは、どう〈顧客〉なのだろうか。私は〈学校教育〉の対象は、すべて〈顧客〉ではないと思う。〈学校教育〉の反対概念は、〈生涯教育〉〈社会人教育〉だ。これらの教育（〈生涯教育〉〈社会人教育〉）は、最終的に目的の定位者は受講者の方にある。各講座は、すでに存在している、受講者の目的に従属している。いろいろな講座を〝必要〟に応じてチョイスして、それらを何に役立てるかは、受講者側の自立した動機が決めている。したがって、〈生涯教育〉〈社会人教育〉

には受講の〈主体〉が成立している。それは消費的な教育、〈顧客満足〉が問われる教育なのである。そもそも〈生涯教育〉〈社会人教育〉が成立する社会はそれ自体が高度社会、高度な消費社会でしかない。

〈学校教育〉を生涯学習の内部で大々的に位置づけたのは八〇年代後半の中曽根臨教審だが、その思想的支柱とも言えるフリードマンの教育バウチャー論のモデルは、「第二次世界大戦後にアメリカで実施された復員軍人教育プログラム」（フリードマン『資本主義と自由』第六章「教育における政府の役割」）。成人教育としての生涯学習論でしかない「復員軍人教育プログラム」を〈学校教育〉体系に持ち込むこと自体がおかしなことだ。

〈学校教育〉は、そういった意味での被教育〈主体〉を持たない。そういった主体を形成するための教育を行うのが〈学校教育〉であって、教育目的の形成は学校側（教育する側）に委ねられている。あえて「満足」という言葉を使うとすれば、何に満足すればよいのか、何に満足すべきではないのか、そこまでをも含めて教育するのが〈学校教育〉である。

教員と学生との関係は〈利害〉関係ではない

学校教育の基本モデルは（誤解を恐れずに言えば）〈家庭〉だと思えばいい。そもそも親は子供を〈子供満足〉のために育てているのではない。〈親〉は文字通り子供の〝生産者〟だからだ。〈学校教育〉

は、その意味でこそ、学生の〈不足＝欠如〉（＝主体以前の欠如）に定位した生産型の教育を行う場所であって、〈消費者〉としての〝受講者〟を想定しているわけではない。〈学校〉で形成される教員と学生との関係は、教員への〈尊敬〉と〈敬意〉との関係であり、〈利害〉関係ではない。家庭の親子関係が〈愛情〉に基づくものとすれば、〈尊敬〉と〈敬意〉は、〈愛情〉の社会的な関係と考えればよい。社会がどんなに高度化しようと、〈学校〉は非消費的な場所である。高度情報社会のように社会が緊密に組織されればされるほど、非消費的な学校という場所はますます必要とされているのではないか。

たとえば、なぜ、専門学校は「学校教育法」における「一条校」（＝〈学校〉）ではないのか。大概の専門学校が資格の学校だからである。〈資格〉教育の最大の問題は合格率主義。結果だけが重要であるために、人材像を開発する契機に薄い。それもあって、学内期末試験（学内の履修指標）は追再試の慢性化によって形骸化している。極端な第三者試験（資格）は、極端な学内裁量試験（追再試の慢性化）と並行している。官許資格試験は学校を受験手段化するため、〈学校〉が軽薄化するのである。

学習主体を前提する生涯教育組織がほとんどの場合、資格教育であるのはそのためのこと。資格学校は、その意味では（できればなしで済ましたい）通過点の〝学校〟にすぎない。専門学校に同窓会がなかなか育たない理由の一つは、専門学校の教育が〈学校教育〉ではなく資格主義的な〈消費教育〉になっているからである。専門学校が本気で〈学校〉を目指すのならば、自ら人材像を形成する力をつけなくてはならない。

少子化や大学全入時代を迎えて、大学も専門学校もますます「顧客満足」主義を前面化しようとしているが、いまこそ〈学校〉（特に高等教育）は、自分たちがどんな人材を育てたいのか、どんな人材教育を提供できるのか、そのために学生たちの信頼（尊敬と敬意）に応えうるどんな教員を用意しているのか、を明らかにしなければならない。またその自己研鑽に不断に努めなければならない。顧客（顧客主義的な顧客）が先にあるのではなくて、われわれ（学校）は何を教えうるのかが先にあるのである。それが〈学校〉という場所だ。

若い学生（まだ数々の〈欠如〉に満ちた学生）を前にして、「顧客満足」というようなテーマを掲げるようでは、〈学校〉への道のりはまだまだ（ますます）遠いと言わざるを得ない。

（初出・二〇〇六年一二月四日）

学校教育と生涯学習と家族と
――中曽根臨教審思想の呪縛（学ぶことの主体とは何か）

フィッシュキンは、「メリット」（メリトクラシーのmerit）と「生活機会の均等」と「家族の自律性」とは三つ同時には実現できないと言っている。厳密に言うと、これらのうちの二つを実現すると残りの一つは実現できない「トリレンマ」に陥る。（cf. James S. Fishkin, "Liberty versus Equal Opportunity", in "Equality : Selected Readings", Oxford University Press, 1997）

「生活機会の均等」は「子供は社会の子供」という立場にほぼ立っている。それに反して「家族の自律性」は、子育ての権利は（社会ではなくて）親に属しているというものだ。また「実力」と言っても、最初から恵まれた立場に置かれてしまえば、その本人の「実力」とは言い難い。実力主義は、家族主義的な階級制と反するように見えるが、結果的には家族主義的、地域主義的な〝格差〟を温存する場合も多い。純粋な「機会均等」は、存在しない。機会を与える前に決着がついていることの方が遥かに多いのかもしれない。しかし、実力主義と家族主義と学校教育との三者の関係は整理しておく必要がある。

学歴社会における〈学校教育〉の意義は、子供を教育することを親の影響や地域の影響、あるいは古い世代の影響から隔離することにある。1+1=2を教えることに、あるいは学ぶことに親も地域も世代も（場合によっては社会も）必要ないからだ。つまり〈身分〉や〈格差〉と関係なく、1+1=2ということを教える場所が〈学校〉。

その分、〈学校教育〉にはその〈教員〉資格が公共的に条件づけられている。どんな僻地の学校にも大学を卒業して教員公共資格を持った〈教員〉が「先生」と言われながら存在している。この意味は、〈学ぶ主体〉を〈学校教育〉以前には認めないということだ。学ぶ主体を〈生涯学習〉的な視点から認めてしまうと、結局のところ、自動詞的な〈学び〉が前面化する。学ぶ「意欲」や学びの「個性」が前面化する。言い換えれば、何か〈を〉学ぶという対象への集中（漱石的な〈則天去私〉）よりは、それ以前に存在する抽象的な〈私〉の〈学び〉が存在することになる。世界は、客観ではなくて、〈私〉の自己表現の手段と見なされる。

個性・意欲重視の教育は学力格差を拡大させるばかりではなく、意欲自体を衰退させる

一九八〇年代後半の中曽根臨教審答申以来、個性教育と生涯学習はパッケージで前面化してきた。〈個性〉ばかりではなく「関心・意欲・態度」が各科目評価に加わったのも中曽根臨教審答申を受け

た九二年の新学習指導要領以来のことである。

簡単に言えば、ペーパー試験で一〇〇点とっても「関心・意欲・態度」の〝悪い〟者は、八〇点扱いになる場合も出てきた。逆に「熱心に」取り組んでいると教員が判断すれば、八〇点でも一〇〇点になる場合が出てきた。つまり〈知識〉や〈技術〉の累積と「関心・意欲・態度」とは別のものだという判断がこの評価には働いている。外面的な（＝外からの）注入型教育と「関心・意欲・態度」が切り離されてしまえば、この「関心・意欲・態度」を担う主体は、学校教育以前の〈パーソナリティ〉でしかない。いわゆる〈人間論〉が前面化する。

人間はそもそもが内発的に学習する主体（＝学びの主体）だという生涯学習論の思想的基盤もそこにある。教員は（上から権力的に）教える者ではなくて、サポーター役、あるいはファシリテーター役にとどまる。

〈学校教育〉以前の〈学びの主体〉とは、結局のところ、親や地域の（あるいは時代や社会の）影響を色濃く受けた〈主体〉にすぎない。〈学校教育〉に、「上から」の「権力」が存在するとすれば、この親や地域の影響という地上性を払拭するためのものであるからに違いない。

実際、池田寛（大阪大学）、苅谷剛彦（東京大学）たちが明らかにした「関西調査」では、学びの個性論教育、あるいは意欲主義教育は、むしろ、「インセンティブディバイド」を拡大することになったことをデータから示している。「関西調査」の結論は三つある。一つには、中曽根臨教審以来の個性主義教育＋意欲主義教育は学力格差をむしろ拡大するということ。二つ目には、意欲を育てるのはむしろ学力であって、学力のない者は意欲もないということ。三つ目には、「学び合い」などの児童・生徒たちの「学び」の意欲や姿勢を尊重する「新学力観」型授業は、むしろ、その意欲こそを衰弱させるということ。この三つである。

このことを一言で言えば、苅谷の言う「インセンティブディバイド」となる。「多くの人々を受験競争へ巻き込み、努力を促してきた教育状況のもとでは、努力の階層差は目立ちにくい。(…)ところが、だれをも競争へ巻き込む圧力が減り、学校の後押しが弱まると、努力の階層差が拡大する条件が生じる。いわば、受験競争に向けた動員力が弛緩することで、学力や教育達成における階層間の不平等の拡大・顕在化の可能性が出てくるのである」(苅谷剛彦『階層化日本と教育危機』)。

結局のところ、中曽根臨教審以後の個性主義教育+意欲主義教育は、〈学校教育〉に《家族》と《地域》を持ち込んだだけのことである。それは〈キャリア教育〉の名の下に、《社会》が〈学校教育〉に入り込みつつあるのと同じ事態だ。

学校の校門と塀の意味

現在、〈学校教育〉は、入口と出口においてその境界をなくしつつある。この事態は〈学校教育〉が〈生涯学習〉と等置された臨教審路線の反映にすぎない。八〇年代と、バブル期以降、IT 革命以降のグローバリゼーションによる労働市場の大変化(高卒市場の一〇分の一への縮小)=キャリア教育の登場とは一見、別物のように見えるが、しかし臨教審の〈学校教育〉＝〈生涯学習〉論は〈キャリア教育〉に親和的である。

臨教審当時、書記係役的に関わっていた寺脇研は、新学力観型の「ゆとり教育※」批判にさらされた後にも次のように振り返っていた。「『ゆとり教育』へと進む方向は、明らかに時代の要請であり流れです。そもそも、こうした流れは、一九八四年に中曽根首相の主導のもとにできた臨時教育審議会(臨教審)で確立されました。いまの『錦の御旗』は臨教審なのです。そこで『生涯学習』という理念が決まりました。学校中心主義からの転換、教師による『教育』から生徒中心の『学習』への転換です。この理念の延長にいまの教育改革がある。ですから『ゆとり教育』の枝葉については否定できても、その根本理念を否定できる人はいないはずです」(「中央公論」二〇〇四年二月号)。

※　臨教審思想は寺脇研の言うように「ゆとり教育」と無縁ではないが、「ゆとり教育」という言葉自体は「スプートニクショックで理科教育に力を入れたアメリカの教育政策の影響」(上野健爾「新学習指導要領と学力低下」in『学力があぶない』)の中で生まれたもの。

文部省は、アメリカの教育施策の影響もあってスプートニクの打ち上げの年、一九五七年に理工系学生を三年間で八〇〇〇人増員する「科学技術者養成拡充計画」を発表。東京大学の工学部学生数は一九五九年四五三名〜一九六七年八四五名、理学部一九五九年一三二名〜一九六七年二〇五名に大幅に拡大(『高度成長』吉川洋)。他学部学生数はほとんど変わらないままに。

しかし、「その(スプートニクショックの)結果、消化不良が起こり、知育偏重であるという批判」(上野健爾)が生じた。いわゆる「現代化カリキュラム」批判である。「ゆとり教育」は、まずは、このスプートニクショックカリキュラム＝現代化カリキュラム（一九六八年小学校指導要領改訂、一九六九年中学校指導要領改訂、一九七〇年高等学校指導要領改訂）＝知育偏重教育に対する反動から生まれた言葉だった。そうやって、一九七七年の「ゆとりカリキュラム」指導要領（施行は小学校／一九八〇年、中学校／一九八一年）が生まれた。一九八〇年に始まる「ゆとりカリキュラム」（簡単に言えば、時間数の削減）は、その「ゆとり」思想が「新しい学力観」に結びつく一九八九年の小・中・高学習指導要領改訂（小学校は一九九二年度から、中学校は一九九三年度から、高等学校は一九九四年度から施行）、一九九一年の大学大綱化（簡単に言えば大学の「ゆとり教育」化）を経て、一九九八年小学校・中学校学習指導要領改訂で完成するもの。新「ゆとり」思想は、スプートニクショックの反動ではなく、寺脇がここで言う学校教育＝生涯学習論思想に基づいている。

結局、「学校中心主義からの転換」としての生涯学習論は、〈学校教育〉否定論であり、〈学校教育〉以前に〈学びの主体〉を想定する家族＝地域論＝社会的ニーズ論（キャリア教育）である。臨教審全体は、内田健三も言うように「学校派と生涯派の論争」（『臨教審の軌跡』）の場所だったと言える。

高等教育が学生顧客論（学生消費者論）に立つのは、九〇年代に始まる少子化現象がマーケット主義を増長させるからではない。生涯学習はもともとが顧客＝消費者主義。〈学ぶ〉ことは、学ぶ者の〈手段〉にすぎない。通常、生涯学習的な講座の受講者傾向は、学ぶ目的は受講者の側にあり、カリキュラムや科目は手段にすぎないということにある。何のために役立てるかは、受講者の受講目的次第ということになる。生涯学習マーケットの大半を構成する社会人がいまさら何の役に立つかもわからないものを自費で受講したりはしないからだ。したがって生涯学習講座評価の根拠は受講者の側にある。この種の講座評価が受講生アンケートでなされるのはその意味でのことだ。

しかし、〈学校教育〉が対象とする児童・生徒・学生は、まだ社会人のようには〈目的〉を自律的に持てない。この「持てない」というのは、何らかの限界や無能力を意味しているわけではない。何にでもなれるし、何を目的にすることもできるということが若者（児童・生徒・学生）の、つまり次世代を形成する人材の特質だということだ。〈学校教育〉の対象である若者（児童・生徒・学生）は、〈学校教育〉を通じて目標を見出すのであって、そこに〈学びの主体〉は存在しない。〈学びの主体〉を形成するところが〈学校〉であって、〈学校教育〉は〈学校学習〉ではない。

この〈教育〉の「上から」目線、「権力」目線は、〈学校教育〉の対象である若者を家族・地域・社会から引きはがすためのものであって、社会的な階層流動性の原理をなしている。一条校の〈学校〉（学校教育法の第一条「学校とは…」に分類された学校）に立派な校門と塀が存在しているのは、家族・地域・社会から〈学校〉が相対的に自立しているからである。この自立性こそ、「ジェネラル」エデュケーションや「リベラル」アーツのパワーを形成している。

フィッシュキンの言う「家族の自律性」は子供の教育権を家族（親）が有しているというものだが、これは通常東京の名門私立学校の〈面接〉主義選抜（名門の再生産）を意味している。この点では、「家族の自律性」は階層再生産の原理（メリトクラシー・生活機会の均等と対立する）でしかないが、一方でこの自律性 ― フィッシュキンが見落としているもう一つの自律性 ― は、どんなに社会から（反社会的な犯罪者として）阻害されても、「この子は私にとってはかけがえのない子供」と言える自律性でもある。

つまり「家族の自律性」の反社会性（反メリトクラシー＋反機会均等主義）は、それ自体階層の流動化の原理でもある。名門であれ、「下流」であれ、家族は家族なのだ。家族は「社会の基本単位」なのではない。家族の反社会的な閉鎖性はそれ自体、社会的な革命の原理でもある。この閉鎖性の意味が〈学校〉の校門と塀だと言ってもよい。学校の〈校門〉と〈塀〉は、したがって閉鎖的なものではない。「ジェネラル」と「リベラル」の砦なのである。

〈学校教育〉の〈教員〉とは、その意味で社会的な〈親〉である。〈親〉が子供満足のために子供を〈育てる〉のではないようにして、〈教員〉や〈学校〉にとって、子供（児童・生徒・学生）は〈顧客〉なのではない。子供は他動詞としての学ぶことの中で、つまり〈対象〉に没入することとの中で学ぶことの目的を見出し、〈主体〉を形成していくのである。〈学ぶ主体〉の〈学び〉が先にあるのではないのだ。

「ジェネラル」エデュケーションや「リベラル」アーツにおける〈教養〉主義とは、〈学ぶ主体〉の自主性に収まりきらないある過剰を意味している。この過剰こそが家族や学校の〈自律性〉を形成している。〈学校教育〉は、臨教審の生涯学習論、受講者を〈学ぶ主体〉と見なす生涯学習論、つまり顧客学習論とは異質の自律的な〈教育〉を有している。〈学校教育〉は、校門と塀によってこそ、「ジェネラル」で「リベラル」なのである。


（初出・二〇一一年六月二八日）

〈シラバス〉はなぜ機能しないのか　――大綱化運動の経緯と顛末

現在、学校教育では「シラバス」ばやりだが、この傾向はもともとは大学の「大綱化」（一九九一年）にその起源を有している。カリキュラムや科目設置の自由化が、九〇年代初頭の「大綱化」から謳われ、その分、大学は教育内容自体を自ら検証する必要が生じた。それが詳細なシラバスによる授業内容の公開だったのである。

しかし、このシラバス運動はうまく機能しなかった。八〇年代後半の中曽根臨教審路線に乗っかった個性教育・自主性教育路線が、大綱化によるカリキュラムの自由化の趣旨を選択制強化へとねじ曲げてしまったからだ。個性尊重、自主性尊重が、いつのまにか教育内容自体を、学習の対象と言うよりは自己表現の対象にすり替えてしまったのである。※

※　もともと〈個性〉教育という言葉（正確には「個性重視の教育」）は、日教組対策を横目で見ながら臨教審第一部会に集まった自由化論者たち（特には天谷直弘部会長、香山健一部会長代理、金杉秀信、中内功）と、有田一壽たち第三部会の公教育規制派との対立の落としどころ、妥協の産物にすぎない。実際の部会の審議では「個性主義」という言葉が行き交っていて、「個性主義」という言葉は「天谷直弘

の造語だった」という指摘もある（大森和夫『臨時教育審議会3年間の記録』）。

この「個性主義」という言葉は「教育の自由化」と同じ意味を有していたが、「『自由化』という言葉が教育現場で逆手にとられて職場規律を乱す行動を認める根拠になる恐れ」も含めて「日教組が主張する『教育の自由』と混同されるのをきらったための〝窮余の策〟」（大森和夫）の言葉だったらしい。さらに、「個性」重視はただちには自由化を意味しないという点で、「第一部会と第三部会とのしこりを取りのぞいておこうということだろう」という石井威望第二部会長の言葉も大森和夫は紹介している。

だから九〇年代以降の学校教育論における「個性」主義は、まともに機能するはずがなかったのである。大森和夫の『臨時教育審議会3年間の記録』という報告は立派な記録だが、自由派と規制派との人脈的な対立に足をすくわれすぎている。山崎政人の『自民党と教育政策』も同じ傾向が見られるが、しかし問題なのは、自由か規制かではなくて、寺脇研が感じ取っていたように、中曽根臨教審の根本思想は学校教育＝生涯学習論。この点についての多少とも深い議論は、私のこの著作全体の議論に代えたい。

大綱化（カリキュラムの自由化）は、四年間のカリキュラム全体の目標を明確化し、その人材目標から、各科目編成、科目内容を定めなさいというものだったが、それがいつのまにか選択制、コース制、専攻制などの「自己表現」カリキュラムに変貌していった。そこでは、シラバスは、科目間連携（縦の専門ヒエラルキー連関、横の科目連携）の教員間検証資料とならずに、もっぱら選択科目登録のための学生サービスに成り下がったのである。

自己表現主義カリキュラムの矛盾

この動きは皮肉なことに、少子化による大学全入の動きと並行していた。いわゆる学生の基礎学力低下（より厳密に言えば、AO入試を初め、実質的に無試験で入学してくる学生の増大）である。そういった学生が一九九〇年代以降拡大する局面での自己表現主義カリキュラムの導入はたくさんの矛盾を含んでいた。とりあえず三つある。

（一）自己表現的、意欲主義的選択制科目を増やせば増やすほど、基礎学力を専門科目につなぐための時間は相対的に縮小する。できないまま入学してくる学生はますますその欠如を埋め合わせる契機を失う。またリメディアル教育も、選択科目制中心のカリキュラムでは上位科目との有機的な接合を見出せないためまともに機能しない。

（二）選択科目を増やせば、その分四年後の人材目標は多様化し曖昧になるため、履修の進捗管理や出口の目標管理はさらに複雑になる。実質上、それらは棚上げされる。

（三）自己表現主義は、学生の「潜在力」「可能性」「個性」「人間性」に依存する度合いが高いため、教育評価は、結局のところ学生の自己責任になる。大学や教員自身が教育を自己検証する契機を失う。

大学全入現象を巡るこの三つの深刻な事態から、大学教育自体はますます傷口を広げていったのでである。二〇〇三年以降始まった文科省の「特色GP」（特色ある大学教育支援プログラム）は一〇年以上経過しても未だなお中曽根臨教審路線を踏襲していたが、さすがに、二〇〇八年以降は「教育GP」（＝「質の高い大学教育推進プログラム」）へと施策変更され、「特色」は「質」へと転換された。二〇〇八年は「標準化」元年となった。結局のところ、「特色」化が、大学教育全体、カリキュラム全体の目標や特色を担うことにならず、二〇〇二年の遠山答申以降の傾斜配分を補う予算獲得や広報・募集上のアピールにとどまったからである。そういった大綱化（一九九一年）以降の「特色ある大学」構想は、施策的には「特色GP」の終焉（二〇〇七年）と共に終わった。

「特色化」は、むしろ教育力強化を先の三つの理由から殺いでしまっていた。二〇〇八年に始まる「標準化」は、そして、その年の一二月二四日に答申される「学士課程教育の構築に向けて」（中教審）で詳細に展開される。この答申はいわば文科省の大綱化路線＝「特色」「競争」路線の自己修正文書とも言える。以後キーワードは「多様性と標準性の調和」＝「質の高い」改革路線となった。

この「多様性と標準性の調和」は「将来像答申」（二〇〇五年）の流れを受けて、三つのPolicy、Admission Policy（入学者受け入れ方針）、Curriculum Policy（教育課程編成・実施方針）、Diploma Policy（学位授与方針）としてまとめられる。

この三つのPolicyを一言で言うと、「組織的な」取り組みをしなさいということだ。これは特色路線が、一人か、二、三人の小間使い教授の机上の作文、あるいは街の研修屋やNPOの課外授業的な周辺科目の誇張（一科目か、二科目のシラバスを詳細化しただけのGP申請書のような）によって粉飾されてきたことの文科省の自己反省でもある。

三つのPolicyについての言及はもちろん二〇〇五年の「将来像」答申でも存在するが、「標準性」という言葉はこの答申にはない。この言葉は、二〇〇八年「学士課程教育の構築に向けて」答申に固有なもの。「標準性」が「多様性」「個性」「特色」教育の対立概念としての「質」とリンクしたわけだ。この問題は、さらに二〇〇八年答申では、以下の文言に表れる。

「大学設置基準の大綱化以降、科目区分、必修教科などの見直しが急速に進んだ。また、学部・学科等の組織の改組が活発に行われ、学位の専攻分野の名称と同様、多様な名称の学部・学科が登場するようになった。こうした組織改編等の中では、現代的な課題に即した学際的な取組を目指した動きが目立つようになっている」が、「学際的な教育活動について、関連する学問の知識体系（ディシプリン）に関する基礎教育が必ずしも十分になされていない…」。

討論型、体験型授業の流行

〈学際〉とは、inter-disciplineのこと。Disciplineのない学際的取り組みなど存在しないと答申は言う。もっともなことだ。いまでも大流行のハイパー・メリトクラシー教育（コミュニケーション能力、問題発見・解決能力、人間力養成など）などは、真剣に取り組もうとすればするほど「学際的」になる。そもそも、それらはインプット型の知識や能力ではなくて、アウトプット型の実践的な能力だからである。実践的だから、総合的な能力になる。その分、「学際」的になる。授業形態としては、演習、発表型、調査型、議論・討論型、体験型、ワークショップスタイルなどが〝流行〟し始める。

これは、古典的な講義スタイルで授業をコントロールできない教員には救いの神だった。四単位授業（通年講義）が二単位授業（半期講義）になっただけでも、教員の専門性や講義力は落ちたが、これらの授業形態が二単位授業（半期講義）で展開されることになると、教員の授業形成・授業管理の能力はもっと落ちることになる。そもそも、これらの授業はまともなシラバスにさえならないのだから、授業目標はないも同然。授業〝満足度〟アンケートが流行り始めるのも、これらの授業形態の隆盛と並行している。〝満足度〟はそもそも心理主義なのだから、Disciplineにはほど遠い。二〇〇三年以来の「特色GP」のほとんどの申請書は、その効果や成果記述のところで、「学生満足度アンケート」を挙げていた。だからこそ、「学際的な教育活動について、関連する学問の知識体系（ディシプリン）に関する基礎教育が必ずしも十分になされていない…」という反省につながったのである。

はてさて、この反省の成果は？

（初出・二〇一一年一月一二日）

大学全入時代におけるカリキュラムとは何か（インタビュアー・田村耕太郎）

※　この記事は、田村耕太郎さん連載中の「知のグローバル競争　最前線から」（講談社『現代ビジネス』）のための、私への取材記事です。大幅に加筆修正しています。

田村さんと言えば、昨年の『君は、こんなワクワクする世界を見ずに死ねるか!?』（マガジンハウス）以来、売れっ子の作家になられていますが、出会いのきっかけは、ALL Communicators' Forum 2010「ソーシャルメディア時代のコミュニケーション戦略」（お台場・東京カルチャーカルチャー／二〇一〇年三月二〇日）の「政治活動におけるツイッター活用」セッションで私が司会をさせていただいたときのことです。参議院議員もされていた経歴からは考えられないくらい素直な方で（笑）、私も大好きになりました。国際的な視野での教育への関心も高く、「ちょっとなんか話してくださいよ」ということで、食事を兼ねたお話がこの取材記事の原型です。

「積み上げ型」になっていないカリキュラム

田村耕太郎（以下田村）「現在の高等教育での一番の問題点は、大学教育も専門学校教育も、積み上げ型のカリキュラムになっていない」とのことですが、「積み上げ型」とはどういうことですか。

芦田「積み上げ型」というのは、一つの科目を履修させたら、その科目の履修成果に基づいて、次の科目を始めるということです。階段を一つ一つ上がっていくように科目が構成されているということ。高校までの学習では、英語、数学、歴史、国語という科目構成は相対的に独立しており、積み上がり科目構成ではありませんが、三学年を通観すれば、それぞれの科目で積み上がっている数学や英語のような科目もあります。

しかし、高等教育では、本来は学年の内部でも積み上がる必要があります。高等教育らしい〈専門〉教育を受けるための学校群なのですから。大学は四年間、専門学校は二年間も、「ジェネラルエデュケーション」（国語・算数・理科・社会・英語）を超えた専門教育を受けるにも関わらず、実際は、縦（通年）にも横（学年）にも、ちょっと高級な程度の〝ジェネラルエデュケーション〟状態が蔓延しているということです。これは（大学では特に）、「教養課程」と「専門課程」の指定単位規制が「大綱化」施策（一九九一年）以降なくなり、急激に拡大した傾向です。

田村　なぜ、大学や専門学校では、「ちょっと高級な程度の〝ジェネラルエデュケーション〟」にとどまっているのでしょうか？

芦田　大学教育の場合は教養主義的な科目単独主義が、専門学校の場合は資格主義的な暗記教育、過去問教育が、『積み上げ型』科目編成＝カリキュラム開発を阻害しているわけです。

理工系の大学では、まだまだ五〇単位程度（卒業に必要な一二四単位以上において）の必修単位が残っている大学がありますが、全国の大学のほとんどの文系カリキュラムでは、必修単位が三〇単位あるかどうかにとどまっており、これでは、科目が積み上がらない。現在の私立大学カリキュラムは、バイキングレストランみたいなカリキュラムになっているわけです。私の大学では、昨年まで二六単位しかなかった必修科目をカリキュラム改編によって八四単位にまで引き上げました。

選択型カリキュラムは、「大綱化」施策以降（つまりは一九八〇年代中後半の中曽根臨教審答申以降）の自己表現主義教育もその誘因の一つではありますが、基本的にはリベラルアーツ型の専門教養主義による科目単独主義（講座制の名残）が元凶です。そもそも選択科目が多いカリキュラムでは、受講が毎回リセットされていくので、高度能力の開発ができません。昔の哲学科などは、古代哲学、中世哲学、近代哲学、現代哲学で各一人ずつの教授が講座を構えており、全体を選択必修、あるいは必修で学ぶことになっていました。しかし、たとえ必修であってもこの程度の〝巡回〟であれば、『西洋哲学入門』という啓蒙書をじっくり読んだ方がまだまともかもしれません。

工学部であっても、たとえばＳＥ（あるいはアーキテクト）を目指したいと思って工学部に入っても、機械工学、材料工学、流体力学、システム工学などと並んで「ソフトウェア論」などがわずかにあるだけで、大学院に進学しても事情はそんなに変わりません。学部であれ、大学院であれ、やりたい勉強は自分でやれ、というのが大学教育の基本思想だからです。

だから、これらの科目がたとえすべて必修科目であっても、積み上がらないのです。哲学にしても工学にしても、概論講座のオンパレードということになります。百歩譲って「体系的」ではあっても、「有機的」ではない。教育・学習の組織的な順次性に欠けているわけです。

専門学校では、学校教育法の一条校でない分、学校としての社会的信頼性を国交省、厚労省、経産省の資格プレゼンスで保持しています。資格教育な分、どうしても教育が形式的で平板になりやすい。専門学校がやっているのは職業教育ではなくて、遅れてきた受験教育にすぎないわけです。結局、これも形を変えた概論教育にすぎない。能力が積み上がらないわけです。いまの高等教育は、概論教育だらけ。だから〝人材〟教育にならない。

大学進学率が二〇％台程度の時代の大学生なら、そういった概論講座を受講しても、それを滋養として自分の目指すべき専門性に特化していく能力を持っていたでしょうが、ここまで大衆化した大学生では、この種の概論講座は、「国語・算数・理科・社会」なみの一般教育にしか見えず、魅力的なものに思えないわけです。つまり、一つの概論科目と他の概論科目との間《あいだ》を埋める能力がいまの大学生には決定的に足りない。

その上、最近は「リメディアル教育」も盛んになってきて、中学校・高校の復習授業を厚く用意する大学が出てきており、中学校・高校で勉強の苦手だった大学生たちは、ふたたびつまらない授業を受けることになります。概論教育のためのさらに概論的な基礎教育をやるのですから、成功するはずがない。

リメディアルな「基礎教育」と言っても、それがなぜ無効でつまらないのかと言うと、それを元にして積み上がる先の科目との連携など何も取れていないからです。基礎教育は四年次の仕上がり目標から逆算されて作られるべきですが、四年生の専門ゼミの教授たちは、基礎教育課程にそもそも関心がないため（基礎教育に対する、専門ゼミ教授たちの差別視も大きい）、〝できない〟学生たちは、抽象的な「基礎」教育を大学に入ってまで再度強いられているだけなのです。

結局、専門ゼミ教授たちは「基礎学力の低さ」に苦情は言いますが、基礎教育のあり方に関心はない。もちろんそれを担う気もない。昔は「概論」教授と言えば、その学科を代表する名誉教授級の先生が担っていましたが、いまでは、『概論』くらいは誰でもやれるからあなたやってよ」みたいな乗りで新人専任教員がやる始末。概論教授ではなくて教授概論になっているわけです。終わり（出口や目標）を知り尽くしているからこそ、始まり（入門）を適切に誘導できるというのが、真正な「概論」教授の意味ですが、その基本をリメディアルな「基礎教育」は覆い隠している。

教員人事が大学のカリキュラム改編を妨げている

田村　そこまでわかっていて、なぜその状況を突破できないのですか。

芦田　結局、「積み上げる」には、具体的な人材像を描く必要があります。たとえば熱力学とソフトウェア工学とを積み上げても「具体的な人材像」はイメージできません。どちらかの講座（科目）を廃止して、残った講座の時間数を倍にも三倍にも増やしていくしかない。積み上げるというのはそういうことです。

そうなると、一つの科目（講座）に張り付いている教授を追い出さなくてはいけない。追い出した分、同系列の教員を新規採用するしかない。しかしそんなことはできない。本来のディプロマポリシーに基づくカリキュラム改編は教員人事問題に直結するわけですが、人事問題であるが故に、積み上げ型のカリキュラムは作れないのです。一大学のカリキュラム開発において、不可欠な教員が足りない、不要な教員が過剰に存在している。それが今日の大学教員問題です。

大学に、人材像に基づくカリキュラムが不可能なのは教員人事問題と直結するからです。文科省は最近さかんにAdmission Policy、Curriculum Policy、Diploma Policyの3P（本書二一六頁参照）を叫んでいますが（特に『将来像』答申以来）、それは全国的なレベルで教員を再配置しないと無理な話です。地域間大学連携などはその気配を感じさせる文科省の一施策ですが、その意味さえわからない教員が多い。

田村　最近の「キャリア教育」などもその延長でのことですか。

芦田　キャリア教育がなんの役にも立たないことは明白。就職難の若者が昨今のキャリア教育で目を覚まさないのは、それが単なる説教や人生論、あるいは経験主義にとどまっているからです。うさんくさいキャリアカウンセラーのおじさんやお姉さんの話と変わらない程度なら、目を覚ます方がおかしい。大切なことは、その話を日々の専門教育をやっている先生が、日々の教えるべき知識や技術の付加価値として〝就職や生涯賃金〟の質を話すことです。黒田さん（黒田壽二金沢工大学園長・総長）が言われているように、コアカリキュラムの中でキャリア論を語ることが大切なのです。

いわゆる〝キャリア教育〟に力を入れれば入れるほどコアカリキュラム改善が遅れるという悪循環、つまり大学改革の悪循環がいまの若者の就職難の実態です。就職センターが充実している大学ほど、教育改革が遅れるのと同じ事態です。いまの大学における就職問題は、教学部門の中核で就職をどう担うかという課題にならないと解決しません。

教育に「社会人としての偏差値」を持ち込む

田村　「就職難の若者」の特徴ってどんなものがありますか。
芦田　いわゆる低偏差値の学生というのは、家庭、地域、クラスメート、担任の先生といった近親者との比較の中でしか、自分の位置を測ることができない子たちなわけです。
子どもたち、若者たちが大人になる契機の一つは、対面人間関係（いわゆる〈親密圏〉）を越えるときです。「対面人間関係（いわゆる〈親密圏〉）を越えるとき」というのは、昔なら、トイレに行くのが怖い＝家の闇と光、トトロ的な森の神秘＝村の境界などがそれに当たったのかもしれませんが、いまでは、高偏差値の学生たちなら、全国区の受験勉強でそれを体験します。喧嘩が一番強くても、クラスで一番を取っても、担任の先生に褒めてもらっても、親を喜ばせても、そんな対面評価ではあてにならないということを実感的に体験するのが全国区受験体験なわけです。低偏差値の学生はその意味では高校を卒業しても〝ヒューマン〟な＝対面人間関係的な基準しか持っていません。その範囲なら殴って勝てばいい、「口がうまい」だけで勝てる。

若いアルバイト店員を店先で観察したり、つついたりして（笑）、人材評価をするのが私の（悪趣味な）仕事の一つなのですが、大概（残念なことですが）、学歴差がそのまま仕事能力と相関している。〝単純な〟仕事でも学歴が高い方がまともにこなす。この相関は、給料ももちろんだし、三年以内離職率も中卒では七割を超える。単なる「国語・算数・理科・社会」のジェネラルエデュケーション（あるいはリベラルアーツ）の有無や格差がどう実務能力の格差と相関しているのか、いつも疑問に思っていましたが、たぶんそれは青年期の成長の最終段階で、対面関係を越えることが、現代では受験競争（および体育系クラブ活動における身体的な競争）くらいしかないからです。

ＡＯ入試とは対面関係で大学に入学することなのですから、いまの大学生はほとんど人間関係主義者なわけです。だからコミュニケーション論が流行る（笑）。大学や専門学校は社会人になる最後の学校なわけですから、対面人間関係を越えることができない学生たちのクラスの中に、社会人＝職業人としての〝偏差値〟（殴っても勝てない基準、口論でも勝てない基準）を持ち込んでやるべきなのです。いま、この専門科目でこの試験点数を取れるなら、この企業くらいには就職できる、取れないなら就職できないということの相関（レフェランス）が絶えず見えるように、科目と試験を構成する必要がある。そういったことを各科目シラバス、各科目のコマシラバスの中で明示できるようになれば、どんな学生であっても勉強するようになる。できない学生には、短い目標を丁寧に不断に刻んでやるしかない。

田村　社会人としての偏差値、企業の偏差値ってそんな簡単に見定められますか。

芦田　それはこう考えたのです。まずは、人間性とかコミュニケーション能力とか、なんだかわからないハイパー・メリトクラシー※に属する能力を評価する企業はまず目標としない。たとえ大企業＝有名企業で就職を成就させた企業であっても、次年度からはそんな企業に学生を送り込まない。あくまでも、学生の専門能力を具体的に評価してくれた企業、実際に専門能力に期待している企業を優先するということです。

※「ハイパー・メリトクラシー」は、本田由紀が自ら「筆者の造語」（『多元化する「能力」と日本社会 ― ハイパー・メリトクラシー化のなかで』）とする言葉である。私は、本田の言うハイパー・メリトクラシーを「〈力《りょく》〉能力」と呼んできたが、本田はこの言葉を「近代型能力」から「ポスト近代型能力」への能力「変化」という観点から使用している。具体的に言えば「受験勉強に代表されるような、知識の暗記、公式や文法規則の適用、計算の習熟など」の「努力やノウハウ」を「近代型能力」だとすれば、「個性や創造性」、組織的・対人的な「ネットワーク形成力」などの「ポスト近代型能力」を「詰め込む」ということは「笑い話か笑えない悪夢でしかない」ということ。「ポスト近代型能力」は、「近代型能力」に較べて「さらにいっそう」「個々

人の生来の資質か、あるいは成長する過程における日常的・持続的な環境要件によって決まる部分が大きい（…）」。それは、「個々人の人格や感情、身体などと一体化したもの」である。

この「さらにいっそう」のメリトクラシーという点で、本田は「ハイパー・メリトクラシー」と造語している。「人間の内面＝〈心〉にまで鋭い視線を注ぐハイパー・メリトクラシーが支配を広げようとしているのが、現在の日本」。それを本田は「日本固有の不幸」とみなし、「専門性」の「鎧」によってその「圧力を緩和しようというのが」、この本田の著作の「提唱する道である」。本田の真情は、以下の一文に現れている。「やれ、『生きる力』だ、『人間力』だ、『創造性』だ、『コミュニケーション能力』だ、と、過剰な価値的な意味を引きずった言葉を生産し続けることは不毛である。そのうわずった社会のあり方をクールダウンするための方策として、『専門性』という、より輪郭の明確な立脚点を打ち出すことを本書は提唱する」。

二〇〇五年のこの著作の四年後の『教育の職業的意義』では、本田は、ピオリ&セーブル的な「大量生産の終焉（Das Ende der Massenproduktion）」論（一九八五年）＝「柔軟な専門化」論の二番煎じのように「柔軟な専門性」などとも言い換えるようになるが（セネットの「職人技」論、バウマンの「職人の倫理」論を引きながら、ピオリ&セーブルの「柔軟な専門化」に言及しないのもわからない議論だが）、それは「〝専門性〟と言っても学者を作るわけでもあるまい」という一般的な議論（もっとも本田は二〇〇五年の著作では、学者の専門性と「柔軟な専門性」とを同一視していたが）を回避するうわべを装っただけのものにすぎない。本田の議論は、「教育社会学者」として、社会学と教育学との架橋をかけ損なっているのだ。「それを思うと苦しい」（『教育の職業的意義』あとがき）と言いながらも。

本田が言いたいことを私ふうに一言で言えば、「勉強しなさい、それがハイパーな内面病から脱出する方法です」という月並みなものだ。本田の議論に欠けているのは、（たとえば）日本における訓練主義的な職業教育に対する（故《ゆえ》ある）差別視の問題だが、それについては、この私の著作全体で答えたい。ハイパー・メリトクラシーによる「うわずった社会のあり方をクールダウンする」という点では、私は本田と問題意識を共有している。

「人間性」とか「コミュニケーション能力」というのを期待する企業は、リベラルアーツ病にかかっている高偏差値大学待望型の（＝社員教育に十分な時間をとれる）企業なわけです。単に素性の良い学生を欲しがっているだけのこと。こういった企業を出口接続に想定すると、学校側もカリキュラム開発を促進する動機を失ってしまう。〝素性〟はほとんど〝出自〟と同じですから、〈学校教育〉を超えてしまうのです。そもそも人間性を育てるカリキュラムなんて、宗教団体みたいなものだし、コミュニケーション能力を育てるカリキュラムも、「オレオレ詐欺」のコミュニケーション能力には負けてしまう。いずれも「ハイパー」な能力なわけですから。それに（余談ですが）、学校の先生というのは、もっとも人間性の怪しい、コミュニケーション能力のない、社会人基礎力もない人種でしょ。私も含めて。そもそもそんなハイパーなカリキュラム作れるはずがない（笑）。

ＩＴ企業などは、まだ業界の歴史が浅い企業群ですから、その点でも学歴差別、学校歴差別の薄い業界です。大企業であっても専門能力で勝負ができる企業がたくさんある。専門性に定位すれば、企業偏差値はつけやすい。開発系－受託系（システムインテグレーター－ソフトハウス）だけでも技術的格差はあるし、それに対応して大学院学生を新卒の半分以上採用している企業も技術志向だと言える。ここに学内の期末履修判定試験の偏差値順位を割り当てながら、学内の技術試験でどの程度の点数を取らせれば、どの程度の技術志向の企業に入れるのかを実績を踏まえながら年々修正を重ねていく。われわれの学校の教室の壁には上位学年の偏差値と就職内定企業とが貼り出されていました。

後輩の学生たち（いつも先輩たちと一緒になってアプリケーションを作り合っている学年間交流のある後輩たちなわけですが）は、先輩学生の顔が、同時に企業の顔に見えてくるわけです。まさにこれ以上ない目標設定と動機設定なわけです。成績を貼り出したら、個人情報が…、なんてバカなことを言う教員もいましたが、カリキュラムがしっかりしていて、教材開発や補習授業に熱心な教育体制では、一番ビリの学生でも他の大学や他の専門学校と比べれば、中上位のレベルであることを学生自身が十分認識していますから、誇りあるビリなわけです。貼り出しても苦情など出ない。そもそも学業成績は、学生の「個人」情報ではない。学校のカリキュラム成績、教材成績、教員成績、ひいては教育成績でしかない。何でも「個人情報」扱いする学校は、すべてを学生のせいにして、自分たちの教育責任を回避しているだけです。

一方でしかし、（専門学校であってさえ）「知識や試験点数がいいからといって就職がいいということにはならない」と平然と言う教員がいる。リベラルアーツの大学や、国語・算数・理科・社会の点数なら、必ずしもそうはならないというのはわかりますが、職業教育を名乗る専門学校は、試験点数が良いことが就職も良いというように、カリキュラムやシラバスや履修判定試験が構成されていなければならない。実務教育の成果を試験して、それが就職実績と相関しないというのはおかしいわけです。

専門学校関係者が「知識や試験点数が良いからと言って就職が良いということにはならない」というのは、したがって彼らが資格教育しかやれていないからです。実務教育になっていない。その資格教育も過去問教育か暗記教育にとどまっているため、対面教育＝トレーニング教育（〝技能〟教育）でしかない。だから試験点数と就職実績とが相関しない。これでは大学と何も変わらない。

企業は学校関係者が思っているほど専門教育に無関心なわけではない。ただ、「大学や専門学校が高度な専門教育なんてできないでしょ」と思っているわけです。言い換えれば、「人間性」とか「コミュニケーション能力」とか「社会人基礎力」などというものが声高に叫ばれるのは、専門能力育成なんかもともと無理なのだから「せめて」これくらいは、という期待が人間性とかコミュニケーション能力とか社会人基礎力への期待なわけです。極端に言えば、「せめて」挨拶くらいは、というもの。私はそれを「せめても能力」と呼んできました。だから「せめて」というのは期待ではなくて、大学教育や専門学校教育への失望の結果なわけです。しかし私の経験では、実際に専門的な実力を持つ人材を作れば、引く手あまた。卒業年次の四月末ですでに在籍比一〇〇％の就職率を確保できるようになる。高度な専門能力を持った新卒者を実際に育成すれば、大企業であっても採用の門戸を開き始める。それが、われわれが証明したことだったわけです（本書一〇九頁参照のこと）。

科目が多すぎることの弊害──四単位、六単位授業を増やすこと

田村 いわゆる「落ちこぼれ学生」というのはいないのですか。ずいぶん厳しい教育のように思えるのですが。

芦田 積み上げ型カリキュラムは、機械の歯車のように厳しいものに聞こえますが、実は違うのです。いわば、二単位や四単位の一科目（一テーマ）を一〇〇単位分かけてじっくり取り組むカリキュラムなわけですから、学生が理解で躓くところなどは前もってシミュレーションされて十分なコマ（時間数）を配置できるわけです。コマ単位で自在に復習のコマを充てることさえできます。だからこそ誰でもが高い階段を上っていくことができる。いわゆる動機重視型＝学生希望型の選択科目主義（一科目完結型授業）の方が、遥かに放ったらかし、やりっ放しの授業なわけです。積み上げ型カリキュラムこそがリメディアル授業なんだということをみんなわかっていない。

現在の大学カリキュラムは、一セメスターにおける科目数が多すぎるのです。科目数を二分の一、三分の一にして、一科目の単位数を四単位、六単位、八単位にすればいいのです。セメスターの履修ストーリーをきちんと明確化すべきです。そうすれば学生にもこの期は何を学ぶ時期なのかということが明確化する。予習も復習もできるようになる。教員も授業に集中できる。教材開発の契機も生まれる。同じ週コマ六コマの教員でも、その六コマが六科目を意味する場合が多い現在の持ちコマ体制

で、教員が授業準備をまともにすることなどありえない。六コマ＝六科目をまともに授業なんてやれないから、そのうちの（少なくとも）二コマくらいは、「ゼミ」とか「発表型」「調査型」授業とか「ワークショップスタイル」などの手抜き授業になってしまうのです。

六コマが二コマ（四単位）×三科目になっただけでも、教員自身の、授業への取り組みの質が変わります。それに、二コマ連続講義にすると、一コマ目はインプット型の授業にして、後半は小テストや質問、まとめの授業（場合によっては討議型など）など「多様な」授業スタイルを取ることも可能になります。結果、一セメスター五科目（計二〇単位くらいの必修コマくらいか）がとりあえずの目処になると思います。これらのカリキュラム改編方針は、文科省が「学士課程教育の構築に向けて」答申（二〇〇八年一二月二四日）において「大学に期待される取り組み」としてすでに推奨しているものです。

最近、その文科省は「主体的な学び」の必要を盛んに説き始めています。アホな大学関係者はそれをハイパー・メリトクラシー能力育成推奨と勘違いして、「ゼミ」とか「発表型」「調査型」授業とか「ワークショップスタイル」の授業を盛んに導入しようとしています。一九九〇年代「大学改革」の再来であるかのように。これは大きな間違い。文科省の言いたい、二〇〇八年以降の「主体」性とは、教室授業外学習をどう組織するかということです。「教室授業外学習」とは、言い換えれば先生のいないときでも自ら学習しようとする予復習体制をどう形成するかということです。

その「教室外」学習＝予復習に一番必要なのは、シラバス・コマシラバスの充実です。まずはコマ単位の授業目標（学習目標）が明確かどうか、その参照資料が授業コマ毎に明確化しているか、参照指示が文献名のみならずページ数まで具体化しているか、コマ単位の予習課題・復習課題がテーマ毎に明確か、何を見ればそれが勉強できるのかが的確に指示されているかどうか、そういったものが詳細に書き込まれてこそ、「教室外」学習が組織できるわけです。これが「主体的」に学ぶ体制の基本中の基本。学生が予復習（「教室外」学習）をしないのは、教員の授業のみならず、授業計画自体がずさんだからです。授業計画がずさんなのは、教育目標が科目単独でさえ不在だからです（「あるにはある」にとどまっている）。授業計画（シラバス・コマシラバス）の改善を避けて、学生に「主体的に」学ばせても何の意味もないのです。もう少し先生方自身が「主体的」に授業に取り組まないと。

従来の「それなり教育」では就職できない

そもそも基礎学力の低い学生たちを引き受けざるを得ない大学や専門学校は、学生たちの入口（入学時）のハンディを、卒業時点では挽回していなければならない。日本の一流大学の学生たちは、苛烈な受験勉強のストックを就職時に再現して就職しているにすぎないのだから、その体験のない大学生たちは、入学後のカリキュラムや教育で追いつくチャンスがあるわけです。別に、東大や早稲田の四年間の教育（カリキュラムや教員）が彼らを育てているわけではない。

〝下流大学〟も専門学校も、しかし、この事態に際して「それなり教育」を施しているだけです。

「それなりに伸びた」というものです。どんなにひどい大学やカリキュラムや教員の学校でも、一割や二割、優秀な学生は存在している、どんなにひどい学生でも、入学して二年も経てば、そして四年も経てば、「それなりに」成長して落ち着きはする。だから、どんなにひどい〝下流大学〟も専門学校も、学校案内パンフレットでは、〝一流大学〟のパンフレットと変わらないことになる。

しかし、この「それなり教育」がほとんど機能していないのは、二〇歳から二四歳の失業率が七・九％、二五歳から二九歳の失業率が六・三％（いずれも二〇一一年内閣府『子ども・若者白書』）、大学新卒三年以内の離職率が三〇％近くになっている最近の事態（二〇一二年厚労省「若者雇用関連データ」）からも明らかです。失業率、離職率の本質は若者問題なのです。特に二〇代の離職というのは大変深刻です。仕事を一番覚える時期にアルバイトで過ごすのですから、三〇代、四〇代でそこそこの仕事や給料を得ることができなくなります。いわゆるキャリアパスのルートから早々と外れる。生涯にわたって年収が三〇〇万円を超えないことになる。

グローバル化によるアジア労働者への依存、非正規雇用の拡大、ＩＴ化による低位ジョブ職の量的縮小、新規採用枠内のアジアの一流大学学生雇用、一流大学学生による中間就職域、下位就職域への〝天下り現象〟などによって、大卒層（一流、二流、それ以下）、短大卒層、専門学校卒層、高卒層などと平和に棲み分かれていた日本の労働市場は完全に解体しています（『学歴分断社会』吉川徹）。

「それなり教育」の就職先などもはや存在していないのです。実際九二年でピークを迎えた高卒求人件数の一六七万六千件は、二〇〇三年で一九万八千件にまで縮小し、間近の二〇一〇年に再度一九万八千件にまで落ち込みます。昨年（二〇一一年）でも二〇万件前後で推移しています。大学問題は少子化問題ばかりが声高に叫ばれますが、この時期と重なる一八歳人口の減少は四〇％程度、高卒求人件数はそれに比べて九〇％も縮小している。企業の新卒人材への高度要求が高まり、偏差値の低い層の「それなり教育」が通用しない事態が生まれているのです。

田村　これからの大学教育と職業教育との関係はどうなっていくのでしょうか。

芦田　日本の職業教育は、いつも差別視されてきました。専門学校とは、仕事をしたい若者の行くところではなくて、「勉強のできない」若者の行くところでしかなかったのです。いまでは大学の方が就職率が良いし（構造的な傾向として専門学校の就職率は年々落ちてきています）、仕事の勉強をしていない大学生も卒業したらみんな仕事をしている。そしてその大学生の方が給料平均は遥かにいい。これはおかしいわけです。※

※　新卒人材の社会接続には大雑把に言って二種類ある。大学型接続（メンバーシップ型）と専門学校型接続（ジョブ型）。

大学型接続は一括採用、一括解雇（定年制）、職務ローテーション制、年功賃金＝年功序列制、企業内組合を前提とした「メンバーシップ型採用」に呼応した、従来の大学の教養主義的な人材育成という意味での「入口」接続。つまり素養（基礎）は学校で作ったからあとは企業で教育してくださいという意味での「入口」接続。あえて言えば、「キャリア教育」接続にあたる。「素養」と言っても、企業メンバーシップ（いわゆる社風）に合うかどうかの選抜になる。だから直接「できる」スキルは問われない。地頭がいい、素質がある、性格がいい、コミュニケーションスキルがあるといった抽象的な指標選抜になる。
もう一つは専門学校型。「キャリア教育」と区別された意味での「職業教育」的な「入口」接続。これは従来もっぱら専門学校も含めた専修学校や短大が担ってきた。極度に単純化した言い方をすれば、会社の「一般職」「専門職」（いずれも「総合職」に対立する意味での、つまりメンバーシップを担わない）接続としての「入口」接続。この後者の「入口」接続は、従来「即戦力」人材と言われてきたものである。「メンバーシップ型」に対比される「ジョブ型」採用と呼んでもよい。「スペシャリスト」型採用とも言える。組織の中での〝部品〟のように代替がきく——つまりメンバーシップを形成しない——人材。そのもっとも高級なスペシャリストが大学教授と言ってもよい。〝研究対象〟には忠誠を尽くすが、組織への忠誠心はもっとも希薄な人種とも言える。ジョブ型は訓練すればするほど、組織人材ではなくなるという矛盾をはらむ接続になる。一口に〝実力主義〟と言っても、大学型＝メンバーシップ型と専門学校型＝ジョブ型とでは意味が異なる。「もはや（ドメスティックな）大学卒の時代ではない」と言っても、濱口桂一郎（『新しい労働社会』）などは、メンバーシップ型は日本の奉公制度にまで遡ることができると言っている。古くさいという意味ではなくて、根深いという意味で。「グローバル時代」の個と組織との関係はまだまだ未整理なまま放置されている。

問題は、「勉強できる、できない」に関わらず、高校卒業時点で、高度職業教育のできる学校（言い換えれば高偏差値学生でも満足できる職業教育の受け皿）を作ることです。いまの専門学校では無理です。文科省は中教審キャリア教育答申（二〇一一年一月三一日）で、短大・専門学校をその受け皿としては外してしまいました。この判断自体は正しい。

「高度職業教育」とは、簡単に言えば、早稲田や東大の学生に積み上げ型の職業教育を行うということです。この学生たちは地頭の良さだけで社会人となり、中途半端な研修＋先輩の背中＋経験を積んで仕事を学んだだけのこと。一回も本格的な（＝体系的な）職業教育を受けたことがないわけです。リベラルアーツの軸としての大学は外せない（外すべきではない）と思いますが、一方で四年間の積み上がり型の高度専門教育を行う受け皿が必要なのです。高度職業教育が存在しないから、専門学校が資格学校にしかならない。大学なら一流大学から三流大学まで存在しますが、専門学校には一流の専門学校、三流の専門学校という格差自体が存在しない。その原因は一流の職業教育というものが存在しないからです。大学に一流と三流があるのは、大学のプレゼンスの象徴であって、大学の無力の象徴ではないのです。

そういった意味で、高度職業教育の柱を高等教育のもう一つの柱として打ち立てること、これを文科省は職業教育（文科省の言葉で言えば「キャリア教育」）の「グランドデザイン論」と呼んでいましたが、中教審の本答申手前の作業部会で、早いうちに消え去ってしまいました。「グランドデザイン」論とは、一言で言えば、差別されない職業教育を高等教育のもう一つの軸として作るということです。

しかし、その道は今回の答申では断念された。選択科目主義と専門教養主義によってあぐらをかいている大学教授たちの既得権※と、同じく非文科系資格教育（業界既得権）に安住している専門学校経営者たちの保守的体質を打破できなかったわけです。

※　しかし、大学関係者が職業教育を嫌う理由は、何も既得権保持のためばかりでもない。もともと大学には

職業教育を嫌う傾向があったと言える。「ポリテクニクモデル」の成功例であるＭＩＴ（マサチューセッツ工科大学）などは例外的なものであって、金子元久は次のように言っている。「こうした職業教育のあり方は、一方において実践的な職業人を形成するうえで効率的な形態であったが、他方で学生に知識の機械的な修得を強いる半面で、自律的な知的探求を阻む、乾燥したものでもあった。そこから大学教育の名に値しないという批判も生じる。ドイツの大学が中世以来の医学、法学、神学を例外として、近代的な職業教育を大学に導入することを二十世紀初頭まで拒否していたことはそれを端的に物語る」（金子元久『大学の教育力』）。

つまりキャリア教育のグランドデザインが困難な理由は、何も大学進学率がマス化しただけのことではない。学生の基礎学力低下の問題でもない。知識の質そのものが違うというのが金子の指摘。

専門学校の「資格教育」を大学人が嫌うのも、金子の言う「学生に知識の機械的な修得を強いる」ものだからだ。この意味では、研究者でもある大学の教員は「キャリア教育ができない」のではなくて、本質的に嫌いだということ。そもそも資格教育とは教育担当者が自立的に目標を形成できない教育目標なわけだから、高度な専門家の集団である大学の教員たちがそんなものに熱心になれるはずがない。大学教授が資格教育に関わることがあるとすれば、資格を作る側の人間としてであって、資格教育を行う側としてではない。法学部であったとしてもそうだと言える。

日本の若者は消費者としてのエリート

田村　労働市場のグローバル化については、どうお考えですか。

芦田　この間、楽天の幹部と話していたら、面白い話で一致点をみました。楽天は特にアジアの一流学生を新卒枠内で三〇％採用しているわけですが、それでも（語学問題以外に）問題はあるというのです。私はそのときに「消費者偏差値が低いんだよね。アジアの学歴エリートであっても」と言いました。要するにスキルや学力はあるんだけども、高度な仕事要求や商品の品質への要求がなぜ必要なのかが、彼らには本当のところ実感としてわからないという問題です。

日本の若者の大半は勉強していないけれども（中曽根臨教審答申以来、勉強させていないけれども）、消費者としての水準、サービス水準への要求はどこの国の若者にも負けない。要するに、勉強はしていないが、消費者水準の高さを日々体験している日本の若者に教育を強化するのと、スキルや学力は高いが消費者水準が実感できないアジアの若者エリートにそれを教え込むのとでは、ほとんど同じ労力なのではないか、ということで意気投合したわけです。

日本の若者（特に偏差値の低い学生たち）は国内でほとんど相手にされなくなっていますが、そうではない、と私は思っています。アジアのエリート学生をどれくらい採用しても、別の問題が出てくるわけです。日本の若者は、放っておいても顧客志向のエリートなのです。そこに一番気づいていないのは、大学や専門学校の教育関係者たちです。若者の衰退は、ほとんど教育問題です。

特には、中曽根臨教審答申以降、〈学校教育〉が生涯学習の一部だとされたことによって、「学生もお客様だ」という学生消費者論、授業アンケート主義が蔓延しました。

そうやって学校管理者である校長・学長・理事会が児童生徒・学生の希望、親や地域の要求、企業の「ニーズ」などを第一優先で気にし始めたのも阻害要因です。学校教育が自分たちのリーダーシップをどんどん削ぐ方向で進んできたのがこの二〇年の教育史だったわけです。その分、教員も〝指導者〟ではなく、〝サポーター〟にまで成り下がった。カリキュラム開発や教材開発の契機も失われていったわけです。現在のキャリア教育もそうです。

文科省は「多様性と標準性との調和」とやっと最近言い始めました（「学士課程教育の構築に向けて」二〇〇八年一二月二四日）。標準性を「質の高い」とも言い始めています。「特色」から「質」（＝標準性）への流れです。これは中曽根臨教審路線＝多様化・個性化路線の自己批判です。これからの一〇年は、積み上げ型カリキュラムの教育・実績を展開する必要があります。

（初出・二〇一二年六月一四日）

※　以下が講談社『現代ビジネス』に掲載された元記事です。

偏差値三〇、四〇台の学生を一流のＩＴエンジニアにする教育法（その一）ゆとり教育の被害者を稼げる人材に変えよ！（二〇一二年五月二一日）
http://gendai.ismedia.jp/articles/-/32600

偏差値三〇台、四〇台の学生を最強のＩＴ戦士にする教育（その二）東大、東工大を就職で圧倒する専門学校生。受験で詰め込めなかった学生に詰め込んでこぼさせず社会に出す教育（二〇一二年五月二八日）
http://gendai.ismedia.jp/articles/-/32654

偏差値三〇台、四〇台の学生を最強のＩＴ戦士にする教育（その三）
ぬるま湯につかる大学教員による〝それなり教育〟の被害者である若者たちを、日本発の高度職業教育で救え！（二〇一二年六月四日）
http://gendai.ismedia.jp/articles/-/32699

第八章

キャリア教育の諸問題について

――学校教育におけるキャリア教育とは何か

接遇＝コミュニケーション能力と専門教育と
――キャリア教育は本来の学校教育を衰退させる

最近、通っている散髪屋が気になる。洗髪する度に、洗髪中は「かゆいところはありませんか?」、洗髪後は「目や耳に水は残っていませんか?」といちいち聞いてくるのだ。しかも親切で丁寧でさわやかに聞いてくる。たぶん、「お客様に必ず聞け」と〝師匠〟によってか〝専門学校〟で教えられたのだろう。そう言えば、散髪が終わって帰るときにも店の玄関先までその店主が送り出してくれる。これも教えられたに違いない。丁寧だ。

しかし、これはおかしい。この接遇＝コミュニケーション教育は間違っている。そもそも大概の客は、「かゆいところはありませんか?」「目や耳に水は残っていませんか?」と聞かれて、「ここがかゆい」、「目に水が残っている」などといちいち言いはしない。わがままだと常々言われている私であっても、かゆいところはあるし、目にもいっぱい水が残っているが一度も文句を言ったことはない。

お客様を獲得するのが難しいのは、お客様というものが実は声を上げないものだからだ。声を上げないままにどんどん判断を下しているのがお客様（消費者）というもの。アンケートで商品を作っても魅力的なものにならないのもそれが理由。

お客様は黙って立ち去る

この場合の散髪屋とのやりとりでも、大概の客は、へたくそ、と内心思うだけだ。私でさえ我慢する。消費者のパワーが怖いのは声を上げるからではなくて、黙って立ち去るからである。この散髪屋は、結局のところ「かゆいところはありませんか？」「目や耳に水は残っていませんか？」と言うことによって顧客に甘えているわけだ。顧客の本当の怖さや要求をわかっていない。しかし大概の接遇教育は、このレベルのコミュニケーションにとどまっている。いわゆるコミュニケーション「スキル」というものだ。

本来の接遇は、顧客にわざわざ聞かないで済むための接遇でなければならない。一流のレストランと三流のレストランの違いでも、顧客にテーブル上で足りないものを意識させてわざわざ手を上げさせてしまったらもう終わりだ。フロアマネージャーがお客様のテーブルの食事進行をいつも見続けていて対応できるかどうかが一流かどうかの鍵（の一つ）を握っている。

結局のところ、この散髪屋の接遇対応は「満点」だが、満点であるが故に落第というものだ。たとえば、目や耳に水が残らないための「拭き取り」とは何か。どうすれば目や耳に水が残らないための「拭き取り」ができるのか。万が一拭き取れていない場合に、顧客はどんな表情やそぶりをするのか、その判断を踏まえて何をすればいいのかなどなど、それができれば、わざわざ顧客に聞く必要はない。

「拭き取り」は、したがって接遇の対象ではなくて専門教育の課題だ。「拭き取り」という作業（スキル）を、どの程度の解像度（初級・中級・上級「拭き取り」）を持って教えているのかという専門性そのものの課題だ。

接遇教育が専門教育を衰退させる

接遇教育やコミュニケーション「スキル」教育は、こういった専門教育の衰退を加速させているだけなのである。「念のためにお客様に聞いてみよう」と教えながら、結局、「念のため」ではなく、〈基本〉（専門的な基本）ができていない。「念のため」というのは〈基本〉ができていないことをいつも隠すように機能している。

「単に専門知識や専門技術を教育するだけでは意味がない。接遇教育やコミュニケーションスキル教育も必要」と言われる場合の「単に」も同じ。いったいいつ大学教育や専門学校教育が専門知識や専門技術を徹底して教えたことがあるというのか。その検証もせずに、「念のため」「単に」とあいまいな言葉を並べながら、キャリア教育やコミュニケーション教育が屋上屋を重ねるように高等教育の諸課題を見えなくしている。

キャリア教育とは、本来「拭き取り」を完璧に遂行できる能力が前提でなければならない。それなしに理容師（あるいは美容師）の「キャリアデザイン」などあり得ない。お客様の顔に残った水を拭き取れない理容師、指先で頭皮のかゆいところを感じ取れない理容師に、どうキャリアデザインを描けと言うのだ。ところが実際は、「拭き取り」教育の解像度が低い学校ほど、〝キャリア教育〟〝コミュニケーション教育〟に走っている。就職センターの充実がコアカリキュラムの衰退を招くように、「スキル」教育＝〝キャリア教育〟〝コミュニケーション教育〟の充実は、むしろ専門性のストックの衰退（教員の専門性の衰退）を意味している。

あらゆるスキルやコミュニケーションは、専門性の研鑽と薫陶の結果出てくるものにすぎない。インプット（ストック）のないアウトプット（コミュニケーション）は存在しない。教育におけるアウトプットは、インプットの強化のためにあるのであって、方法主義的な「スキル」を磨くためにあるのではない。

大学や専門学校がキャリア教育やスキル教育に走るのは高等教育の自殺行為でしかない。そんな学校は早晩滅びる。コミュニケーション能力や即戦力を期待する三流企業と共に。

（初出・二〇一一年五月一五日）

大学における「キャリア教育」の行方
——就職センターの充実する大学はカリキュラム改革に向かわない

昨日は松山（愛媛県）の出張帰りに、情報教育協会の常任理事会があり、羽田から市ヶ谷の私学会館（アルカディア市ヶ谷）に直行。開始時間から一時間以上遅れていたが、途中、品川から「まだ私が行く意味がありますか」と事務局の赤羽さんにこっそり連絡したら「十分にあります」とひそひそ声で言われ、「わかりました」（苦笑）。

久しぶりに理事のみなさんとお会いしたが、日本電子専門学校のK校長、神戸電子専門学校のF校長と、会議が終わって懇談。K校長がカバンからおもむろにIDE大学協会の機関誌『現代の高等教育』の最新刊特集「就職危機再来への戦略」を取り出し、その中の広島大学の松永征夫（前広島大学キャリア支援センター長）の論文「社会が求める人材育成を目指して」を、私と神戸電子のF校長に紹介。「社会から求められている」能力は広島大学では「コミュニケーション能力、課題発見・問題解決能力、分析力、IT力」ということらしい。そこで「課題発見・問題解決能力」育成に注力する神戸電子のF校長に意見を欲しいというもの。

私は「まだそんなこと言ってんのか」と言いたかったが、そこは我慢してその場をしのいだ。今日の朝、Ｆ校長と私とに、その論文のページをスキャニングしたファイルをＫ校長が送ってきた。親切だぁ。感想を欲しいということでしょう。では感想を述べます。この論文（レポート）はくだらない。レポートでさえ無い。自分たちのやっていることを脈絡もなく紹介しているだけです。

大学において全学で共通する教育目標を掲げると何が起こるか。必ず「コミュニケーション能力、課題発見・問題解決能力、分析力、ＩＴ力」などということになります。抽象的な目標になる。特に語尾に「力《りょく》」という語がつく能力育成は、当世の流行りです。何も考えていない証拠。二〇〇〇年代に精力的に繰り広げられた「特色ＧＰ（特色ある大学教育支援プログラム）」「現代ＧＰ（現代的教育ニーズ取組支援プログラム）」「教育ＧＰ（質の高い大学教育推進プログラム）」の取り組みのほとんどが、この「力《りょく》」教育のオンパレード。下手な広告代理店か、下手な広告代理店のような無責任な教員が作文しているだけです。

なぜか。こういった（抽象的な）教育目標は各学部の講座（諸科目やゼミ）の内容（授業）をまったくいじらないで済むからです。学部の教授たちは、こういった教育目標を「学長＋副学長」や「学部長」や「カリキュラム委員会」や「FD委員会」から提案されても反対はしない。自分のシラバスを変える必要がないからです。それらは非常勤の外注教員がやってきてオプショナル科目の中で消化されるか、一教員のシラバスを変えるだけのこと。だから教授たちはそういった「教育目標」に反対もしない。教授会ではすんなりと通過します。あるいは全体のシラバスが変わるとしてもシラバス書式が変わるだけであって、授業が具体的に改善されるわけではない。

何科目かのオプショナルな科目のオプショナルな教育をやっておいて、「就職難」に対抗しようとしているのだから、「就職難」をなめているとしか言えない。「キャリア支援」「キャリア教育」そのものがいまの大学ではオプショナルになっています。

しかし一方で「全学部で導入された教育プログラムの到達目標には社会から求められているコミュニケーション能力、課題発見・問題解決能力、分析力、IT力」と言われ、「本学の教育目標は『二一世紀の課題の解決に対し挑戦し、行動する人材育成』をキャリア教育の視点から目指す」ともある。キャリア教育は中核を担うかのような言い方もされている。

だとすると、「キャリア教育」は何と対照された概念なのか。「学部教育」か。「専門教育」か。「教養教育」か。それらと「コミュニケーション能力、課題発見・問題解決能力、分析力、IT力」「二一世紀の課題の解決に対し挑戦し、行動する人材育成」とはどんな関係にあるのか。一体、大学にはいくつの種類の「教育」があるのか。それらと「教育目標」や「人材目標」(文部科学省)との関係はどうなっているのか。そしてそれらと「就職」との関係はどんな関係にあるのか。もちろん、松永のこの論文は、何も答えてはいない。たぶん一〇〇年かかっても松永は何も書けないだろう。

「人材教育」と言うのなら、学部のカリキュラムで教員や学生たちが一番時間と労力を費やしているコア科目=必修コア科目が、その中核を担わなくてはならない。そうでないと「人材」を作ることはできない。中核科目が「進路・職業選択支援」「就職活動支援」であるはずがない。前者は低年次用、後者は三年次生・博士課程前期用のキャリアセンターカリキュラムらしいが、これらは中核科目との関連、つまり教務指導と関係なく行われている。たぶん、学部の教授たちには何の関心もないものなのだろう。したがって、このキャリアセンターカリキュラムの「自己点検・評価」もくだらないものにとどまっている。

なぜ「教育の本体」を改革しないのか

「一九九八年五月一日に、全国の国立大学の中で最初に学生就職センターを設立した」（松永）が「就職率の改善は見られなかった」（二〇〇〇年前後の学部就職率は七〇％中盤・芦田註）。その後、「就職指導が強化され」「二〇〇二年にはその就職率が八〇％台に回復した」と松永は言う。

しかし松永は、「就職率が回復したのは景気回復と団塊世代の大量解雇により、企業等の採用意識が強いことを反映しているものと思われる」とも言っている（まったく正しい分析だ）。要するにキャリアセンターの成果指標を見出せないでいる。成果などほとんどないのである。挙げ句の果てに、「支援満足度」が二〇％（一九九八年度）から四五％（二〇〇四年度）に上がったと、学生アンケートに逃げ込んでいる始末。しかも二〇〇九年四月の論文でなぜ二〇〇四年度の満足度なのか。自校内のデータで、なぜ最新データを提示できないのか。

なぜ、こんなくだらないことしか学生支援センター＝キャリアセンターは言えないのか。理由ははっきりしている。コアの科目の改編に興味がない、コアの科目に手を出せないキャリアセンター、つまり「人材」を教育することに何の関係もないキャリアセンターが就職率（あるいは就職の質）を上げることなどできないからだ。

少なくとも就職難の、学生の実力が必要とされている局面では就職成果など出るはずがない。「実力」とは時間をかけて作り出すものでしかないからだ。コアの諸科目で担うことによってしか、「実力」は形成できない。とってつけたようなお任せ講師（たとえばリクルートあがりのお調子者講師程度）のキャリアデザイン指導でどうやって「実力」を作るというのか（どこの大学とは言わないが）。

同じ広島大学（高等教育研究開発センター）の准教授小方直幸（※現在は東京大学教育学研究科准教授）は、就職支援の強い学校は「教育の本体」の改革に向かわないと言っている。

というか「教育の本体」の改革に手をつけようとしない結果が「キャリア教育の充実」という事態なのだ。それは教務の教育力（学校本来の教育力）で就職させるのではなく、就職ネットワークやパーソナリティ指導で就職させているだけのことなのである。しかしそんな指導では間に合わないほど、若年者の就職は厳しくなっているということではなかったのか。

「私は、『就職課ががんばればがんばるほど、教育内容は衰退する』と、昔から言っています。教育コンテンツや教育メソッドに教員が目を向けなくても、就職課が出口で就職率を稼いでくれるから大丈夫だと勘違いしてしまいます。就職させることは大切ですが、そこだけに力を注ぐことが、教育の本体に手をつける視点を奪ってきたのではないかと思います」（小方直幸『キャリアエデュ』NO.26）。

小方のこの意見はまったく正しいが、同じ大学の中で、こんなことを言う先生がいるのだから、大学がいかにそれぞれ勝手に動いているのかがわかる。

要するに、意見調整できない、本格的なカリキュラム改革に手をつけられない、かつ誰もが反対しないが誰もやる気のない教育目標が「コミュニケーション能力、課題発見・問題解決能力、分析力、ＩＴ力」「二一世紀の課題の解決に対し挑戦し、行動する人材育成」なのである。

広島大学で二〇〇六年から始まった「到達目標型教育カリキュラム」(HiPROSPECTS)は、確かにコアカリキュラムの改革に着手しているが、履修表を見ると「選択必修」型のカリキュラムに未だなおとどまっている。選択科目が多いということは、人材目標育成が未だなお一科目内にとどまっているということだ。シラバスは書き換えたかもしれないが、それはどんなふうにもこじつけがきく抽象的な目標（「コミュニケーション能力、課題発見・問題解決能力、分析力、ＩＴ力」などの「力《りょく》」目標）を先生たちが個人的に解釈して書き直しているだけのこと。「人材目標」に向かって諸科目が積み上がっていくという本格的なカリキュラムにはほど遠い。

「到達目標型教育」の本来のあり方は、一科目の仕上がり（アウトプット）を他の科目（他の教員の他の科目）のインプットに繋げるような科目の「第三者評価」体制を取らない限り、意味がない。到達評価は、一科目内の到達評価にとどまる限りは、シラバスの詳細化がカリキュラム改善に繋がらないように、評価の改革には繋がらない。それは曖昧さを詳細化しているだけのことである。結局のところ、そういった抽象的な教育目標は、教育目標形成を棚上げにする目標にすぎない。

就職指導は教務の仕事

なぜ、大学はキャリア教育、人材目標を棚に上げたいのか。それは先生たちが就職に興味がないからである。大学の就職指導（あえて「就職」という言葉を使うとすれば）とは、大学院進学でしかない。そもそも本来の大学とは博士課程後期までを、すべての学部学科で備えている大学のことを言う。私の考える「教育の大学」とは博士課程後期を、開設する学部学科で有していない大学のことだ（学生の偏差値と、「研究」か「教育」かは直接関係ない）。博士課程後期が存在しないということは自前で自校の教員を作る能力のない大学を意味するからである。もちろん、自前を意識しすぎて指導教授の「カバン持ち」院生が増える〝名門〟大学もたくさんあるが、研究者を作る体制がない「研究の大学」というのは考えづらい。大概の大学は学部卒業が社会接続になっているから、それを意識して学部教育を考えること──二〇〇八年中教審答申ではそのことを「学士課程教育の構築」と呼んだわけだが──が「教育の大学」の意味だろう。だが、現状は義務化された「キャリア教育」も含めて「構築」からは遠い。

大学の先生のマインドは、ほとんどが大学院研究室の師弟マインドで満たされているのだろうから、〝外〟に出る学生の企業就職など意識できるはずがない。専門学校と違って、大学の教員は企業側に向かって相対的な独立性を有している。そのことこそが大学の矜持というものだ。そんな大学で

「キャリア教育」を担えるはずがないではないか。

「研究から教育への転換」というのは大学全入時代の大学の大きなスローガンになっているが、このことの意味は、キャリア教育＝就職指導を教授たちのコアの科目で担いなさいということである。もはや就職指導が「就職センター」の仕事ではなく、教務の仕事であることが「研究から教育への転換」の意味するところである。

それをわかっている大学関係者は少ない。「教育」を「教授法」程度の意味でしか考えていない。しかし文部科学省は「教育研究」と言い、「人材教育」と言っている。「人材教育」とは就職指導と同じである。最近では専門学校にさえ入学できない高校生を大学が入学させ始めているのだから、もはや「人材教育」とは大学院進学とは何の関係もない社会人教育なのである。つまり実務家教育でしかない。文系も含めて大学教育（大学の学部教育）が、どう実務家教育を担うのか。それが大学全入時代の大学に求められている。求められているが、混迷を続けている。

（初出・二〇〇九年四月一七日）

なぜ専門学校は「コミュニケーション能力」に走るのか
――技能教育と技術教育とハイパー・メリトクラシーと

専門学校で流行っている教育テーマの一つに、「コミュニケーション能力」育成というのがある。専門学校だけではなく、大学でもそういった取り組みが数多く見られる。

厚労省が二〇〇四年に一一、二五五社に対して実施した、企業が若年者に求めている就職基礎能力調査の結果を見ても（回収率は一三・一%）、高校卒業レベル、大学卒業レベルどちらでも「コミュニケーション能力」を上げた企業は八五%を超えており、トップの要求をなしている。この調査結果は、最近では「YES－プログラム（＝Youth Employability Support Program）」に結実している（私は膨大な税金の無駄使いだと思うが）。

「社会に通用する能力を持った人材育成システムで、就職を希望する若年者には目標と自己アピール力を、即戦力を求める企業には客観的な判断材料を提供します」と山本浩司（厚生労働省 職業能力開発局 能力評価課課長補佐）は言っている。

二〇〇四年「コミュニケーション能力」（厚労省）だけではなく、二〇〇三年の「人間力」（内閣府）、二〇〇六年の「社会人基礎力」（経産省）、二〇〇七年の「学士力」（文科省）と、この「力《りょく》」ばやりの傾向は止みそうにない。これに「生きる力」「問題発見・解決能力」「創造力」「実践力」など、いくらでも同種の取り組みを挙げることができる。その中の代表的な能力が「コミュニケーション能力」だと言える。現に専門学校の大概の就職担当は口を開けば、「コミュニケーション能力が重要」と言うし、その次には「企業もそういうことを（真っ先に）要求している」と言う。

厚労省の分類によれば、「コミュニケーション能力」は、意思疎通、協調性、自己表現能力の三つによって構成されている。〈意思疎通〉は、「傾聴する姿勢」「双方向の円滑なコミュニケーション」「意見集約」「情報伝達」「意見の主張」といった細目を持つ。〈協調性〉は、「相手の尊重」「組織・人間関係」、〈自己表現能力〉は「状況にあった訴求力のあるプレゼンテーションを行うことができる」となっている。

どれもこれももっともなことだが、ここまで書かれると、これがどう「若年者就職基礎能力」なのか、わけがわからない。大人の私自身が身につまされることばかりが書いてある。

この種の〈力《りょく》〉能力の特性の一つ一つは、学校教育（＝若者）に特有な課題ではないということだ。「若年者」を離れれば、大概の大人は「コミュニケーション能力」を身につけているというのか。そんなことはあり得ない。世の中の組織の会議（民間であれ、官庁であれ）で、まともな議事が進行する会議がいくつあるというのか。ほとんどの場合は、「コミュニケーション」不全状態でしかない。大人の自分たちでさえコントロールできない「コミュニケーション」を、なぜ「若年者」に特有な課題（あるいは学校教育に特有な課題）であるようにでっちあげるのか。私にはそのセンスがわからない。その場合にでも、そもそも現場（＝社会人の現場）にその種のコミュニケーション能力が不足しているのは、学校教育におけるコミュニケーション能力育成の不在にあるとでも言うのだろうか。

しかしだとしたら、誰がそのカリキュラムを書けるのか。そもそも現場（＝社会人の現場）でさえ混乱があるテーマについて、誰が「コミュニケーション」カリキュラムを書くのか。誰がどんな資格（条件）を持ってして教壇に立つのか。現代史でさえ「教科書」になりづらい状況で、超現代的な「コミュニケーション」テーマの専門家を誰に指定するのか。大概の場合、「コミュニケーション能力」開発の「専門家」とやらが（現代史の専門家以上に）いかがわしい連中によって構成されているのは誰でもが知っている。そのうえでなお、コミュニケーション能力「講座」が存在しうるのか。

専門的な知識とは商品知識ではない

ところで、「コミュニケーション能力」教育に代表される「力」教育の反対語は何だろう。

それは「専門教育」に他ならない。たとえば、専門学校の理美容・ビューティ系、動物看護・健康系、医療福祉系などの学校案内パンフレットを見ていると、知識・技術、資格、「のみならず」、お客様に「心」をもって応対する力を育成しますという「心」系のキャッチが必ずついて回る。もう少し学校案内パンフレットの中身を読んでいくと、「コミュニケーション能力」を育成しますとある。知識・技術、資格と並んで「心」や「コミュニケーション能力」（＝接遇能力）が教育主題になっている。

専門学校のような具体的なキャリア教育を行う学校で、「心」や「コミュニケーション能力」が専門知識や技術とは別に主題になるとはどういうことか。これらの分野では、「お客様を大切にする」ということの意味は、まるで自動車ディーラーの営業マンと同じような意味で重要なものと考えられている。つまり、美容師、動物看護師、理学療法士、作業療法士などの仕事は、ほとんど営業並みのキャッチで飾られている。

「メイクや肌の手入れなどに関する専門的な知識とテクニックにとどまらず、豊富な商品知識と高い販売技術が欠かせません」「動物に関する幅広い知識はもちろんですが、飼い主さんの言われることをきちんと聴いて理解する力、また獣医師や動物看護師の立場から、飼い主さんにわかりやすく説明する能力が必要となります」「リハビリの現場で求められる豊かな人間性やコミュニケーション能力を持った人財の育成を目指しています」「食事や入浴などの介護技術だけでなく、あたたかい思いやりをそなえた介護福祉士が求められています」などなど。

ここには無用な混同がある。「メイクや肌の手入れ」「動物に関する幅広い知識」「食事や入浴などの介護技術」は、いずれも専門的な知識や技術に属している。この種の専門性は自動車のセールスマン＝営業にはない。営業が接遇の技術（「技術」と言っていいのかどうかわからないが）を会得するようにしては、それらの専門知識は獲得することができない。営業も売るものについての知識を持っているべきだというのはわかるが、それらは二つの点で「メイクや肌の手入れ」「動物に関する幅広い知識」

「食事や入浴などの介護技術」などの専門知識と異なっている。

一つは、クルマの営業の場合、クルマのことについてよく知っている人間が必ずしも車をよく売るとは限らないということ。二つ目には、クルマの営業がクルマを「知る」ということは、クルマのメーカーや整備士がクルマを「知る」ということとはまったく別の意味でのことだということ。

別の言い方もできる。クルマの営業がクルマを売るためにどんなにクルマのことを「知る」ことになっても、またその経験を何十年と重ねても、だからといって彼がクルマを作ったり、整備したりすることはできない。しかし彼がクルマを作ることが「できない」、整備「できない」ことはそれ自体、彼の営業成績とは何の関係もない。

「商品知識」というのは、専門的な勉強と関係なく身につく知識のことを言う。〈営業の知識〉はむしろ限りなく〈ユーザーの知識〉に近い。だから、専門的な勉強を何もしていない大学生の仕事のほとんどは営業の仕事しかないのである。工学部を出ても営業職につく学生がいまやなんと多いことか。

では、専門的な知識とは何か。それは勉強をしないと身につかない知識のことを言う。「メイクや肌の手入れ」「動物に関する幅広い知識」「食事や入浴などの介護技術」を、営業が「商品知識」を知るようにして知ることなどできない。営業の「商品知識」が「専門的な」（＝営業に特有な）知識でないのは、その知識があるからと言って、営業の目的である〈売る〉ことに貢献することには繋がらないからだ。営業に〈知識〉が必要である度合いは、人間性（＝人柄）が重要、話し上手であることが必要という度合いとほとんど変わらない。その意味で営業にとっては〈知識〉は単なる道具にすぎない。

それに比べて「メイクや肌の手入れ」「動物に関する幅広い知識」「食事や入浴などの介護技術」にとっての知識は人間性と代替される道具ではない。それらは「専門的な知識」がないと対象に関われない領域を有している。知識は相対的な道具ではなくて対象そのものに関わっている。「肌」「動物」「生体」などについての科学的な（＝反経験的な）知識なしには、それらと関わることは困難。営業の「知識」とは一線を画している。人柄がいい、笑顔がいい、マナーがいい、話がうまい、説得力があるなどということとはまったく独立に獲得されなければ得られない「知識」の質がそこには存在している。

専門学校がいくら「実習の専門学校」であっても、大学と同じ年間授業料を払いながらわざわざ学ぶ意味は、その実習が「知識」を介在させなければ手を動かす意味がない領域に踏み込んでいるからだ。実習授業における知識の有無は技術教育（知識あり）か技能教育（知識なし）かの区別を画している。

最近、私は工芸学科を持つ専門学校の科長とお話をする機会があった。特に靴のデザイン、カバンのデザインを行うコースの実習を見学させてもらった。「大学に負けるところはどこですか」と聞いたら、専門学校では「運動靴のデザインができない」とお話しされた。理由は、「足の生理学についての授業が専門学校では無理」とのことだった。一〇〇メートルをコンマ何秒の単位で速く走らなければいけないときの靴の造形は、造形の主観的な美だけでは済まない「知識」を要求されるからだ。

同じように「メイクや肌の手入れ」「動物に関する幅広い知識」「食事や入浴などの介護技術」も心

理的な（顧客の）満足やコミュニケーション能力に解消されない「知識」（の質）を要求されている。

この質の度合いは、高度教育の度合いと同じものだ。「メイクや肌の手入れ」「動物に関する幅広い知識」「食事や入浴などの介護技術」に関わる教育が、「心理的な（顧客の）満足」「コミュニケーション能力」に浸食される度合いは、わざわざ高度教育（＝高等教育）を受けるまでもない程度の専門性しかないということにすぎない。つまりその教育は「技能教育」にとどまっている。年間一〇〇万円以上の授業料を払ってわざわざ受ける教育ではない。

実際、調理分野と理美容分野の専門学校留学生は卒業後日本国内で就職ができない。両分野は、入管的には「技能」職、つまり体系だった知識の不必要な「経験」職と見なされているからだ。両者とも「技術」職とは見なされていない。両者ともとりあえず資格職ではあるが、「技能」から「技術」へと飛躍する知的課題を見出すのに四苦八苦している。もちろんこれらの分野以外（入管が「技術職」とみなす分野）でも、知識課題をわざわざ技能化するような実習授業（訓練授業）を慢性的に続けている専門学校もある。

キャリア教育は〈力《りょく》〉教育の掃きだめ

大学生がコミュニケーション能力に代表される抽象的な「力」能力を要求されるのはまだわかる。

彼らの学びは工学部であってさえも専門教養主義的な概論的学びにとどまっており、学びの内容が具体的な人材教育にまでは結実していないからだ。

大学における〈力《りょく》〉能力論――本田由紀の言う「ハイパー・メリトクラシー」論――は、具体的な人材教育の不在と裏腹な事態にすぎない。専門学校が美容や動物介護や障害者介護という具体的な人材教育に定位しながらも「コミュニケーション能力」教育が必要というのは、大学教育とは別の意味で専門教育ができないということを露呈しているだけのことだ。それは技能教育程度のことしかできない（だからまともなカリキュラム開発や教材開発ができない）教員しかいないということを意味しているのかもしれないし、それ以前に、わざわざ高等教育が介在する必要もない非文部科学省系官庁のプレゼンスのために若者を高等教育から逆に遠ざけているのかもしれない。

小杉礼子（労働政策研究・研修機構）は、キャリア教育・職業教育特別部会（文部科学省）の報告書の中で、〈力《りょく》〉能力の分類整理に（無用に）紙幅を割いているが、一つだけ重要な指摘をしている。「就職担当教員が多く、キャリア支援の講義・学内推薦での応募を行っている大学ほど未内定の学生や無活動の学生が多い」というものである。

「キャリア支援の講義」とは、まさに〈力《りょく》〉教育の掃きだめのような講義である。大学の就職担当部署が充実するのは、メインの専門カリキュラムで人材教育ができない大学教育の無能を示している。にも関わらず、具体的な職業人材教育を担う専門学校が、なぜ、「コミュニケーション能力」育成を担わなければならないのか。「コミュニケーション能力」尊重に専門学校が走る度合いは、専門学校が担う「専門性」がカリキュラムにおいても教材開発においても教員の質においても貧困だということの度合いにすぎない。〈高等教育〉に耐える職業教育の道のりはまだまだ遠いと言わざるを得ない。

（初出・二〇〇九年六月二日）

第九章

ツイッター微分論

——機能主義批判と新人論と

気仙沼はどうなっているのか…——「港町ブルース」と大震災

二〇一一年の紅白歌合戦（第六二回紅白歌合戦）のテーマは「あしたを歌おう」。たぶんに東日本大震災を意識したものだった。

私がこの紅白で一番感激したのは、森進一の「港町ブルース」だった。この歌は私の世代の人間には、森進一の代表作とも言ってよいものだ。他の震災関連の企画や参加曲と違って、この歌は震災のはるか以前から、関西に住む高校生の私にさえよく知られた曲だった。

地震が起こった当日の夜、気仙沼の大火災がテレビ画面を覆い尽くしたとき、東北にまったく無縁なその私が真っ先に思い出したのは、この「港町ブルース」に登場する「気仙沼」だった。「気仙沼はどうなっているのか」と、私は震災の当日につぶやいたのだった（二〇一一年三月一一日二三時五八分）。そのとき、私の「気仙沼」は港町ブルースの気仙沼だった。四〇年以上も経って、その「気仙沼」が、そして「港町ブルース」が私にやってきたのである。

「気仙沼」という言葉は、地理にも東北文化にも疎遠な幼い私にとっては、森進一の「港町ブルース」でしかなかった。その「気仙沼」が火の海だ…という感じだった。私は凍りついたように、映し出されるその惨状に見入っていた。一九六九（昭和四四）年に発表された「港町ブルース」は、この震災のためにあったのか、というのがそのときの私の感慨だった。震災によって作られたり、注目されたりするシンガーやその歌の意味は、いつも事実や現実の衝撃に支えられている。だから事実や現実が変化すると必ず衰退する歌にすぎない。そもそも「衝撃」という事態こそが変化の別名であって、変化は生成の変化であると共に消滅の変化でもある。

しかし、歌の意味はこちら（此岸）から生じているのではなく、あちら（彼岸）からやってくる。どんな条件も超えているからこそ歌は歌い続けられる。あらゆる〈作品〉がそうであるように。だからこそ、どんな〈現在〉にもみずみずしい。そしてまた衝撃的でもある。

私にとって、この年の紅白の「港町ブルース」はそんな作品だった。「気仙沼」の意味が四〇年以上も経って、私にやってきたのである。それは、「港町ブルース」の意味が震災によって初めてわかったようにして変化したからではない。私にとって、森進一の「港町ブルース」は最初から一級の作品だった。震災以後であれ、震災以前であれ、森進一の代表作を挙げろと言われれば、私は文句なく「港町ブルース」を挙げる。

そんなふうに「港町ブルース」はある種の同一性を保っている。森進一の歌唱がオンザレールで高速コーナーを回るかのように安定しているからこそ、それは余計に前面化する同一性なのだ。「港町ブルース」の二年後に発表される尾崎紀世彦の「また逢う日まで」（一九七一年）が当時の歌唱法と大きく変化していることに比べれば、森進一の歌唱のこの同一性は（ついでに挙げれば五木ひろしの今年の

「ふるさと」も）際立っている。

「歌は世につれ、世は歌につれ」とは言うが、それは時代と共に何かが変化するということではない。まして歌い方が成熟するというわけでもない。尾崎紀世彦（の歌唱）はそこを読み違えている。〈作品〉は最初にそこにすべてがあるというようにして変化を読み込んでいる。その意味では、〈変化〉は「ある」のであって、生成消滅しているのではない。

「作家は処女作に収斂する」と言うが、それは処女作が条件や環境を乗り越えているからである。「世につれ」ていないからだ。一度ヒットを出してしまうと、「世につれ」始めて世俗化する。変化にまみれる。そうして忘れられていく。次々とヒット作や世相は生まれるからだ。社会的な事件は忘れ去られるからこそ記録されるのであって、〈記録〉や〈記憶〉や〈記念碑〉が、そしてついでに言えば〈データベース〉が忘却に抗ったことなど一度もない。

なぜ、そうなるのか。作者が一度できたマーケットに媚び始めるからだ。つまり、〈作品〉が〝背後〟を持ち始めるからだ。そういった意味で言えば、すべてのできあがった権威は処女作現象にすぎない。それは時代に抗って時代を作るからこそ「収斂する」のである。始まり「がある」とはそういうことだ。

そんなふうに、気仙沼（の変化）は、「港町ブルース」に収斂している。今回の東北震災と〝関係〟のない「港町ブルース」の気仙沼こそが、心に響く。ずーっと「港町ブルース」は気仙沼のことを〝心配〟していたわけだ。

新人は見つかったときには終わっている

私は、いま〈新人〉のことを考えている。新人とは何か。〈作品〉は〈新人〉と共に登場するが、新人の本質は孤独ということだ。すでに知られている新人はもはや新人ではない。

新人が知られるということは、だから不思議なことだ。かつて吉本隆明は、鮎川信夫は新人を発掘する稀有な精神を持ち備えている人物だと評したことがあったが、すでに評価を得た評者が新人を発掘するということはそれ自体矛盾した事態だからである。すでに名のある評者は自分（のプレゼンス）を捨てなければ本来の新人を発掘できない。大概は子分を発見しているだけのことだからだ。

新人＝作品は見つからないからこそ新人であり、見つかったときにはすでに終わっている。処女作は生まれるときにこそ抵抗値（反時代性）が最大になる。最初のもの（アルケー）がもっともみずみずしいのは、最初のものこそが一番大きな制約を抱えて、またその制約に打ち勝ってこの世に登場するからに他ならない。

だから最初のものを反復するということは、それ自体で大変なパワーを必要とするということ。というよりそういったパワーの豊穣性を最初の（アルケーとしての）作品＝作者は有している。※

※　ハイデガーは〈始まり〉《アルケー》について次のように言っていた。

「〈始まり〉はその後に来るあらゆるものをも凌駕するもっとも偉大なものであり、たとえ後に来るものが

〈始まり〉に逆らうときでさえそうなのである。後に来るものが逆らうことができるのは、〈始まり〉が存在し、後に来るものを可能にするからこそである。…これによって、〈始まり〉の偉大さが否認されるわけではなく、むしろ承認されている」（ハイデッガー全集第四五巻『哲学の根本的問い』二八節）。

処女作の豊穣性は、どんな変化にも、時代の制約や時代の事件にも影響を受けない。だから処女作への収斂とは、終わりの始まりとも言える。作品はそれ自身において終焉を含んでいる。だからこそ、時代の制約や時代の事件にも影響を受けない。受け付けないからこそ、もろもろの時代の、もろもろの事件の意味を純粋に指示することができる。

若い森進一の「港町ブルース」が、震災以前も震災以後も同じようにちまたに知られた「港町ブルース」である――港町ブルース〈である〉――のは、（ちまたに知られているにも関わらず）そういった純粋性に関わっているからだ。

神戸震災も忘れ去られ、九・一一も忘れられて、そして三・一一が存在している。事件とは忘れられてこそ再発する。「この悲しさやこの苦しみは誰にもわからないが、また一方で誰にでも訪れる災禍でもある」というように、あつかましく事件は存在する。全共闘時代の〈自己否定〉の論理もそういった切迫性を持っていた。この一年間の大震災報道では、何度、全共闘的な「自己否定」の闘士を見たことか。この「自己否定」の振幅は、当事者にとっても非当事者にとっても担いきれない振幅でしかない。どちらにとっても日常からの変化の幅が大きすぎるからだ。

このような〈変化〉は退屈の反対語にふさわしい。私は、ラッセルのように「戦争、虐殺、迫害は、すべて退屈からの逃避の一部だった」と言い切るには研鑽が足りないが、狩猟時代に比べて農業の発達は退屈を拡大し、「機械の番をすることとの退屈さについては耳にたこができるほど聞かされている」とするラッセルの認識に、インターネットでPCの前に座り続ける退屈さ、あるいは携帯メールにメールが来ない退屈については「耳にたこができるほどに聞かされている」という昨今の事態をつけ足せば、〈変化〉よりも退屈問題の方が遥かに深刻な事態だと予感することくらいはできる。

退屈が深刻な分、事件が大事件になる可能性も高く、またその分忘れ去られるスピードも速い。そうやって、神戸震災も忘れ去られ、九・一一も忘れられて、そして三・一一に至っている。当時、そのそれぞれを「大事件」と叫んでいた人たちは、ふたたび今回の事件を「かつてない」大事件と呼んでいる。なんども「かつてない」大事件が頻発する。「大事件」など存在していないかのように。

〈現在〉を微分するツイッター、あるいは井上陽水の「傘がない」

そして、今日では、ツイッター。「大事件」を大きく、速く伝えるのもツイッターだが、その分加速度的に、（いま食べている）「餃子がうまい」、と、それらを忘れ去るのもツイッター。

今日のマーケティングは、大事件に主題的に収斂しない「餃子がうまい」の方に事件性を嗅ぎ取るまでになっている。いわゆるソーシャルメディア論だ。つまり〝大事件〟は秒刻みで起こるようになっている。退屈論を哲学的に深化させたハイデガーは、これをGe-stell（せき立て《ゲシュテル》）と呼んだ。

ツイッターは、その意味では、退屈と大事件とが背中合わせに存在していることを感じさせる希有なメディアだ。ツイッターは、間断なく〈現在〉を微分しながら、退屈と大事件とを同時に微分しながら継続している。この継続性は、単調そのものでもある。それがそう見えないのは、小さな終わりを刻み続けているからだ。小さな終わりであるにも関わらず、それが終わりの単調性を免れているのは、それが〈現在〉という時間を微分しているからである。いま生じていることは、〈いま〉が重要なのであって、いま〈何〉が生じているかが重要なのではない。テーマを共有することではなく、時間を共有することが重要なのだ。だから事件主義になる。

「傘がない」（井上陽水）ことは、時間が経てば（＝reflectionすれば）意味のないフレーズになってしまうが、「だけども　問題は　今日の雨　傘がない」（井上陽水）となる。この時間の、つまりいまの「傘がない」は、「都会」の「自殺する若者」、「テレビ」で騒がれている「わが国の将来の問題」よりも「問題」なのだ。「傘がない」は、若者の「自殺」に匹敵する大事件なのである。

自他観察の時間を長く取れば取るほど、テーマ性の比重（棄てるテーマと拾うテーマの反省）は高くなるが、短く取れば、どんなにくだらないことでも重要度は増す。だからこそ、ツイッターでは、「大地震」「大津波」「大規模放射能汚染」から「傘がない」までもが（対等な）大事件なのだ。

しかし、そもそも大事件とは、〈いま〉が火急のものとなるような事態ではなかったか。「いま、水がない」「いま、食料がない」「いま、電気がない」「いま、住むべき大地がない」というように。

〈大事件〉とは、実は、短い時間の出来事でしかないのだ。「なんだかんだ偉そうなこと言ったって、人間はおしっこもするし、食べなきゃ生きていけないし、食べてもいつかは（いつでも）死ぬ」といったある種のフォイエルバッハ主義は、短い時間の＝火急の唯物論であって、短くなればなるほど大事件性は高くなる。前触れなく一気に変化するものこそ大事件となるからだ。しかし、この大事件性は、「傘がない」ことと同じ質にとどまっている。「危険社会」（ベック）も「傘がない」現象にすぎない。パトチカが「無のための犠牲」（『歴史哲学についての異端的論考』）と呼んだものも、コジェーヴが日本的な切腹をスノビズムと関連づけて「無償の自殺」（『ヘーゲル読解入門』）と呼んだものも、〈現在〉が限りなく拡大した今日の〈技術〉時代に固有な出来事なのである。人間のダメージも物のダメージも区別がつかないぐらいに〈現在〉に刻まれている時代なのだ。

しかし、「気仙沼はどうなっているのか…」。「港町ブルース」の単調性や反復性の方が遥かに豊穣な大事件だったのではないのか。

（初出・二〇一二年五月一一日）

機能主義とメディアの現在
——学校と仕事と社会の新人論（講演）

※　この講演は「知的生産の技術」研究会の定期セミナーに呼ばれてお話ししたものです（二〇一〇年一二月一三日、虎ノ門商工会館）。

知研の八木哲郎前理事長とは、現在の理事長・久恒啓一さんともども長い付き合いで、生涯学習組織の理想的なモデルとでも言うべき活動を行ってきている会です。八木先生が師と仰ぐ梅棹忠夫の『知的生産の技術』（岩波新書）自体が「生涯学習」宣言とでも言うべき名著でした。八木先生は梅棹の『知的生産の技術』をまさに〝実践〟されたわけです。そんな会のセミナーに呼ばれて（これで二回目の登壇ですが）、ちょっと張り切りすぎました（笑）。文字起こしは八木先生自身がされて、それに大幅な修正・補筆を加えています。見出しは後づけでつけています。内容に前後して重複もありますが、お許しください。

１　機能主義とは何か

機能主義の起源はパブロフの犬

まずは、諸悪の根源、機能主義からお話しします。機能主義は高度情報化社会の今日のみならず、近代という時代そのものを画している思考です。だから、最初にこの問題を取り上げます。

機能主義というのは「ファンクショナリズム」の日本語訳です。「機能主義」と訳した「機能」の原語はファンクション（function）ですから、関数のことです。だから機能主義とは「関数主義」ということです。機能主義と言うと実益主義と取ってしまう人がいますが、そう訳すと誤解する人が多くなる（実益と無関係ではありませんが）。

私はこの言葉を、先代の研究者たちはちゃんと訳しておくべきだったと、日経BPnetの『ストック情報武装化論』の連載で書きました。それというのも、私が一〇代後半から二〇代前半にかけて圧倒的に影響をうけた吉本隆明が、自分がやってきたことを総括してひたすら話し続ける長い講演会（ＮＨＫのＥＴＶ特集）で、自分にとっては〈自己表出論〉がすべてだったと言い、この自己表出論は蔓延する機能主義に対する戦いだったのだということをポツリと言ったのです。

私はそれがすごくピンときて（たぶん、この吉本の言葉を理解できるのは私だけだと自負していました）、やはり機能主義が問題なのかと思いました。吉本の〈自己表出〉論は、もともと〈指示表出〉における機能主義的な言語論を意識していたわけです。ハイデガーも、サイバネティクスを最後まで機能主義と見なして闘ってきましたが、吉本もそうだったのか、それを私なりに整理しなければいけないなと思いました。かねてから機能主義については触れてきたのですが、たまたま、私のツイッター都庁講演を聴いてくれていた日経BPnetの編集部がそれを聞いて書いてくれと言ってきました。それで連載を始めたのが『ストック情報武装化論』です。――二週間毎のこの連載は二〇一〇年五月二五日に開始され、一〇回連載のシリーズだったのですが、最終回の第一〇回が三年後のいまもなお未完。この講演はその最終回の内容を予告すべく取り組んだものです。

ところが、依頼した編集部はあんな記事になるとは思っていなかったらしい（笑）。あんな堅い話が日経ＢＰのようなマスメディアに載っていったい誰が読むのか知らないが…。

機能主義はインプットとアウトプットとの〈中間〉にあるものは無視する

さて、機能主義のファンクショナリズムは、私が考えるところ、パブロフの犬の条件反射論が最初だと思います。

パブロフの条件反射論というのは、ベルを鳴らしてから犬に食べ物を反復的に与え続けると、そのうちにベルを鳴らしただけで犬に唾液が出てくるようになるというもの。本当は「ベル」ではなくて、飼育者の「足音」だったらしいのですが。

このことはどういうことかと言うと、とあるインプットを反復的に、規則的に流し続けると、とあるアウトプットが生じる。インプットがあってアウトプットがある。しかし真ん中の部分（食べられるから唾液が出るという因果関係を担っている〈犬〉の実体）はブラックボックスなままで、真ん中の実体を無視している思考なわけです。

ある刺激を与え続けるとどんなアウトプットが出てくるか、そこにある傾向性、規則性が見出されれば、それが何で〈ある〉かの実体はその傾向性、規則性が決めるのであって、その中間（担っている実体）が何であるのかは無視してよろしいというのが条件反射論です。そういうインプットにそういうアウトプットが生じれば、そういうのが犬〈である〉と、そう考えるのが条件反射論の思考の本質なわけです。

刺激－反応の一定の規則性こそが、その存在者の実体性を構成するものであって、〈主体〉や〈内部（内面性）〉や〈心〉というものは存在しない。この考え方がウィーナーのサイバネティクスの思考に繋がっていくわけです。

コントロールできないものとコントロールできるもの

ウィーナー（一八九四〜一九六四）のサイバネティクス論が出たのは第二次大戦前後です。サイバネティクスという言葉はギリシャ語語源（キュベルネーテース κυβερνήτης）で、操舵者、舵を取る人という意味です。※ 一〇〇キロくらいの沖合から港に船を着けるには、沖から（あるいは陸から）吹いてくる風の強さ、波の強さ、それらの向き、それから手漕ぎの動力や舵の方向などの諸要素を勘案しながら風や波に流されないように舵を切ったり出力を調整したりしますが、これはウィーナーのサイバネティクスの原理そのものです。コントロールの変数（制御変数）とアンコントロールの変数（非制御変数）の二つの変数ですべての世界を見ていく。

※　ウィーナー自身は、「サイバネティクス」について次のように言っている。
「…われわれは制御と通信の理論の全領域を、機械のことでも動物のことでもひっくるめて『サイバネティクス』という語で呼ぶことにした。これは『操舵者』を意味するギリシャ語 κυβερνήτης から作られた語である。この言葉を選んだ理由の一つは、フィードバック機構に関する最初の重要な研究論文が一八六八年にクラーク＝マクスウエルによって書かれた調整機（governor）に関するものであったこと、さらに governor が κυβερνήτης のラテン語訛りから生まれたものであることを想起したいからであった。（…）サイバネティクスという言葉は一九四七年（私のこの著作の出版年）の夏以前には存在していなかった」（『サイバネティクス― 動物と機械における制御と通信』岩波書店版 ※私の本文との表記の関係上文言を少々変えている）

船の操舵者（船頭）にとっては舵や手漕ぎの動力はコントロールできますが、風だとか波だとかは制御できない。通常われわれが「自然と人間」と言う場合の〈自然〉とは、ウィーナーにとっては非制御変数、つまり自分でコントロールできない要素のことを言っているわけです。

一方、船頭は舵の向きや自分の船の動力は制御できる。したがって船頭は自分が制御できる変数を通じて、制御できないもの（風や波の変化）をコントロールできる。船頭は風や波に押し流される分を計算して（フィードバックして）、舵や動力を調整するのです。制御できないもの（風や波）を、制御できるもの（舵や動力）を使って相対的に支配する（コントロールする）ということは、工学分野、人文分野を越えてあらゆるものに応用できるとウィーナーは考えました。

たとえば、女性が美しい服を着たり、化粧をしたり、髪形をいじったりするのは、仮に顔が醜い人（失礼！）にとっては、それをコントロールしているということになります。醜く生まれてしまったというのはその人にとっては非制御変数なのですから（笑）。

それでそのことをすこしでも制御するために化粧をしたりきれいな衣装を着たりする。つまり制御変数でもって、自分の有限性や受動性を突破しようとする。自然科学も文学も全部そういった制御できないものと制御できるものをそのつど踏まえながら、そうやって自分の有限性や自分の環境の有限性、受動性を突破しようとする試みなのです。それがサイバネティクスの思考、サイバネティクスの文化論、文明論、世界観です。

サイバネティクスの原理は「実際の」行動に対応すること

この思考は製品の原理などにも身近なところでいくつも応用されています。使い古された例で言えば、コタツのサーモスタットは熱膨張率の異なる二枚の金属板をくっつけておいて、温度が高くなってくると熱膨張率の高い方が伸びて膨張率の低い板を押し返しますから反り返る。するとそこに接点があって電気が不通になって温度が下がる。下がりすぎると、その逆が起こってスイッチが自動的に入るというふうに温度を調節しています。こんな素朴な制御のこたつはいまはありませんが(笑)、原理は単純。これもサイバネティクス。ビルの自動ドアはいつ人間がそこを通行するかわからないけれども、人間がくると、自動ドアは自動的に開き自動的に閉じます。そうしてちゃんと「実際の」、つまり不意の、偶然の出入りを制御しています。

ウィーナーはまさに「実際」という言葉を使った(『人間機械論』)。「実際の行動」に対応することがすごく大事で、この〝実際の〟変化に対応する制御を彼は「フィードバック」と言いました。「実際の行動」という言葉をウィーナーは、「予定の行動」の対立語として使っている。「機械的」とは「予定の行動」にしか対応できないということです。これはどういうことかと言うと、インプット(入力値)がアウトプットされたらそれはもうそのまま放置される。

従来のドアは開ければ開けっ放し、閉めれば閉めっ放しです。これはインプット(開けるという行為）からアウトプット（ドアが開くという結果）への流れが片方向です。この場合、入力値はドアを開けるか閉めるか、出力値はドアが実際に開いているか、閉じているかです。通常の「機械的」操作では、開ければ開けっ放し、閉じれば閉じっ放しですが、自動ドアは開けても閉じるし、閉じても開ける。「実際の」必要に応じて。〈自動〉とはそういうことです。

フィードバックシステムは「思考」と同じ

開けても閉じるし、閉じても開けるというアウトプットからインプットへの差し戻しの過程を「フィードバック」と言います。それは結果を、目的から、目的に基づいて反省するプロセスのことです。結果（アウトプット）を見て、態度（インプット）を変更するということを「フィードバック」と言うのです。様子をよく見て行動しろということです。

たとえば、人がいるときだけ点いて、いなくなったら消えるという電灯システムを作るとすれば、それはフィードバック制御を持った電灯のオン・オフシステムです。つまりウィーナーはそれを「考える」スイッチと見なしました。自動ドアもまた「考える」ドアです。

彼は人間の思考についても、それはフィードバック制御のことではないかと考えました。つまり「あの人は思慮深い人だ、機械的＝形式的ではない」と言うとき、思慮深いというのは、自分が起こしたアウトプットに対して再度インプットの変更の可能性を見込んでおいて、インプットのやり直しを絶えずやり続けていることを言います。意図が必ずしも伝わらないことはいくらでもある、どうすればそれが伝わるのか、何を変えればそれが伝わるのか、これはウィーナー的に言えば、「制御」ということです。

そうなってくると〈人間〉と〈機械〉との区別はなくなってきます。コンピュータが進歩して複数の制御を瞬時にすることができるようなXが存在したときに、それを果たして人間ではないと言い切れるのか。ウィーナーはそんな区別をする必要はないと考えました。大変な挑戦だったわけです。

いまのITを使ったテクノロジーはものすごく高度な制御をするようになっていて、たとえばホンダのASIMOは中に人間が入っているのではないかと思うくらいです。ぬいぐるみに話しかけて泣きながら寝る女の人もいますが、もしそのぬいぐるみがしゃべり始めてご覧なさい。その人は下手な恋人によりも、もっと感情移入するかもしれません（笑）。

機能主義から行動主義へ

ホンダのASIMOの中に人間が入っているのではないかと思うというのは、機能主義の次の段階の「行動主義」です。「行動主義」というのは、英語のbehaviorismの日本語訳です。

この「行動」という翻訳がまた間違っています。behaviorを「行動」と訳すと、何か「理論」との対立のように見えますが、要するに外見＝外貌（behavior）が中身を決めるという考え方なのです。

「行動」主義の「行動」(behavior) と対立しているのは、むしろ〈内部〉、〈内面〉、もっと言えば、表に見えないという意味での〈心〉なのです。

〈内部〉なんてものは〈外部 (behavior)〉なしにはない、と考えるのが行動主義。中なんて見た人はないでしょう。中というのは外からの推論なのです。外がもし人間らしければ、それは「人間」と言っていい。そういうのがウィーナーや、頭に「行動」という言葉がつく学問の考え方です。頭に「行動」という言葉がつく学問の原型はすべて条件反射論です。

中に血が流れているとか、心臓があるとか、高度に発達した脳があるとか、挙げ句の果てに「人間的な能力」の「存在」、ギリシャ的には〈魂〉を指摘して「人間らしさ」を言い張るのは、差別だと言いたいわけです。〈外部 (behavior)〉がそう見えるのであれば、中身もそうだということでいいではないか、と。

チューリングテスト

アラン・チューリングという人は、機械が人間であるかどうかをテストするチューリングテストというものを考えました。

ＡとＢの部屋のそれぞれに人間とコンピュータを入れておきます。それに対して、人間である第三者がどちらの部屋にコンピュータが入っていて、どちらの部屋に人間が入っているかをコンピュータのインプット、アウトプットのやり取りで判断して当ててみるというテストです。

どちらがコンピュータのように杓子定規で、どちらが人間の実際のチャットのように臨機応変に回答したかということを当てさせるテストですが、この実験を何度かやるうちに（コンピュータがどんどん、将来的にも高性能になってきて）テストする人間が当て損なう率がどんどん高くなり、機械がしゃべっている方が人間だと見なす誤答率が増えてくれば、Bは人間であると考えてよろしい。そのときにテストした人間がBの部屋を開けて「なんだ、お前、機械か」というのは〝差別〟じゃないかということです。

東大生だと思われるくらい賢そうな青年がいた。学歴を調べたら中卒だった。「なんだ、お前、中卒か」と言ったら差別でしょ。それと同じです。ビヘイビアリズムにおいてはそこはまったくイコールなのだから。民主主義はビヘイビアリズムという立場とまったく一致します。アウトプットとインプットの関係がすべてを決めるので、中身が中卒であろうと、高卒であろうと実力でアウトプットを示せばいいんです。それを差別したらいけない。実力主義というのはビヘイビアリズムのことです。

このビヘイビアリズムについて、ジョン・サールという哲学者が、チューリングの人工知能テストは間違っている、それはコンピュータがただ単に記号的な処理をしているだけで人間的な処理なのではないと反論しました。しかしこれは変な言いがかりです。アウトプットにおいて差がなければ、それを人間と見なしてよいという議論をしているときに、「人間的」でないとしか言わないのだから、ジョン・サールは、ふたたび「人間的」とは何かについて不問にしたにすぎない。ひょっとしたら人間は単純な記号処理をしているだけの存在かもしれない。

二、三〇年前にイライザという精神疾患者と会話を交わすためのコンピュータができて、真剣に患者がコンピュータと会話をしているわけです。見ているとＩ（私）がＹＯＵ（あなた）になったり、ＹＯＵ（あなた）がＩ（私）になったり、人称代名詞が転換しているだけでも、二〇分、三〇分話せるということが非常によくわかる。チョムスキーがやっていたことも結局そういうことです。そういうやり取りをよく見てみると非常に単純なコードで人間の会話が成立していることがわかります。だからジョン・サールの批判は一番大事な問題に答えていなくて、ひょっとしたら人間というのは単純な存在かもしれないという問題があって、それに反論しようと思ったら人間は複雑なのだということを証明しなければならない。人間は、自分が人間「である」ために、「人間的」と言えばすべてがわかっているような気でいますが（「だって人間だもの」なんて言う詩人もいましたが）、ことはそれほど自明ではない。

2　機能主義の蹉跌

フレーム問題

このように機能主義というのは強力な思考なわけで、私の日経 BPnet の連載でも触れましたが、「フレーム問題」というのがそこで一九八〇年代に出てきました。

ダニエル・デネットは、その問題を考えるために、映画「スターウォーズ」のR_2D_2というロボットの開発プロセスを例示しています。R_2D_2は限りなく人間の頭脳＝知性に近い（あるいはそれを超える）能力を持ったロボットとして登場。このR_2D_2が開発される手前の段階にR_1D_1というロボットがいたのだというふうに、デネットは議論します（「コグニティブホイール」in『現代思想』）。

開発者たちは、まずこのロボットR_1D_1にどういう課題を与えたかと言いますと、自分の充電バッテリーが切れそうになったので、自分の動力源である充電バッテリーを取りに行けと命令した。その充電バッテリーはある倉庫のワゴンの上に置いてあると指示。R_1D_1はワゴンを認知してバッテリーを取り出して持ち帰ろうとした。しかし、充電バッテリーの下に時限爆弾が仕掛けてあって、それが爆発してR^1D_1は死んでしまった。

どうして失敗したのかと言うと、R^1D_1は自分が行動する段になって副産物のプログラムを入れることができなかった。つまりワゴンの上に置いてある充電バッテリーを取り出すためには、ワゴン全体の中に入っている余計なものも取り出すことになるから、その余計な副産物を認知してそれを除外するための副産物処理のプログラムを入れておかなければならなかったが、R^1D_1にそれをさせることができなかった。これが失敗の原因だったということです。

これを反省して今度は副産物処理を取り込むプログラムを入れたR^1D_2に同じことをやらせた。R^1D_2はワゴンのところまで行ったが、じっと考えて動かなかった。その間に時限爆弾が爆発してこれも死んでしまった。なぜか。

R^1D_2は確かに副産物を考えようとしましたが、副産物なんていっぱいある。たとえばテーブルを持ち出すときにテーブルはゴトゴト音がするし、テーブルの上にはゴミも落ちている。テーブルを動かすと部屋の気流が変化して何かが起こるかもしれない。つまり一つのテーマ主義的な行動を起こそうとすると、かなりの、ほぼ無限の〈副産物 side effect〉が生じる。

みなさん、ちょっと考えたらわかりますよね。風邪を引いて風邪を治すための薬を飲む。これはテーマ主義（知識主義）ですよね。風邪の薬というのは風邪だけに作用するわけではないから、それを飲んだことによって副作用が起きて逆に病気が重くなったという問題と同じ、というか、副産物なんて考え始めたら、何もできないわけです。副産物を〝考える〟と、何もできなくなる。

そこで科学者たちは何をロボットにやらせたかと言うと、副産物の中にもどうでもいい副産物とちゃんと処理しなければならない副産物の二つがある。したがってちゃんとした行動をさせるためには、大事な副産物とどうでもいい副産物を見分ける必要がある。科学者たちはそう考えた。

それでまた、R^{2}D^{1}という新しいロボットに副産物の要不要を見分けて二重の処置をするプログラムを入れた。ところがまたR^{2}D^{1}はワゴンの前に佇んで動かなくなった。もっと何もできなくなったのです。つまり重要なものとそうでないものを分けているのだけれども、その種類がいっぱいあって大変だとR^{2}D^{1}は言って、また爆死してしまった。行動のテーマと副産物とを分けるのだけでも大変だったのに、さらにそのうえ、その副産物を重要なものと重要でないものとに分けるのだから、「作業量」は格段に増えているわけです。だからもっとじっとしたままR^{2}D^{1}は爆死してしまった。

これがテーマのフレームとその外（この場合で言えば副産物）との関係を巡る〈フレーム問題〉というものです。ロボットに人工知能をつけて人間と同じようにやらせようと思ったら、これは大変なんです。人間が行動するということは、いつもその〈外部〉を保持しているけれども、その〈外部〉の保持がロボットには難しい。というのもロボットは、その外部をプログラム化しなければいけないからです。

〈関係のないもの〉を無視する、忘れることができる人間

　人間は薬を飲んで副作用で死んでしまう人もいるけれども、いろんな副作用を乗り越えて、それなりになんとなく処置している。つまり人間はなんとなくフレームの問題に関して処置できる能力を持っているということが言えます。それはどういうことなのかと言うと、人間は、関係のないものや関係のあるものについてのある種の処理装置を〝内部〟にか、〝経験的〟にか持っているということです。この内部性や経験性は、機能主義心理学で言う〈学習〉とか〈記憶〉とは何の関係もありません。たとえば、ヘレンケラーの〝水〟＝w-a-t-e-r という学びのプロセスは、①すでに物事に「名前がある」ということが前提されていること　②水という分節（フレーム）、あるいは w-a-t-e-r という分節がすでに前提されていること　③〈手になぞられる w-a-t-e-r〉と〈手に伝わる水〉という分節、さらにはそれらが学習の契機「である」ことがすでに前提されていることなど、いくつかの前提がなければあり得ない説明不能な物語なわけです。

　科学者は驚くことができるロボットはなぜできないのかという問題を提起しました。驚くロボットってどういうことかと言うと、僕がいま、みなさんに話しているときに、急にこの部屋の電気が消えるとしたら、みな、驚きますよね。それは僕が話すという行為と、電灯が消えるという事態には因果関係がないということをなんとなくわかっているからです。

つまり関係のないものは無視するということを人間は心得ているということです。私が話すというテーマ的な行動には、いちいちプログラマーがプログラムに書き込むように、私がしゃべっても電灯は消えたりしない、あるいは壁が倒れたりしない、急に風が強くなって窓ガラスが割れるというようなことはない、ということが無限に取り込まれているからです。

私が話しているときにもしそういうことが起こったら、ここの会場の人たちはみな驚きますね。そういうことをもしロボットにさせようと思ったら、関係ないことを無限に書き込んでおいてそれが起こったときには驚きなさいとプログラムに書かざるを得ないことになります。だから、〈驚く〉って大変なんです。〈驚く θαυμάζειν《タウマゼイン》〉ということが哲学の始まりだと言ったのはプラトン、アリストテレスです。だからロボットは哲学ができない。驚くということは高度な行為なのです。犬や猫も時々驚いていますが、その問題をどう考えるかは、また別の問題です（アガンベンというイタリアの哲学者が『開かれ』という著作の中でその差異と連関について論じていますが、典拠している文献が『形而上学の根本諸概念』（ハイデッガー全集二九／三〇巻）にとどまっているため、ヘーゲル＝マルクス的な労働過程論―人間の展開は全自然史の展開だという労働過程論―とほとんど同じレベルの人間論にとどまっています。この点については、また別の機会に譲ります）。

３　環境とは、後からやってくるもの

因果を辿れない「環境」

関係ないものというのは考えなくてもいいものです。だから人間の偉大さは関係のないものを無視したり、忘れたりすることができるということにあります。

ニーチェはそれを「能動的な健忘」と言いました。特にユダヤ－キリスト教的な怨恨の思考に対して。怨恨とは、忘れないことから来ているからです。生活に差しつかえる健忘ではなくて、むしろ忘れるということが人間がもっとも健康的に生きていられる条件ではないのかとニーチェは考えます。それによって考える能力を活性化できる。ダメな人ほどくよくよしていますよね。どこの職場でも悩み好きという社員がいるでしょ。「問題」「課題」というのは、自らの無能を遅延させる言葉。結局、解決したくない、何もしたくないだけのこと。過去にこだわっているだけなわけです。さっさとなんとかしろよ、お前、と言いたくなる。ロボットR^2D^2はそういった問題を解決したらこんなロボットになるという想定で造られたロボットです。

だから関係のないものを無視したり忘れるということはすごく大事なことで、社会学者・大澤真幸は、「無視」とか「忘却」とは、「自らが存在することの現実性を、その操作が直接に帰属する時点には確立できず、その時点の後に確立する…」（「知性の条件とロボットのジレンマ」in『現代思想』一八-三号）と言っています。つまり、僕がいまここでしゃべっているときに、急に風が吹くことはない、電灯が消えることはないとかいうのは、しゃべっている時点では「確立」されず、その時点の「後に」確立される。あれこれの操作や行動の〈現在〉にではなく、その操作や行動にとって未来であるような場所に、存在の現実性を初めて確保することができる。したがって未来からの逆投影として「かつてあったもの」として発見される。

つまり電灯というのは、それが急に消えたことによって初めて電灯があったことが発見されるというふうに存在する。この時間性を人工知能はどうするのだという問題が〈フレーム問題〉です。フレーム問題とは「フレーム」という言葉に引きずられて空間的な問題のように思われがちですが、実はその根本は、こういった特殊な時間構造なのです。

これは普通に人間的な言葉で言うと、人間が育つ環境というものは先の大澤真幸の規定そのもの（「自らが存在することの現実性を、その操作が直接に帰属する時点には確立できず、その時点の後に確立する…」）だということです。認知科学者（＝機能主義者）の松原仁は、「フレーム問題の本質」を「有限の能力しかもたない情報処理の主体にとって膨大な情報を完璧に扱うことはできない」（「人工知能における『頭の内と外』」in『哲学』一九九〇年一〇号）という点に求めていましたが、フレーム問題の本質は、情報「量」の問題ではないのです──「一般化フレーム問題の提唱」in『人工知能になぜ哲学が必要か』(哲学書房)では、松原は「記述の量」の「爆発」とまで言っています。しかしフレーム問題の本質は時間性であり、環境の時間性の問題なのです。

自分はどういう環境に育ったから、いまの自分になったという話はいくらでも聞きますね。いまの自分が将来に向かってなるであろうところのものを想定しないで、自分を育てた環境なんて言えないということです。

自伝は、自分の人生を二度殺しているのと同じ

僕は日経ＢＰの連載に黒柳徹子の『窓際のトットちゃん』を例にしてこれを説明しました(かつて吉本隆明も触れていたような気がします)。『窓ぎわのトットちゃん』という超ベストセラーになった本は黒柳さんが小さいときのことを書いたものですが、彼女は小学校のとき悪さのし放題で、授業も受けず、授業中でも先生と追いかけっこをして逃げ回っていた、というようなことが書いてあります。あれを真に受ける親がいたら、とんでもない話になりますね。なんでそんなことを平気で書けるかと言うと、黒柳徹子はそういう自由奔放な小さいときの教育を許してくれた学園の雰囲気があったからいまの自分があるのだということにして、自分の環境を自分で語っているわけです。

だけど、そんなものをありがたく思う人間は、いま、の黒柳徹子を立派な人だと思っている人だけで

す。逆に「お前、そういう環境に育ったから、そういう過去があったからダメなんだよ」と言われたら終わりではないですか。もっと言えば、そのときもっとちゃんと勉強していれば、もっとすごい大人になっていたかもわからない。

結局、過去の（あまり褒められたものではない）行状を平気で人前で晒すことのできる人、公言できる人は、自分の現在（過去にとっての将来）を自己肯定している人なわけです。過去の行状の自己言及は、いまの自分の、形を変えた〝自慢〟にすぎない。自伝を読む人というのは、大概のところその著者の支持者（拡大された自己）にすぎない。ピカソの話もそうです。ピカソもデッサンをすごくしっかりやったからいまのような抽象画が描けるんだと（もっともなことを）言う人がいますが、ピカソがデッサンがあまりできなかったら、もっとすごい抽象画を描いたかもしれない。

僕の身近な話題で言うとフッサールという哲学者がいますが、彼は『論理学研究』という、私が彼の著作の中で一番好きな著作を書いています。そのときにフッサールはギリシャ哲学はもちろんのこと、カントも含めて哲学の勉強はほとんどまともにしていなかった。悪口を言う人はあいつは哲学者としての素養がない、デカルトもカントもまともに勉強していないと言いますが、だけどフッサールはちゃんと正統派の哲学を勉強しなかったからこそ、形而上学全体を覆すような「現象学」という学問を確立することができたと言えるかもしれない。彼の一番の弟子がハイデガーです。だから正統派の学問体系の中で哲学史を勉強していたら、フッサール現象学はもちろんのこと、ハイデガーの存在論も生まれなかったかもしれない。何が言いたいかと言うと、フッサールが哲学を勉強していなかったとか、黒柳徹子が小学校のときに勉強していなかったとかいう話自体は、〈環境〉でも何でもないということです。そんな〈環境〉や〈過去〉など存在していない。

イチローなんかは小さいときからバットを持っていたからあのような選手になったと、いずれ書かれるに決まっています。すでに書かれている（笑）。しかし、バットを持っている子供はイチロー以外にいくらでもいたではないですか。しかし、彼らは野球選手にならなかったから、野球のことに注目して過去が見られないだけの話です。

だから環境というものを意識のうちに入ってくるものとして考えてしまったら、もう身も蓋もなくて、あ、そうか、あのときのあれかというふうな仕方でしか見えてこないものが〈環境〉問題なんです。〈生まれ〉とか〈育ち〉とかいう問題は、すべてでっち上げられた「問題」にすぎない。

だから機能＝関数主義というのは、忘れさられ、無視された環境、いわば時間性としての環境ではなく、いつも環境を意識（＝現在）に取り込んでいって、どういう関数でもって自分を構成するか、構成されているかということを考え続けているわけだから、機能主義者の環境論、内部＝外部論も、でっち上げられたものにすぎない。考えられたり、意識したりすると逃れていくもの、それが人間にとっての〈環境〉〈過去〉だからです。それがフレーム問題の根源です。

4　データベースと後悔

〈後悔先に立たず〉を解消するためのデータベース

さて、環境をどんどん意識化するということが、機能主義の野望の、どこにつながっていくかと言うと、これは〈データベース〉という問題です。

「後悔先に立たず」という格言がありますが、ニーチェは「かくあったは意志の歯ぎしり」と言っています。かくあったと言うときには意志は役に立たない。かくあった＝過去というのは後悔の対象なんです。

データベースとは何か。情報社会のデータベースは何を目標にしているかと言うと、何でもいいからデータにしておけということです。この間、「NHKスペシャル」でアメリカのゲーム会社がゲーム開発のプロジェクトをやっている話が放映されていました。ゲームだけを専門にやる人が、まだ製品として出していないもののテスターになってゲームをするわけです。脳波をどれくらい刺激するか、顔の表情の変化を見ていて、このゲームは売れないのではないか、興奮し続けっ放しのゲームも疲れて二度とやらないようだなどと〝分析〟している。ゲームマーケティング会社の社長は一回のゲームを終えるのに、全体で五〇回ぐらい刺激＝緊張を与えるのが一番いいという係数を出していました。脳波の緊張の山がゲーム全体が一回終わるまでに五〇回ぐらいあって、それに対応するリラックス場面と追い込まれる場面を交互に上手にもっていくのがよい、という結論を出していました。

それは全部、機能主義ですよね。どういうゲームのインプットを与えると頭の中でどんな変化が起こって、その変化のどんなモデルが快感モデルなのかを追求して、売れるか売れないかを判断する。ゲーム会社の社長にとっては売れなかったという後悔をしないで済ますよう、できるだけデータを集めておくためにはどうすればよいか考えているわけです。

そうなると、データベースの構築で何が起こってくるかと言うと、「どんなデータでもいいから入れておけ」ということになってきます。何が必要なのかは後でしかわからない。後でしかわからないことを先立たせるためには、何を入力するかを含めて入力値を差別化してはダメだということです。

みなさん、名刺ってたくさんもらいますが、こんな奴とは絶対に二度と会わないなと思って捨てた名刺が六ヵ月後に必要になったということはありませんか。そう考えたら、もらった名刺の人物評価は後にして、その評価を押し殺して、ちゃんと名前を書いて、いつ会った人なのか、どんな人なのか、記憶にしたがって書いておくしかないんです。そこは気持ちを押し殺して入力機械になるしかない（笑）。

要不要の〈評価〉というのは、実は平均値なのです。だから情報が丸まってしまう。そこに人間、ヒューマニズムを入れてはダメなんです。データは絶対に入力で差別してはいけない。

しかしむろん大半の入力データは使われることはない。無駄なものを選別と消去なしに累積していけばデータは膨大になって使いづらくなってしまう。どこかで差別（選別）する必要が出てくる。その差別と選別のために存在しているのが〈検索〉です。最近のコンピュータは入力で差別＝評価しなくていいぐらいデータを無制限に入れることができるようになっています。しかし、ノートだとか日記帳だとかの紙の媒体にアナログで入力していたときにはこれ以上入れていったらとんでもないことになるということで、入力段階で差別するしかなかった。連絡帳なんかやがて書ききれなくなってぼろぼろになって字が読めなくなってしまいますから、途中で捨てていました。

ところがＩＴ時代になって、ＣＰＵが高速になり、ハードディスクが安くなって、高性能なコンピュータ自体が安くなってきた。いま、二テラとか三テラのハードディスクでも一万か二万円で買えるようになっている。テキストベースであれば、一〇〇年、データを、それも無駄なデータを入力し続けても大丈夫なデータベースができるようになっています。

そもそも〈情報〉とは、入力差別のない知識のことです。つまり評価を得ないで蓄積されるデータのことです。無駄な知識とはそれ自体知識ではありませんが、情報はもともと無駄な情報の集まりのことなのですから。この無駄（の価値）が、フレーム問題と関係していたわけです。

なぜ〈検索〉なのか

それで〈検索〉というものが出てきた。〈検索〉とは何をやっているのかと言うと、無時間的、無選別的に蓄積された情報を（判断と評価が迫られる）〈現在〉という時点における情報にまで持ちきたらすということです。データは入力で差別せずに検索で差別すればいい。どこから出てきたのか知らないけれども、そのとき自分の行動に役立つデータがそこに出てくることが検索ということになります。〈検索〉の機能は現前化＝現在化ということです。

だから〈検索〉データベースは、データ量（ＨＤＤ容量）だけの問題ではなく、時間（ＣＰＵの高速化）の問題でもあるのです。検索には強大なサーバーと超高速のＣＰＵが必要です。すごい量の情報があったとしても必要な情報を出してくるのに時間がかかってしまったら意味がないのですから。強大なサーバー、データベースと超高速のＣＰＵが存在すれば、人間が一生の間に必要であるようなデータはいつでも現在の手元に持ちきたらすことができます。それが後悔を先立たせるということです。それがデータベースの根源的な欲望です。

ＩＢＭのディープ・ブルーという、ロシアのチェスの名手と戦うコンピュータがありましたが、このコンピュータも、過去のいろんな手を無制限に入れておいて、こう打てばこう勝った事例、こう負けた事例がある、というデータを、相手が一手ごと打つたびに超高速で検索をかけて出力しているだけのことです（厳密にはもう少し高級なことをやっていますが）。

棋士の羽生名人はデータベースをすごく意識しているけれども、逆に羽生さんは何手もあるうちから選んでいるということではなくて、むしろやり始めると捨てるもの（考えなくてもいいもの）が何なのかという手が見えてくる、こう打つしかない手が見えてくるという言い方をしています。選択（事例主義）ではないということです。データを拾うのではなく捨てると、言わば反データベース的なことを言っているようにも見えますが、それでもそれは彼ふうの検索術を述べているのかもしれない。そうでないかもしれない。興味深いところです。

〈後悔〉を先立たせるデータベースというのは、フレーム問題における無視と忘却という問題を情報の膨大性（と超高速）というところでカバーしようとしている装置です。〈データベース〉とは機能主義（ファンクショナリズム）の極限にいます。ロボットもデータベースの一つです。アクチュエータつきのデータベースがロボットです。だからロボットは忘却もしないし後悔もしない。

情報が膨大になるということはむしろ忘却の別表現だというのが機能主義の考えです。それは当然であって、インターネットの情報なんて知らないことの方が圧倒的に多いんだし、われわれが日常使っているワード、エクセルだって使っていない機能のほうが遥かに多い。五〇〇〇円のＡＴＯＫでも、その機能をどれくらい使っているのかと言うと、一〇円あるかないかでしょ。ワードやエクセルなら一円分もない。それがデータベースの忘却と無意識です。ＡＴＯＫは膨大な辞書類を内蔵しているからこそ、長文をすらすら書けるように単語変換してくれます。つまり人間性の有限性（空間的、時間的有限性）をATOKデータベースがクリアしているわけです。

膨大な情報量（と超高速CPU）という事実が、機能主義を機能主義的に見せないで、どんどん人間に近づいているかのように見せている一番大きな要因だと思います。心理学者たちもそこを錯覚しているのです。「属性」なんていい加減な概念を信じながら。

そういった膨大な情報量が〈現在〉という場面に持ちきたらされる理由は何なのかと言うと、それは自分が行動するときにできるだけ無制約でいたいということに他なりません。「必要な」情報が欲しいというのはそういうことです。あらゆる情報を勘案した上で一つの正当な（＝後悔をしない）行動を決定する意思が存在することがもっとも幸せなことだという前提があるからです。

5　近代の問題

近代的主体性＝自由の問題――人間性を言うのは差別主義、階級主義

機能主義というのは、民主主義が人間を出自で差別したらいけない、実力があればその通りに評価されるべきだというのと同じ考え方であるということを先ほど述べました。

人間というものは自分で意欲的に作ろうとしているところのそれが人間「である」、という考え方です。環境論も裏返しの意欲主義に他なりません。自分のビヘイビアは自分の主体に所属するという考え方です。一言で言うと主体性。だから近代的な自由において、たとえば、女性はこうあるべきだなどと言ったら差別だとかみつかれてしまいます（笑）。「女性だから」などと言ってはいけないのです。

近代的な自由の最大の限界（敵対物）は自分が自分の意志や選択なしに生まれたことの有限性（＝出自）です。何のことかと言うと、自分は主体的に生まれてきたのではなくて、親という先行者によって生まれた。親は近代的に言ったらノイズですよね（笑）。親が禿げていたら子供も頭が禿げる（可

能性が高い)。親の遺伝子に異常があれば自分の命が危ない。いまのテクノロジーはそれまでデータベース化しようとしています。遺伝子も組み替えて癌化要素を取ってしまおうという話になってきます。最後は顔かたちの遺伝子情報もいじりたくなってくるでしょうね。下手な化粧に影響されずに。できれば親なしで自分を自由に作りたかったというものです。

そういう意味で家族の存在と近代的自由とは対立するわけです。自分に家族があるということは親がいるというわけだから、親から自由になるということはありえない。できれば家族なしで済ましたいというのが近代的な自由です。原理的に突っ込んでいくと必ずそこにぶち当たります。家族は階級社会のつけ。天皇家を見ればわかるように階級というのは、その子の生まれた家族によって決まる。家族という血統なしに持続性は存在しない。差別というのは大概が出自(受動性)の問題であり、出自の起源は大概が家族の問題です。

そういう家族から自由になるための最大の武器は、近代で言うと学歴主義(メリトクラシー)です。学歴主義ってみな悪く言いますが、学歴主義に対立する概念は階級主義、家族主義です。

「学歴主義」の日本における啓蒙的な原点は、福沢諭吉の『学問のすすめ』です。ちょっと読んでみましょうか。

賢い人と愚かな人との違いは学ぶか学ばないかによって出来上がる。難しい仕事もあるし簡単な仕事もある。難しい仕事をする人を地位の重い人と言い、簡単な仕事をする人を地位の低い人と言う。およそ頭を働かせてする仕事は難しく、手足を使う仕事は簡単である。だから、医者、学者、政府の役人、また大きい商売をする町人、たくさんの使用人を使う大きな農家などは、地位が重く、重要な人と言える。社会的地位が高く、重要であれば、自然とその家も富み、下の者から見れば到底手の届かない存在に見える。しかしそのもともとを見ていくとただその人に学問の力があるかないかによって、そうした違いができただけであり、天が生まれつき定めた違いではない。つまり、人は生れたときには貴賤や貧富の区別はない。ただしっかり学び、物事をよく知っている者は、社会的地位が高く、豊かな人になり、学ばない人は貧乏で地位の低い人になるということだ。(『学問のすすめ』齋藤孝版を若干変更)

この考え方を「学歴主義」と言います。「学歴主義」というのは、大学卒とそうでない人との対立、あるいは今日では難関大学と全入大学との処遇格差が前面化する差別主義のように思われ、日本では特に評判が悪いわけですが、歴史的には、人間を出自(所属する身分・階級)で判断しないという考え方が基本。誤解を恐れずに簡単に言えば、努力する人、努力できる人、勉強する人、勉強できる人が、世の中を治めるべきだという考え方が「メリトクラシー」=「学歴主義」です。僕自身は「努力主義」と訳したいくらいです。

最近は、学歴も経済階層的な〝格差〟に依存し、平和な「メリトクラシー」=実力・努力主義は幻想だと指摘する人もいますし、勉強できる能力自体が出自や環境に傾向的に支配されているという議論もありますが、そんなことを言い出せば、純粋な自由なんてないよ、と言うほかはありません。天野郁夫が言うように、少なくとも江戸時代には〈メリットmerit〉という原理で階層が決定できる要素はなかったのですから、ここではそのことをまず理解することが重要です。

「基本的に家柄や身分ですべてが決まっていたわけで、立身出世のために競争しあうということはなく、むしろ競争を排除しようとしていました」（天野郁夫『教育改革のゆくえ』）というのであれば、「しっかり学び、物事をよく知っている者は、社会的地位が高く、豊かな人になり、学ばない人は貧乏で地位の低い人になるということだ」という福沢の言葉の明治五年（一八七二年）における新しさがわかるはずです。

福沢諭吉は「日本で最初に英語を勉強し始めた人」らしい。天野の伝えるエピソードによれば、「その翻訳に幕府の役人が興味を示して、ご老中にお見せするから持ってこいという。福沢が持って行くと、その中のコンペティションという英語に『競争』という訳語を当ててあるのを見て幕府の役人は、『これはご老中にお見せするわけにはいかない。ここに「争う」という字が入っている。この訳語を変えなければご老中にお見せするわけにはいかない』というので、ついに見せないままに終わったというのです。身分制度ですべてが決まる社会に、争うなどという言葉があってはならないというわけです。競争は、明治以前の社会ではそれほど、あってはならないものだったのです」（天野郁夫・前掲書）。

このエピソードを踏まえると、『学問のすすめ』の新しさの意味はさらにはっきりします。新しいばかりではなく、彼自身が「三四〇万冊は国中に流布した」と言うくらいに、当時のベストセラーでした。一八七二年と言うと、フランスの学制をまねた八学区制が始まる「国民皆学」運動の幕開け的な年（文部省の設置はその前年一八七一年でした）。『学問のすすめ』の前年には、「自助論（Self-Help）」で有名なサミュエル・スマイルズの『西国立志編』も、学制開始の初期には教科書として採用され、ベストセラーにもなっていましたから、当時の〝文明開化〟的な息吹が感じられます。

この息吹は、すでにある特定の階級を反映した学校が存在したというよりは、明治政府の官立学校施策などにより学校教育自体が新階層（いわば〝学歴中間層〟）を作り出したという側面でもありました。天野（『学歴の社会史』）も竹内（『日本のメリトクラシー』）もドーア（『学歴社会』）もそのことを指摘しています。近代化を急いだ国家に共通する特質でもあったわけです。

この急ごしらえの中間層の肥大が、「教育を通じて獲得される文化の価値」を学歴社会＝受験学力として「一段低く」（苅谷剛彦『大衆教育社会のゆくえ』）見る傾向に繋がり、「秀才と優等生は日本では侮蔑語である」（高田里惠子『グロテスクな教養』）ことになるのは確かなことですが、いつもいやみでいじわるな高田里惠子の話はいま脇に置いておくことにしましょう。関わると長くなりますから（笑）。

いずれにしても東京大学さえ出れば、家が貧乏人であろうと、犯罪者の息子であろうと、社会的な差別からはとりあえず抜け出せる。一方で、とりあえず自分たちの家柄だとか身分だとか、それなりに同じ雰囲気（メンバーシップ）を持っている人しかうちの学校には入れません、というのが家族主義。だから頭がいい（メリット＝能力がある）というのが基準ではない。これは特には、東京の〝名門〟私立学校に固有な選抜になります。

マークシート試験、○×試験、選択問題こそが、近代的自由の源泉

学歴主義にフィットする最適の選抜方法がマークシートです。これには親の痕跡はついていません。少なくとも記述式だとか面接に比べれば、自分の出世（自分の主体性）にとってマークシート方式は決定的に自由。自由な選抜方式です。

そういう意味で言うと〈人間性〉（パーソナリティ）というものを選抜の対象にするということはすごく差別主義的です。その人の身なりだとかしゃべり方とか、〝総合的な〟能力だとかを言い始めたら、点数化するのがすごく難しくなるから、いきおい、その先生の好みが前面化するに決まっています。そんなことになってしまったら何が起こってくるかと言うと、どうやってその人に好かれるようになるかということばかり考えるようになるでしょう。そして、そもそもそういった〝総合的な〟選抜基準は家族や地域や環境、そして生い立ちに縛られたパーソナリティの評価になってしまう。

一九七〇年代に、ユネスコから日本の受験社会を見にきた視察官が、「たった一日の受験で人生が決まるとは、日本はきわめておかしな国だ」と言って帰っていったという話がありますが、日本の学歴社会がすごく優れているのはたった一日の受験（＝点数主義、○×ペーパー試験）で決まるからこそです。逆に優れていると言ってもよい。三流の高校を出ていようと、公立の中学校を出ていようと、

高校三年生のときに良い先生に出会うか、良い予備校に行くか、そうやってしゃにむに勉強したとすれば、それまでのマイナスの自分の過去を全部チャラにできるんです。これは竹内洋の言葉(『日本のメリトクラシー』)を借りれば、「敗者復活装置」「過去の達成の御破算主義」としての受験制度です。

アメリカは実力至上主義だと言っているけれども、大学に入るには、高校のときにボランティア活動をどのくらいしたか、親の推薦状がどのくらい書けているのか、高校の先生はどう評価しているのか、などなどいっぱいそういう〝人間的なこと〟を聞かれます。試験点数以外の家族主義的な履歴、あるいは長い時間の評価(極限は万世一系の天皇家評価)を問うわけです。それこそ差別主義で、一日で逆転満塁ホームランが打てる日本のマークシート方式こそウルトラ近代主義だと言ってよいのです。一日という短い時間だからこそ逆転満塁ホームランが打てるのです。

この点と関わって、ツイッターの話になりますが、とんでもないものが出てきた。僕もかなり早い時期からブログやミクシィをやっていましたが、ブログやミクシィをやり始めた頃に比べて、僕はツイッターに遥かに衝撃を受けました。

人間主義的な差別は何で起こるのかと言うと、その人間の観察を長いスパンで見る場合、たとえば民族差別だとか、国内のいろんな差別がありますが、そういう差別って、その人間がどこで生まれたか、どんな親元で育ったかということに密接に関わっています。民族なんて言い出したら何千年という歴史時間を背景に担っている個人という見方をしていることになります。たとえばボランティア活動をどれくらいやったかとか、親や教員の人間的《パーソナル》な評価がどれくらい推薦状にちゃんと書かれているのかということを基準にして大学の選抜が一部でも行われているとしたら、親や教員の顔色を伺う高校生しか育たない。ある程度長い時間を意識して自分の評価や表現を考えていかなければいけなくなります。この場合の「長い時間」の観察・評価というのは、ヒューマンな管理主義なのです。

その意味でも日本の受験制度における「たった一日」という短い時間は、「自由と平等」に関わっていると言えます。差別は、〝長い時間〟が関与しているのです。深刻な差別ほどそうです。最近話題の「ソーシャル」メディア、ツイッターは、この「たった一日」を、一四〇文字にまで縮めたわけです。「一日」ではなくて、「いまどうしてる？」というように。

6　ツイッターにおける自由と平等

検索主義の解体——グーグルの時代の終わり

ツイッターというのは、人の自他にわたる長期の観察や省察、つまりデータベース主義（ストック主義）をやめようというメディアなわけです。ツイッターは、「What's happening?」という問いかけに一四〇文字以内で表現するメディアなんです。ちょっと前には「What are you doing?」だったんですけどね。一四〇文字という短文なのは、「What's happening?」や「What are you doing?」を長文で答えたら変だからです。書いているうちに事は終わる。happeningを「長文」で書く間があるのなら、もはやhappeningとは言えない。長い時間で答えているうちに、happeningやdoingは時間のかなたに消えていく。

検索的なデータベースは入力と出力とを分けているため、長い時間のデータ累積（入力累積）がものを言う世界です。入力と出力との間には長い時間差があり、しかもそれらの間には必然的な関係がありません。データベースに〈検索〉が必要なのは、データベースが、因果が消えるほどの〝長い時間〟の象徴だからです。ツイッターにはそれがない。

僕がツイートするということは、いま起きていてそれをしているというしるしですから、ツイッターというのは、その人がいま、生きているのか死んでいるのかを告知する道具なんです。

僕がツイッターを始めると電話をかけてくる人がいます。いまかけても、ツイッターをやってるから暇だろう、怒られることはないと思うからでしょう。いまメールを出したらきっと見てくれると思うからでしょう。メールも打たずにツイッターのＤＭ（ダイレクトメッセージ）でやり取りする人もいます。タイムライン上につぶやきが出てくるときは、その人はいまＤＭを読んでくれるぞという間接的な表現になっているわけです。その人間が現在どういう状態か、現在という短い時間で切り取っていくとその人がいま、食事をしていたり、あるところに行って、あることをしているなどといろんな像が見えてくるわけです。

時間と表現とを微分していくと、何が見えてくるかと言うと、どんどん身体表現に近くなっていく。身体は、平等なわけです。どんなエライ人も親から生まれてきたし、どんなエライ人も老いて死ぬ。すごく有名な人も立派なことばかり考えているわけではなく、ご飯が美味しかったとか、家族といま遊んでいますとか書いている。なるほど、この人も人間なんだな、とみな思い始めるわけです。短い時間で切り取っていけば、人間誰でも結構同じなんだと。

タイムスパンを長く取ると、〈主体〉とか〈人格〉とか〈人間性〉とか、また〈専門性〉とかみたいなものになっていって、この種の《人間》には近づきにくい、やめておこうということになりますが、タイムスパンを短く切り取っていくとさまざまな仕方でその人間との接点が生じてきます。つまり《人間》とは、もともと「在る」ものではなくて、自己観察（自己省察）であれ、他者による観察であれ、その観察のタイムスパンによるものなのです。長い時間の観察なしには、《人間》は存在しない。「動物」との区別も短い時間で切れば「人間」と同じになる。もちろん人間同士の男女の差なんて、もっと同じになる。ツイッターをやり始めて、女性というのは結構男っぽい（＝しおらしくない）と思った男性はいっぱいいるはずです（笑）。短い時間の入出力は男女差なんて簡単に解体するわけです。

ツイッターというメディアが表現しようとしているものは、その意味では反人間的なものです。〈現在〉という状態で微分していくと、賢い人もバカな人も一緒になってコミュニケーションができるようになってくる。ツイッターは〈人間〉や〈専門性〉を越えているからこそ、交流が活発化するのです。この点が、コミュニケーションを〈人間〉で括るミクシィやフェイスブックとの大きな違いです。

みなが小躍りするようにツイッターで時間をつぶすもう一つの理由は、グーグルの検索主義に対する反動です。インターネット利用の活性化の鍵は〈検索〉の利便性の向上だとみな思っていた。検索というのは、なぜ情報活用として良くないのかと言うと、情報が帰属する時間性が見えづらいということがあるからです。つまり、この情報は結構面白そうだけれども、一〇年も前のことだ。そう知ってがっかりすることがある。もちろん時間は書いてあるが、その時間の意味が内容と結びついてビビッドなものなのかどうかということの判断がすごくしづらい。

それは情報が新鮮でない（古くさい）から良くないということではなくて、検索の現在と情報の時間性が遠すぎて、利用者はその間を埋める作業を強いられざるを得ないからです。検索が役に立ったというのは、その時間差を埋める能力が使い手にあったということです。つまり、情報の評価が必要になる。この評価は専門的な評価になります。なぜかと言えば、データベース＝ストック情報（古い、時間をかけて形成された情報）の評価は、それ自体、ストックの持ち主＝専門家でないとできないからです。検索情報は、データベースに向かう以上は、その向かう人自体がデータベース＝専門家でなければ使いこなすのが難しい。

ツイッターにおけるストックの時間性——専門性とは入力と出力との間に時間差があること

専門性の時間性（ストック度＝信頼性）があるかどうかということ。つまり入力と出力との間に差があることを〈専門性〉と言います。専門家というのは、安易に発言したりはしません。あることを学び始めてから、自分の考えを作り上げるまでにある一定の時間をかけて、これなら自信があるという段階まで自分の意見の発表は避けています。「バカ」とはその時間差のない者のことを言うのです。バカな課長は、土日に読んだノウハウ本やドラッカーの話をすぐに月曜日の朝礼で話してしまう。まさにバカなわけです（笑）。

僕がいまこの講演レジュメに書いたことについても、僕がいま考えつつあることとかなり差があるわけです。もったいないですよね、ホントにいま考えていることをしゃべるのは（笑）。いま不用意にしゃべるといろいろけちがつくかもしれない。だからまだまだ検証が必要というように専門家はアウトプットに慎重になる。入力と出力との間に五年も一〇年も時間をかけたものはみな、情報として信用できる度合いが高いわけです。したがって専門性というのは時間性なんです。どれくらいそこに時間が蓄積しているかというストック度のことをそれは言うのです。

ブログやミクシィでも学者の論文でも時間差度というものがつきまといます。ミクシィというのは日記であるにも関わらず、ツイッターのように、いま、カレー食べていて美味しい、なんて書きません。一日を終えて、自宅に帰ってすべてを終えて寝るときに、今日食べたカレーは美味しかったなというふうに反省して書くわけですよね（最近ミクシィはどんどんツイッター化していますが）。しかし、昼飯にカレーを食べた後、夜、美味しいディナーを食べたら、カレーの話は捨ててディナーの話を書くのがミクシィやブログです。発信する側が情報を選択、評価してしまっているわけです。

ところがツイッターというものには、そんな長い時間で丸められる〈選択〉はない。昼飯を食べていて美味しければ、「美味しい」と書くわけです。夜、ディナーが美味しかったら、また「美味しい」と書き続けるわけです。すると、そこに味覚の専門性は関係なくて、美味しいと思えばそう書けばいいじゃないかというのがツイッターです。

〈反省〉ではなく、〈現在〉が持っていることの迫力（リアリティ）が前面化しているのがツイッターなのです。あいついま、カレーを食っているから、俺も食べたくなった、カレー食べようという現在の時間の共有がツイートに（意味のない）説得力を持たせています。「意味のない」というのは、ここではいい意味です。

ハイパーリンクの課題――強力な学びの主体がないと機能しない

テッド・ネルソンのハイパーリンクというのは（『リテラリーマシン――ハイパーテキスト原論』）、六〇年代に出された概念ですが、現在のインターネット利用の思想的な源になっています。

それは学ぶ順番（学び方）というのは自分が興味を感じる、自分がわかるということを基にして辿っていくことが、その人にとって一番いい学び方であって、学校教育体系のように小学校はまずやさしくて、中学校は中級で、高校・大学で難しいことを学んでいくというような学ぶ順序を他者に強制される筋合いはないというものです。頂上（目標）は同じであったにしても、学ぶ道筋は一〇〇人いれば一〇〇あるはずです。

いま、みなさんがインターネット上でハイパーリンクを辿っているのと同じことをテッド・ネルソンはいまからずっと前に〈ハイパーテキスト〉という概念で提案していたわけです。自分の気持ちの赴くままにリンクを辿っていって、自分の知識をブラッシュアップしていく。

この魅力的な考え方の何が問題なのか。学び方の自由というのは、すごく魅力的だけど、学ぶ順序を自ら切り開いていくというのは、一所懸命学ぶぞというかなりの意欲が前提にされないとやっていられないわけです。

たとえば、「いつでもどこでも」学べるe―ラーニングというものが存在している。e―ラーニングは「いつでもどこでも」の上にさらに「どんなふうにでも」「自分の基礎能力と進度に応じて」が付け加わっているわけです。ハイパーリンクのシステム化です。しかし「いつでもどこでも」「どんなふうにでも」「自分の基礎能力と進度に応じて」というように〝自由な〟分、e―ラーニングは、強い学習意欲、禁欲的なまでの学ぶ意欲を要求するわけです。なぜか。自由な分、「いつでもどこでも」の時空は、「いつでもどこでも」他のことをなし得る時空でもあるからです。勉強をする理由、しない理由をそのつど強く自覚していないと「いつでもどこでも」の学びはうまくいかないのです。

〈学校〉は、確かに窮屈なものですが、まさに校門と塀と教室に囲まれてこそ、学べる〈形式〉を整えている。なんとなく学ぶ気にさせる仕掛けが存在している。みんなが学ぶから学ぶというように。〈学校〉の〝不自由〟はそれなりに意味を持っているのです。〈学校〉の〝不自由〟は、〈学ぶ主体〉なしでも学べることと引き替えの不自由でもあるわけです。やる気のない者―まだ、何の意味があるのか、どんな価値があるのか、何に使うのかが見えない〈未聞なもの〉を(〝強制的に〟)学ぶところが〈学校〉というところですから、「できる」学生も「やる気」自体はないのです―を前提にするのが、〈学校教育〉なのだから。

結局、ハイパーリンク主義も検索主義も、強力な〈学ぶ主体〉というものを前提にしているわけです。しかし、〈学ぶ主体〉なんて実は架空の存在。人は、普通は勉強などしたくないのだから（笑）。〝関心〟や〝意欲〟を超えていやいや勉強するからこそ、知見が広まり、世界も広がるのです。学校の〈先生〉というのはやる気のない者をその気にさせるから〈先生〉。やる気のある者になら、誰でも教えることができます。だから、e－ラーニングもハイパーリンクもいくら活性化しても、〈学校〉と〈先生〉の存在しない〈教育〉（そして〈学習〉）なんてあり得ないわけです。

ツイッターは、その意味で、検索＝学ぶ主体の意欲と選択なしでネットを活用できる初めてのメディアだったとひとまず言えます。

7　ツイッターにおける検索主義の解消

ツイッターの五つの特徴

（一）ツイッターはデータベース＝ストック情報ではない
（二）単にフローではなく、〈現在〉を共有している
（三）現在の共有＝インプットとアウトプットとが同時に存在する
（四）情報の受発信の先に、書き手と読者とがいつも同時に存在している
（五）この書き手と読者とは、いつも断片化し、ストック化に抗う

以上のように、重なり合うようにして、その特徴は五点あります。順に説明していきます。

ツイッターはストック情報ではない。つまりツイッターは〈データベース〉ではない。「いまどうしている」というのは、単にフローではなく、〈現在〉を共有している。〈現在〉を分かち合うというのはインプットとアウトプットとが同時に存在しているということです。

情報の先に、いつも同時に書き手（インプット）と読者（アウトプット）とが存在している。これがツイッターが、時間差で成り立つデータベースと違うところ。ツイッターの反データベース主義なわけです。同時に反グーグル的、反検索主義でもあるわけです。つまりツイートする人間とそれを読む人間とがタイムラインの上にいつも同時に存在しているということです。

ストックで一度溜まったものに対して波長を合わせるのは大変難しい。でも私がつぶやいたら、その中身がわからない難しいことをつぶやいたとしても、あいつはいまの時間起きているということだけでも実感できるから、別にツイートの中身はある意味どうでもいい。

恋人同士のやりとりがたわいのない時間（現在）の共有であるように、ツイッターのつぶやきも、実際は現在の共有なのです。時間自体が意味なのです。〈いま〉を伝えるからこそツイッターは短文でなければならない。一四〇文字で十分なわけです。長くなると、いまが過ぎ去ってしまうからです。ツイッターが災害情報に強いのも、その派生態にすぎない。恋人同士の会話が端《はた》から見ていてくだらなくても成り立つのは、それが友達同士の〝意味を問う〟会話と違って、〈現在〉の共有、つまり身体を共有しているからです。

〝有名人〟がツイートしているときに無名のわれわれがそれに対して「なんぼのもんじゃい」と書くと、急に怒ってくる人がいるわけです。しかし、毎回毎回、現在を共有する短文を書くことによって何か書き続けるとどこかで波長が合う人が出てくる。

宇宙の果てで迷子になっていた「ハヤブサ」も信号を送り続けてやっと見つかったでしょ。そうやってＲＴ（リツイート）をやり続けていると〝有名人〟と会話できるチャンスができて、〝有名人〟と会話ができると突然フォロワーがいっぱい増える。自分の発言を聞いてくれる人がいっぱい増えるチャンスになってくる。それがどうして起こったかと言うとインプットとアウトプットが同時だからです。〈現在〉というのが、最大の共通語なのです。

これが、長い時間をかけてできあがった著作の作家と読者という関係になるとそうはいかない。読んだ感想を著者に送りつけても、たいていの場合、自分の浅知恵を著者に見ぬかれて相手にされない。それはストックの勝負になるからです。負けるに決まっている。テーマ主義の２ちゃんねるでもそう。テーマ主義では専門家が勝つに決まっている。ストック（〈現在〉の否定）は格差の象徴なのです。しかし、〈現在〉という波長は、限りなく平等で自由。どこにでも結びつき、どこにでも拡散していく。

そういう意味では、ツイッターはチャットと近い。チャットと違うのは、テーマの拡散という事態です。ツイッターにおける書き手と読者はいつもタイムラインによって断片化してストックに抗う。なぜかと言うと、タイムラインは秒刻みでずっと微分され続けているから、ずっと流れていくわけです。現在というのは流れますから。僕はそれを、タイムラインは「水洗便所」だと言ってきたわけです（笑）。

チャットも同じように〈現在〉に関わっていますよね。確かに相手と向き合っているから、その点ではツイッターと似ている。その意味で言えば、電話もそうです。チャットは、テキスト化された電話にすぎない。しかし両者に共通するのは、特定の他者との現在だということです。

ツイッターでは五〇〇人、一〇〇〇人単位で微分化された現在を共有できる。その分、ツイッターの〈現在〉は、特定の主題による特定の他者とのコミュニケーションのきつさを免れている。ずっと緊迫した現在を追い続けないといけないいですよね、チャットの現在は。

その緊張はテーマの特定性、他者の特定性にあります。だから緊張感を伴っているわけです。テーマに集中しなければならない。テーマに沿って相手の気持ちも斟酌する必要がある。トイレに行きたいけれども、トイレに行くことも許可を取ったりしないといけない。ところがタイムラインではトイレに行っちゃったらもうその人もその話題もどこに行ったかわからなくなります。〈現在〉のタイムラインからは消える。ずっと流されながら生成する現在を共有するという非常にゆるい、弛緩する場面と緊張する場面とが交互に現れるというのがタイムラインという単純ではあるけれど不思議な装置によって保持されている。

要するに、タイムラインは、人物の特定化、話題の特定化に抗う。テーマ主義は、ストックの文化。必ず専門家が勝つ、必ず素人は負けるというのがストックの文化でしたが（そもそも〝素人〟は長い文章が書けない、読めない）、タイムラインでは自由な〝交流〟が日常化している。

さて、どんな人間も現在という瞬間の軸で微分すればすべての人間に共通する要素を持ち始めます。有名人だと知らずにタイムラインの流れに任せて反応することがいくらでもできる。その人の実績だとか業績だとかを知らないままでやれる。あとで大変なことになるかもしれませんが（笑）。

長文の名手である専門家（知識人）というのは、結論を先送りして出し惜しみしているだけなわけです。長文を書いておけば、バカな人からは絶対に非難を受けない（笑）。バカは長文を読めないし、どこに結論があるかもわからない（笑）。それで最後は著者の年齢はいくつだとかどこの大学を出たかとか、何をやっていた人だとか、何冊本を出している人かなどでごまかしてしまう。最後の著者略歴しか読まない。しかし、そういうやり方で逃げ切れないのがツイッターであって、どんな長い文章を書くのが好きな人も一四〇文字で書かなきゃいけないから、どんなバカでも有名な人の結論を瞬時に見ることができます。結論というものは、いつでも短いし、単純なものです。だから誰でも判断できる。

ゲーテは「行動する者は良心がない」と言いましたが――ニーチェもハイデガーも好んで引用した一文です――、それに準じて言えば、「結論だけを見るものは良心がない」わけです。だから下克上が起こってしまって、すごく賢くなったような気になってしまう。誰でも賛成反対が言えるということによって、ツイッターにおける微分とか短文というのは、たった一日の受験の平等性と同じだということです。いま、何をしているか、という話を有名人であれ、ストックの権威であれ、関係なく交わることができる。それがツイッター革命です。

フェイスブックが旧態依然なのは、最初から交流の単位が（ストックとしての）〈人間〉だからです。すでに人間が、人間の評価が平均化されている。だからフェイスブックではエライ人はエライ人でしかない。なんたってデフォルトで〈学歴〉を聞いてくるのですから（笑）。〈人間〉は、〈人間〉という長い時間の単位で括ると、逆に多様な交流ができないのです。その人はその人でしかないという再認しかできない。これでは〈ソーシャル〉とは言えない。〈ソーシャル〉とは異質な他者との交流のことを言います。ミクシィもフェイスブックも同種の者しか集まらない。厳密にはそれらはソーシャルメディアではないのです。

8　一九九〇年代中盤から始まったオンライン自己現象

ネット上の人間関係でしか自己を形成できない人たち

さて、僕は「オンライン自己」という言葉を先の日経BPnetの記事で作りましたが、その意味は、ネット上の人間関係に自他関係を縛られている人たち、あるいはその自他関係を、自己とか他者を議論するときに（無意識にも）モデルにしている人たちのことを言います。一九九〇年前後、バブルが終わったあたりから始まりますが、中曽根臨教審が一九八〇年代後半から、これまでの教育の転換をしようということで、一九九一年にいまの全入時代の幕開け施策である「大学大綱化」が始まります。カリキュラム全体の目標が設定された全一二四単位以上を四年間で取得すれば、中のカリキュラム（科目、科目配置）は自由に作ってよい、必修科目だとか選択科目は自由に組んでよろしいという施策です。

たとえば、僕の世代は大学に入っても体育は必修だったし、語学も必修だったし、バレーボールとかマラソンとかやらされて、俺は大学に来てまで何をやっているんだと思っていましたが、それを絶対にやらなければならなかった。日本国憲法も勉強しなければいけなかった。あるいは文学部に入っても自然科学で何単位とか、工学部に入ろうと文系の勉強を必修でやらなければいけなかった。

でも、九一年以降、そんな窮屈な制度は制度としてはなくなった。整序だった必修カリキュラム体系は絶対必要だと言って柔軟化しない大学も未だにありますが（それの方がまとも）、大学によってはそれを全部取っ払って、カリキュラムを変え始めたのが九一年からです。いまの三〇代前半くらいまでの人はそういう教育に切り替わった大学を経た人たちです。いまでは一〇単位から三〇単位しか必修科目のない大学が多い。特に偏差値の低い私学はそんな大学だらけです。安物の（ろくでもない料理しか出てこない）バイキングレストランメニューに、大学カリキュラムが堕しているわけです。

こうして中学校・高校の進路指導の変化が出てくるんです。九〇年代初頭、中高の進路指導において偏差値業者テストを学校でやってはいけないということになった。教員がその試験教室にいてもいけないということを文科省が通達で出し始めた（これは法政大学の児美川孝一郎が指摘しています）。偏差値に関係なくどの大学でも入れるようになっていることも含めて、それまでは教員はお前のこの偏差値だったらこの大学しか行けないよ、もし行きたいんだったらもう少し勉強しろよと言っていたんですが、それを（表向きは）言ってはいけないことになった。

進路は生徒が決める、教員は「指導者」ではなくて、「サポーター」にすぎない。教員は「上から目線」の指導者であってはいけないというのがこの九〇年代頭から始まったのです。「僕はバカだけども大学に行きたいんだ」と言ったら、「そんなバカな」（笑）と教員は言ってはいけないことになった。お前は専門学校でこういうことをやったほうがいいよとは絶対言ってはいけなくなった。(お前が望むなら)「じゃあ大学受けてみるか」と言わなければいけなくなった。このあたりから「学び合い」教育だとか、ワークショップスタイルの授業が始まった。〈学び〉という変な自動詞も出てきた(たぶんリクルートあたりが流行らせた)。

〈個性教育〉とか〈自主性教育〉とか〈学び合い〉が重要だという人たちは、知識をたくさん持っている人間が知識を持たない人間に対して〝外的に〟注入しようとするのは権力主義だとかファシズムだとか言うんです。大事なことは「学び合い」だと言う。でも、何を、(講演者である)僕はここに来ているあなたたち(あなたたち聴衆)から今日学ぶんですか(笑)。学ぶためにお金払ってきているんだから、こんな寒い日に。そこでさあ、みなさん一緒に「学び合い」ましょうなんて僕が言ったら、アホかと言われるでしょう(笑)。そういう問題があるんです。

ハイパー・メリトクラシー教育

そういう教育の傾向は、いま、厚生労働省や経産省や総務省や文科省はハイパー・メリトクラシー教育＝「力」教育(人間力、課題発見・解決能力、社会人基礎力、コミュニケーション能力)が必要であると考えていて、大学、短大に次ぐ第三番目の高等教育機関を作ろうと考えています。専門教養主義ではなくて、キャリア教育に特化する新しい大学を作る。

その教育目標は、僕は〈力《りょく》〉能力と言っていますが、〈人間力〉とか〈コミュニケーション能力〉といった類いのものです。これは九〇年代初めから始まった自主性、個性教育、多様性教育というものの延長です。いまの大学生は選択科目がすごく多くて、「哲学」なんていうもっとも大学らしい科目はなくて、あっても「人生論」「世界観」だとかの科目になっています。数学も「数と生活」、英文学部も「英語コミュニケーション学部」と変わっています。やっていることはシェイクスピアやエリオットですが、英語コミュニケーション学部とつければ、英語のできない者もやってみようかなという気になります（笑）。英語コミュニケーション学部という名がついたために、「自己表現力技法」なんていう科目を置かざるを得なくなり、街のＮＰＯや年齢不詳のあやしげな実務家講師が大学に入ってきて授業をやっている。大学というストックの牙城が、そういったフロー科目に取り込まれるようになってきている。キャリア教育における実務家講師のキャンパス侵入も同じ事態です。

9　消費社会における知識のあり方

消費社会の深化はストック人材をますます不要にしていく

なんでそうなってきたのかというと、一つは消費社会です。サービス産業化がどんどん進んでいって、第三次産業が全産業内の七〇％にまで迫る。個人消費もGDPの一番大きな要素になってきて一億総営業マン化が起こってきます。市場が飽和した高度消費社会だと、〈作る〉ことよりも〈売る〉ことに力点がかかってくる。また、技術の進歩で〈作る〉ことのコストのかけ方が変わってくる。専門学校がいくら建築の技術者の優秀な人材を出したって、ミサワホームも大成建設でさえも、〈作る〉奴はいらない、〈売る〉人間を一人でも出してくれと言い始めるわけです。

そうすると、知識や技術は、売ることに対する貢献度合においては、作ることに対する貢献度合いに比べて遥かに少ないんです。車をよく売る営業マンは車好きだと売れるかというと売れない。トヨタは徹底的にそう考えています。ホンダはわりと車好きを採りますけれども、トヨタは車好きは採用したがらない。なぜかと言うと自分の好きな車しか売ろうとしないから。車好きは「なんでこんなの買うのか」と思いながら仕事するに違いない。顔に表れる。他社の車の良いところまで自分のショールームでコンコンとしゃべって褒めている（笑）。

一番売れない車を売るのが営業マンの仕事だから、そうすると、一億総営業マン化社会の教育って何が必要なのかと言うと、知識や技術をきちんと蓄える、体系的に勉強するということになってこないわけです。

体系的に物が売れるのなら、学者と経営者は同じでなければいけない。そんなことあるわけがない（笑）。マーケターとかプランナーなんて一番いかがわしい職種です。じゃあ、マーケターとかプランナーって何やってるのかと言うと、社長の決断を後押ししているだけです（それも重要なのですが）。根拠のないところで行われるのが〈決断〉ですから、マーケターとかプランナーって占い師と同じなわけです。一般に社長や政治家は占い師を好きな人が多いのですが、〈決断〉はいつでも無根拠の淵＝孤独の淵に立たされるからです。おしゃべり上手なマーケターとかプランナーは接待役なわけです。

そうなると客の顔色を見ながら、何を言えば喜ぶかということに対するサーチ力が必要になってきます。営業マンの鉄則の一つに、「客が褒めるものを褒めろ」と言ったりもします。僕には絶対そんな仕事は合わない。「お前の好みは間違っている」と言うに決まっている（笑）。

「買う」とは知識や技術で買うのではなくて〈心理〉で買う。心理の基準は〈納得〉ですから納得となればバカも賢い人も平等です。納得しないと終わり、納得すれば終わりなのですから。〈納得〉には、正しい納得も間違っている納得も存在しない。〈納得〉は〈評価〉ではない。むしろお金を出すことに対する決断のための心理主義なわけです。僕が、どんなふうにこんこんと原稿用紙三〇〇〇枚の内容を費やしてしゃべっても、相手に「わかりません」と言われたらもう終わりなんだから（笑）。

〈納得〉ということを基準にした社会では学校教育体系はどんどん廃れていきます。つまり体系的に知識や技術を積み上げてちゃんとしたストック人材を作らなければいけないという方向に動かない。

10　ＩＴ社会（高度情報化社会）と「オンライン自己」

人間関係重視の社会

人間関係が重視されて消費社会が飽和している高度な消費社会では、その一つが人間関係論に走っていくという傾向と、もう一つはＩＴ技術が進んできて二四時間の連絡体制が人間を縛るようになってくるということ。ポケベル自体は一九六〇年頃からありましたけれども、それをサラリーマンが日常的に使い始めるのが一九八〇年後半からで、中曽根臨教審が自主性、個性、多様性と言い始めた時期と重なっています。

「ポケベルが鳴らなくて」という緒形拳が演じた切ないドラマを覚えていますか。このドラマは一九九三年のものですが、ポケベルに男女関係が影響されることも起こってくる。二四時間、人間の個人同士が連絡を取れる体制って何なのかと言うと、二四時間覚醒していなければいけないということです。二四時間、意識を張り巡らしている必要がある。〈内面〉とは、本来は、昼（覚醒）と夜（沈黙）があっての出来事です。ところがいまはそうではない。

二四時間の覚醒とは、電気の時代であって、電気の時代は、サーバーの時代によって成熟を迎えましたが、サーバーの起源は電気冷蔵庫です。電気冷蔵庫が家庭に入り込んで初めて二四時間つきっ放しの電気時代が始まった。つきっ放し家電の冷蔵庫が家庭に入る前までは、電気メータが「回っていない」ことを確認して外出していたわけです。いまでは考えられないことですが。そしてつきっ放しの家電の冷蔵庫がタイマー内蔵ビデオデッキに引き継がれ、いまはそれがサーバーなわけです。たとえば、メールを送って一〇分以内に返信がないと彼氏が怒るとか彼女が怒るということが起こってくると、〈内面〉がすごく肥大してきます。私はいま、何をしなければいけないのかということを二四時間ずっと自分に問い詰める体制ができてくる。ギデンスの Reflexivity という概念（『近代とはいかなる時代か?』）も、冷蔵庫論の延長にすぎないわけです。

そのうえ、情報利用が、九〇年代後半からプル型からプッシュ型に変わっていくでしょ。これは検索主義への最初の批判でした。プッシュ型って反検索主義なんです。放っておいても「お前、反応しろ、反応しろ、返事しろ、返事しろ」という要求が手元に突きつけられることになる。メールやスケジュールさえもがプッシュ配信される。検索は意志を前提としますが、何もしたくなければそのままでいられる。しかしプッシュ配信は、受動的なままで反応を強要される。そこでは、無反応も反応のあり方の一つになってしまう。〈内面〉を強要されるわけです。

ミクシィが人気があったのも、ホーム画面に自分の「マイミク」が何をやっているかがいつも現前化していたからです。手元に現前化するというのが、ミクシィがすごく便利に思えた瞬間でした。これがＲＳＳになっていくわけです。自分がいつも必要として見ているサイトとかブログをＲＳＳリーダーに登録しておけば、ブックマーク検索をしなくても誰がどこで何をしたかというニュースが自分の手元に現前化される。これはグーグル的な検索を中和する方法です。検索というのがまずいぞということに対してミクシィも手を打ったわけだし、ＲＳＳがすごく重要になったということです（そしてＲＳＳはツイッターのタイムラインに昇華したわけです）。それは何かと言うと、先ほど機能主義で問題にした、忘れることとか、無意識であることを許さない社会になったということです。つねにプッシュがあって、つねにそれに対して（無回答も含めた）回答を出し続けなきゃいけないということになる。

車のショールームでずーっと相手の顔色を伺い続ける、あるいは人格的なふれあいで相手に気に入られようとする。人は自動ドアのフィードバック装置のように、進入者、あるいは他者に敏感になっていく。そういった〈関係（function）〉に敏感になっていく。そういった〈人間〉を作っていく場面がＩＴ技術の進展と共に強固なものになっていく。まさにマクルーハンの言うように「メディアはメッセージ」なわけです。リオタールのように、「技術の強化は現実の強化でもある」と言ってもいい。

高卒求人件数の九割減と〈主体〉の時代

もう一つの側面は、サービス社会（消費社会）は、製造業を海外に追いやることになること、あるいは外国人労働者に任せること。ＩＴ社会が中途半端に複雑な仕事を全部コンピュータ化したこと。九〇年代後半から非正規雇用が拡大すること。その他。これらのことによって、大学大綱化の翌年一九九二年には一六七万六〇〇〇件存在していた高卒求人件数（高卒求人件数のピーク）が二〇〇三年には一九万八〇〇〇件（落ち込みのピーク）に落ち込み、二〇一〇年でも奇しくも一九万八〇〇〇件と落ち込みのピークを再現しています。

学校教育がハイパー・メリトクラシー（コミュニケーション能力論などの）に走るのは、高卒新卒求人が激減、その分、大学全入が高卒者を進学者（言わば疑似進学者）として吸収しているからです。専門学校も偏差値の低い大学も、児美川孝一郎の言うように「潜在的な失業人口のプール」（『若者はなぜ「就職」できなくなったのか？』）でしかない。この疑似進学者たちは、体系的な教育を嫌う。その分、評価の曖昧な意欲、個性教育に、学校側も文科省も走るわけです。

だから、バカでも選択する主体を形成せざるを得ない社会になる。これまでバカは結構平和に、選択なしで生きていけたのですが（笑）、街を歩いているバカでもいま自分は何をすべきかを絶えず気にしている。バカでも就職の試験で〈自己分析〉テストをやっているでしょ。バカって自己がない奴のことなのに（笑）。バカが自己内面調査して何になりますか（笑）。ますますバカになる（笑）。

まだ実体を形成し終えていない者をバカと言うのだから（そもそもその意味では若者はみんなバカです）、そんなところで、わざとらしい心理試験を受けて、〈私〉はこの方に「向いている」とか、そちらには「向いていない」という結論を出して動いたら、とんでもないことになってしまう。これから〈自己〉を形成していく人を〈若者〉と言うのだから。

もともと〈学校教育〉体制における生徒や学生というのは、〈主体〉がないから学校に入るわけで、自己分析テストを受けてどうするのですか。アリストテレスは誰か、何かというテストを受けることはあっても、自己分析テストを受ける資格はまだないのです。僕の教育の経験だとどんなに「できない」学生でもどうにでもなります。向きや不向きなんて、教育の不成熟の結果にすぎない。偏差値四〇で入ってきたって偏差値七〇以上の大卒の就職企業に就職させることもできる。一八歳の選択だとか、大学三年生の秋の選択なんてものは何のあてにもならない。そのことに実体などない。

いまの大学は学生を「お客様」と言っています。「お客様」というのは消費者ということでしょ。〈主体〉として認めてしまっている。だけど生徒とか学生というのは〈主体〉ではない。どれだけストックを持たせるかという学校側の主体性《リーダーシップ》がいつも問われているのが学校という場所なんです。お医者さんも、いまでは患者のことを「患者様」と言うんでしたっけ。世も末だと思います（笑）。笑顔が素敵でベッドサイドマナーが優れているのに、病気に関しては誤診と誤治療を繰り返す医者ってヘンでしょ。もはや「先生」ではない。

小さな共同体における他者の肥大

そういう問題があって、そういう意味でコミュニケーション能力が全盛になっていくというのは、人間のビヘイビアにすべて意味があると考えてしまう行動主義的な強迫神経症なんです。あの人はあいう目線で私を見ているけれども、ひょっとしたら私を嫌っているんではないかとか、どんな仕草も有意味と見なして、過剰に恐怖を感じる。ソーシャルメディア現象と言ってもよい。

いま、若い人たちはメールとかでそうしたことを絶えず体験しているわけです。あの子はいくらメールを送っても返信をくれないから仲間から排除しようなどと、わずか三、四人の付き合いであっても、ファシズムみたいな関係になってきて、〈内面〉がすごく肥大していてずっと友達に気を遣い続けている。その心理的に肥大した仲間の外に出てしまうと、あの秋葉原の殺人事件のようなことが起こる。その外はもはや内面を持たない人間なわけです。

二、三人だけど、すごく大きく世界大に内面が肥大化しているから、外が共同性として見えない。外の者は人間でないみたいになる。人間がいないのではなくて、二、三人だけで十分人間的に疲れている状態なのです。二四時間やりとりすれば絶対にそうなるに決まっています。寝る寸前まで電話で、二四時間無料だから、受話器をオンにした状態でベッドの中で寝る。お互いがサーバー状態になってしまっている。iPad mini とは、ベッドの中で眠る寸前まで使うコンピュータなのです。あれなら寝落ちの顔に落ちてきても痛くない（笑）。

情報ツールが拡大したにも関わらず、リアルな交友関係が広がらなかったのは、二四時間の「関係(function)」が内面を異常に肥大化させたからです。内面の肥大化で携帯ツールの二四時間化は二人三人の身近な友人関係にとどまったにしても、過剰な配慮や気遣いを脅迫的に要求する。たった二人三人であっても世界大の情報処理力を必要とする。だから外から見ていると二人三人に好かれるぐらい大したことはないではないかと思うけれども、二、三人が二四時間内面を管理しているとすごくそれに力を取られてしまう。かつては恋人同士のきめこまやかな心遣いにとどまっていたものがいまではｎ個の友人関係に拡大していて、〈恋愛〉も〈セックス〉も面倒くさいと思う若者がいっぱい出てきているわけです。

なぜかと言うと、それは恋愛をいやがっているのではなくて、毎日毎晩同性同士、友達同士で恋愛みたいな関係になってしまっているから。わざわざ男女関係に入るまでもない。一日でも中断すると、友達同士でも「冷たいじゃないの」と言われる。それで何の役にも立たない話をずっとしている。役に立つかどうかではなく、ずーっと話し続けているというのが大切なのです。だから家族や地域を越えた少数の共同体が他者の存在を極端に排除する。それは他者が不在なのではなく、内部にすごく巨大な他者を抱えてしまっているからです。

内面の肥大とツイッター現象

ツイッターの微分機能はそれに対して携帯でもないし、電話でもないし、チャットでもない新しい次元を切り開いたわけです。これは内面を現在で微分しているという意味ではすごく内面を強化しているけれども、タイムラインがどんどん内面を解体していきますから、携帯電話やメールのようなきつい感じにはなっていかない。飽きず疲れず時間を忘れるのがツイッターの本分で、僕なんか何回自分の駅を通りすぎたことか（笑）。もう着いちゃったみたいな。〈現在〉という時間はむしろ時間を無化するのです。

新幹線の大阪―東京ぐらいだったら苦もなく時間を過ごせるというのがツイッターの面白さです。内面の現在を共有するということは、従来は少数の他者との関係を知ることであったにも関わらず、ツイッターでは多数の他者との現在を簡単に増大させることができる。よくフォロワーを増やすのは大変だと言う人がいますけれども、フォローを増やせば、フォロワーは増えます。フォローを二〇〇〇人もすれば五〇〇人ぐらいはフォロワーは絶対に出てきます。メディアに登場したことのない無名の人が五〇〇人も読者を持つなんて、これまでの歴史にはなかったでしょう（笑）。そういう意味で言うとすごい革命的なツールで、そこがミクシィとは違うところです。ミクシィで五〇〇人集めようとすれば大変でしょ。僕なんかいろんな作戦をたてて足跡を追跡しまくりました。一年かけて五

○○名がやっとです。しかし、ツイッターはただクリックすればいいだけだからどうということはない。一週間で一〇〇〇名くらいは集められます。

フォローすればフォロワーは増える。このフォロー者とフォロワーとの非対称性が、内面のきつさを緩和しているのです。ミクシィもフェイスブックも、〝承認〟が必要ですから、互報性の原理が機能しています。必ず相手にしてよね、というものです。どちらも村落的で奴隷的なのです。それがツイッターの他者関係にはない。

現在と他者を微分によって拡大し、三〇〇〇人も四〇〇〇人もの現在のつぶやきを見ていけば、必ず自分と話題が共通するツイートがタイムライン上に出てきます。だから、どんなに性格の曲がった人間であったって、ある種の社会性を獲得することができる。どんなにストックのない人でも社会性を獲得できる。しかもその社会性は著名人の日常と接触することによって著名人とカレーライスの話をすることもできるし、僕なんか（有名人ではないのですが）紅ショウガのいっぱい入った牛丼ツイートのときしか話題に入ってこない人がいるわけです（笑）。そこじゃないだろうと思っていても（笑）、牛丼が好きな人とはそういうチャンネルになっていきます。すると牛丼食っている人から「趣味が合う」ということになります（まさに合っているわけです）。そういう人がやっている哲学とは何だろうかと思い始める。すると牛丼しか関心を持っていなかった人が「ハイデガー」なんて言い始める（笑）。これが〈ソーシャル〉です。

〈ソーシャル〉とはセグメントから離れているということです。セグメントマーケティングはくだらないというのが「ソーシャル」なツイッターの新次元です。逆にバカでも〈ソーシャル〉化することによって、何のストックもない若者の軽薄な起業家志向が高まっています。〈ソーシャル〉とはインフレした社会でもあるわけです。大学のキャンパスに、まともな大学院を経ない実務家講師が侵入拡大しているのも同じ事態です。だから、これは実は〈進歩〉でも何でもない。

現在を微分することの他者化機能

ツイッターで現在が何千人もの人によって微分されていくというのは、そこに世界大の他者が入り込んでいて、これまでに長いストックにおいてしか他者と出会えなかったのが、過去や未来も包含して現在の微分の中に並列的に展開するということですから、ニーチェの「かくあったは意志の歯ぎしり」というものの最大の防止策になるわけです。

ツイッターはデータベースならざるデータベースで、検索する必要もないのにどんどんプッシュで入ってきて、うっとうしいと思ったら目をつぶっておけばいやな奴は流れていく。僕は〝タイムラインは水洗便所〟と言っています。要するに、「タイムライン」は極限のプッシュ通知なのです。流れないという人はフォロー数が少ない人です。フォロー数は、「水洗便所」の水流（の勢い）のようなものを意味しています。フォロー数が少ない場合は流す力も弱くなる。フォロー数が一〇〇人とか二〇〇人ぐらいだったらやはり変な奴は目立ちます。それでは「タイムライン」の革命性は見えてこない。一〇〇人や二〇〇人だと、「短文の限界」と「人間の限界」が露呈するだけです。

僕が短時間で大量にツイートし始めるとすぐにフォローを外す人がいるんです。芦田がツイートし始めたって（笑）。そんな人のフォロー数をのぞいてみると、一〇〇名以下か二〇〇名とか三〇〇名なんです。二〇〇名とか三〇〇名というのは、〈現在〉の微分度が少ないということですから、〈現在〉という時間の拡散度が少なくて、ストック性だけが目立つことになる。〈現在〉を一〇〇〇人とか二〇〇〇人で微分してしまえば、ストック性は解体するわけです。どんどん解体していくから何やろうとどうってことないんですけれども、一〇〇人とか五〇人だとそれはミクシィです。特定の情報（ストック、あるいはテーマ主義）を検索的に取りに行こうとする。それならブログでやればよいではないですか。あるいは著作（の読者として）でやればいい。

ツイッターは過去と未来を忘れることのできる究極のメディアなわけです。つまりストックなしでも生きていける希望の原理がツイッターで、バカも頭が良いと言われている人も平等だという意味で、だからみなが面白がっている。

11 ツイッターの〈現在〉の限界とポストモダン

現在の微分は、身体と死の微分

しかし果たしてそうかという問題があって、〈現在〉はどこまで行ったって〈現在〉にすぎない。たとえば、ＨＤＤの容量が二テラ、三テラでも一万円前後で買えるようになって、一ヵ月間くらいのテレビ番組を全部録画できるようになってきた。だけど、そのことと全部見ることとは関係ない。結局見ている番組はそんなに変わらない。なぜか。一日の時間自体（二四時間）は長くならないからです。記録の時間の拡大は、知識・知見の拡大にはならない。カント的な直観の時間の問題です。相対論では解決しない。

ツイッターの〈現在〉というのは、〈現在〉を細かく微分することによって、過去と未来とをラディカルに忘却する装置になっているわけです。ちょうど大容量ＨＤＤレコーダーが、〈現在〉の出来事を多チャンネル＝多番組において微分し、全時間を支配したかのように錯覚させるのと同じことです。

そこで、ラディカルに忘れ去られているものは、人間が死ぬことです。なぜかと言うと、人間の死というのは、現在においてこそ不在であるような唯一の出来事だからです。死が現前化するということは自分がいなくなることです。死は現前化に一番抗っているわけです。他人が死ぬのを見た人はいるけれども、自分が死ぬところを見た人はいないんだから。

丹波哲郎は、「あの世を見てきた」といつも言っていたけれども、もしそれが本当だとすると、あの人は死に損なったわけであって、生きているわけで、本当に死んだら何もしゃべれない。あの世から帰ってきた人を死んだ人とは言わない。現に彼はもう死んでこの世にいない。言うならいまこそそう言うべきなのに。

「人間が死ぬ」ということはツイッターの微分がどんなに進んでも現前化できない出来事です。死のデータベースをいくら巨大化し、高速化しても、それは一つの〈現在〉にとどまる。しかも現前化できないのに絶対にやってくるものです。つまり「死ねない」「できない」と言うことも〝できない〟(ブランショの言う、オルフェウスの眼差しにおける「二重の不在」)。完結しているのに未決であるような出来事が人間が死ぬということであって、ハイデガーは「つねにすでに《インマー・ショーン》(immer schon)、未だない《ノッホ・ニヒト》(noch nicht)」ことと言っていました。人間が死ぬということは人間の全体を形成しているけれども、つねにすでに未だないこと、未だないということがつねにすでに存在しているというふうに形成している。未決がいつも完結的に存在しているというふうに言っていました。この言葉、「つねにすでに(immer schon)、未だない(noch nicht)」は、ハイデガーの主著『存在と時間』の隠れたキーワードです。

彼のこのモデルは、アリストテレスのエネルゲイア解釈から来ています※。周知のように『存在と時間』の書かれた一九二〇年代は、ハイデガーのアリストテレス講義が集中する時代でもありました。アリストテレスのエネルゲイア論はノエイン（νοεῖν）論＝思考論であり、ノエインのモデルは〈見る《テオレイン》〉ことです。『存在と時間』でもさかんにSicht（視《ジヒト》）という単語が使われ、配視《ウムジヒト》（Umsicht）、顧視《リュックジヒト》（Rücksicht）は言わずもがな、「現存在《ダーザイン》の視《ジヒト》（die Sicht des Daseins）」、「存在論的透視性《オントローギッシェ・ドゥルヒジヒティッヒカイト》（ontologische Durchsichtigkeit）」とまで言われています（ここではあまり詳しく触れませんが）。〈見る〉ということは見終えているということであるにも関わらず継続している。つまりアリストテレスの言う「不動の動者」に関わっています。

ハイデガーがエネルゲイアに見出した時間性は、『存在と時間』公刊とほぼ同時期の講義では次のように言われています。

> 何か或るものを見たとき、いまそれを見ていると言う。見《ゲゼーエン》ーた《ハーベン》（Gesehen-haben）、ということによって見る《ゼーエン》という活動《アクト》（Akt des Sehens）が終わるわけではない。この活動は、見ーた（Gesehen-haben）ことによってまさに初めて本来的なものとなっている。これに対して他の運動様式、聞く、歩くなどは、それらのテロス（目的）が達成されれば終わりになる。これらは目標に向かっていたまさにそのときにだけ、現実的である。これに対して思惟《ノエイン》すること（νοεῖν）

は、その本質に従えば、絶えず活動しているものであり、しかも活動としてそれだけで完結しているものであり、そのうえ、活動が完結している限り本来的にある。（ハイデッガー全集第二二巻『古代哲学の根本諸概念』補遺ブレッカー筆記録）

茂木健一郎によって有名になった「アハ体験」「アハクイズ」は、この〈見る〉ことと〈見終わること〉とが同時に起こるエネルゲイアのことを意味しているにすぎない。※ 終わっているからこそ、目の前に在るものが見えていないのです。〈見る〉ことは、見損なうこと―無を見ていることと同じ事態です。ある種の不在が〈見る〉ことの中には書き込まれているのです。ドイツの心理学者ビューラーが名づけたAha-Erlebnis（アハ体験《エアレープニス》）は、アルキメデスがアルキメデスの原理を発見した際、叫んだとされる言葉の「見つけた！《ヘウレーカ》（εὕρηκα!）」（「見る《ヘウリスコー》（εὑρίσκω）」の現在完了形）から来ています。まさに〈見る〉ことは現在完了であったわけです。

※　ギリシャ語 ἐνέργεια エネルゲイアの豊穣な意味（プラトンも使っていないアリストテレスの造語とされていますが）は―今日的にはエネルギー energy という言葉で一般的なものとなっていますが―、スコラ哲学において potentia（ἐνέργεια エネルゲイアの対立語の δύναμις デュナミスのラテン語訳）との対比において actualitas と翻案され、近代哲学では Wirklichkeit（現実性《ヴィルクリッヒカイト》）になり、「可能性 - 必然性」「本質 - 現象」「観念論 - 実在論」など、近代的思考の根底に影響を及ぼしています。もちろん、アリストテレス的なエネルゲイア概念をすっかり損なう形で。

それはハイデガーの立場からすると、人間は死に続けている存在だということです。終えているのに始まり続けているもの、それがハイデガーにおける〈死〉＝「不動の動者」です。『存在と時間』のハイデガーは、現存在（人間）の死こそ、「不動の動者」だとするわけです。彼がトマスやデカルトを飛び越え先祖返りまでして言いたかったことは、そこにある。〈神〉も〈主観〉も死なない（死なない）のだから。

死ぬことと死ぬことの代理

少し抽象的になりましたが、人間の死の独特な時間構造は、死を自ら遠ざけるように存在しているということ。動物の死は、生死にとらわれている分、一直線に、継続的な時系列に沿って死に向かうわけですが、人間の死は曲がっているわけです。神も主観も、そして動物も死なない。死は、もともと忘れてこそ死「である」というように人間の死は曲がっている。なぜ、忘れることができるのか。

それにはいろいろな答え方と水準があるのでしょうが、今日的に答えるとすれば、一つには、家族（生死の場所）も含めた共同体が解体して人間の死が見えなくなっているということがあります。身近な親の死に際しても、顔も見ず、手も握らず、親族みんなで「心電図」を見ながら死を〝確認〟しているという今日この頃。

死ぬことが記号化されているわけです。一体、心電図の波形が死の何を代理しているのかわかりもしないのに。死につつある親とわざわざ（遠いところから駆けつけて）直面しているにも関わらず、その遠い彼方でも〝観察〟できる心電図に集中する人々がいます。

また一方、脳科学や免疫学（＝他者学）の進歩、および臓器移植における機能主義的な代理も死ぬことを相対的に希薄化しています。

さらには、子供が喧嘩をしたり、怪我をしたりするのを極端に避ける親や家庭環境。少子化で子供が一人しかいない（喧嘩しない環境での）子育ての影響もあります。兄弟姉妹喧嘩は、エディプスコンプレックスや去勢不安と共に、他者の身体を認識する最初の契機です。兄弟姉妹喧嘩は、役割認識（リーダー、中間者、下っ端など）の契機にとどまらず、自-他身体認識の契機でもあります。「痛み」は代理できない。喧嘩も怪我も代理のきかない自分の身体を介在させざるを得ない出来事ですが、これはプラトン的に言って「死ぬことの練習」でもあります。「痛み」が代理不能なのは、死が代理不能なこととの結果であって、その逆ではない。組織の仕事などは、どんなに優れたリーダーであっても代わりがいるものです。逆に言えば、自分がいなくなっても、いるのと同じように動く体制を作るのがリーダーの仕事であって、そもそも代理性とは近代性（民主主義）の指標であったわけです。

そう考えると、いまの世の中で自分にしかできないことは何か。日常的にあたりを見回してすぐにでも思い当たることは、恋愛、散髪、病気（入院）などなど。他人の代わりに恋愛をすることもさせることもできない。他人の代わりに髪の毛を切ることも切らせることもできない。他人の代わりに治療を受けることも受けさせることもできない。これらは、すべて身体が介在しているからです。そして身体の本質は滅びること、つまり死ぬことであったわけです。

しかし、恋愛は二四時間サーバー（メールやソーシャルメディアなどの）によって内面の肥大と共にn個の友人関係と変わらないものになり、散髪は伸びる髪の毛を切ると言うよりは身体の自己表現性と代替し、身体それ自体さえも薬物まみれの〝治療〟と臓器移植によって相対化されようとしている。いずれも死ぬことを忘れるかのように。

死の記号化は、記号化（代理性）の起源でもある――「コミュニケーション」としての死

しかし死ぬことの記号化（＝相対化）は、記号そのものの起源でもあり、死は起源の記号でもあります。死は「私の死」でしかないようにして誰も死んだ者などいませんが、しかし人が死を「知る」のは、他人が死ぬことを通じてでしかない。

〈私〉にとって、死は代理不可能なものであるにしても、その〈私〉には（私単独では）不可能な何かです。死がすべての者に訪れることが十分既知「である」のは、他者が際限なく死に続けているように〈私〉に見え続けているからにすぎない。

他者の死が私の死であるように、他者の死が私の死の起源であるようにして、そして、その死は、死そのもの（＝私の死）ではないというようにして死は組織されています。その意味で、死はナンシ

ーの言うように〈共-現《コン・パリュシオン》 com-parution〉の起源、起源の〈共-現〉でもある。

つまり〈死〉は「コミュニケーション」（ナンシー）としてしか存在しない。

ナンシーは、したがって、ハイデガーの「死への存在」の「への（zu）」をコミュニケーション的な「関与」＝「死へと関わる存在」と理解しています。ナンシーにとって「死へと関わる存在」は、関わる存在の起源、起源の分割《パルタージュ》（分有）partage、起源の共同性です。ナンシーにとって、〈死〉は「コミュニケーション」の起源の非起源という事態であるわけです。※

※　ナンシーは、ハイデガーの「死への存在」についての、自らの「コミュニケーション」＝「共同体」理解を、ハイデガーの、死の「私のもの」性、「単独性」に対置しています。そしてまた、その意味でレヴィナスのハイデガー批判に同調しているように見えますが、しかし「起源の分割（分有）」としての、ナンシーの、死の理解は、ハイデガーが私＝自己の非力性《ニヒティッヒカイト》（Nichtigkeit）、つまり「根拠の非力性（Nichtigkeit）」を取り出すためのものであることをわざと無視しています。もちろんハイデガーの言う「非力性」とは根拠の「分割（分有）」のことです。この非力性については最終節で再度触れますが、この点についての更に深い論究については、別の機会にしたい。

ナンシーは次のように言っています。

似た者のもつ類似は、「終わり-へと-関わる-存在」たちの出会いから生まれるが、この終わり、彼らの終わり、そのつど「私のもの」（あるいは「彼らのもの」）であるこの終わりが、彼らを近似させると同時に同じ一つの限界によって分離する。その限界に対してあるいはその限界の上に彼らは共-現するのである。似た者は、私自身がすでに『似ている』というかぎりで、つまり原形はなく、同一性の起源もなく、ただ単独性同士の分割《パルタージュ》（分有）が「起源」であるという限りで、私に「似ている」。（『無為の共同体』西谷・安原訳）

ナンシーの言う「コミュニケーション」は、個人間のコミュニケーションではありません。それはあらゆる内在の有限性（他人の死の有限性、私の誕生の有限性、私の死の有限性）を意味しています。これらの有限性《エントリッヒカイト》（Endlichkeit）の「一切は『外部』に曝されている」。初めに「分割《パルタージュ》（分有）partage」ありという事態、それがナンシーの言う「コミュニケーション」です。※私の私にとっての近さ（内在）、そしてまた他者の存在は、死（現存在の「有限性」）が〈共-現〉として存在すること、〈共-現〉としてしか存在しないことの結果（effect）にすぎない。したがって、〈死〉が忘れ去られているということは、〈他者〉が忘れ去られていることだと言ってもいい。死の忘却は、言い換えれば、私の私にとっての〈内在〉を強化する事態だと言ってもいいわけです。

※ ナンシーは『フクシマの後で』（二〇一二年）では、もはや「分割《パルタージュ》（分有）partage」としての「コミュニケーション」に満足せず——それはレヴィナス臭のみならず、場合によってはヘーゲル的な自己意識論ですらあったために——「集積《ストリュクシオン》 struction」と言うようになります。「集積《ストリュクシオン》 struction の向かう先は、過去や未来というよりは、現在である、ただし決して現前において成就することのないような現在である。…時

間のただなかにおける時間の外部 — このことは、おそらく、われわれの時間についての思考がどれも、現在という瞬間がつねに逃れ去るということを巡って予感していたことに他ならない。しかしこの『逃避』は、ここでは、もはや、消失ではないし、現出するものという意味での出来事でもない。破壊-構築《デ・コン・ストリュクシオン》((dé)(con)struction)と同じように、消失-現出《ディス・アプ・パリシオン》((dis)(ap)parition)もその結びつきを解くことが求められる…」(「集積について」in『フクシマの後で』渡名喜庸哲訳)。なんのことはない、これはツイッターの現前性にすぎない。「集積《ストリュクシオン》 struction」とはタイムラインにおける微分断片の集積《ストリュクシオン》のことにすぎない。ナンシーが持ち出してくるデリダの「誤配《デスティネランス》 destinerrance」も、タイムラインの「誤配 destinerrance」、「誤配 destinerrance」の「集積《ストリュクシオン》 struction」にすぎない。確かに「分割《パルタージュ》(分有) partage」よりは概念的に進化しているが、『フクシマ』を体験しないと見えてこないようなことでもない。ナンシーの〈技術〉論に足りないのは、「退屈」論なのです。この決定的な不足をこそ、私のこの講演全体で補いたい。

個性とは、内在の別名か —— 土井隆義の『個性を煽られる子どもたち』における個性論 (1)

土井隆義は、「最近の若者」の個性幻想について、「彼らにとっての個性とは、人間関係の函数としてではなく、固有の実在として感受されている」(二六頁※) と言っています。〈個性〉の「固有の実在化」とは、個性の〈内在〉幻想に他ならない。

※ 以後頁数はすべて『個性を煽られる子どもたち — 親密圏の変容を考える』(岩波書店) から。

現在の若者たちにとっての個性とは、他者との比較のなかで自らの独自性に気づき、その人間関係のなかで培っていくものではありません。あたかも自己の深淵に発見される実体であるかのように、そして大切に研磨されるべきダイヤの原石であるかのように感受されています。その原石こそが「本当の自分」というわけです。「私にだってダイヤの原石が秘められているはずだ」と、さしたる根拠もなく誰もが信じているのです。（二七頁）

成績が悪くても「私は絶対に大学に行く」と大学受験用の選択科目ばかりとってしまう高校生、国語能力が低いにも関わらず「ジャーナリストをめざす」専門学校志望者、地味な性格にも関わらず「タレントになる」と言って芸能スクールをめざす若者に対して、教師の側が「考え直したほうがいいのではないか」「君にはもっと別の道があるのではないか」と〝指導〟すると彼らは「先生がそんなふうに決めつけるのはよくない」「やればできるかもしれないじゃないですか」と「猛反発」してくる、という高校教員の体験を土井は紹介しています。

三人の若者の前半の思いは、私には少しも悪く思えませんが、後半の教員の指導に対する反応は確かに気になります。土井は、この反応の仕方を「他者の存在が希薄」「本源的に自己に備わった実体の発現過程として個性を理解する感受性」と受け止め、そういった個性幻想を〈内閉的個性志向〉と呼んでいます。諏訪哲二の言葉で言えば、「オレ様化」しているわけです。

「最近の若者」たちの「むかつく」という表現の多用もまた、「怒りの矛先をしめす目的語を必要としない自己完結した表現」であって、「そこでは、そう感じてしまった自分の感覚こそが、ともかく優先されます」（三〇頁）。そしてこういった「内発的な衝動を重視するメンタリティ」は、むしろ「自己意識を断片化する」（三六頁）。というのも、「自己の深淵からふつふつと沸き上がってくる自然な感情のあり方こそ、自分の本当の『キャラ』」であるとしても、「自らの生理的な感覚や内発的な衝動に依拠した直感は、『いま』のこの一瞬にしか成立しえない刹那的なものであり、状況次第でいかようにも変化しうるもの」（三三頁）。だとしたら、「個性とは一貫したもののはずだという幻想」と矛盾することになり、「その持続性と統合性を維持することが困難」になります。「『本当の自分』がわからないという事態」は、この「持続性」「統合性」「一貫性」と刹那的な内発性の「パラドクス」から生じている、と土井は言っています。

〈現在〉を書き留める「濃密手帳」——土井隆義の『個性を煽られる子どもたち』における個性論（2）

ここで、土井は、「近年、少女たちの多くが持ち歩いている濃密手帳」について触れます。「濃密手帳」とは（土井の説明によれば）、「日々の出来事を日記のように書き連ねたもの（…）。彼女たちは、自分の所有する時間の濃密性を表すメタファー（隠喩）として、極度に小さく凝縮された微細な文字を使いこなします。その細かな文字によって埋めつくされた紙面を眺めることによって、この世界における自分の存在を確認し、そこに生のリアリティを定着させようと試みているのでしょう。時間軸が有効でないと、記憶は成立しません。記憶が成立しないから、記憶しようと懸命になる」（三六頁）、それが「濃密手帳」。

土井は、個性の「持続性」「統合性」「一貫性」幻想と刹那的な内発性幻想との「パラドクス」の解消要求が、この「濃密手帳」の存在に表れていると解説しています。

未来にも過去にも実感がなく、時間に対する余裕の感覚を見失ってしまった自己は、かけがえのないたった「いま」のこの瞬間にしか、その生の感触を得ることができません。したがって、つねに疲労困憊《こんぱい》してしまうまで、この「いま」を濃密な時間で埋めつくさないと安心していられないのです。「いま」という時間にポッカリとできた空白は、自分の存在そのものをまるで全否定しているかのように思えてしまいます。だから、彼女たちは、なかば強迫神経症的に、その空白を埋めようと躍起になるのです。（三五―三六頁）

「身近な人間からの絶えざる承認」の「必要」も、その「強迫的な不安を少しでも取り除くため」のものであって、「皮肉なことに、内閉的に『個性』を希求する人間にとって、他者からの評価は絶対なのです」（四八頁）。「お互いに過剰なほど配慮しあう友だち関係は、このような状況から生まれています。それは他者への配慮ではなく、強力な自己承認が欲しいという自己への配慮の産物」にすぎない。

これが、土井の個性論のすべてです。土井の個性論の力点は、個性はもともと内在的に存在しているものではないにも関わらず、「根拠もなく」、つまり「過去から未来へという時間の流れのなかに、現在の自分を位置づけること」ができないまま、それを信じようとするから〈現在〉を過剰に拡大するしかないということ。

土井の議論は、「若者たちが切望する個性とは、社会のなかで創り上げていくものではなく…」（二五頁）、「現代の若者たちは、自分をとりまく人間関係や自分自身を変えていくことで得られるものではなく…」（二六頁）、「社会的な成長のなかで形成されていくものとして自分の本質をとらえていない…」（二八頁）、「社会化に対するリアリティを喪失している…」（二九頁）、「個性とは本来は相対的なものであるはずなのに、内閉化した世界ではそれが絶対的なものとして感受されている」（四二頁）などと、土井自身の主観的な信念のようなものを前提にしている分、鼻につくところがあります。

繰り返される、土井のこの「社会的」個性論は、それ自体が機能主義に他ならない。土井が「本来の個性とは相対的なものであり、社会的な函数です」（二六頁）と言う通りに。しかし「若者」の個性幻想は、むしろその機能主義（functionalism）から発生しています。

関数主義としての機能主義（functionalism）こそが、〈個性〉を要求する

〈個性〉が存在する、〈私〉が存在する、というのは、むしろ、九〇年代後半から加速する二四時間

の緊密なコミュニケーションが要請しているものであって、その逆ではない。

先でも触れたように、私たちは、ホンダのロボット「ASIMO」が「歩く」とき、まるでその〈内部〉に〈人間〉（という動作主）が入っているかのように勘違いします。行動主義（behaviorism）は、〈内部〉信仰を解体して、〈ふるまい（behavior）〉の外面性（behavior）こそが〈内部〉を現出させると主張します。〈内部〉は〈ふるまい（behavior）〉の結果（effect）にすぎない。

しかし、内部が先であれ、外部が先であれ、〈内部〉は存在しないというわけではない。機能主義は、従来の形而上学的な、あるいは古い心理主義の、内部の実体論を相対化しはしますが、内部は存在しないというわけではない。外面性の強度は、内面性の強度と「相関」しているというのが、機能主義＝行動主義の論理的な帰結です。だからこそ、ASIMOの〈ふるまい（behavior）〉も〈人間〉に見える。

P・L・バーガーも、相対的な選択主義は、内面を強化すると言っていた通りです。バーガーの指摘していた宗教的内面主義は、科学技術の進展と相関する近代的な選択の自由と関連していましたが、それは、何でもゼロ（設計）から作り上げようとする人工知能の設計の自由と同じこと。

人工知能とは、家族や出自に象徴される階級主義への対抗としての近代主義の科学的表現にすぎない。近代人の野望は最後には自分の遺伝子や乳児期の環境を自分で〝設計〟したいということになります。ゼロから作り上げようとするからこそ、外部＝他者を必要とする。そして他者と関係すればするほど、ゼロであった自己もまた作られていく。したがって、コミュニケーションの強度、つまり相関の強度が強ければ強いほど、内部幻想も強固になる。それこそが機能主義的な自己であったわけです。

個性幻想とコミュニケーション幻想との機能主義的な矛盾

土井の指摘で重要なことは、〈現在〉を拡張することによってしか他者を受け入れることができない、今日的な「私」の問題です。「濃密手帳」のような〈現在〉を細分化する行動は、いまではツイッターによって普遍化しています。

いまとなっては、「若者」も「大人」も「濃密手帳」を書き続けていると言ってもよい。個性幻想とコミュニケーション幻想とが一体になっているメディアがツイッター現象だと言えます。

なぜ、個性幻想とコミュニケーション幻想とは一体になって表れるのか。

チューリングテストのように、実体としての中身を持たない〈人間〉には、反応することのみが自己確信する原理になるからです。〝彼〟は、反応するときにだけ存在しています。機能主義＝行動主義にとって〈ふるまい（behavior）〉がないことは、非存在に等しい。無反応さえ、それは、一つの〈ふるまい（behavior）〉として意味づけられている。メールの〈無〉反応や〈非〉通知着信、あるいは「既読」「開封」表示の有無に過剰に反応するように。

それは、精緻なフィードバックシステムが、反応する差異を微細化していく過程に似ている。二四時間の微細なコミュニケーション共同体は、したがって、最初から矛盾をはらんでいます。

近接化（〝同調〟を求めて自己確信を強化すること）と疎隔化（〝特長＝差異〟を求めて自己確信を強化すること）とが同時に進行するという事態。外面化と内閉化とが同時に起こるのが機能主義＝行動主義の特徴です。

「『個性的な自分』の根拠の不確かさ」と土井は言っている。「自分の主観的な想いだけでは『個性』の重さに耐えきれず、客観的に見える他者からの肯定的な評価によって、その重さを支えてもらわなければ安心できなくなっている」（四五頁）。

昨今の若者が「感情的に（強迫神経症的に）」反発するというのは ― 土井の指摘で言うところの「むかつく」の自動詞性 ― 、その意味でのことだ。それは、「理性か、感情か」というよりは構造的にそうなのである。土井も言うように「皮肉なことに、内閉的に『個性』を希求する人間にとって、他者からの評価は絶対…」（四八頁）。

結局、ここに立ち現れる〈自己〉と〈他者〉との関係は、長い時間によって形成された人格と人格との関係、あるいは思想と思想との関係ではなく、短い時間の神経症的な反応の応酬にすぎない。賛成（承認）と反対（拒否）とを加速度的に微分しながら積み上げていく、あるいは抽象的な自問を、「濃密手帳」の中に〈現在〉を切り刻むように細かに、まるで科学者の観察記述のように書き込んでいく。極端な主観性と極端な客観性が共存できるのは、いずれも〈拡張された現在〉に定位しているからです。

いずれも、「いま、そう思う」というリアリティだけが自己確信、他者認知の基盤になっている。いずれも、どんなに感情的であっても、どんなに細微であっても〈現在〉というリアリティに定位しています。逆に言えば、細微で些細なことであっても、〈現在〉のリアリティがそれを重大事に——「傘がない」（井上陽水）というように——させているわけです。

ヘーゲルと「存在しない」今と

しかしヘーゲルは、〈いま〉現在は「存在しない」と言っていました。

「いまとは何であるのか」という問いに対して、われわれは、たとえば「いまは夜である」と答える。この感覚的な確信の真理を吟味するためには、簡単な実験で十分。この真理を書き留めておこう。真理というものは書き留めたからと言って消えてなくなるものではないだろうし、蓄えておいたからと言って消えてなくなるものでもあるまい。そのうえで、いまこの日中にその書き留めておいた真理をもう一度眺めてみよう。そうすれば、それが気の抜けたものになっていると言わざるを得ない。（「感覚的確信」in『精神現象学』）

しかし、「いま」が「書き留めた」途端にいまでなくなるのは、書く時点と読む時点とが分離しているからです。書き留める書き手が読み手を得るのは、かつては、清書されたり、発表されたり、印刷されたり、配布されたりした〈後〉でのことだった。その間に、「いま」は「気の抜けた」ものになっていた。

しかし、もし発信が同時に受信であるようなメディアが存在するとどうだろう。発信が瞬時に共有（＝消費）されるようなメディアが存在するとすればどうだろう。

発信（input）の時間と場処が「いま」と「ここ」というように刻まれているだけではなく、受信（output）の時間と場処も同じように「いま」と「ここ」として同時に刻まれているとしたら、ヘーゲルがここで言っているような「書き留める《アオフシュライベン》(aufschreiben)」ことの問題は発生しない。リクールが言ったような書く《エクリチュール》ことの「疎隔《ディスタンシアシオン》 distanciation」性（『解釈の革新』）さえもここにはもはや存在していない。エクリチュール（書き言葉）は限りなくパロール（話し言葉）に近づく。「客体であるスクリーンと主体であるエクリチュールは一種の未完の統一体へと融合するのだ」（ポスター『情報様式論』）。もちろんポスター自身は一九九〇年のこの著作の段階では主体の「散乱」「脱中心化」にしか関心がありませんでしたが。

確かにヘーゲルが言うように、書き留められた〈いま〉は、それを「後になって」目にしたときにはもはや存在しない。しかしそれは、用済みになっているだけのことです。書き留められたその瞬間にそれが目に留まれば、もはや「いまは存在しない」という「気の抜けたもの」（ヘーゲル）にはならない。

人はヘーゲルの「留保」（デリダ）の弁証法を前にして、〈現在〉において終わろうとしている。「濃密手帳」やツイッターにおいて、〈現在〉を細分するのは、現在において生じ、現在において終わろうとするものだけに気を留めるためです。

それは、将来の自分や過去の自分を捨てているのではなく、つまりいかなる刹那主義でもなく、〈現在〉において〈始まり〉や〈終わり〉を細分化することによって、〈現在〉が〈永遠〉であるようにとどまり続ける〈ふるまい（behavior）〉であるわけです。

「終わりなき日常を生きろ」と終わりの日常化

かつて「終わりなき日常を生きろ」と叫んだ社会学者がいましたが、叫ぶまでもなく、日常は〈終わり〉を見せないように進行しています。オウムの「ハルマゲドンによる救済」は、この終わりという「外部は消えた」ことに対する「ファンタジーの現実化」（宮台真司）だったわけです。

しかしもう一方で、この日常は、不断に終わりを見せつける日常でもある。

オウムの「ハルマゲドンによる救済」を、長い時間の終わりというファンタジーだとすれば、ツイッターにおける「タイムライン」は、短い時間における終わりを不断に再生しています。

それは、個人が住宅ローンを初めとする買い物のローン化によって、〈信用〉を細部にまで浸透させ破綻をこまかく延期する、つまり細部にまで終わり（＝複数の終わり）を繰り返すことによって破綻

（＝単数の終わり）を延期することと似ている。近代的な個人の経済活動の限界＝破綻（End）は、クレジットカードによって相対的に延期されているのです。

フクヤマの「歴史の終わり」の民主主義も、政治闘争が終焉したのではなくて、政治闘争が民主主義に最適化したということにすぎない（それが事実かどうかは別にして）。フクヤマは、日本の「歴史以後」は「エコノミックアニマルとして生きる」ことだとさえ言っていますが、彼の「歴史の終わり」は（これまた日本通の）コジェーヴ的な「動物」論に基づいています。コジェーヴの「歴史」以後、つまり「フランス革命とナポレオン以降」の「人間」＝「動物」論とは、要するに人間が機能主義的になるということでしかない。良質な機能主義はロマン主義よりは遥かに健全だからです。

しかし、コジェーヴのヘーゲル的「歴史の終わり」論は『精神現象学』の〈自己意識〉論までの話。コジェーヴは、たぶん『精神現象学』を最後までまともに読んでいない。それもあって、彼の歴史の終わり論は、奴隷の主人化という個人主義的・主体主義的・人間主義的な話で終わっている。だから民主主義論も動物論で終わってしまう。わかりやすい分、サルトル、バタイユ、ラカンなどにも大きな影響力を持ったのですが。

しかし、「歴史の終わり」は、コジェーヴが考えるほど人間主義的なものではないし、時間的でもない。〈現在〉の概念が狭すぎる分、〈終わり〉概念も通俗的なままにとどまっている。

「ハルマゲドンによる救済」は「ファンタジーの現実化」でしたが、オウム事件以降急速に発達したネット社会——地下鉄サリン事件、阪神・淡路大震災が「現実に」起こった年は、くしくも

Windows 95の発表された一九九五年でしたが——では、その「現実」性を覆うようにして、心理的な〈内面〉が拡大しています。〈終わり〉は日常の相対性と対比されるものではない。〈終わり〉は、オウム以降、むしろ不断に日常化されたのです。

リオタールの言う「大きな物語」＝「メタ物語」としての「ハルマゲドン」は「小さな」物語の連続として日常化されたのであって、その意味では、〈終わり〉そのものは消失したわけではない。しかし「大きな」終わり、「小さな」終わりという終わり論の相対化は、結局のところ、〈終わり〉そのものとは何かを考えることを棚上げにしている。これらの思考は、結局のところ、〈終わり〉は存在すると言えば存在するし、存在しないと言えば存在しないと言っているだけのことです。つまり、〈終わり〉はふたたび忘れられたと言えます。

「人間は外見じゃない」というのはあり得ない
——「話せばわかる」が無効になること、あるいは決着の時間性について

ツイッターの微分が進めば進むほど、死は忘却の淵に追いやられる。過去や未来は「もはやない」「まだない」という意味で実在的ではないという点では、ツイッターの心理主義的な現前性は効力を持っています。

つまりツイッターというのはいろいろな人のストックだとか専門性とかいうものを微分解体すると

いう点では、そしてまたそれらをいま－現在に並べて流し去るという点では、「俺は実はこう見えても偉いんだぞ」とツイートする人はまったく通用しない。それは、ニーチェ的には「背後世界の倒錯」というものです（笑）。

いま書いているツイートが魅力的でなければ、その人がすごく偉い人であろうとすごく実績を持っていようとバカはバカだというところで、実在的な過去＝実績をつぶすだけの十分な威力をツイッターは持っています。みなが興奮しているところはそこです。「タイムライン」は、そういう輩に、ニーチェのように死を宣告しているのです。「話せばわかる」というような担保は、人間にはもともとない。「話せばわかる」というのも一つの態度表明、意味表明だからです。担保も留保もなくそこで終わっているわけです。「話せばわかる」と言って殺された首相もいるくらいなのですから。つまり自分の言葉の意味を自分で決め終えることなどできないということ。「ここだけは真剣に聞いてね」「ここだけはあまり真剣に聞かなくていいよ」などという意味の留保状態の〈ここ〉など存在しないのです。科学的な言葉の（意味の）「定義」もそうです。どんな場合も、人間も意味も現れているのですから。この片時も抑えようのない現れを、フッサールは〈現象〉と呼んでいたわけです。

よく、「外見ではなくて、内面が重要。人間は外見じゃない」って言う女の子がいるでしょ。そんなのウソです。〈内面〉はながーい時間の交際の結果、見えてくるものなわけですから付き合わないことにはわからない。だから私は、「外面ではなくて内面だ」と言う娘には「だったら、無条件で私と付き合うのか」と言うことにしています。絶対に付き合ってもらえません（笑）。つまり、付き合うかどうか、〈内面〉を見に行こうとするかどうかを決めている《外面》――ナンシーの言う〈共‐現〉としての「コミュニケーション」（レヴィナスの言う晒されている《顔》）――がまずはあるのです。「付き合ってみたら、いい人だった」「付き合ってみたら、幻滅した」という〝変化〟も、付き合いの間を持たせている時間がいつも先行している。この《外面》が分母として真っ先に（ア・プリオリに）存在している。その娘の言う「外面」と「内面」との差異は、実は、この分母としての《外面》の分子で生じている〈外面／内面〉にすぎない。この、分母の、あるいは大文字の《外面》がフッサールの言う〈現象〉です。ハイデガーはこのフッサールの〈現象〉を〈気分《ベフィントリッヒカイト》（Befindlichkeit）〉とも言い換えました。〈気分〉は主体的な選択＝〈私〉を超えているわけです。あらゆる「環境」と「私」を超えて、べたーっと地べたに溶解している感じがハイデガーの〈気分〉です。この〈気分〉の中にないものはない。現象学的にはすべて決着がついている。「もっとも純粋な理論的観照《テオーリア》」でさえ、「平静な」滞留にすぎない（ハイデッガー全集第二巻『存在と時間』二九節）。

　この決着性を、ハイデガーは〈視〉の決着性、見終えていることの決着性（見終えていることの継続性）としました。エネルゲイア→ノエイン→現存在の「死への先駆的決意性《フォアラオフェンデ・エントシュロッセンハイト》 vorlaufende Entschlossenheit zum Tode※」という流れにおいてです。もちろんこのベクトルが経由しているのはフッサールの超越論的意味論（志向性）です。フッサールの意味論こそがすでに「見終えている」意味＝現象学的意味論だったわけですから。フッサールの〈現象〉とは「見た《ゲゼーエン・ハーベン》（Gesehen-haben）」という現在完了のことだったのです。

※ ドイツ語の Entschlossenheit は通常「決然としていること」「決意性」「覚悟性」と訳されていますが、その動詞形の entschließen で言えば、ent（解除する）-schließen（鍵をかけ閉じる）という意味。直訳すれば「封鎖解除」ということです。Entschlossenheit は、封鎖解除性とでも訳した方がいいかもしれない。この言葉はハイデガーの動物論における「抑止解除《エントネームング》 Entnehmung」という言葉と対比して考えればわかりやすい（この封鎖解除性、抑止解除性についてはまた後で少し触れます）。

担保できない時間、留保できない時間（決着がついてしまっている継続）＝現象という点で、ツイッターの微分性とフッサール・ハイデガー的な現象性とは限りなく類似性を有しています。ここではなお類似性にすぎないのですが（笑）。

動物の生死と人間の生死とツイッターと――ツイッター再論（1）

つまり人間は動物のように時間を担保しながら生きてきて、その結果朽ち果てて死ぬのではなく、死んでいる奴は生きていても死んでいるわけです。「タイムライン」の生成は間断ない生死の象徴だとも言えるし、死の日常化でもある（と、とりあえずは言えます）。〈終わり〉は、日常の些事によって相対化されたのではなく（「終わりなき日常を生きろ」というように相対化されたわけではなく）、毎日が死だ、現在こそが死だというように日常化されたのです。

動物が生きている理由は彼が生まれたからです。人間は生まれた理由を全否定することができます。いつでも死のうと思えば死ねたのに、なぜ自分は現にこうやって存在しているのかということを自分の現在に問い続けることができるのは、人間の生と動物の生とが違うからです。

自分は現在をどう選択するかということがツイートで極限で問われ続けていることです。動物のような自然時間で過去から将来に向かって時間が延びていて、生まれた始点があって七〇年、八〇年経つと最後に自分が死ぬという「人生論」的な、リニアなこの時間構造は動物の生死の構造です。しかし、何度も言いますが、人間の生死は曲がっている。

人間の生死って生まれたときから確実なのは生きることより死ぬことなんだから、いつも選択し直され続けている。生きることの影が死ぬことなのではなくて、死ぬことの影が生きることなわけです。生の結果が死なのではなくて、死の結果が生きていることであって、これは、サルトルが「無の分泌」という言い方で特に強調したハイデガー解釈です。

動物の死は「朽ち果てる」死に方ですけれども（ドイツ語で ableben、verenden、sich zu Tode laufen などと言います）、人間の死はいつでも死のうと思えば死ねたという現在を抱えながら存在しているという意味で、ツイッターの現前性の微分はそういった緊迫感を隠喩している点ではすごく革命的です。

これは、ポストモダンの思想家たちが〈主体〉とか〈人間〉というのは実は幻想なんだと言ったことにかなり近い。「幻想」と言っても避け得ない幻想（超越論的仮象）なわけですが。ツイッターの微分作用は、ドゥルーズの言葉を借りれば「多平面主義」「n個の自己」「共立性《コンシスタンス》 consistance」「流動性《フレクシビリテ》 flexibilité」、「解離性同一性障害《トルーブル・ディスソシアティフ・ドゥ・リダンティテ》 trouble dissociatif de l'identité」「共立平面《プラン・ドゥ・コンシスタンス》

plan de consistance」「分割体《ディヴィデュアル》 dividual」とほとんど同じです。ドゥルーズの言う〝意味の反復性〟が力動的なのも「タイムライン」そのものです。むしろこれらの難しい言葉の意味は、ツイッターの登場においてすごく理解しやすくなった。デリダの「差延」もそう。これらは、思想的概念にすぎなかったわけですが、ツイッターにおいてはすでに世俗化しています。かつてマルクスは、ルターの宗教改革について「肉体を鎖から解放したが、それは心を鎖に繋いだからだ」と言いましたが、ツイッターは「心を鎖から解放したが、それはつぶやきまでをも鎖に繋ぐため」だったとも言えます。〝超個人的な〟つぶやきの一つ一つにまで世界大に通用するアドレスがつく時代なのです。

「ここ」「いま」という身体感覚と並行している私にしかわからない個別性について、身体がどんどん微分していくことによってさまざまな観念に分配・接合していくことができるという事態がツイッターで生じています。それは、〈身体〉の心理主義化という事態です。心理主義的な相対化をツイッターはやっているわけです。

身体の心理主義化と「死ぬなう」

――デカルトの〈主観〉の現前性からハイデガーの〈気分〉の現前性へ――ツイッター再論（2）

〈身体〉の心理主義化とは、一言で言えば、「人間みんなちょぼちょぼ」ということです。エライ人もアホな人もみんな大して変わらないという感覚です。これは思い起こせば、べ平連運動を主導した小田実の思想でもありました。小田の市民主義というのは結局心理主義なんです。そういうのはみんな心理主義です。「戦争、嫌いでしょ」「反対でしょ」と言うもの（最近では、フェイスブックの「いいね」と同じですが）。ベトナム戦争の実態がなんであれ、「戦争、嫌いでしょ」で終わる。

こういうのは、勉強嫌いの心理主義です（笑）。戦争自体の歴史的・政治的評価を棚上げにして「喧嘩はよくない」というのですから（河合奈保子＝竹内まりやのように）。喧嘩をしている当事者からすれば、たまったものではありません。

安倍首相の誕生日が一九五四年九月二一日と聞いて「あっ、乙女座だ」、そして「十二支は午年だ」「血液型はＢ型だ」、「体重は七〇キロだ」「出身大学は成蹊大学（法学部）だ」、そして「奥様の昭恵さんは一九六二年六月一〇日生まれの双子座だ」というとき、急に親しくなった気分になる、あるいは毛嫌いする、これが心理主義です。

「タイプ」「モデル」的な結合、つまり述語結合を諸々の接合や離合の軸に置く考え方は、機能主義心理学の人間観です。そうやって、サイバネティクス以後の心理学は主語（＝内面）としての人間（＝アリストテレス的な魂、あるいはウーシアへの問い）を相対化してきたわけです。それらはすべて、統計学的なコンピュータサイエンスの徒花みたいなものですが。心理学（機能主義心理学）がもっともそうに見えるのは、方法論が数学的な体裁を取っているためです。対象（ウーシア）としての〈心〉なんてどうでもよい。〈人間〉もどうでもいい。機能主義科学（すべての近代科学 science は機能主義 functionalism ですが）は、〈方法論〉しかないのです。

要するに述語処理にとって、統計学的なコンピュータサイエンスの成熟は神様（近代的な学問の神様）みたいなものです。そして統計学的なコンピュータサイエンスの基軸の思想は〝多数決が一番〟というもの。述語（形容詞）をたくさん集めた奴が勝ちということ。要するに民主主義です（笑）。大勢になびくという仕方で、一者（一述語）になびくというのが民主主義。今日的には〈サーバー〉も同じ。これらは全然〝民主的〟ではないのですが、解散総選挙を繰り返したナチズムがその典型でした（そもそも統計学とは、根こそぎの根無し草という意味で解散総選挙の学です）。それをこそ、ハイデガーは（自己反省も含めて）「形而上学の存在－神－論的体制《オント・テオ・ローギッシェ・フェアファッスング》（Die onto-theo-logische Verfassung der Metaphysik）」（ハイデッガー全集第一一巻『同一性と差異』）と呼んだわけです。

さて、加速器のように人間を微分記述すれば（短い時間で傾向処理すれば）、人間の身体も相対化できるのではないか。これが、ツイッターの予感です。われわれ哲学者、あるいは現代人は、ツイッターの挑戦を受けているわけです。いまから思えば、ポストモダンの思想家たちは、単に心理主義でしかなかったのではないか、というのが、この数年間のツイッター体験における私の感慨です。

デカルトの〈主観〉の現前性《アンヴェーゼンハイト》（Anwesenheit）よりもヘーゲルの〈精神〉の現前性。ヘーゲルの〈精神〉の現前性よりもフッサールの〈現象〉の現前性、ハイデガーの〈気分《ベフィントリッヒカイト》（Befindlichkeit）〉の現前性と、〈現在〉は近代哲学以降、多様に拡張され続けてきたわけですが、ツイッターの現前性は、どこに位置づくのか、まだ誰も見定めていません。

ツイッターの微分は何で起こるのかというと、未決の継続を生きている人間が死ぬ（いつでも死にうる）ということについて人間が忘れ続けているからです。厳密に言えば、忘れようとしても忘れられないからです。だから、現在を微分しながら忙しくしているのです。ツイッターで「時が経つのを忘れる」というのはそういうことです。ハイデガーが〈不安〉（＝死の不安）論のみならず〈退屈《ランゲヴァイレ》Langeweile＝「長い時間《ランゲ・ヴァイレ》 Lange-weile」〉論にも深く言及する理由も、その点においてのことです（ハイデガーの「退屈」論については後で少し触れます）。

要するに、タイムラインでフォロー数を増やして毎秒死ねば、最後には「死ぬなう」とつぶやきながら死ねるかもしれない、というのがツイッターの予感です。すでに「セックスなう」は登場している。あとは「死ぬなう」を待つばかり（笑）。速度は死を乗り越えられるのか、ということなのです。「フレーム問題 frame problem」における〈フレーム〉をも微分で刻んで相対化しようとしているわけです。

しかし、それらはすべて終わりの強度がそうさせている。終わりの強度（＝決着の強度）に応じて、相対化の強度が進んでいるだけのことです。機能主義、あるいは機能主義的心理学というのは、決着の強度を忘れた思想なわけです。ツイッターのタイムラインがそうであるように。

12 〈新人〉の発掘としての学校教育——ハイデガーのエネルゲイア論と大学

新卒人材の「即戦力」論は間違っている

さて、そろそろ時間がなくなってきました（笑）。ここには、大学の先生も高校の先生も来られているし、筑波大の土井隆義の若者論も出してきたのですから、これまでの議論を集約しながら〈教育〉とは何かについて、最後に私の考えをまとめておきたいと思います。

私は、教育とは〈新人〉の産出・発見だと思っています。ハイデガーはこの産出・発見を「目撃《アオゲンブリック》」（Augenblick）と呼んでいました。〈学校教育〉が〈生涯学習〉と異なるのは（臨教審思想に反して）、〈学校教育〉は若者の教育であり、次世代（なが〜い時間）を形成する人材の形成だということです。新卒人材の「即戦力」論というのは間違っているわけです。経産省も、そして文科省さえも「即戦力」論は、中途採用者の概念だと最近やっと言い始めるようになってきました。新卒者に「即戦力」を求める企業は、使い捨て人材しかいない貧相な企業でしかないのです。

さて、〈若者〉が育つのは、慣習・風習・伝統の中においてのこと。偏見・先入見もその中に加えていいのかもしれない。いずれにしても、「若い」というのは、〈先にあるもの〉にまずは支配されているということです。身近で言えば〈家族〉や〈地域〉に学生を含めた子供たちは先行されています。「大人になる」というのは、「イノセントであること」を脱してその〝影響〟を何らかの仕方でとらえ返せる（引き受け直せる）ということですから、こういった先行性を有した受動的な主体（主体ならざる主体）は、決して生涯学習マーケットのような〈顧客〉や〈消費者〉ではないのです。〈顧客〉、あるいは〈消費者〉ではない受講者（被教育者）を持つ教育体系を〈学校教育〉というわけです。

さて、彼らは、それら先行するものから直接に〝影響〟を受けるわけではなく、〈校門〉と〈塀〉に囲まれた《学校》の中で学びます。校門や塀は、単に教室の中に生徒・学生たちを閉じ込めるためにあるわけではなく（その機能もきわめて大切なものですが）、広大なキャンパスを確保することによって社会との遊動空間《シュピールラオム》（Spielraum）——ご存じのようにこの「遊動空間 Spielraum」はハイデガーのキーワードです——を形成しています。それは慣習・風習・伝統・偏見・先入見などからの〝隙間《リヒトゥング》 Lichtung〟なのです。それは〈教室〉の中ではみんな平等だという学校教育の基本思想を形成している〝隙間〟なわけです。ジェネラルエデュケーション（国語・算数・理科・社会・英語）↓リベラルアーツ（シェイクスピアやアリストテレスなど）の軸は、近代がテクノロジー（その根源は、ギリシャ的なテクネー）における〈新人〉を発掘するための装置です。

それはどういうことか。

人間だけが、生の威力に押し出されるように時間を過去から未来へと追随させる——機能主義的、心理主義的な述語収集（形容詞収集）は、いつもこのリニアな時系列に沿って動いているわけですが、ハイデガーはそれを「抑止解除《エントネームング》 Entnehmung」的（『ハイデッガー全集第二九／三〇巻『形而上学の根本諸概念』）と言ってもいました — のではなくて、その時間を溜めること、その時間を解釈（＝再解釈）することができる。先行する時間を曲げるこのプロセスが〈学校教育〉の意味です。

〈新人〉というのは、すでに在るもの（慣習・風習・伝統・偏見・先入見、そして親やふるさとなど）を何度も何度も解釈し続けて、世の中＝世俗（自然時間）に登場してきます。すでに在るものをもう一度すでに在るものの時系列へと落とし直すわけです。世俗（先行する第一の多数決）から世俗（第二の多数決）への展開は、結果だけ見るといつも多数決の機能主義的、心理主義的勝利のように見えますが、実は第二の多数決は、最大の抵抗と矛盾を含んでいます。

新人賞は矛盾した作品——「作家は処女作へ収斂する」の意味について

〝新しい〟人は認められる必要がある。「認められる」というのは、何らかの権威によってでしかない。権威とはそれ自体が多数決の結果であるわけですから、認められた新人はすでに新人ではない。〈新人賞〉はその意味で「不可能なものの可能性 Möglichkeit der Unmöglichkeit」（『存在と時間』六二節）なわけです。認める人も、一瞬《アオゲンブリック》 Augenblick、新人「である」必要がある、認められる人も、一瞬 Augenblick、伝統「である」というプロセスが、〝新人発掘〟〝新人登場〟という出来事《エアアイクニス》

Ereignis、ハイデガーの言う「目撃《アオゲンブリック》 Augenblick」であるわけです。『存在と時間』における「瞬間《アオゲンブリック》の本質」とは、「瞬時《クルツェツァイト》 kurze Zeit」のことではなく「希少性《ゼルテンハイト》 Seltenheit」にあるのです（ハイデッガー全集第二九／三〇巻『形而上学の根本諸概念』七〇節）。そもそもギリシャ的なノエイン（思惟）は、「注視《アハト》の中に置く《ネーメン》 in die Acht nehmen」ことだったのですから（同前第八巻）。

作家が「処女作へと収斂する」のは、この、未だないこと《ノッホ・ニヒト》（noch-nicht）とつねにすでにあること《インマー・ショーン》（immer-schon）との二つの振幅の最大値が〈新人賞作品〉だからです。最大の抵抗に遭った作品が新人賞作品です。この最大の抵抗を経ることをハイデガーは存在（存在論的差異）の耐忍《アオストラーク》（Austrag）とも呼んでいました（「形而上学の存在－神－論的体制」in ハイデッガー全集第一一巻『同一性と差異』）。ドイツ語 Austrag（動詞は austragen）とは、「耐えること」の他にも「決着」「臨月まで持ち堪える」という意味もあります（直訳すると aus 外《アオス》へ、tragen 運ぶ《トラーゲン》こと）。新人賞とは耐えたことの決着、臨月まで持ち堪えたことの決着（切迫）、つまり新人の誕生を意味するわけです。まさにドイツ語の Austrag の多義性がそのまま活きる出来事です。

そもそもすべての作品は新人賞作品。〈作品《ヴェルク》 Werk〉とは、ギリシャ語で「仕事」「成果」「制作物」を意味する「エルゴン ἔργον」のことであり、「エルゴン」とは、en＋ergon＝エネルゲイアのこと（ハイデッガー全集第六巻-Ⅱ『ニーチェ』「存在の歴史としての形而上学」、同第二二巻『アリストテレス、「形而上学」第九巻一－三』参照のこと）。そしてエルゴン ἔργον とは、テロス τέλος（目的《テロス》＝終わり《テロス》）の内に終息してあることだったのです。

その意味で、〈新人〉とは、終わりを始める人です。掛け値のない、支持者が一人もいない極小の評価が（伝統の）多数決の中から新しい伝統の端緒として一気にメジャー化するからです。それは終息に向かってメジャー化するわけです。新人登場のプロセスは、したがって「因果」でも「相関」でもない、ましてや「論理的」でもない非機能主義的な出来事《エアアイクニス》Ereignisです。『存在と時間』のハイデガーは、「因果」でも「相関」でもない、ましてや「論理的」でもない出来事の発生を時熟《ツァイティゲン》するzeitigenと言っていました（『存在と時間』六五節）。新人賞は時熟《ツァイティゲン》するzeitigenのです。zeitigenとは「終わりが始まる」こと（終わり＝始まりの現在完了）、つまりエネルゲイアそのものです。

　新人賞作家評価にはいつも「才能があった」「出るべくして出た」ともっともそうに理屈がつきますが、それはいつも支持（選抜）を得た後になってからのことです。結果論にすぎない。初期・中期・後期という著者の作品解釈も、デビュー作の隠喩にすぎない。国木田独歩が言ったように、どんな曲がった道でも、後から見れば、一本道でしかない。つまり本来の〝曲がった時間〟とは、その「一本道」との断絶の中で曲がっているのです。機能主義的な述語化に抗うのが、この〝曲がった時間〟です。この〝曲がった時間〟を見出すことを〈批評《クリティーク》Kritik〉と言います。このパワーは、大衆的な規模で言えば、キャンパスの「遊動空間Spielraum」の中からしか出てこない。そもそも〈学校〉（英語で「スクールschool」、ドイツ語で「シューレSchule」、フランス語で「エコールécole」など）の語源は、「暇（スコレーσχολή）」であったわけです。「遊動」（あるいは「暇」）とは、実は〈ストック〉――私は本当はここでギリシャ語の〈ウーシアοὐσία〉のことを想定して〈ストック〉と言っているだけなのですが―のことです。無駄に大きな図書館。無駄に長いアプローチ。大小いくつもの大きさの教室。建物よりも数倍、数十倍も無駄に広い大きな空地（＝キャンパス）。これらは、世俗の時間を曲げるパワーなわけです。

大地震が起こり、原発がメルトダウンし、多くの人々が路頭に迷っても、うれしそうな顔をして地震や津波の「専門知識」を語り、原子力の「専門知識」を語る「遊動」学者の登場。飛行機が落ちても、戦争が起こっても、デフレでもインフレでも、そういった「遊動」学者がテレビや新聞に登場する。これは確かに不謹慎なことなのですが、大学がキャンパスに守られていることの証でもあります。大学のパワーそのもの（エネルゲイア）を意味しています。

〈新人〉が矛盾した存在であるように、ストックの〝有用性〟（あるいは機能主義的なoutputやoutcome）も矛盾した存在なわけです。〈大学〉人はいつもいい意味でも悪い意味でも〈新人〉のように清められています。それは、機能主義的な述語を決して吐かない。「産学協同」的な「大学の社会化」は反って、〈社会〉も〈大学〉をも狭くするだけのこと。それは単に〝原子力ムラ〟を作っただけのことなのです。〝原子力ムラ〟は、不純な新人だったわけです。

「できない学生」ほど大学へ行くべきだ

大学は、〈新人〉を発掘・発見する学校教育最後の牙城です。これは決して、大学全入時代以前の大学ノスタルジアではありません。「できない学生」＝全入学生ほど、短い時間の機能主義的、ビヘイビアリズム的な「必要」と「反応」で生きている。何を言っても「何の役に立つの？」と聞いてくる。これは、サイバネティクス的な自動ドアの制御装置のように動物的な生死反応に近い。「勉強ができない」からと言って、この子供たちを大学の外に追いやったら、彼らは一生、生活＝生死に追われることになる。機能主義者のように述語ばかりを拾い集めて生きることになる。〈新人〉になる契機を永遠に失うことになる。現在の学校教育における〈キャリア教育〉は、述語人材作りにすぎないわけです。

「できる学生」は意味のない受験勉強で、多少の遊動経験があります。「意味のない」とは、近親者（家族、地域の人間環境、学校の教員やクラスメートなどとの人間環境など）との関係を越えた〝非〟人間的な基準＝偏差値に初めて出くわす「遊動」のことです。目の前の人間を殴って勝てばいい、目の前の人間を納得させればいい、目の前の人間から賞賛されればいい、目の前の人間を大切にすればいいといった関係を越える遊動性を「できる学生」は受験勉強で経験するわけです。受験勉強は、小さな自室の孤独で内閉的な経験のように見えますが、そこで彼らは、ある種の〈社会〉―非人間的な圧力―に出会っている。日本の学校教育が効いているのは（残念ながら）受験勉強のこの場面だけです。かつては、暗くて怖い「鎮守の森」や「便所」、あるいは柳田國男的な「軒遊び」がその体験を担ってきたのですが、いまでは夜さえも明るい。

受験を経ないで―入試があったとしても、人間関係重視のＡＯ入試なわけですから―社会に出る「できない学生」は、人間関係に過剰に引きずられ、動物のように必要と経験で生きている。だから使い捨て人材になる可能性も高くなる。必要や経験は別の必要や経験によっていつも代替され続けるからです。高校までの教員も、大概の場合、仕事で＝必要で「知識」を扱っているだけですが、大学の教員は寝ても覚めても勉強している（徐々にそんな教員は減ってきていますが）。だから、純粋な知識、遊動としての知識に一度は出会うべきなのです。「できない学生」ほど大学に行くべきだと私は思っています。「大学の大衆化」とは、大学が大衆化するのではなくて、大衆（そんなものが存在するとして）が大学化することです。

終わりを見た人としての大学教授

そもそも、〈大学教授〉とは、〈終わり〉を「見た」（Gesehen-haben）教員です。ハイデガーはその思考をこそ、ギリシャ的な「ノエイン」（思考）としていたわけです。だからこそ、「〇〇入門」などの入門＝〈始まり〉の書を書ける人は、名誉教授級の先生たちでしかない。昔の大学では、新入生たち初年次の「概論」講座（哲学概論、社会学概論、心理学概論などの）はその学部や専攻を代表する教授が担当していました。「概論教授」とは「名誉教授」＝「始まり－終わりの教授」を意味していたのです。名誉教授の概論講座こそが「リメディアル」授業の本質です。

最近は新書・文庫の大衆化とともに、大学カリキュラムのこの見識が崩壊し、勉強が足りない〝先生〟たちか、あやしげな「名誉」教授たちが新書や啓蒙書と概論講座を担当していますが、それはギリシャ的なアルケー（始まり）、そしてその意味での〈ウーシア οὐσία〉の軽視でもあります。「専門」の穴を掘り始めた三〇代、四〇代の「才気あふれる」教授たちに概論講座なんて担当できるはずがないのです。

「終わりを見た」人とは、〈始まり〉に自由に遡行できる人のことなのですから、それは、どんな躓きでも自由に解放できる人のことです。それを「教える人」と言うのです。昨年亡くなった吉本（吉本隆明）が、大学を引退した名誉教授が地域の小学校に算数を教えに行ったら数学嫌いなんていなくなるだろうと言っていたことがあります。その通りなわけです。

なぜか。

どんな人間も専門家（ストックの持ち主）として生まれてくるのではない。どんな専門家でも初めからテクニカルタームを使っていたわけではない。〈どこか〉で、その道に入った。〈どこか〉でその人も「できない学生」だったわけです。その〈どこか〉の〈限界＝境（ペラス πέρας）〉に立ち続けることのできる人を〝専門家〟と言います（この「専門家」という言葉は、私は好きではないのですが、とりあえず）。吉本隆明はこの〈限界《ペラス》〉としての〈どこか〉を言語の〈像〉と呼んでいました。ストックとは、〈限界＝境（ペラス）〉に立ち続けるパワー（エネルゲイア）のことです。アリストテレスが〈ウーシア（実体）〉を定義して、点、線、面のことだと言ったのは、それらが限界＝境界の時間性を意味していたからです。

点は線の絶対的な始まりである。のみならず、また線がその両端において限りないもの、あるいは通常言われているように無際限に延長しうるものと考えられる限り、点は線のエレメントをなしている。同様に線は面のエレメントであり、面は立体のエレメントである。実際これらの限界はそれが限界づけるところのものの原理（Prinzip）である。それはちょうど、一がたとえば百番目の一として限界であるとともに、百全体のエレメントでもあるのと同じことなのである。（ヘーゲル『大論理学』第一巻「存在」論・岩波版上巻一四六頁）

これは、いつ読んでも見事なヘーゲルのアリストテレス「ウーシア」論の解釈です。「限界はそれが限界づけるところのもの」の「原《プリンツィープ》理」（始まりPrinzip）であり、エレメントは単なる「要素」ではなく、「一がたとえば百番目の一として限界であるとともに、百全体のエレメントでもある」ように「全体」でもあるのです（ここからアリストテレスの時間論＝魂論まではほんのあと一歩ですが、ここでは控えておきます）。ヘーゲル研究者たちはしたがってこのエレメントを「境位」と訳したりもしています。苦肉の日本語訳です（笑）。いずれにしても〈限界〉は、単なる端《はし》ではなくて、そのものの本体（ウーシア）なのです。

中途半端な人工言語を駆使してこの〈限界＝境界〉を忘れる「体系」は、もっともこのアルケーの思考に遠い。そしてこのアルケーこそが〈新人賞〉の振《シュヴング》幅（Schwung）、キャンパスの「遊《シュピール》動Spiel」というものです。どんな〈体系〉よりも、このアルケーの振幅の方が遥かに射程が広いわけです。だからこそどんな「できない学生」でも受け入れることができる。中途半端な教授たちばかりが学生の〝基礎学力〟を選びたがる。それは、終わりにも始まりにもまだ至っていない人たちだからです。しかし、キャンパスの大学教授こそがいつも新人賞の論文を書き続ける人でなければならない。専門家のストックとは、体系化（諸述語の定義集）によって忘れられがちなアルケーへの遡行力のことであり、そのつど自分を更新し続けるパワーのことをいいます。そもそも若者は、みんな「できない学生」でしかないのだから。

ハイデガーのエネルゲイア解釈と新人論

ヘーゲルの（「意識の経験の学」の）「想起《エアインネルング》 Erinnerung」は一回限りの想起であり、したがって「時間を曲げる」と言っても「円環」して一巡すると〈論理〉に転換し、〈体系〉に内面化（Erinnerung）しますが、ハイデガーの「始源《アンファング》への想起 Erinnerung an den Anfang」（ハイデッガー全集第五一巻『根本諸概念』一九節）は、そのつど自らが〈新人〉として生まれ変わるような想起であるわけです。

何回でも新人賞作品を書き続けることのできる人、これがハイデガーの言う先駆的決意性 die vorlaufende Entschlossenheit（先駆的な封鎖解除性《フォアラオフェンデ・エントシュロッセンハイト》＝先駆的決意性）が意味したことです。「反復《ヴィーダーホールング》 Wiederholung とは、身についた熟練技能《フェルティッヒカイト》 Fertigkeit を働かせることではなく、そのつどの目撃《アオゲンブリック》Augenblickに発して、新たなしかるべき封鎖解除《エントシュルス》Entschlußに発して行動すること」（ハイデッガー全集第一八巻『アリストテレス哲学の根本概念』一七節）です。

なぜ「封鎖解除」は、先駆的vorlaufendな時間性なのか。それは始まりが終わり「である」ような将来性《ツークンフト》(Zukunft)の新人賞にこそ捧げられた時間性だからです。「処女作に収斂する」というのは先駆的な時間性、可能性を可能性として開示する時間性だったからです。ハイデガーに色濃く影響を受けた九鬼周造が「いき」と呼んだものは、この時間性のことです。

ハイデガーは「走り出そうとしている人」について次のように言っていました。

　我々に現れているのは、静止している人ではなくて、いまにも走り出そうとしている人である。彼は走り出そうとしている。余すところなく走り出そうとしている。後は「走れ！」の呼び声《ルーフ》Rufだけでよい。われわれがそう言えるのは、そう見えているからであり、そう留保なく見て取れる《アンゼーエン》ansehenからだ。…そのとき、彼のできる《フェアメーゲン》vermögenことのすべては現前している《アンヴェーゼント》anwesend。彼は走る。なされずに残されているものなど何も残っていないように彼は走る。走りながら彼はそのできることVermögenを完遂する。できることの完遂Ausführung des Vermögensとは、しかしながら、できることの除去や消滅ではなく（できることVermögenが別のものになることではなく・芦田註）、できることそれ自体がそこへ向かって切迫す

るものへと自ら導き出すことなのである。（ハイデッガー全集第三三巻『アリストテレス、「形而上学」第九巻一‐三』二二節）

木田元には「大げさ」にしか見えない、この切迫＝封鎖解除の瞬間《アオゲンブリック》Augenblickが、〈新人〉目撃《アオゲンブリック》Augenblickの瞬間であり、目撃Augenblickは、ここでのanshenのan、anwesenのanに関わっています。ハイデガーによればそれらはAhnen（予感する《アーネン》）のanを含意しています。いずれも現象学の現象のansehen（見て取り《アンゼーエン》）です。フッサールの現象概念を、近代的な〈様相〉概念（可能性、必然性、そしてまた現実性などの）に解体してしまうと、この「走り出そうとしている人」の豊穣性が見えない。現象学的なAhnen（予感する《アーネン》）は――ハイデッガー全集第八巻『思惟とは何の謂いか』第二部（第八時限目から第九時限目への移行）――それ自体でエネルゲイアなのです。Vermögen（できること）の〈可能性〉とは、もはや近代的思考ではすり切れてしまっている〈可能性〉です。残念ながら。

…「可能的」とか「可能性」という私たちの使う語は、〈論理学Logik〉と〈形而上学Metaphysik〉との支配下においては、「現実性」との区別においてのみ思索されているにすぎず、すなわち、存在をactus（現実性《アクトゥス》）とpotentia（可能性《ポテンティア》）と捉える一つの限定された――形而上学的な――解釈にもとづいて考えられているにすぎない。actusとpotentiaとのこの区別は、existentia（現実存在《エクシステンティア》）とessentia（本質《エッセンティア》）との区別と同じものと見なされている。私（ハイデガー）が「可能的なものの静かな力 stille Kraft des Möglichen」について語るとき、私は、単に表象された possibilitas（可能性《ポッシビリタース》）に属する possibile（可能なもの《ポッシビレ》）のことを考えているのではなく、また existentia（現実存在）という actus（現実性）の essentia（本質）としての potentia（可能性）のことを考えているのでもない。私はそれについて存在そのもの《ザイン・ゼルプスト》 Sein selbst のことを考えているのです。（ハイデッガー全集第九巻『道標』「ヒューマニズム書簡」）

そしてその「可能的なものの静かな力 stille Kraft des Möglichen」、Ahnen の可能性《メーゲン》こそが、エネルゲイアとしての「走りだそうとしている人」だったのです。※

※　この「可能的なものの静かな力 stille Kraft des Möglichen」がカント的な「可能性の条件」論――「経験一般の可能性の条件は、同時に経験の対象の可能性の条件である Bedingungen der Möglichkeit der Erfahrung überhaupt sind zugleich Bedingungen der Möglichkeit der Gegenstände der Erfahrung」（『純粋理性批判』A版一五八頁、B版一九七頁）――つまり超越論的差異＝存在論的差異論と無関係でないのは明らかなこと。不即不離の差異だからこそ、「静かな」差異だったわけだ（ヴィトゲンシュタインの言う「である」と「がある」との差異もそう）。その意味で言えば、「走りだそうとする人」とは、存在論的差異の動性《ベヴェークトハイト》 Bewegtheit（『存在と時間』七二節）のことを意味しているが、ここではこの問題に立ち入ることはできない。

「呼び声《ルーフ》 Ruf」の「封鎖解除《エントシュルス》 Entschluß」（決断《エントシュルス》）についても、ハイデガーは「非力さ《ニヒティッヒカイト》 Nichtigkeit」、「非性の存在論的根源《ニヒトハイト・オントローギッシェ・ウーアシュプルング》 ontologische Ursprung der Nichtheit」として触れていました（『存在と時間』五八節―この五八節は『存在と時間』のピークの一つです）。ハイデガーの良心は「非力 nichtig」な「責めある存在《シュルディッヒザイン》 Schuldigsein」（同前）に関わる良心、つまり「静かな」良心であり、その「非力」さは、ヘーゲル的な回帰の円環を「封鎖解除」する原理《アルケー》、非力なアルケーであったということ。「非力」である分、〈状況 Situation〉に開かれた良心だったわけです。このハイデガーの言う〈状況〉（『存在と時間』六〇節）とは、〈新人賞〉誕生という、因果を超えた事態《エアアイクニス》 Ereignis、レヴィナス、ナンシー的に言うと「晒され」「分割《パルタージュ》（分有）された」出来事のことです。それを〈目撃 Augenblick〉する〈状況 Situation〉のこと。「非力」さが、時間を曲げる原理《アルケー》、あるいはそれ自体曲がった原理《アルケー》、「非力な根拠（nichtiger Grund）」（『存在と時間』五八節）だった。

　芥川賞の新人作家も大学教授も、そして学生たちもくすぶり続けている、いぶかしい（fremd な）人たちです（「いぶかしさ」については、ハイデッガー全集第五一巻『根本諸概念』一八節を参照のこと）。ながーい時間の遊動と暇、言い換えれば報われない時間の長さが三者を特質づけています。その三者が一気に接点をもつ瞬間《アオゲンブリック》を〈状況〉と言うわけです。三者が、評価者‐被評価者に入り乱れて「おぬしやるな」という「いき」な瞬間（先駆的な封鎖解除の時間）が〈目撃〉の瞬間です。つまり、新人賞の〈現在《アンヴェーゼン》 Anwesen〉は実績（過去）から来るのではない。新人賞は孤独に、そして一挙に「切迫」して将来する《ツーコメン》 zukommen わけです。「走り出そうとしている人」のように。未だない実績である未来 Zukunft からやって来るから―「フレーム問題」の〈フレーム〉の予感《アーネン》 ahnen のように―その時間は曲がっている。

〈才能〉とは目撃＝発見された後の因果論にすぎません。「生い立ち」などというのは、現在の評価（極悪非道の犯罪者のそれも含めて）の創作物でしかない。言い換えれば〝自分の現在〟を肯定しているだけの貧弱な過去思考にすぎないのです。クローチェの歴史論も〈現在〉の概念が狭すぎるのです。

多数決主義の機能主義には〈新人〉は発見できない。〈新人〉とはそれ自体ですべて「である」ようにして可能性 Vermögen なのです。機能主義はアリストテレスが論難したメガラ派のように「在るものは在る、無いものは無い」と言っているだけです――ハイデッガー全集第三三巻『アリストテレス、「形而上学」第九巻一‐三』講義におけるハイデガーのメガラ派批判は、機能主義との全面的な対決を意識しているわけです（ハイデガーは全集第一四巻「哲学の終わりと思索の課題」において、サイバネティクスにおいて哲学は終わる、としていた）。しかし「無こそが在るとしたらどうだろうか」とハイデガーは、アリストテレスを反芻しながらライプニッツの充足根拠律を反転させました。まさに無が在る場処が大学であったわけです。大学のエネルゲイア（＝エネルギー）とは、〈新人〉のエネルゲイアです。

〈大学〉とは、誰でもが入れるところとして、そして誰でもが〈新人〉を目撃できるところとして、そして誰でもが新人「である」ところとして開放された場所です。それは校門と塀とに囲まれることによって〈社会〉――「在るものは在る、無いものは無い」としか言えない機能主義的な〈社会〉――から隔離されているからこそ誰にでも開放されているのです。

最後に ―― 暇な人でも忙しい窮乏の時代

大学の社会的な開放は全入状況の加速やキャリア教育の必要性などとともに声高に叫ばれていますが、それ以上にソーシャルメディアの台頭の影響も色濃く受けています。中学生でも小学生でもソーシャルメディアを活用する時代になった、それ以上に授業の中核においてさえそれらを使うようになってきている。

かつては、携帯電話が、〈家族〉（のリビングルーム）を越えて、子供たちの個室を一挙に個人間交流へと解放しましたが、いまでは大学を含めた学校自体が、〈校門〉と〈塀〉を越えて社会化しつつあります。剥き出しの個人が、剥き出しの社会に接続しようとしている。学生起業ブームさえ起こっている。

文科省の言う「知識基盤型社会」は、むしろ〈学校〉が生涯学習化し、文科省の「基盤」自体を崩壊させつつあると言ってもよいかもしれない。

しかし剥き出しの個人とは何か、剥き出しの個人とは誰か。そして、剥き出しの社会とは何か。〈家族〉からも〈学校〉からも孤立して個人化する分、極端に肥大した内面（極端に肥大した心理主義）と、極端に肥大した外面（極端に肥大した行動主義）が前面化します。両極の接点がソーシャルメディアです。

かつて丸山眞男は、極端な自由主義は極端な専制主義（管理主義）を招くと言ったことがあります（『現代政治の思想と行動』）。内面監視なしに個人を特定できる要素が何一つないことになれば、自分は誰か、あいつは何者かという猜疑的な問いばかりが前面化して、誰に対しても、自分に対してさえも落ち着く暇がなくなるからです。しかしこの「落ち着く暇がなくなる」ことの意味は、もはや丸山が考えたこととは別のフェーズに至っています。

ソーシャルメディアに囲まれた今日では、タレントを含めた少数の著名人以外には体験しなかった他者評価が日常化しています。他者（からの評価）など意識しなかった人たちが、さかんに自分のささいな日常を暴露して（失業中であってさえも、夜中であっても）忙しくしている。忙しくすることによって社会参加しているような気分に浸っている。自分の窮状を棚上げするかのように。ボルツの言う「セルフ・ファッショニングによる自己救済」（『意味に飢える社会』）とも言える事態。ブログ時代＝〝自己表現〟時代と違ってそれが秒刻みで存在しているのが「ソーシャル」の今日的段階です。働いても働いても楽にならない忙しい窮状ではなくて、働かなくても、何もしていなくても忙しい窮状が今日の窮状の本質です。誰からも期待されていない無名（無力）の人が無名のままで忙しい社会、これがソーシャルメディアが招来する社会です。一言で言うと、忙しい退屈に充ちた社会。大震災も大津波も原発のメルトダウンも「傘がない」（井上陽水）ことと等価になる社会がソーシャルメディア社会の意味です。〈現在〉の意味が異常に拡張した社会なわけです。反動物性（異常に拡大した現在）

の極点が、逆に動物のような短い（＝忙しい）生死反応に簡単に入れ替わる（その逆もある）社会と言い換えてもよいかもしれない。

「走り出そうとしている人」がそれ自体で走ることの現在《アンヴェーゼン》（Anwesen）だというような現前性Anwesenheitがそこにはありません。退屈《ランゲヴァイレ》（Langeweile）とは本来はながーい時間《ランゲ・ヴァイレ》（lange-weile）の「切迫」＝「現在」であることがそこでは忘れられている。「走り出そうとする人」の切迫した静止――「自制の中で開かれたもの」Aufbehaltenes im Ansichhalten（ハイデッガー全集第三三巻『アリストテレス形而上学』一九節）――は、「深い退屈《ティーフェ・ランゲヴァイレ》 tiefe Langeweile」（同前第二九／三〇巻『形而上学の根本諸概念』三〇節）と同じなのです。特にツイッターの窮乏の忙しさに対比すれば。

ハイデガー研究者の川原栄峰は、この「深い退屈」を、良寛の「生涯身を立つるに懶《ものう》く、騰々《とうとう》天真に任す」の「懶《ものう》し」にあたるのではないか、とこっそり解釈していましたが（『ハイデッガーの哲学と日本』一四六頁）、それを評価することはいまの僕の力を超えています。確かに「懶《ものう》し」ひとの集まりが大学でありますが（笑）。信心の薄い私は、この良寛の「懶《ものう》し」を、「人はながーい時間をかけてやっと新人になる」「最後の時点でなれるものが新人」だと言う以外にさしあたり言葉が見つかりません。年季をかけてやっと新人「である」こと、年季というものは慣れること、熟練・熟達することの逆なのだということ。それが「天真に任せること」の「懶《ものう》し」＝「良心の非力《ニヒティッヒ》」であります。ニーチェの「人生かくあったか、ではもう一度」というのとほとんど同じことのように。

しかしながら、「走り出そうとする人」のながーい時間《ランゲ・ヴァイレ》（lange-weile）のこの忘却において、大学は

「大衆化」し、「インセンティブディバイド」（苅谷剛彦）――「走り出そう」という「インセンティブ」の格差《ディバイド》――は拡大しているわけです。ハイデガーは、そのとき「…危険のあるところ、救うものもまた育つ Wo aber Gefahr ist, wächst das Rettende auch.」（「パトモス」）とヘルダーリンの言葉を引いていました。僕にはそんな大家《たいか》のような語り方は許されていません。さてどうするか…。何をしなければならないのか…。随所にその解答をちりばめたつもりですが、まだまだ足りない。しかしそろそろ時間になりました（笑）。次回の講義に回したいと思います（えーという声）。今日は長い時間《ランゲ・ヴァイレ》お付き合いいただきありがとうございました。

（初出・二〇一一年四月一八日）

第十章

追悼・吉本隆明

——機能主義批判としての言語の〈像〉概念

吉本隆明、ＮＨＫ出演その後
――自己表出の「沈黙」は唯物論的であることについて

吉本隆明のＥＴＶ特集出演、いやー、最初から最後までどきどきしながら見ていました。吉本は私の思想的なお父さんのようなものです（こんなことを告白するのはここが初めて）。彼の書くものは高校一年生（一九七〇年）の頃からずーっといままで読み続けてきました。

今日のＥＴＶを聞いていると、やはりこの人の思想のアルファにしてオメガは、『言語にとって美とはなにか』（一九六五年）の「自己表出」「指示表出」がすべてなんだなぁ、ということがよくわかります。共同幻想論も自己表出論なわけです。

「自分にしかわからない」と思わせたら一流

最近、この自己表出と指示表出との関係を吉本はもっとわかりやすい言い方で以下のように言っています。

文句なしにいい作品というのは、そこに表現されている心の動きや人間関係というのが、俺だけにしかわからない、と読者に思わせる作品です。この人の書く、こういうことは俺だけにしかわからない、と思わせたら、それは第一級の作家だと思います。（『真贋』講談社インターナショナル・二〇〇七年）

吉本がこんなにわかりやすく「自己表出」「指示表出」との関係を語ったのは、私の四〇年近い吉本読書歴の中で初めてのことです。早くそう言っておいてよ、という感じ。ここで「俺だけにしかわからない」というのが、自己表出性。しかし「俺だけにしかわからない」と誰もが思うわけですから、その「誰もが」思う表出性が指示表出性です。優れた作品（＝優れた表現）というのは、ディスコミュニケーションを共有するものなわけです。これが吉本の〈表出〉概念の根源です。〈表出〉の本質は、まずもって〈沈黙〉としての自己表出と「誰もが」の指示性との矛盾の内にあるのです。

『言語にとって美とはなにか』の〈自己表出〉は、「マチウ書試論」（一九五四年）の「関係の絶対性」を言い代えたものです。「関係の絶対性」は「自己表出」の「絶対性」のことを先行的に示していたわけです。関係の「客観性」と言わなかったのは、そう言ってしまえば「指示表出」性と何ら変わらなくなるからです。「関係の絶対性」は自己表出性の特異な地位を暗示していたということ。「自己表出」を、吉本は昔は「疎外」（初期マルクスの言葉）とも言っていたし、「逆立ち」とも言っていた。この日は自然の方から「変化させられている」という言い方もしていました。

> 人間の意志はなるほど、撰択する自由をもっている。撰択のなかに、自由の意識がよみがえるのを感ずることができる。この自由な撰択にかけられた人間の意志も、人間と人間との関係が強いる絶対性のまえでは、相対的なものにすぎない。（中略）人間は、狡猾に秩序をぬってあるきながら、革命思想を信ずることもできるし、貧困と不合理な立法を守ることを強いられながら、革命思想を嫌悪することも出来る。自由な意志は撰択するからだ。しかし、人間の情況を決定するのは関係の絶対性だけである。（「マチウ書試論」一九五四）

私が生まれた年に書かれた「マチウ書試論」（吉本三〇歳のときの作品）はいつ読んでもみずみずしい。吉本は、人間は選択をする前に選択を強いられていると言っている。「ルッター型」か、「トマスアキナス型」か、「フランシスコ型」かは、それ自体が「相対的な」差異にすぎない。

この「相対」性を「指示表出」と吉本は言い代えたのです。私の言い方で言えば、意味〈がある〉ということと意味〈を伝える〉ということとはまったく別のことだということ。あるいは両者はまったく区別できない、と言ってもよい。この矛盾が〈自己表出〉と〈指示表出〉との関係なのだ。

私には、吉本の「マチウ書試論」の〈関係の絶対性〉から〈自己表出〉〈指示表出〉へ至る過程は「選択の自由」の手前にもう一つの大きな〈自由〉があることを感じさせるに十分な思想だった。またその自由は徹底的に強いられているが故にこそ根底的な自由であることを感じさせるに十分な思想だったと思います。

〈表現〉は不可能なものに賭ける営み

私が「生の」吉本を見たのは、一九八七年(九月一二日一四時から九月一三日一四時)、東京・品川のウォーター・フロントにある寺田倉庫T三三号館四Fでのことでした。吉本隆明・三上治・中上健次三氏主催の『いま、吉本隆明二五時—二四時間連続講演と討論』のイベントに参加して以来のことだ。私はその意味では吉本の熱心な「ファン」ではない。もっと早くから吉本の講演に参加していた人は多かったろう。しかし、どんな人生の転機のときにも(大した転機など私にはないが)、吉本の「関係の絶対性」＝「自己表出」性の〈自由〉は、私にとって希望の原理だった。未だにそうです。

私の最初の吉本読書歴のほぼ三年後、柄谷行人の『マルクスその可能性の中心』(群像)の斬新なヴァレリー読解が私のこころを震撼させたが(二〇歳前)、その一五年後、柄谷は吉本の自己表出論を「ライプニッツ症候群」としての「内面」病として糾弾した。

確かに吉本の「疎外」や「逆立ち」はライプニッツの反映論と似ているように思えるが、しかし吉本の自己表出の本質論は存在論的な自由論としてのみ意味を持っている。「ライプニッツ症候群」と言うのなら、柄谷の「形式化の諸問題」の方が遥かに相対論だ。吉本の自己表出は、柄谷の指摘する

「内面」病とはまったく別物です。自己表出論は後の吉本の言葉で言えば、〈悲劇〉論とでも言うものです。

吉本には〈大衆の原像〉という概念？があります。たとえば、〈表現〉＝表出という次元に入ってしまったら、もうそれは〈部分〉であって、何もしていない人間（＝大衆の原像）の方が遥かに「大きい」という考え方です。「何もしていない」人間はなぜ表現過程に入るのか。それは、誰にも伝わらないであろう自分の気持ち（事実）を伝えたいと思う矛盾に発しています。

自分というのは、体験的に言えば、そのモチーフが決して人からわかられたり正解されたためしがない。人はしゃべることによっても行為することによっても了解不可能だ。しかし、理解せしめられたことはないということ、あるいは、それをもっと敷衍化して言えば、人間というのは他者というものを理解することができないのではないかという一種の不可能性の予感みたいなものをどこかでつき破りたい、どこかでそれを解消したいというモチーフがあって、それで書く人、読む人というのが文学に近づいていくんじゃないか。（「批評にとって作品とは何か」『海』一九八〇年七月号所収）

つまり〈表現〉＝表出＝文学というものは、不可能なものに賭ける営みなわけです。それを吉本は〈悲劇〉と呼んだ。この〈悲劇〉を読み解くことは、作者の〈内面〉に帰属するのではなくて、〈大衆の〈原像〉に帰属するわけです。吉本は〈大衆の原像〉を作者や言葉の〈帰属性〉とも後々言い代えています。

何への帰属か。それを吉本は、〈歴史性〉と言ったり、〈生活〉と言ったり、〈現実〉と言ったり、誤解されやすい言葉でここ数十年何度も言い換えています。そういったものが〈個〉としての〈作者〉の言葉に乗っかったときにこそその文学は普遍的だ（〈類〉的だ）というように吉本は考えた。誤解を恐れずに言えば、自己表出が「伝わる」というのは（これは矛盾です）、自己表出の〈類〉性が「伝わる」ということです（もっと矛盾です）。この矛盾が〈悲劇〉です。コミュニケーションの基盤は機能主義的ではなく、唯物論的なわけです。〈悲劇〉は初期マルクスに属しています。したがって、吉本の言う自己表出性は、柄谷の言うようにライプニッツや西田幾多郎的な「内面」の自己表出ではなくて、〈類〉の表出であって、それは小林秀雄的な「作品をだしにして自分を語る」こと（＝自意識のロマン主義）とも遥かに異なっている。

柄谷も蓮實も「お勉強好きの学生」

つまり、吉本の自己表出論の〈自己〉＝〈作者〉は、〈主観〉や〈主体〉なのではない。蓮實重彦は、吉本的な挙措、つまり作品の意味を作者に帰属させること、そしてまた帰属性という思考そのものを柄谷と同じように糾弾したが、これも間違い。

吉本はその蓮實との『海』の対談（「批評にとって作品とは何か」）の中で「読まれる作品と読む人との中には、もはや責任がないということですね。それはもう、それ以外のところからくる必然だという考え方が、ぼくにはあるんです」と言っている。自己表出は、それがそうあらざるを得なかったという〈必然〉と共に存在しています。つまり〈個〉が〈類〉を担わざるを得ない〈必然〉を吉本は〈悲劇〉と呼んだ。そのように自己表出は悲劇の自己表出であったわけです。

たいがいの言表は、指示表出に解体しているわけです。それを吉本は当日のETV特集出演では「ファンクショナリズム」（機能主義）とも言っていました（これまた誤解されやすい言い方で正確にわかる人は少ないと思いますが）。それこそ、蓮實が糾弾して止まない「制度」「風景」に近いものです。ライプニッツ的な「主体」や「内面」も小林秀雄的な「自意識」もすべて吉本から言わせれば「機能主義」でしかない。それは〈大衆の原像〉＝〈類〉を忘れた認識論的な跳ね上がり現象なのです。

指示表出の解体浮力に抗うダイナミクス、つまり作者の〈往相〉（指示表出から自己表出へ）と〈還相〉（自己表出から指示表出へ）の動きを読み取ることこそが吉本にとっての「悲劇の解読」だったわけです。あるいは、指示表出の中に自己表出への〈入射角〉を読み取る、自己表出からの指示表出への〈出射角〉を読み取るその営みを吉本は「悲劇の解読」と呼んだわけです。

漱石を巡る、吉本とのこの対談の最後の発言の中で蓮實は次のように言っていました。

漱石は、欠陥を埋めるためにではなくて、実際に自分に備わってしまっているものそのもの、いわば過剰なものに対する一つの姿勢、そのことにおいて彼は物を書いた、おそらくわたくしは、足りないもの、奪われたもの、あるいは欠けているものという方向に向かうのではなくて、あるもの、あるいはあり過ぎてしまうものに対して、その処理として書いているのではないかと思うのです。（…）あるものをあるがままに残したいということです。（同前）

これがこの対談の最後の蓮實の発言。私は最初この条《くだり》を読んでいるとき、吉本か蓮實かどっちの発言だっけ？と思いました。蓮實の発言は吉本を超えようとすればするほど吉本に回帰している。

私には世紀の対談と思えるくらいの『海』（一九八〇年）の吉本＝蓮實対談でしたが、蓮實はまるで大学生か大学院生のように紋切り型のポストモダン作品論しか展開できない。学生のような対応に、吉本は「本気かね」とでも言いたげにどんどん蓮實を追いつめていく。そこで自問自答のように答えたのが、この最後の蓮實の発言だった。

ここで言うポストモダンの常套句（＝過剰）を留保するにしても、この「過剰」こそが吉本の言う「大衆の原像」＝〈類〉のことなわけです。吉本が、NHKのETV特集の最後のところで、声を詰まらせながらも元気に訴えた機能主義に反する「芸術の価値」とは、まさにここで蓮實が言う「あるものをあるがままに残したい」という「過剰」に関わっていたわけです。

柄谷の著作にも蓮實の著作にも「唯物論」という言葉のついた著作がありますが、二人とも〈唯物論〉の思想家・吉本隆明の弟子でしかありません。先の対談で、蓮實は、続けて最後の最後に「語れば語るほど、『本当かね？』と疑われそうですが…」と言います。そして吉本は対談の最後に「いやいや、ずいぶんよくわかりますよ」と答えます。ここで対談は終わり。私には最後の発言はわずかに吉本は笑っていたとしか思えない。私自身が「いやいや、ずいぶんよくわかりますよ」と言いたいくらいだった。柄谷も蓮實（東大の総長にまでなっちゃった）も、吉本が言うように「お勉強の好きな」学生でしかなかったような気がする。

吉本隆明尾行

二〇代に、私の家内が神田の古書街でたまたま吉本隆明（らしき人）を見つけ、何を買おうとしているのか知りたくて彼を追い回そうとしたことがあります。吉本は家内の尾行に途中から気づいたらしく、早足になり、しつこい家内を追い払うべく最後にはパチンコ屋に飛び込んだらしい。それでも家内は一度も入ったことのないそのパチンコ屋にも入り、最後には吉本はもう帰ろうと千代田線の電車に逃げ込んだ。ところが、その電車は空いており、両面の椅子は向かい合いで家内と吉本だけ。ついに吉本は家内のそばに近寄ってきたと言う。

「僕になにかご用事でも？」と吉本。

「吉本さんですよね」と家内（顔を赤らめて）。

「そうですが」

「私の友人（私のこと）が吉本さんの大ファンで、その吉本さん見つけた、と思ってついついつけてしまいました。失礼の段、お許しください」

「なんだぁ、そんなことか。今日はどうして神田なんかに」

「その友人に本を頼まれて」

「どれどれどんな本を買ったの？」

そうして家内（まだそのときには結婚していないが）はそのとき買ったデリダの『ポジシオン』、ハイムゼートの『カント哲学の形成と形而上学的基礎』、リクール『解釈の革新』などを見せたが「この本の著者なら私もよく知っています」と吉本は笑いながら答えたらしい。

「そうですか、友人も喜ぶと思います。私なんかお使いしているだけですから」と家内が言うと、吉本はとっさにまじめな顔をして「いやいや、お使いができるというのは大したものですよ。それはそれで大切なことです」と言ってくれたらしい。

そうこうするうちに電車は千駄木（当時の吉本の自宅の駅）に着く。吉本は「あなたはここへ来るのが目的じゃないでしょ。送ってあげるよ」とわざわざ反対ホームにまで送ってくれたらしい。

なつかしい思い出だ。私は当時この話を家内から聞いて「あなたが会ってどうするのよ」とふざけていたが、私が会ってもどうしようもなかっただろうなぁと怖じ気づくばかりだった。いまであれば、少しくらいは話せそうだが、会うにはまだまだ修練が足りない。

そんな吉本の肉声と映像がハイビジョン収録された。もう彼も長くはないだろうが、時間も気にせず、途中、二度も司会の糸井重里に中断されても話を止めずにしゃべり続けた吉本に脱帽だ。予定は一時間半だったところ三時間も話したらしい。最初は聴衆の方を見ていたが、話が盛り上がってくると目を上方の虚空に向け話し続ける吉本。私も倍くらいの虚空型時間延長講義はしょっちゅうだが、痰を喉に詰まらせながらの講演があれだけできるかどうか自信がない。話しながら倒れてもかまわないという熱気がひしひしと伝わってきた。まさに「沈黙」(=唯物論的な沈黙)の思想家にふさわしい吉本の「最後」の講演だった。

「最後」だけども私には吉本がとても元気なように思えた。私には吉本の存在こそが「マザーシップ」そのものだ。

(初出・二〇〇九年一月九日)

「検索バカ」と「自己表出」の反ファンクショナリズムについて

吉本のTV放映があったのが、二〇〇九年一月四日日曜日の夜一〇時。私はそのとき、ちょうど七日に行われる静岡の専門学校の教員研修会の講師に招かれていて、その準備の真っ最中だった。ところが、ハイビジョンで鮮明に放映された吉本の表情と語りが頭から離れない。〈自己表出〉についての「ほぼ半世紀にわたって頭の中でもんできたものだから、そう簡単には（語れない＝終われない）」と言ったのが吉本のこの講演での最後。それはコーディネータ役の糸井重里の二度目の（最後の）制止をまだなお振り切りたいという気持ちがこもった言葉だった。

本人が倒れるまで話させればいいいじゃないかというのが私の気持ちだったが、会場も吉本の先の言葉を聞いたとき、予定外の倍の時間を要した講演にも関わらず立ち上がって拍手をする人がほとんどだった。そんな光景を見てしまえば、仕事なんかやってられるわけがない。頭の中にもくもくと入道雲がわくかのように吉本の数々の著作のテキストが浮かび上がってきて、書け、書けと催促している。

私が書き始めて意識したのは、吉本が「これまでの仕事を一つに繋げる話をしたい」と言って始めたNHKのこの講演の動機を忖度《そんたく》して、では私もまた自分なりにやってみましょう、というものだった。それが吉本さんへの恩返しというもの。だから、こまかい大学院生のような引用は一切抜きにして骨太の理論的な骨格だけを描いてみた。

「自己表出」と「関係の絶対性」との関係
「自己表出」と「大衆の原像」との関係
「自己表出」と初期マルクスとの関係（類と個との関係）
「自己表出」と「還相」、「往相」との関係（親鸞論との関係）
「自己表出」と「悲劇の解読」との関係
「自己表出」と「入射角」、「出射角」（＝指示表出との接点）との関係
「自己表出」と「ライプニッツ症候群」（柄谷行人）との関係
「自己表出」と「作者の死」（蓮實重彦）との関係
「自己表出」と小林秀雄的な「自意識」との関係
「自己表出」と「沈黙」あるいは「唯物論」との関係

以上、一〇点が私が二日間で思いついた私なりのまとめだった。これらが私にすぐ浮かんだのは、吉本が「これまでの仕事を一つに繋げる話をしたい」と言って始めたＮＨＫ講演が「自己表出論」に終始したからだ。「自己表出論」に終始し、最後にそれは結局西洋的な「ファンクショナリズム」

との闘いだったという吉本のまとめ方に私は一気に引きつけられた。

多くの吉本隆明論（最近の高澤秀次の『吉本隆明 1945―2007』はいまとなっては年代誌的な変遷を問い、小熊英二の『民主と愛国』ではもはや世代論《＝わかりやすい世代論》にまで貶められているが）とは別に、理論的な骨格を吉本の肉声に頼ることなくまとめる仕事をしておくのが読者の義務でもあるだろう。そのきっかけがこのＮＨＫ講演の「自己表出論」だった。

「検索バカ」な人たち

しかし、私が言いたいことは、実はそんなことにはない。私のこの動機くらいは、吉本のまともな読者なら十二分に承知のことだろう。ところが、若い世代の読者（四〇歳以下）の反応が（たとえばミクシィで）一切ない。吉本隆明のコミュニティ（＝〈吉本隆明・戦後最大の思想家〉）もあり、一三〇〇人以上が参加しているが、昔のニフティの現代思想フォーラムのように肥だめのようなトークに満ちている。もちろん私の記事にもコメントがない。

私の「マイミク」五〇〇人の中には、思想系の「マイミク」もたくさんおり、日ごろ蓮實や柄谷や東浩紀たちのポストモダンについての「おしゃべり」を盛んにしている人たちがたくさんいるが、何も書き込んでこない。この人たちの日記に私が少しでもからかって書き込むと大概の場合、私のコメントは「削除」されるか、「アクセス禁止処置」されるのがほとんどだから、私自身の記事に書き込みがないことを気にすることはないのだが、もっとも書き込みやすい自分たちのフィールドに私が足を踏み入れているのに、なぜこの人たちは何も反応しない？

たぶん、この人たちは「検索バカ」(藤原智美)になっているに違いない。「自己表出」と聞くと「ウィキペディア」を引くのが習慣になっている(もちろん「ウィキペディア」には「自己表出」という項目は存在していない)。昔は解説書ばかりを読んでまともに著者のものを読むことをしない連中が多かったが、いまではそれが「ウィキペディア」やグーグル検索(=「ググる」)になっている。

学生時代(大学一年の春)、私は「サルトル研究会」というのに一度顔を出したことがある。そのとき彼らが必死に読んでいた「文献」は、なんと竹内芳郎の『サルトル哲学序説』だった(別にこの竹内の著作自体は悪くはないが)。私はあっけにとられてすぐにその部室を出ていった。こんな「解説書バカ」と『現代思想』バカとが早稲田にはうようよしていた。同じように最近の学生は「部室」ではなく自宅のパソコンで「検索バカ」になっている。しかし「検索バカ」よりは「解説書バカ」の方がまだまし。「解説書バカ」はまだ竹内芳郎論は書けるからだ。

この「解説書バカ」「検索バカ」思考法でいけば、「自己表出」についてのどんな情報も、私の先のまとめ項目は出てこない。もちろん「吉本隆明」を検索しても『言語にとって美とはなにか』を検索しても出てきはしない。そんなふうに吉本を読んできたつもりもない。そんな連中の私の記事についての感想は、「どこでそんなことを吉本は書いているのですか？」くらいのことだろう。まるで二流の博士大学院生か、三流の大学教授のようなことを聞いてくる。もっとひどいのになると、「『ウィキペディア』で勉強したり、グーグルで検索して勉強することがなぜ悪い、世界は『引用の織物』（宮川淳）ではないか」とまで言い始める。まさに「作者の死」がこのインターネットの検索思考の理論的な基礎になっているのである。

著作を理解することは「沈黙の解読」

インターネットの検索思考は、なぜ「検索バカ」を生むのか。それは藤原智美が言うような「結論」主義の風潮にあるからではない。述語（一つ一つの規定や状態）を積み重ねていけば、主語（固有名詞）に至りつくと思っているからだ。数多くの検索を重ねれば、そのテーマ（固有名詞）は解明できると思っている。

「日本一高い山は富士山である」「富士山は日本一高い山である」。これは、正しいと思いますか。これで富士山を「規定」できたと思いますか。できてなんかいない。なぜか。「富士山」という固有名詞を「規定」するのにふたたび「日本」という固有名詞をつぎ込んでいるからです。だから「日本一高い山は富士山である」「富士山は日本一高い山である」は、何も「規定」「説明」したことにはならない。検索による「説明」や「理解」は無数にこういった詐欺を重ねることでしかない。

一人の思想家や著作を理解するというのは、たとえ、その思想家や著作がどれほど他の思想家や著作から影響を受けているにしても、まずは〈実体〉（＝固有名詞）として存在している。その実体を理解することを〈読む〉と言う。吉本は「その思想家や著作がどれほど他の思想家や著作から影響を受けている」かを指示表出と言い、それにも関わらず存在する「実体」を自己表出と言ったわけです。だからこそ〈実体〉を理解することは「悲劇の解読」（＝沈黙の解読）であるわけです。

つまり〈読む〉という行為は「唯物論」的です。「検索バカ」の集まる情報社会は、反唯物論的な「ファンクショナリズム」の社会であって、もっとも読書や思索から遠い社会なわけです。吉本がNHK講演の最後で言った「ファンクショナリズム」とは、要するに述語（規定）をいくつも無限に集めれば、主語（実体）に至りつくという幻想を持った思考のことです。あるいは指示表出を累積的に上り詰めれば自己表出に至りつくという幻想を持った思考のことです。そんなことは原理的にあり得ない。だからこそ、吉本は〈自己表出〉を「沈黙」の自己表出と言ったわけです。

最近は大学生がインターネットで「コピペ」して論文やレポートを書き上げてくるから、「評価が難しい」と嘆く教員が多いとのこと（本書一三三頁参照）。なぜそんなことを大学教員は嘆くのか。それは大学教員こそが「検索バカ」でしかないからです。もともと大学院生や大学教授は、インターネットが世界に登場するはるか前から、「検索バカ」だったと思えばいい。彼らは「述語」の多さで論文を書き続けてきた人なのだから、人知を越えたインターネットの「述語」力に嫉妬しているだけなのです。

大学院生や大学教授の述語（形容詞）だらけの論文が、〈固有名詞〉を指示したことなどほとんどない。〈読む〉という行為をもっとも貧弱化しているのが大学の研究者たちです。彼らは読書の「ファンクショナリズム」に浸っているわけです。「ファンクショナリズム」で書き（学生）、「ファンクショナリズム」で読む（教授）わけだから、どこまでがコピーでどこまでがコピーでないかはわからない。だから「困る」ということになる。大学の先生も読めなくなっている。

私の吉本への言及は、あらゆる「ファンクショナリズム」に抗うように書いたつもりです。それは吉本の「マザーシップ」への、私のささやかな感謝のしるしです。

（初出・二〇〇九年一月一〇日）

追悼・吉本隆明

吉本隆明さんが昨日（二〇一二年三月一六日）亡くなりました。八七歳。私の父親とほぼ同じ年齢の思想家でした。印象深い「マチウ書試論」は私の生まれた年（一九五四年）の作品です。

私の直接のあまりにも近しい恩師と言えば、詩人でもありベケットの研究者でもある永坂田津子先生、デリダを『声と現象』で日本に最初に紹介した高橋允昭先生、ハイデガー・ニーチェ研究者の川原栄峰先生ですが、それに加えて（自分勝手な）恩師を挙げるとすれば、吉本隆明さんでした。

最初に挙げた三人はもういない。そして吉本さんも昨日亡くなりました。その三人よりも先に、吉本の作品は高校一年生のときからむさぼるように読み続けていたものでした。

特に彼の文章（文体）が大好きでした。引用の文（＝他者の思考）と地の文（＝自分の思考）との処理の仕方が絶妙で、幼い私は彼の思考の内容にというよりは、その引用の作法に、あるいは読書の仕方に惚れ込んでいました。

彼の引用は、被引用者の全体の思想（その核）をつかんだかのような引用でした。彼の引用する文章のすべては、部分というよりは、その部分が被引用者の思考の臍であるような体裁をいつも醸し出していました。その臍となる部分のことを彼は後の著作で〈作品〉の「入射角」「出射角」と呼ぶようになっていましたが。

彼の引用批評は、いわば人格批評と紙一重の緊迫感がありました。人と思想とは〝同じ〟なんだと。「関係の絶対性」はぐるっと一周してそういう思想だったのだと私は思います。だからこそ、ときとして排外的、ときとして寛容という振幅を持っていたのです。

現在の検索主義の引用とは正反対の思考がそこにはあった。こんなふうに本が読めたら、どんなふうに自由になれるんだろう、と私はいつも思っていました。

そうやって、彼の読むものはすべて読みたい、と思った私の同世代の読者は多かったはずです。片っ端からヘーゲルやマルクス、フロイトやソシュール、花田清輝や丸山眞男たちを読んでいったわけです。

なにかが起こる度に、吉本さんならなんて言うんだろう、どう考えるんだろうと思い続けながら自分の思考を織り込んでいったのが、私の高校・大学時代でした。同世代の人たち（特にマルクスボーイたち）はほとんどそうだったと思います。私の世代は七〇年安保にさえ遅れた「学費闘争」世代ですから、遅れてきた吉本ファンにすぎなかったわけですが。

彼の思想の核は、もちろん『言語にとって美とはなにか』の〈像〉概念にあります（もちろん〈像〉は概念ではないのですが）。この〈像〉は、〈自己表出〉と〈指示表出〉との交点に浮かぶものです。そして〈自己表出〉にも〈指示表出〉にも還元できないものが〈像〉なのです。ソシュールと違って、唯物論的な〈像〉と言ってもよいかもしれない。言語とは、あるいは表現とは、定義でも、機能でも、手段でもないという言語観がそこにはありました。二年前のNHKの講演会で彼が言った「ファンクショナリズム」との戦いがすでにそこにはあったのです。彼の思想的な頑固さと柔軟性との双方の起源がこの〈像〉概念なわけです。彼の引用の作法そのものが、この〈像〉概念に基づいていました。もう一つの主著『共同幻想論』も国家の〈像〉概念を扱ったものにすぎない。

私はこの吉本さんの〈像〉概念に決定的な影響を受けました。

吉本から離れて行き着いた先は…

大学に入って、ハイデガーを本格的に読むようになって、少しずつ吉本さんの本を読まなくなりましたが、昨日朝日新聞関連のサイトで「…親鸞は『人間には往《い》きと還《かえ》りがある』と言っています。『往き』のときには、道ばたに病気や貧乏で困っている人がいても、自分のなすべきことをするために歩みを進めればいい。しかしそれを終えて帰ってくる『還り』には、どんな種類の問題でも、すべてを包括して処理して生きるべきだと。悪でも何でも、全部含めて救済するためにがんばるんだと」(二〇一一年三月二〇日の発言)という記事を見つけました。

親鸞の往相・還相論の吉本隆明の解説ですが、なんども読み続けてきたこの吉本の親鸞論も繰り返し、繰り返し変奏されると、これはハイデガーの転向論《ケーレ》のもっとも良質なものではないかとさえ思えてくる。存在者からの存在への『往き』（前期ハイデガー）と存在からの（存在者への）『還り』（後期ハイデガー）はベクトルが違うだけではなく、質が違うのです。

結局、二〇代以降、約四〇年を経て相対的には自立できたかな、と思っていた私のハイデガー（＝フッサール）傾斜は、吉本さんの手のひらの中での出来事だったのかな、と悲しくもあり、切なくもあり、しかもホッとする一瞬でした。

思考するということは、成熟することではなくて、若い〝とき〟を反復することの威力を与えるものなのではないでしょうか。

私が生まれたときとほぼ同じ時期（彼の二〇代後半時代）に彼が無名のままに書き連ねていた（いまとなっては）有名な詩編をここに取り上げて彼への追悼に代えたいと思います。

（初出・二〇一二年三月一七日）

ちひさな群への挨拶

あたたかい風とあたたかい家とはたいせつだ
冬は背中からぼくをこごえさせるから
冬の真むかうへでてゆくために
ぼくはちひさな微温をたちきる
をはりのない鎖　そのなかのひとつひとつの貌をわすれる
ぼくが街路へほうりだされたために
地球の脳髄は弛緩してしまふ
ぼくの苦しみぬいたことを繁殖させないために
冬は女たちを遠ざける
ぼくは何処までゆかうとも
第四級の風てん病院をでられない
ちひさなやさしい群よ
昨日までかなしかつた
昨日までうれしかつたひとびとよ

冬はふたつの極からぼくたちを緊めあげる
そうしてまだ生れないぼくたちの子供をけつして生れないやうにする
こわれやすい神経をもつたぼくの仲間よ
フロストの皮膜のしたで睡れ
そのあひだにぼくは立去らう
ぼくたちの味方は破れ
戦火が乾いた風にのつてやつてきさうだから
ちひさなやさしい群よ
苛酷なゆめとやさしいゆめが断ちきれるとき
ぼくは何をしたらう
ぼくの脳髄はおもたく　ぼくの肩は疲れてゐるから
記憶といふ記憶はうつちやらなくてはいけない
みんなのやさしさといつしよに

ぼくはでてゆく
冬の圧力の真むかうへ
ひとりつきりで耐えられないから

たくさんのひとと手をつなぐといふのは嘘だから
ひとりつきりで抗争できないから
たくさんのひとと手をつなぐといふのは卑怯だから
ぼくはでてゆく
すべての時刻がむかうかはに加担しても
ぼくたちがしはらつたものを
ずつと以前のぶんまでとりかへすために
すでにいらなくなつたものはそれを思ひしらせるために
ちひさなやさしい群よ
みんなは思ひ出のひとつひとつだ
ぼくはでてゆく
嫌悪のひとつひとつに出遇ふために
ぼくはでてゆく
無数の敵のどまん中へ
ぼくは疲れてゐる
がぼくの瞋りは無尽蔵だ

ぼくの孤独はほとんど極限《リミット》に耐えられる
ぼくの肉体はほとんど苛酷に耐えられる
ぼくがたふれたらひとつの直接性がたふれる
もたれあふことをきらつた反抗がたふれる
ぼくがたふれたら同胞はぼくの屍体を
湿つた忍従の穴へ埋めるにきまつてゐる
ぼくがたふれたら収奪者は勢ひをもりかへす

だから　ちひさなやさしい群よ
みんなのひとつひとつの貌よ
さやうなら

（昭和二七年の作品と推定される。未発表のまま、昭和二八年九月一日私家版詩集として発行された『転位のための十篇』に収められる）

廃人の歌

ぼくのこころは板のうへで晩餐をとるのがむつかしい　夕ぐれ時の街で　ぼくの考へてゐることが何であるかを知るために　全世界は休止せよ　ぼくの休暇はもう数刻でをはる　ぼくはそれを考へてゐる　明日は不眠のまま労働にでかける　ぼくはぼくのこころがゐないあひだに　世界のほうぼうで起ることがゆるせないのだ　だから夜はほとんど眠らない　眠るものたちは赦すものたちだ　神はそんな者たちを愛撫する　そして愛撫するものはひよつとすると神ばかりではない　きみの女も雇主も　破局をこのまないものは　神経にいくらかの慈悲を垂れるにちがひない　幸せはそんなところにころがつてゐる　たれがじぶんを無惨と思はないで生きえたか　ぼくはいまもごうまんな廃人であるから　ぼくの眼はぼくのこころのなかにおちこみ　そこで不眠をうつたえる　生活は苦しくなるばかりだが　ぼくはまだとく名の背信者である　ぼくが真実を口にすると　ほとんど全世界を凍らせるだらうといふ妄想によつて　ぼくは廃人であるさうだ　おうこの夕ぐれ時の街の風景は　無数の休暇でたてこんでゐる　街は喧噪と無関心によつてぼくの友である　苦悩の広場はぼくがひとりで地ならしをして　ちようどぼくがはいるにふさはしいビルデイングを建てよう　大工と大工の子の神話はいらない　不毛の国の花々　ぼくの愛した女たち　お訣れだ

ぼくの足どりはたしかで　銀行のうら路　よごれた運河のほとりを散策する　ぼくは秩序の密室をしつてゐるのに　沈黙をまもつてゐるのがゆいつのとりえである患者ださうだ　ようするにぼくをおそれるものは　ぼくから去るがいい　生れてきたことが刑罰であるぼくの仲間で　ぼくの好きな奴は三人はゐる　刑罰は重いが　どうやら不可抗の抗訴をすすめるための　休暇はかせげる

（「ちひさな群れへの挨拶」と同じように、昭和二七年の作品と推定される。未発表のまま、昭和二八年九月一日私家版詩集として発行された『転位のための十篇』に収められる）

涙が涸れる

けふから　ぼくらは泣かない
きのふまでのように　もう世界は
うつくしくもなくなつたから　そうして
針のやうなことばをあつめて　悲惨な
出来ごとを生活のなかからみつけ
つき刺す

ぼくらの生活があるかぎり　一本の針を
引出しからつかみだすように　心の傷から
ひとつの倫理を　つまり
役立ちうる武器をつかみだす
しめつぽい貧民街の朽ちかかつた軒端を
ひとりであるいは少女と
とほり過ぎるとき　ぼくらは
残酷に　ぼくらの武器を
かくしてゐる
胸のあひだからは　涙のかはりに
バラ色の私鉄の切符が
くちやくちやになつてあらはれ
ぼくらはぼくらに　または少女に
それを視せて　とほくまで
ゆくんだと告げるのである

とほくまでゆくんだ　ぼくらの好きな人々よ

嫉みと嫉みとをからみ合はせても
窮迫したぼくらの生活からは　名高い
恋の物語はうまれない
ぼくらはきみによつて
きみはぼくらによつて　ただ
屈辱を組織できるだけだ
それをしなければならぬ

（昭和二九年八月一日『現代詩』第一巻第二号に掲載される）

あとがきにかえて ――キャリア教育と高等教育のグランドデザインについて

教育の現場に長い間いると、世間の人々の出来不出来《できふでき》、人々の行動の出来不出来がすべて自分の教育の成否に関わっているように見えて、いや―なタイプの人間になりがちだ。組織内の同僚、部下、上長までをも「どんな教育を受けてきたのだろう」という目でついつい見てしまう。その人たちの〈経験〉や〈才能〉よりも、受けてきた〈教育〉が気になる。

街のアルバイト学生に出会っても、新人社員の営業や飛行機のCA（キャビンアテンダント）に出会っても、デパートや家電量販店に行って買い物するときも、「どこの大学？」「どこの専門学校出たの？」とついつい聞きたくなる。接遇面ばかりではなく、家電品、クルマ・オーディオなどの工業製品などを使っていても、なんという不出来な商品！と怒りに満ちた声を上げるときも同じ。いずれであっても背後に〝人材〟と〝人材像〟が存在し、〝人材教育〟が存在している。製品の出来も人材の出来に直結している。人を育てるということは人を育てられない分際の認識も含めて、社会観、世界観と無縁ではいられない。

そうやって、社会人はすべて卒業生（＝人材）という〝偏見〟に、私の頭の中は固まっている。職業病だと思って諦めるしかない。

そんな病の中でいつも疑問に思うことは、「いまのは、この子の個人的な資質によるものなのか、それとも教育が効いているのか（あるいは効いていないのか）」ということだ。もしいまの場面に適切に対応できる〝人材〟を作ろうと思ったら、どんな教員、カリキュラム、シラバス・コマシラバスが必要なのだろうか、と。

そのことに関して最近、私は別のことを考えるきっかけがあった。田村耕太郎さん（元参議院議員）の紹介で昨年末、楽天の社長室長のAさん、人事責任者（常務執行役員）のSさんとお話をする機会があった。周知のように楽天は新卒枠の三〇％が海外の（特にアジアの）大学新卒者。アジア進出を考えてのことだろうが、なかなか問題も多いとのこと。「なぜですか」と聞くと、なぜこのような製品やサービスを提供しなくてはいけないのか、その「意味がわからない」とアジアのエリート新卒者たちは言うらしい。提供しろと命じれば「頭がいいから」すぐできるが、その意味をわかっていない、とS人事担当者。私は、「なるほど」と言って次のように話を繋いだ。

私「頭の偏差値は高いけれど、消費者偏差値が低いんだよね、アジアのエリート学生たちは。日本の子どもたちは小さいときから、高度なマンガ・アニメ文化、ゲーム文化、携帯電話文化、そして接遇文化に馴染んでいる。〝国際的な〟秋葉原も近くにある。『頭がいい、悪い』に関係なく高度消費が空気のように身についている。消費に『頭がいい、悪い』はない。作れないかもしれないが、作る意味はわかる」。

楽天S「そうなんですよ、そこにズレがあるんですよ」

私「『頭がいい』『作る』ことのできる学生に〈意味〉を教えるのか、『作る』ことはできないけれども〈意味〉のわかっている学生に作り方を教えるのか、どちらが〈人材〉を作るのに早いか、簡単かということだよね（笑）。難しい問題だね」

楽天S「『単に頭がよければいい、英語ができればいい、コミュニケーション能力が必要』という問題じゃないんですよ」

私「わかります、わかります（笑）。そう思いますよ。だけど、日本の教育関係者がそのことを一番わかっていない。口を開けば『日本の学生はバカだ、勉強できない、基礎ができていない』になる。若者の消費偏差値の高さに気づいていない」

こんなやりとりだった。資質か、教育かという狭い議論を超えて、日本の消費文化の高さは職業人材を作るもう一つ別の〈基礎学力〉のようなものを形成している。国語・算数・理科・社会・英語だけが「基礎学力」でもないのだ。

ところが、この能力を受け止める高等教育が存在していない。専門学校は大学に行けない子どもたちの受け皿でしかない（もはやその境界もあやふやになりつつあるが）。「頭がいい」という体系はジェネラルエデュケーション→リベラルアーツの軸でしかない。消費偏差値の高さを活かす形で職業教育と接続する学校教育体系が存在していない。専門学校は非学校系の厚労省・国交省・経産省系の資格プレゼンスによってかろうじて「学校」の体裁を持っているにすぎない。専門学校（専修学校専門課程）は議員立法の出自からも明らかなようにもともとから文科省の関心の外の〝学校〟だった。自民党文教族（主には私学の早稲田系）の一九七六年施行の私学助成法圧力のどさくさに紛れてできあがったのが専修学校制度（同じく一九七六年施行）だった。地方名士による「各種学校」の格上げ圧力が文教族議員立法に結実したのである。四大進学率がこの時代にはまだ二〇％台（四大進学率は九〇年代初頭まで、この私学助成法による定員管理とオイルショック契機による所得上昇の鈍化などによって二〇％台にとどまる）だったことからすれば、この制度は議員立法であったとは言え一定の役割を果たしたとも言える。

しかし、専門学校教育の核となる資格教育は受験教育の変種なのだから、その教育は予備校以上でも以下でもない。それは消費型の教育モデル（生涯学習モデル）なのである。だから厳密な意味での〈学歴（初等・中等・高等教育ヒエラルキー歴）〉にはならない。外部の資格取得目的の〝学校〟でありながら、「建学の精神」を持つというのも不思議なことなのだ。〈特色〉として競っているのは資格合格率だけなのだから。外部の〈資格〉目標すらない専門学校はもっとひどい状況だ。

要するに、高校卒接続の段階で、東大（リベラルアーツ）へ進学するのと対等の立場で選択することのできる職業教育体系が存在していないということ。専門学校や短大の一部が高校卒接続だと言っても一気に職業資格に飛んでしまうわけだ。〈人材像〉が存在しない職業教育にとどまっているのである。専門学校にとって〈資格〉教育とは遅れてきた受験教育の象徴でしかない。より難しい受験教育

（大学受験）をより優しい受験教育（資格受験）で代替しているにすぎない。すべては努力賞指標にとどまっている。企業の期待は、資格の人材像への期待ではなくて、「その程度には勉強する癖をつけておいてね」ということにすぎない。学校接続「職業教育」の実績はその程度のものにとどまっている。

教育基本法改正（二〇〇六年）に際して新たに加わった「職業」教育とも並行した文科省の「今後の学校におけるキャリア教育・職業教育の在り方について」中教審最終答申（二〇一一年一月三一日）も、同じように「地域」人材育成に人材像が狭隘化されている。当初の中間答申や本答申「素案」ではもっとはっきりと「中堅人材」育成という文言がいくつもあったが（「経済社会活動のボリュームゾーンをなす中堅人材として活躍する、さまざまな職業・業種における実践的・創造的な職業人を育成していく必要がある」素案七四頁）、本答申ではそれが二重抹消線と共に消えて、もっぱら「地域」人材としてのキャリア像に狭まっている。「中堅」ではこの答申の真意が露骨すぎるからだろう。

それもあって、この答申は複雑怪奇な答申になっている。一方では、〈職業教育〉と〈キャリア教育〉を概念的に分離し、短期接続的な社会接続教育（主には専門学校、短大に見られる）を〈職業教育〉とし、それとは別の長期的な「自立的」社会接続教育を〈キャリア教育〉としている。つまり〈キャリア教育〉とは専門学校批判、短大批判のマークであり、職業教育はこの限りでは一段低い教育として差別されている。専門学校でも最近、「キャリア教育」科目を導入する学校が出てきているが、本末転倒の事態だと言わざるを得ない。

そもそもこの〈キャリア教育〉は学ぶことが仕事に就くことと結びついていない〈学校教育〉に導入されているもの。元から学ぶことと就職することとが結びついている（はずの）専門学校に「キャリア教育」という科目があることを不思議に思わない専門学校関係者の見識のなさにはあきれるばかりだ。結局、平板な資格・受験教育によって、具体的な職業人材像と分断されている分、流行《はやり》の「キャリア教育」に誘惑されるわけだ。専門学校「キャリア教育」というのは自己敗北宣言なのである。

しかしその持ち上げられた〈キャリア教育〉自体は、「中堅」人材、「地域」人材に狭められているわけだから、このキャリア教育もなお留保された人材教育にすぎない。言い換えれば、〝一流〟大学の卒業生キャリアの方が、この「キャリア教育」答申の人材像よりもまだ上にあるということ。「中堅」に対しては「リーダー」がいるはずだし、「地方」に対しては〝首都（本社・本部）〟人材（あえてそういう言い方をするとすれば）がいるのだろうから。

つまりこの答申は、結局は「職業教育」（広義の）をもう一度差別する答申になっている。事実的には全入時代の大学（偏差値の低い大学）の救済策としてのキャリア教育答申にとどまっている。一方では専門学校の一条校化（質の向上課題）を先送りし、一方では崩壊しつつある低偏差値大学を救済する（大学設置基準をキャリア教育組織的に緩和する）という中途半端な答申になっているわけだ。だから入試倍率のある中堅以上の大学は、このキャリア教育答申に何の関心も持てない。あるいは高偏差値高校の「キャリア教育」も空回りし続けている。より高い偏差値の大学へ進学させることが高偏差値高校の教育にとってももっとも実質的なキャリア教育であるだろうからである。

依然として〈キャリア教育〉は「頭の悪い」子供たちのものであり、「複線型教育の必要」と声高に叫ばれても、それは中曽根臨教審以来の「頭がいい」「頭が悪い」という二軸の複線にすぎない。頭が悪い子にわざわざ（無理矢理）勉強させる必要はないという臨教審的意欲主義、個性主義が未だに複線型思想の根幹を形成している。「意欲」「個性」「多様性」重視と言いながら偏差値トラック上の複線にとどまっているのである。

こうなってしまうのは、国語・算数・理科・社会・英語とは別の軸の教育が見出せないままになっているからだ。いわゆる高等教育の「グランドデザイン」課題と言われているものが棚上げされているのである。ジェネラルエデュケーション→リベラルアーツの、いわゆる〝お勉強〟系以外の軸とは別の高度職業教育を（高卒接続の）高等教育の中で展開するという課題が高等教育の「グランドデザイン」論というもの。

このグランドデザイン論は、「今後の学校におけるキャリア教育・職業教育の在り方について」中教審本答申の（言わば）準備議論としての「専修学校の振興に関する検討会議」（文科省）では熱心に議論されていた（第一回二〇〇七年一一月七日〜第一二回二〇〇八年一〇月二〇日）。「『学術教育を中心とする若者に対する育て方』と『職業教育を中心とする若者に対する育て方』「伝統的な高等教育の他に、実践的な職業教育に特化した高等教育機関が存在することは、国民に開かれた高等教育を保障することになるとともに、学術研究の中心としての伝統的な大学の質の維持にも資するものであること。従来の学校制度の中では必ずしも成熟してこなかった職業教育について、職業教育の体系化の観点から複線型の制度にして再構築する議論が必要であること」など。これが中教審本答申では消えてしまう。「新たな学校種」（検討会議）と言われていたものが「新たな枠組み」（本答申）という言い方で軟化するように。

この検討会議は、専修学校の職業教育（この場合は専門学校）の実際についてほとんど何も知らない一条校関係者※が専修学校一条校化に向けて検討するという趣をもっていたが、結果として専修学校の職業教育に対する不信を増大させること（故なきことではないが）につながった ― 本答申含めて中心的人物となった吉本圭一（九州大学）の報告（「高等教育としての専門学校教育」第三回二〇〇七年一二月二一日）にはその不信が端的に表明されている※※。

※「一条校」とは、学校教育法「第一条」において、「この法律で、学校とは、幼稚園、小学校、中学校、高等学校、中等教育学校、特別支援学校、大学（短期大学および大学院を含む）および高等専門学校とする」と規定されている学校群のこと。専修学校はこの〈学校〉概念の中には存在していない。

※※先の文科省「専修学校の振興に関する検討会議」（第三回二〇〇七年一二月二一日）において、専門学校の現況を調査報告した吉本圭一（九州大学）は、専門学校の就職状況、中退率、教員の教育力（教育熱心度）などの観点から、以下のような数値を取り出して検討会議で報告している。

全国の全学科で専門学校卒業生の進路を調べてみると（文科省「学校基本調査一九九九年」）、

【就職状況】関連分野への就職が七〇％にとどまり、八％が関連分野以外、その上、無業者が二一・六％もいる。

【中退者】中退者に関しては、一九八五年から二〇〇〇年の間の（「学校基本調査」の）平均値で見ると、専門学校は一五％、短大は五％、大学は七％。専門学校の方が大学より中退者が多い。

【教育熱心】「教員が教育熱心」と言われている専門学校の、教員一人あたりの学生数は、専門学校一八・三人。同じく短大は一九・三人、大学は一八・七人。常勤教員の持ちコマ数は、専門学校一二・七時間、短大八・四時間、大学八・六時間。対学生数は大学とも変わらない。その上、持ちコマ数が大学・短大と比べて多い中、きめの細かい指導ができていると言えるのか。

こういった調査・報告を進める中で、吉本は、大学などに対して専門学校が「就職の専門学校」であり、「教育熱心」であると言えるのかと反問しています。さらに、別の論文の注釈の中では、専門学校のデータがあまりにも公共的に貧弱で、実態が見えないと吉本は嘆いている。

その結果、その吉本も入った「専修学校の質の保証・向上に関する調査研究協力者会議」（平成二四年五月八日から現在まで続く）では、もはや専門学校の「質の保証・向上」は元通り専修学校制度枠内の〝改善〟に収まってしまった。「職業実践専門課程」（仮称）の新設とは言うが、専修学校課程の中の一つにすぎない（専修学校制度を「わかりやすい制度」とするという議事録がこの会議の最深レベルである）。

結局、一条校既得権の厚い壁を打ち破ることができなかったなれの果てが、「専修学校の質の保証・向上に関する調査研究協力者会議」なのである。中教審キャリア教育答申（二〇一一年一月三一日）の議論の経緯の中で、一条校にはなりたいがなるといろいろうるさく言われそうだと感じた専門学校関係者が、せめてこれくらいのことはやってほしい、と願い出て落ちぶれた末の「職業実践専門課程」である。実態は「専門課程」と何も変わらない（変わりたくないのだから）。専門学校（専修学校専門課程）のほとんどが小規模校（「学校」とはとても言えないほどの）であることから、それなりの規模を有した専門学校を分離することがこの「職業実践専門課程」の実質的な意義にすぎない。

しかし専門学校の職業教育は、大規模校であれ、小規模校であれ実態は変わらない。実態は三つある。①担任主義の出席重視教育 ②資格主義教育 ― 資格すら目標としない専門学校のカリキュラムはもはやカオスにすぎず、「カリキュラム」と言えるもの自体が存在しない ③慢性化する追再試体制である。何度も言うようにその結論をなぞったのが、「キャリア教育」と「職業教育」とを差別的に分離したキャリア教育答申（二〇一一年一月三一日）だった。それもあって、吉本（九州大学）、小方（東京大学）、黒田（金沢工業大学）などの大学委員の議論に対して、専門学校関係者の対応はまったく要を得ていない。

たぶん「職業実践専門課程」は、子供だましのような自己点検評価（いわゆる元からずさんな「東京フォーマット」の変種）つきの体裁をもって終焉するのだろうが、専修学校（設置基準の緩い）の枠内では何も変わらないのは目に見えている ― 自己点検評価に加えて、企業連携カリキュラム、企業連携演習（演習、実習、実技及び実験）型授業の導入、教員研修などの条件がつけられそうな気配だが（二〇一三年六月時点）、これらの定量的な基準は一切示されていない。そもそも二〇一三年六月一七日の「専門学校における職業実践的な教育に特化した枠組みについて」骨子案（文科省）では、キャリア教育答申以来キーワードとなっている『実務の卓越性』の内容や判断基準等について共通理解が困難な状況であるため、職業実践専門課程（仮称）の目的においてはこれに言及しない」ことになっている。演習型授業の導入についても「専門学校の分野ごとの演習・実習等の実態を見ると、総授業時数に占める演習・実習等の授業割合は様々であり、質の高い実践的な職業教育による成果を上げているかどうかを判断するに当たり、一律に定量的な授業割合を基準とすることは必ずしも適当ではない」。さらに教員条件についても「専門学校の各分野ごとの教員資格の実態は多様であり、また、教員に求められる実務卓越性や指導力の考え方が必ずしも十分に共有されていない現段階では、それらを備えているかどうかを判断するに当たり、一律の基準を設けることは困難である」となっている―「実務卓越性や指導力の考え方が必ずしも十分に共有されていない現段階」で「基準を設けることは困難である」と言いながら、その「共通理解の困難な」「実務卓越性」という奇妙な言葉は使い続けるのだから（一説によればこれは吉本圭一が好きな言葉らしいが）、この骨子案自体が「様々」な「多様性」に紛れてしまっているのである。

しかし、この種の「様々」な「多様性」こそが専門学校教育の停滞と質の低下を招いたというまともな指摘（「新しい専門学校制度の在り方（専門学校の将来像）」全国専修学校各種学校総連合会・二〇〇六年）をしていたのは、他ならぬ専門学校関係者自身である。そのことに何も手をつけようとしないのだから、この「職業実践専門課程」が専門学校の質向上に何も寄与しないのは目に見えている。

非文科系の資格主義教育に長い間馴染んできた専門学校には、①「カリキュラム」という意識そのものが希薄であること　②学納金収入が大半である専門学校の現状では募集・広報優先の「企業提携」しか実質がないこと　③そもそもカリキュラム開発や企業提携の内実であるシラバスやコマシラバスを書ける教員が乏しいこと（教員研修の成果を期待するにしてもそもそもの教員資格の高度化なしには実質的に難しい）などの根深い問題があり、それもこれも専修学校制度の中の「教員資格」に手をつけないからである。

そもそもこの「骨子案」の最初の頁（二頁）では、キャリア教育答申（二〇一一年一月）を錦の御旗（「新たな枠組みの制度化」という御旗）にしながら、後半の段落では、高等教育「段階」とか、新たな枠組みの「趣旨」とか、新たな枠組みの「先導的試行」というように文言が曖昧化し、この「職業実践専門課程」が「新たな枠組み」ではないことが（官僚文書的に）告知されている。タイトルも従来の「専門士」「高度専門士」と区別された「独自の称号を付与することは、現時点では行わない」と宣言されているから、現在の専門課程（専門学校）と何も変わりはしない。結果的には一年課程ではないことが唯一の定量基準である。その上「生涯学習の振興に資すること」と、この新課程の「目的」の末尾が締められていることから、〈学校体系〉接続からの専門学校の位置づけは従来よりさらに弱まる気配だ――「キャリア教育」答申と並行して動いていた「専修学校教育の振興方策等に関する調査研究」（二〇一〇年一一月〜二〇一一年三月）、それを受けての今回の「専修学校の質の保証・向上に関する調査研究協力者会議」の一貫した傾向は、専門学校の〈学校〉接続（高大接続）を、生涯学習的（厚労省的なリカレント教育）に軽薄化することにある。まさに職業教育の高度化の全面的断念表明が、この「職業実践専門課程」である。

さて、専修学校は（専門学校も含めて）基本的に時間主義でしかない。だから追再試も慢性化する。資格の外面主義が単位主義の精神になじまないのだ。自己点検や第三者評価は、専門学校私学助成への第一歩だろうが、在籍率や就職率の実数表示さえ評価項目にない点検評価（東京フォーマット）をいくら重ねても「質の保証・向上」は望めない。

要するに、お金（私学助成）は欲しいが、まともな自己点検評価はやりたくないということにすぎない。まともな実数を出せない点検評価は、まともな取り組みを阻害する。元からいい加減な数値や評価を公表しているとまともなことをやったときとの〝違い〟を見せることができなくなるために、逆にまともな取り組みへの動機を殺いでしまう。やらないよりやった方がましなのでなくて、いい加減な取り組みはむしろ「質の保証・向上」を阻害する。そもそも現在の専修学校の自己点検は、小学校自己点検評価の「準用」にすぎない。職業教育組織らしい点検評価の影さえもない。お金もくれないでまともなことができるはずがない（専門学校経営側）、まともなこともできていないのにお金（公金）をつぎ込むことなどできない（文科省）の双方の悪循環を誰も突破できていないのが現状。残念でならない。

また既得権を持つ大学関係者からは「複線型の教育体系には賛成だが、既存の大学等においても職業教育を行っているので現行制度との整理は必要」などという思惑がらみの発言もあり、この検討会議以降、「一条校化」「グランドデザイン」という言葉は、（文科省内部で）消えていく。本答申ではこれらの言葉は、「特化した枠組み」「新たな枠組み」という言葉に軟化するわけだ。その軟化の挙げ句の果てが文科省の「キャリア教育」本答申である。

文科省（あるいは吉本圭一）がグランドデザイン論を断念した理由は、唯一の手がかりとされた専門学校の職業教育が高度職業教育のモデルにはなり得なかったことが大きいが、それ以上に両会議を主導した大学関係者に職業教育を導く理論も経験も能力も（そのうえ関心も）なかったことが大きい。もちろん、それ以上に専門学校の代表者がもっと情けなかったのだが。

しかしそれはないものねだりというものだ。実質的には、二極化した大学の底辺が〝専門学校化〟するか、専門学校が〝高度化〟するか、どちらかが新設置基準を満たせば、それが「特化した枠組み」「新たな枠組み」ということでしかない。そしてどちらにしても高等教育としては〝底辺〟にすぎない。「キャリア教育」答申は、志も戦略もない答申にとどまったのである。

日本の若者の消費偏差値の高さに誰も気づいていない。グランドデザイン論は消費偏差値が高い日本のような国において以外には、ヨーロッパやアメリカのような階級教育の変種としての職業教育にしかならない。

製造業が海外移転し、ＩＴ化と非正規雇用と大学全入などによって若者の行き場がなくなった。

そのおかげで軽薄なコミュニケーション主義、コミュニケーション教育が蔓延している。まるでそれが〈キャリア教育〉でもあるというようにして。

しかし、「こういう商品じゃないと私は買わない」とか、「こういうサービスのない店には行かない」という動機を、それらを〈作る〉動機に転換させること、それが〈キャリア教育〉。

事実、日本は、街全体が〈教育〉に充ち満ちているわけだ。街ばかりではなく、自宅の、自室の身の回りのものそのものが〈教育〉に充ち満ちているわけだ。子供から大人まで一億総批評家になっている。おびただしい商品批評コメント、サービス批評コメントを見れば完成品に対してこんなにうるさい国民はいない。買わないものにまでけちをつけ、買った後まで他人のコメントを気にする。このパワーが消費偏差値の高さを物語っている。

その意味で言えば、高校卒業の時点ですでに消費者として、子供（生徒たち）は充分に〈社会〉に出ている。ジェネラルエデュケーション→リベラルアーツの軸でしか学校教育（高等教育）が存在しないのは、そしてまたその裏方のような職業教育（専門学校教育）しか存在しないのは、実はそれらが〝学校後進国〟の体系にとどまっているからにすぎない。消費偏差値の高さに裏付けられた職業高等教育選択が存在しうる素地が日本にこそ存在しているにも関わらず。

学校教育の現場では、この早くから社会外部化した児童・生徒・学生たちを「オレ様化する子供たち」と厄介者扱いしたり、「学校教育もサービス産業。児童・生徒・学生たちはお客様」などとうそぶく人たちがたくさんいるが、社会批評、社会選択を基盤にした学校教育体系が少なくとも高等教育以降は存在するべきことを、それは、意味しているにすぎない。〈キャリア教育〉とは、自分がどんな商品やサービスを提供したいのかを無条件に――この著作全体で再三指摘したように「社会ニーズ」に断片化されずに有機体系的積み上げ型カリキュラムとして――逆算して学校教育を再編することに他ならない。その道を示すことができれば、東大志望の高校生も職業教育を選択するときがやってくる。高大連携の鍵を握るのはこの意味での〈キャリア教育〉なのだ。

一年後に還暦を迎える私は、やっとやり残した仕事が見えてきた。もう遅いのかもしれないが、新しい〈学校〉が必要なのだ。大学も専門学校も新しく生まれ変わらなければならない。いま私の周りにいる人たちはそんな思いに駆り立てられた人たちばかりだ。上にも下にもこぼれている日本の若者の可能性に目を閉ざす教育の現状、それに対する大人側からの反旗の思いがこの本の記事一行一行の中に、一〇年間の記事の中に込めてある。老婆心なしにはできない仕事のような気もするが、私の場合は老爺心だ。うるさい親爺だなと思って諦めてもらいたい。

※　※　※

この本の出版の経緯は、ロゼッタストーン社の弘中さんが私の講演に参加されたのがきっかけになっている。「【先生の学校・集中講義】授業法と評価法――〈学校〉における教育目標とは何か」という講演（二〇一一年二月六日）だった。広報もしないのに全国から一〇〇人以上の参加者を得て盛況だったが、この講演は一三時半から一八時半までの五時間程度を予定、五時間でも長いがしかし最後には二一時半を超え、八時間もの講演になった。しかも私は立ちっ放し。休憩は一切なしで。新幹線や飛行機経由の参加者はさすがに一九時過ぎには帰られたが、それでも八割近くの参加者は最後まで残られ、思い入れのある講演になった。

最後までおられた参加者のお一人が弘中さんだった。彼女によれば、私の（少し難しい）理論的な話よりは、むしろ私の実践や教育実績に関心をお持ちになったようだ。「ぜひこの実践を教育に関心のある人や若い人たちにも知っていただきたい」との思いで、講演の文字起こしをご自身でなされ、出版しましょう、ということになった。※

※この、弘中さんとの出会いのきっかけになった講演の感想のいくつかがネット上で公開されている。

●「授業法と評価法　『学校』における教育目標とは何か」を聴いて
http://blog.livedoor.jp/buu2/archives/51208387.html

●「授業法と評価法」を聴講
http://ashes.way-nifty.com/bcad/2011/02/post-4360.html

それ以後、文字起こしの原稿を加筆修正の日々が続いたが、原稿は三倍以上にふくれあがり、次々と加筆修正し続けているうちに二年も経っていた。「これではいつまで経ってもできないかも」と私の方から相談を持ちかけた。「関連するものなら、ブログにいくらでもありますから、それを再編集してはどうですか。最初から書き言葉になっているブログの加筆修正の方が遥かに早くできると思います」と言ったのが昨年の一二月。その加筆修正ももうかれこれ半年経っている。

ブログ掲載記事の一つ一つの四割以上を平均で加筆修正している。特に第九章「ツイッター微分論」は、二倍以上加筆修正、気分的にはほとんど書き下ろしの記事になった。この本の中核をなす第九章「機能主義とメディアの現在」の加筆・修正―同時に二年以上書けないでいた日経 BPnet 連載の最終回（第一〇回）の完成―が私に可能になったのは、なんと言っても東日本大震災が機縁になっている。

この本は東日本大震災の衝撃なしには生まれなかった。第九章全体の序論とでも言える〈気仙沼はどうなっているのか〉（二六六〜二七三頁）で、「私は、いま〈新人〉のことを考えている」（二六九頁一行目）とポツンと書いたとき、ツイッター微分論の〈新人論〉＝「走り出そうとしている人」（ハイデガー）論（特には三七二〜三九一頁）は、まだ私の念頭にまったくなかったが、「機能主義とメディアの現在」をたびたび挫折しながら補完的に書き進むにつれて、別の時間の出来事だった震災論とツイッター論とが一気に結びついた感じがした。

と同時に、二〇代、三〇代の哲学探究といまの教育実践との架橋（さらにはブログ読者とツイッターフォロワーとの架橋）がこの加筆・修正の分量になってしまった。第八章までの総括的な論考としてもまとめてある。私の一〇年来のブログ読者にも少しは読み応えのあるものになっているはず。これも弘中さんの八時間講演連続受講のたまものだ。出版には何の関心もないわがままな私の遅筆と出版直前までの分刻み、秒刻みの加筆修正に耐えてくださった弘中さんに、この場を借りて深謝します。

また早稲田大学「ニーチェ研究会」以来の付き合いである芦澤昌彦さん、宮川進悟さん、ツイッターで出会った貫井隆さん、小倉佐知子さん、金橋香代子さんなどには校正をお手伝いいただき大変感謝している。特に芦澤さんには、PDF原稿から索引語-頁体系を自動生成させる〝アプリケーション〟を私のためだけに開発していただき、類書に例を見ない充実した索引語ページになったと思う。このアプリ設計は、何よりも、すべての原稿に目を通した意味論的な読解が前提になっている。誰にも作れないアプリだと思う。下手な、私の追加の解説よりも、この索引語体系の方がはるかに何かがわかるような体裁を保っている。〈検索〉と〈索引〉とは違うのだということに対する、電子書籍派への、私たちの少しばかりのイヤミでもある。今の時代、〈出版〉ほど無謀な行為はないと思われるが、「本で読みたい」という読者の期待に少しでも応えられたら、この無謀にも意味がある。

そんなたくさんの無謀な思いがこの本に込められている。無謀な若者たちにこそ、しっかり読んでもらいたい。

二〇一三年六月　初夏の香りする品川・御殿山にて　芦田宏直

学の根本諸概念』補遺ブレッカー筆記録　345
ハイデッガー全集第29/30巻『形而上学の根本諸概念』　290, 374-375, 390
ハイデッガー全集第33巻『アリストテレス,「形而上学」第9巻1-3』　384, 387, 390
ハイデッガー全集第45巻『哲学の根本的問い』　270
ハイデッガー全集第51巻『根本諸概念』　382, 386
『ハイデッガーの哲学と日本』（川原栄峰）　390
「パトモス」（ヘルダーリン）　391
「批評にとって作品とは何か」吉本隆明（『海』1980年7月号 中央公論社）　398
『開かれ―人間と動物』（アガンベン）　290
『フクシマの後で』（「集積について」）（ナンシー）　350-351
「ふるさと」（五木ひろし）　268
「古畑任三郎」（フジテレビ）　34
『フロイト全集第20巻』（「女性の性について」）　198
『文学空間』（モーリス・ブランショ）　343
『文藝春秋』（文藝春秋）　83
『ヘーゲル序文集』（ヘーゲル）　22
『ヘーゲル読解入門』（コジェーヴ）　273
「ポケベルが鳴らなくて」（日本テレビ）　331
『ポジシオン』（デリダ）　403

■マ行

「また逢う日まで」（尾崎紀世彦）　267
「マチウ書試論」（吉本隆明）　395-396, 412
『窓際のトットちゃん』（黒柳徹子）　293
「マルクスその可能性の中心」柄谷行人（『群像』1974年04月号-09月号 講談社）　397
「ミッドナイト・イン・パリ」（ウディ・アレン監督）　17
「港町ブルース」（森進一）　266-268, 270, 273
『民主と愛国』（小熊英二）　407
『無為の共同体』（ナンシー）　350
『物の体系』（ボードリヤール）　59

■ヤ行

『吉本隆明1945―2007』（高澤秀次）　407

■ラ行

「ラヂオの時間」（三谷幸喜監督）　34-35, 38
『リテラリーマシン ― ハイパーテキスト原論』（テッド・ネルソン）　315
“Liberty versus Equal Opportunity”（フィッシュキン）　205
『臨教審の軌跡』（内田健三）　210
『臨時教育審議会3年間の記録』（大森和夫）　214
『歴史哲学についての異端的論考』（パトチカ）　273
『歴史の終わり』（フクヤマ）　362
『論理学研究』（フッサール）　294

■ワ行

「我が国の高等教育の将来像」答申（中央教育審議会・文科省）　216-217, 224
『若者雇用関連データ』（厚労省）　235
『若者はなぜ「就職」できなくなったのか？』（児美川孝一郎）　334

ナー） 278
『サルトル哲学序説』（竹内芳郎） 408
『資本主義と自由』（フリードマン） 202
『自民党と教育政策』（山崎政人） 214
『純粋理性批判』（カント） 385
『情報様式論』（ポスター） 360
『書物の時間』（芦田宏直） 20
『真贋』（吉本隆明） 395
「人工知能における『頭の内と外』」松原仁（『哲学』1990/10 哲学書房） 292
『人工知能になぜ哲学が必要か』（「一般化フレーム問題の提唱」松原仁） 293
「スターウォーズ」（ジョージ・ルーカス監督） 286
「ストック情報武装化論」（芦田宏直・日経ＢＰネット連載） 275-276
『精神現象学』（ヘーゲル） 359, 362
『世界』（岩波書店） 83
「専修学校教育の振興方策等に関する調査研究」（専修学校教育の振興方策等に関する調査研究協力者会議・文科省） 435
「専門学校における職業実践的な教育に特化した枠組みについて」骨子案（専修学校の質の保証・向上に関する調査研究協力者会議・文科省） 433-434

■タ行
『大学の教育力』（金子元久） 239
『大衆教育社会のゆくえ』（苅谷剛彦） 306
「台風クラブ」（相米慎二監督） 157
『大論理学』（ヘーゲル） 128, 381
『多元化する「能力」と日本社会 ― ハイパー・メリトクラシー化のなかで』（本田由紀） 227
“Das Ende der Massenproduktion”（ピオリ＆セーブル） 228
「知性の条件とロボットのジレンマ」大澤真幸（『現代思想』18-3 号 青土社） 292
『知的生産の技術』（梅棹忠夫） 274
『中央公論』2004 年 2 月号（中央公論社） 209
『転位のための十篇』（「ちひさな群への挨拶」「廃人の歌」吉本隆明） 416-421
「遠い空の向こうに」（ジョー・ジョンストン監督） 161
『独立のすすめ』（福沢諭吉・ロゼッタストーン編） 130, 132

■ナ行
「涙が涸れる」吉本隆明（『現代詩』第 1 巻第 2 号 百合出版） 421-423
『日本のメリトクラシー』（竹内洋） 306, 308
『人間機械論』（ウィーナー） 280
『人間はどこまで動物か』（アドルフ・ポルトマン） 68

■ハ行
ハイデッガー全集第 2 巻『存在と時間』 119, 128, **343-344**, **346**, **365**, **374-376**, **385-386**
ハイデッガー全集第 6 巻（-Ⅱ）『ニーチェ』（「存在の歴史としての形而上学」） 375
ハイデッガー全集第 8 巻『思惟とは何の謂いか』 384
ハイデッガー全集第 9 巻『道標』（「ヒューマニズム書簡」） 385
ハイデッガー全集第 11 巻『同一性と差異』 370, 375
ハイデッガー全集第 14 巻『思索の事柄へ』（「哲学の終わりと思索の課題」） 387
ハイデッガー全集第 18 巻『アリストテレス哲学の根本概念』 383
ハイデッガー全集第 22 巻『古代哲

著作・作品・その他の索引

■ア行

「新しい専門学校制度の在り方（専門学校の将来像）」答申（全国専修学校各種学校総連合会・文科省） 434

『新しい労働社会』（濱口桂一郎） 237

『異端の時代 — 現代における宗教の可能性』（ピーター・L・バーガー） 356

『意味に飢える社会』（ボルツ） 389

『引用の織物』（宮川淳） 409

『オレ様化する子どもたち』（諏訪哲二） 352

■カ行

『解釈の革新』（リクール） 360, 403

『階層化日本と教育危機』（苅谷剛彦） 208

「学士課程教育の構築に向けて」答申（中央教育審議会・文科省） 216-217, 233, 241

『学問のすすめ』（福沢諭吉） 130, 132, 303-306

『学力があぶない』（「新学習指導要領と学力低下」上野健爾） 209

『学歴社会』（ドーア） 306

『学歴の社会史』（天野郁夫） 306

『学歴分断社会』（吉川徹） 235

「傘がない」（井上陽水） 272-273, 359, 389

『カント哲学の形成と形而上学的基礎』（ハイムゼート） 403

『危険社会—新しい近代への道』（ベック） 273

『君は、こんなワクワクする世界を見ずに死ねるか』（田村耕太郎） 219

『キャリアエデュ』NO.26（東京都専修学校各種学校協会・私立専門学校振興会） 252

『教育改革のゆくえ』（天野郁夫） 305

『教育の職業的意義』（本田由紀） 228

『共同幻想論』（吉本隆明） 394, 414

『近代とはいかなる時代か？』（ギデンス） 332

「クローズアップ現代」（NHK 番組） 133

『グロテスクな教養』（高田里惠子） 306

『経済学・哲学草稿』（マルクス） 156

『言語にとって美とはなにか』（吉本隆明） 21, 394-395, 408, 413

『現代政治の思想と行動』（丸山眞男） 389

『現代の高等教育』（IDE 大学協会） 248

『現代ビジネス』（講談社 WEB マガジン） 219, 241

『高度成長』（吉川洋） 209

『声と現象』（デリダ） 412

「コグニティブ・ホイール」ダニエル・デネット（『現代思想』15-5 号 青土社） 286-288

『個性を煽られる子どもたち — 親密圏の変容を考える』（土井隆義） 351, 353

『子ども・若者白書』（内閣府） 235

「今後の学校におけるキャリア教育・職業教育の在り方について」答申（中央教育審議会・文科省） 237-238, **428-436**

■サ行

『西国立志編』（サミュエル・スマイルズ） 306

『サイバネティクス — 動物と機械における制御と通信』（ウィー

345
フィッシュキン（ジェイムズ・フィッシュキン） 205, 211
フォイエルバッハ（ルートヴィヒ・アンドレアス・フォイエルバッハ） 273
福沢諭吉 130, 132, 303, 305
フクヤマ（フランシス・フクヤマ） 362
藤原智美 408-409
フッサール（エドムント・フッサール） 18, 294, 364-366, 370, 384, 415
プラトン 290, 345, 347
ブランショ（モーリス・ブランショ） 343
フリードマン（ミルトン・フリードマン） 202
フロイト（ジークムント・フロイト） 187, 198, 413
ヘーゲル（ゲオルク・ヴィルヘルム・フリードリヒ・ヘーゲル） 22-23, **50**, 119, 128, **176-177**, 290, 350, **359-362**, **370**, **381-382**, 386, 413
ベケット（サミュエル・ベケット） 412
ベック（ウルリッヒ・ベック） 273
ヘルダーリン（フリードリヒ・ヘルダーリン） 391
ヘレン・ケラー 289
ボードリヤール（ジャン・ボードリヤール） 59
ポスター（マーク・ポスター） 360
ホリエモン（堀江貴文） 103
ボルツ（ノルベルト・ボルツ） 389
ポルトマン（アドルフ・ポルトマン） 68, 70-72
本田由紀 227, 263

■マ行

マクスウエル（クラーク・マクスウエル） 278
マクルーハン（マーシャル・マクルーハン） 333
松永征夫 248, 250-251
松浪信三郎 119
松本人志 97
マルクス（カール・マルクス） 156, 290, 368, 395, 397, 399, 406, 413
丸山眞男 389, 413
三上治 397
三谷幸喜 34
三田誠広 174
宮川淳 409
宮台真司 361
茂木健一郎 136, 345
森進一 266-267, 270
盛田昭夫 37-38

■ヤ行

八木哲郎 274
柳田國男 378
山折哲雄 174
山崎政人 214
山本浩司 256
吉川洋 209
吉本圭一 431-434, 436
吉本隆明 **21-23**, 269, **275-276**, 293, **380**, **394-408**, **410-415**

■ラ行

ライプニッツ（ゴットフリート・ヴィルヘルム・ライプニッツ） 387, 397, 399-400, 406
ラカン（ジャック＝マリー＝エミール・ラカン） 194, 362
ラッセル（バートランド・ラッセル） 271
リオタール（ジャン＝フランソワ・リオタール） 333, 363
リクール（ポール・リクール） 360, 403
良寛 390
ルター（マルティン・ルター） 368
レヴィナス（エマニュエル・レヴィナス） 349-350, 365, 386

イクスピア) 327, 373
司馬遼太郎 87
島田紳助 96-97
親鸞 406, 414
杉光一成 135
スマイルズ (サミュエル・スマイルズ) 306
諏訪哲二 352
ゼークト (ハンス・フォン・ゼークト) 26
セーブル (チャールズ・F・セーブル) 228
相米慎二 157
ソシュール (フェルディナン・ド・ソシュール) 413

■タ行

高澤秀次 407
高田里惠子 306
高橋允昭 120, 412
竹内洋 306, 308
竹内まりや 369
竹内芳郎 408
たけし (ビートたけし, 北野武) 96-97
太宰治 21
田辺元 18
田村耕太郎 219-220, 425
タモリ 97
丹波哲郎 343
チューリング (アラン・チューリング) 283-284
チョムスキー (ノーム・チョムスキー) 285
デカルト (ルネ・デカルト) 294, 346, 368, 370
デネット (ダニエル・デネット) 286
寺脇研 209-210, 214
デリダ (ジャック・デリダ) 120, 351, 361, 368, 403, 412
土井隆義 351-355, 357-358, 372
ドゥルーズ (ジル・ドゥルーズ) 367-368
ドーア (ロナルド・ドーア) 306
ドラッカー (ピーター・ドラッカー) 313
トロツキー(レフ・トロツキー) 17

■ナ行

中内功 213
中上健次 397
永坂田津子 412
夏目漱石 206, 400
ナンシー (ジャン=リュック・ナンシー) 349-351, 365, 386
ニーチェ(フリードリヒ・ニーチェ) 291, 296, 322, 340, 364, 375, 390, 412, 441
西川きよし 96-97
西田幾多郎 399
ネルソン (テッド・ネルソン) 315
野口悠紀雄 136
野田正彰 174

■ハ行

バーガー (ピーター・L・バーガー) 356
ハイデガー (マルティン・ハイデガー) 3, 18, **23**, 119, 128, 177, 269-270, 272, 276, 290, 294, 322, **343-346**, 349, **365-367**, **370-376**, 379, **382-387**, **390-391**, 412, 414-415, 440
ハイムゼート (ハインツ・ハイムゼート) 403
蓮實重彦 399-402, 406-407
バタイユ (ジョルジュ・バタイユ) 362
パトチカ (ヤン・パトチカ) 273
花田清輝 413
埴谷雄高 17
羽生善治 300
パブロフ (イワン・パブロフ) 276-277
濱口桂一郎 237
ピオリ (マイケル・J・ピオリ) 228
ピカソ (パブロ・ピカソ) 294
久恒啓一 274
ビューラー (カール・ビューラー)

人名索引

■ア行
明石家さんま　97
アガンベン（ジョルジョ・アガンベン）　290
アクィナス（トマス・アクィナス）　346, 396
芥川龍之介　21
東浩紀　407
天野郁夫　305-306
天谷直弘　213
鮎川信夫　269
アリストテレス　290, 335, **344-345**, 369, 373, 375, **380-381**, 383-384, **387**, 390
有田一壽　213
在原業平　175
アルキメデス　345
池田寛　207
石井威望　214
イチロー（鈴木一朗）　295
五木ひろし　267
糸井重里　404
井上陽水　272, 359, 389
猪瀬直樹　130
ヴァレリー(ポール・ヴァレリー)　397
ウィーナー(ノーバート・ウィーナー)　277-283
ヴィトゲンシュタイン（ルードヴィッヒ・ヴィトゲンシュタイン）　385
上野健爾　209
内田健三　210
梅棹忠夫　274
江頭進　134-135
大澤真幸　292
大森和夫　214
小方直幸　252-253, 433
小熊英二　407
尾崎紀世彦　267-268
小田実　369

■カ行
樫山欽四郎　119
金子元久　239
金杉秀信　213
香山健一　213
柄谷行人　397, 399, 401-402, 406-407
苅谷剛彦　207-208, 306, 390
ガルブレイス（ジョン・ケネス・ガルブレイス）　59
河合奈保子　369
川原栄峰　119, 390, 412
カント（イマヌエル・カント）　294, 342, 385, 403
岸田秀　174
木田元　384
吉川徹　235
ギデンス（アンソニー・ギデンス）　332
九鬼周造　383
国木田独歩　376
クローチェ（ベネデット・クローチェ）　387
黒田壽二　225, 433
黒柳徹子　293, 295
ゲーテ（ヨハン・ヴォルフガング・フォン・ゲーテ）　322
コジェーヴ（アレクサンドル・コジェーヴ）　273, 362
小杉礼子　62-63, 263
小林秀雄　399-400, 406
児美川孝一郎　325, 334

■サ行
サール（ジョン・サール）　284-285
齋藤孝　136, 304
サルトル（ジャン＝ポール・サルトル）　119, 362, 367, 408
シェイクスピア（ウィリアム・シェ

■O

ontologische Durchsichtigkeit［独］存在論的透視性　344
ontologische Ursprung der Nichtheit［独］非性の存在論的根源　385

■P

partage［仏］分割，分有　349-351, 386
plan de consistance［仏］共立平面　367-368
possibile［羅］可能なもの　385
possibilitas［羅］可能性→ Vermögen　385
potentia［羅］可能性→ Vermögen　345, 384-385
Prinzip［独］原理　381

■R

Reflexivity［英］　332
Rücksicht［独］顧視　344

■S

Schuldigsein［独］責めある存在　386
school［英］, Schule［独］, école［仏］暇　376
Schwung［独］振幅　381
Seltenheit［独］希少性　375
side effect［英］副産物　287-288
Situation［仏］状況　386
Spielraum［独］遊動空間　373, 376
stille Kraft des Möglichen［独］可能的なものの静かな力　385
struction［仏］集積　350-351

■T

think［英］考える　32-33
tiefe Langeweile［独］深い退屈　390
trouble dissociatif de l'identité［仏］解離性同一性障害　367

■U

überkommen［独］超えて襲う　3
Umsicht［独］配視　344
Urspur［独］原・痕跡　158-159

■V

Vermögen［独］可能性，できること　182, **345**, 374, **383-385**, 387
vorlaufende Entschlossenheit zum Tode［独］死への先駆的決意性　365
Vorrede［独］前書き　22-23

■W

Werk［独］作品　375
Wesenhaftes［独］本質的なこと　3
Wiederholung［独］反復　382
Wirklichkeit［独］現実性　345, 384-385
Wo aber Gefahr ist, wächst das Rettende auch.［独］危険のあるところ、救うものもまた育つ　391

■Z

zeitigen［独］時熟する　376
Zukunft［独］将来性　383, 386

■ギリシャ語

δύναμις［希］デュナミス　345
ἐνέργεια［希］エネルゲイア　345
εὕρηκα［希］見つけた　345
εὑρίσκω［希］見る　344-345
θαυμάζειν［希］驚く　290
κυβερνήτης［希］キュベルネーテース，操舵者，舵を取る人　278-279
νοεῖν［希］ノエイン，思惟すること　344, 365, 375, 379
οὐσία［希］ウーシア　369, 376, 380-381
πέρας［希］ペラス，限界　380
σχολή［希］暇　376
τέλος［希］テロス，目的　344, 375

die vorlaufende Entschlossenheit［独］先駆的決意性　365, 382
Diploma Policy［英］ディプロマポリシー　216, 224
Discipline［英］　217-218
distanciation［仏］疎隔　358, 360
dividual［仏］分割体　368
Docendo discimus［羅］教えることによって学ぶ　17-18
dynamis［羅］デュナミス　345

■ E

energeia［羅］エネルゲイア　**344-345**, 365, **375-377**, **380**, **384-385**, 387
Entnehmung［独］抑止解除　366, 374
Entschluß［独］封鎖解除　366, 382-386
Ereignis［独］事態，出来事　375-376, 386
Erinnerung［独］想起　382
Erinnerung an den Anfang［独］始原への想起　382
es anet mich［独］予感に襲われる　3
es anet mir［独］(私には) 予感がする　3
essentia［羅］本質　384-385
existentia［羅］現実存在　384-385

■ F

flexibilité［仏］流動性　367
frame problem［英］フレーム問題　286, 288-289, 292-293, 295, 298, 300, 371, 386
fremd［独］いぶかしい　386
function［英］機能，関数，ファンクション　169, **180-182**, 201, **275-276**, 282, **286**, 289, 292, **295-297**, **300-302**, 333, 338, 347, **355-358**, 362, 369, 371, **373-374**, **376-378**, 387, **399-401**, 414
functionalism［英］機能主義，関数主義，ファンクショナリズム　**275-276**, **282**, 286, **289**, **292**, **295-297**, **300-302**, **333**, 347, **355-358**, 362, **369**, 371, **373-374**, **376-378**, **387**, **399-401**, 406, **410-411**, 414

■ G

Gattung［独］類　156, 399-401, 406
Gesehen-haben［独］見た　344, 365, 379-380
Ge-stell［独］せき立て　272
governor［英］調整機　278

■ I

immer schon［独］つねにすでに　188, 343, 375
inter-discipline［英］学際　217-218

■ K

Kritik［独］批評　376, 398, 413, 437
kurze Zeit［独］瞬時　375

■ L

Lange-weile［独］長い時間　54, **308-310**, 312, 314, 320, 323, 358, 361, 371-**372**, **390**
Langeweile［独］退屈　271-272, 351, 371, 389-390
Lichtung［独］隙間　373

■ M

merit［英］メリット　205, 305, 307
Möglichkeit der Unmöglichkeit［独］不可能なものの可能性　374

■ N

nichtig［独］非力な　349, 385-386, 390
nichtiger Grund［独］非力な根拠　386
Nichtigkeit［独］非力さ　349, 385-386
noch nicht［独］未だない　343, 375, 386

欧語索引（ABC 順）

・欧語索引語に［独］のように付加されている略語は、当該欧語索引語の言語種を意味します。それぞれ、［英］- 英語、［独］- ドイツ語、［仏］- フランス語、［羅］- ラテン語、［希］- ギリシャ語を意味しています。
・欧語索引の頁表記には、日本語訳として対応する当該語句が存在する頁も含まれています。同様に日本語索引の頁表記には、対応する欧語索引の存在する頁も含まれています。

■ A

ableben［独］朽ち果てる　367
Acht［独］注視　3, 375
actualitas［羅］現実性　345
→ Wirklichkeit
actus［羅］現実性　384-385
→ Wirklichkeit
Admission Policy［英］アドミッションポリシー　216, 224
Aha-Erlebnis［独］アハ体験　345
ahnen［独］, Ahnen［独］予感する　3, **23**, 384-386
an［独］傍に　3, 23, 384
ankommen［独］予感到来する　3
ansehen［独］見て取り　383-384
anwesen［独］現前する, 現前化する　299, 332-333, 343, 383-384
Anwesen［独］現前　350, 386, 390
Anwesenheit［独］現前性　351, 363, 367-368, 370, 390
Aufbehaltenes im Ansichhalten［独］自制の中で開かれたもの　390
Augenblick［独］目撃, 瞬間　372, 374-375, 383-384, 386-387
Austrag［独］耐忍　116, 375
austragen［独］耐える　115, 375

■ B

Bedingungen der Möglichkeit der Erfahrung überhaupt sind zugleich Bedingungen der Möglichkeit der Gegenstände der Erfahrung［独］経験一般の可能性の条件は, 同時に経験の対象の可能性の条件である　385
Befindlichkeit［独］気分　365, 368, 370
behavior［英］　行動, ふるまい, ビヘイビア **280-283**, 287-288, 290, **292**, **301**-302, 322, 336, **356-357**, 361
behaviorism［英］　行動主義, ビヘイビアリズム **282-284**, 336, **356-358**, 378, **388**
Bewegtheit［独］動性　385

■ C

com-parution［仏］共 - 現　349-350, 365
competency［英］, competent［英］　116
consistance［仏］共立性　367-368
consumer satisfaction［英］消費者満足　53
Curriculum Policy［英］カリキュラムポリシー　216, 224
customer satisfaction［英］顧客満足　53, 55-57, 59, 200-202, 204

■ D

(dé)(con)struction［仏］破壊 - 構築　351
destinerrance［仏］誤配　351
(dis)(ap)parition［仏］消失 - 現出　351
Die onto-theo-logische Verfassung der Metaphysik［独］形而上学の存在 - 神 - 論的体制　370, 375

240, 242, **257**, 263, 272, 334-335, 337, 340, 351-352, **355**, **357-358**, 372, 382, 426, 430, **436**, 438, 441
若者の自尊心　123
人間性とは若者のことだよ　48　→人間性
早稲田の大学院修士時代　119
話体　16, 21-23　→文体
話体表現　21
話体表出の方法　16, 21-23
私的な文体と公的な文体との接点　20
太宰の文体の彩　21
私　19-21, 35, 38, 99, **177-178**, 186, 194, 206, 335-336, **348-350**, 352, 355, 357, **365**, 368
私意識の解体　21
私の死　186, 348, 350　→死
私の自己表現の手段　206　→自己表現
私の私にとっての近さ　350
割り算　80-81, 84
割り算にならない勉強　81
掛け算　81-82

■り

リーダー　84, 112, 121, **179**, 186, 347, 429
　リーダーとは部下を否定しない人のこと　179
　リーダーの仕事　347
リカレント教育　435　→生涯学習，生涯教育
リニアな時系列，継続的な時系列　346, 374
　曲がった時間　376
リベラル，リベラルアーツ　**211-212**, 221, 226, 229-230, 238, **373**, 426-427, **430**, 437
リメディアル　215, 222-223, 232, 379
　リメディアル教育　215, 222
流動性（flexibilité［仏］）　367
良心，良心の非力　322, 386, 390　→非力，道徳哲学
　結論だけを見るものは良心がない　322
　負い目　37, 178
　責めある存在（Schuldigsein［独］）　386　→非力，封鎖解除
力教育　258, 263, 326　→キャリア教育
　力教育の反対語　258
　生きる力　228, 257
　人間力　217, 228, 256, 326-327
　力能力，力（りょく）能力，力能力論　227, 257, 262-263, 327
　力（りょく）目標　253
臨月まで持ち堪える（Austrag［独］, austragen［独］）　116, 375

■る

類（Gattung［独］）　156, 399-401, 406
　類的　399
　類と個との関係　406
　類の表出　399
　個が類を担わざるを得ない必然　400
累積　115-116, 207, 298, 310, 410
　累積がものを言う世界　115
ルターの宗教改革　368

■れ

冷蔵庫　332
レヴィナス　349-350, 365, 386
　レヴィナスの言う晒されている顔　365
　レヴィナスのハイデガー批判　349　→ハイデガー
レガシー　35
歴史　70, **99**, **174-175**, 229, 304, **308**, 338, **362**, 369, 387, **399**
　歴史小説　87
　歴史性　399
　歴史とはどんな必然性や因果とも無縁な概念　99
　歴史の終わり　362
　クローチェの歴史論　387
　人間の歴史の進歩　175
恋愛　192, **194-197**, **337**, 347-348
　恋愛論　194　→愛，性愛

■ろ

労働過程論　290
労働市場の大変化　208
ロータスノーツ　19
60％の力で人々を満足させること　40
ロシア共産党　17
ロマン主義　362, 399
論理学　3, 128, 294, 381, 384
　論理学的思考　3
論理的　60, 88, 188, 356, 376

■わ

若い　31, 41, 44, **48**, 54, 61, 64, **76**, 94, 101-103, 120, **123-124**, 157, 172, 204, 226, 270, **336**, **373**, 407, **415**, 439
　若いときを反復することの威力　415
　若者　48, 74, 86, 116-117, 123, **211**, **224-225**, 235-236, **239-**

有限性　37-38, 279, 300-302, 350
　→受動性
ユーザーの知識　260
遊動（Spiel［独］）373, 376-379, 381, 386
　遊動学者　377
　遊動空間（Spielraum［独］）373, 376
　遊動経験　378
　遊動としての知識　379
　ながーい時間の遊動と暇　386
　因果, 因果を超えた事態（Ereignis［独］）**99**, **128**, 277, 289, 291, 310, **376**, **386-387**
　再解釈　374
　退屈（Langeweile［独］）271-272, 351, 371, **389-390**
　長い時間（Lange-weile［独］）54, **308-310**, 312, 314, 320, 323, 358, 361, 371-**372**, **390**
　リニアな時系列, 継続的な時系列　346, 374
　⇒曲がった時間　376
ゆっくりと読む　120　→校門と塀, 遊動空間
ゆとり教育　209-210, 241
　ゆとりカリキュラム　210
　ゆとり思想　210
　大学のゆとり教育化　210
　新しい学力観　210
　⇒教育　**16-17**, 79, 81, 84, 107, **123**, **135**, **200-208**, **211-212**, 215, 217-218, **220-223**, 225, **229**, 231, **234-235**, 240, **244-247**, **250-258**, **316-317**, **330**, **334-335**, **372-374**, 377, **424-440**

■よ

予感する（ahnen［独］, Ahnen［独］）3, 384-386
　（私には）予感がする（es anet mir［独］）3
　予感到来する（ankommen［独］）3
　予感に襲われる（es anet mich［独］）3
　本来的な予感　3
　傍に（an）［独］）3
　超えて襲う（überkommen［独］）3
　⇒可能性（Vermögen［独］, possibilitas［羅］, potentia［羅］）182, **345**, 374, **383-385**, 387
　⇒現象　22, 268, 273, 294, 336, 338, 345, 357, **364-366**, **370**, 384, 400
　⇒新人　34, 39, 45-46, **269**, **372-378**, **381-384**, 386-387, 390, 440
　⇒目撃, 瞬間（Augenblick［独］）372, 374-375, 383-384, 386-387
抑止解除（Entnehmung［独］）366, 374
　心理主義的な述語収集　374
　⇒封鎖解除（Entschluß［独］）366, 382-386
欲望　57, 299
　欲望の充足　57
吉本＝蓮實対談　401
予習や復習が効かないのが実社会　115
予定の行動　280　→実際の行動, サイバネティクス
読む　87-89, 120, 126, **128**, **130-131**, 294, 319, **359**, 398, 400, 408, **410-411**, 413-414　→テキスト, 本, 書物, 専門書
　読むという行為をもっとも貧弱化しているのが大学の研究者たち　410

■ら

ライブドア騒動　103
ライプニッツ症候群としての内面病　397

■む
無　114, 161, **176-177**, 181, 186, 329, 333, 345, 357, 367, **387**
　無の分泌　367
　無意識　114, 189, 300, 324, 333
むかつくの自動詞性　358　→個性
向きや不向き　335　→適性
無視　184, 277, **289-292**, 295, 300
無償の自殺　273
難しい本　126-127
無のための犠牲　273
無名（無力）の人が無名のままで忙しい社会　389
無名（無力）の人　389

■め
明治政府の官立学校施策　306
名門私立学校　211, 306-307　→家族主義，トリレンマ
名誉教授　223, 379-380
メガラ派　387
メダカ　69-71, 75-77
目の前の人間　378　→対面
メリット（merit［英］）　205, 305, 307
　メリトクラシー　**205**, 211-212, 217, **227-229**, 233, 263, **303-304**, 306, 308, 326, 334
　ハイパーメリトクラシー　217, 227-229, 233, 263, 326, 334
　反メリトクラシー＋反機会均等主義　212
　実力主義　205, 237, 284
　トリレンマ　205
　⇒階級主義　303, 356
　⇒家族主義，家族主義的な階級制　205, 303, 308
免疫学　347
メンバーシップ型　236-237　→ジョブ型

■も
目撃，瞬間（Augenblick［独］）　372, 374-375, 383-384, 386-387
　時熟する（zeitigen［独］）　376
　事態，出来事（Ereignis［独］）　375-376, 386
　状況（Situation［独］）　386
　⇒新人　34, 39, 45-46, **269**, **372-378**, **381-384**, 386-387, 390, 440
　⇒予感する（ahnen［独］, Ahnen［独］）　3, 384-386
目的，テロス（τέλος［希］）　176, **180-182**, 201-202, 210-212, 260, 281, **344**, **375**, 427
　目的に基づいて反省するプロセス　281
　人間の目的や機能　180-181
目標を達成できない理由　28
持ちこたえる耐忍（Austrag［独］）　116, 375
もっとも純粋な理論的観照でさえ、平静な滞留にすぎない　365
もてる　191　→男性，女性
物
　人間のダメージも物のダメージも区別がつかないぐらいに現在に刻まれている　273
懶し　390
モラトリアム　62, 71, 75
文科省，文部科学省　16, **216-217**, 224, 233, **237-238**, **241**, 250, 255, 325-326, 334, **372**, **388**, 427-428, 430-431, 433, **435-436**
　文科省の自己反省　217

■や
やる気　146-147, 316-317

■ゆ
唯物論　273, 394, 399, 401, 404, 406, **410**, 414
　唯物論的な像　414
　反唯物論的なファンクショナリズム　410
　短い時間の＝火急の唯物論　273
有機体　99

マーケター，プランナー　38, 329
マーケットと会話する最大の方法（無方法）186
マーケットの常識的な感性　36
マーケティング　35, 37, 59, 200, 271, 297, 339
前書き（Vorrede［独］）22-23
曲がった時間　376　→時間を曲げる
マザーシップ　159, 404, 411
まじめ　27, 29, **31**, 61, 126, 403
まじめな先生　29　→先生
まじめな人　27
学び　**17-18**, 76, 78, 86, **206-208**, **210-212**, 233, 262, **289**, 304-305, 313, **315-316**, **326**, **373**
学び合い　17, 208, 326
学び方の自由　315
学びの主体　207, 210-211, 315　→上から，主体
学校教育以前の学びの主体　207　→上から，主体
主体的な学び　233
抽象的な私の学び　206
学校教育以前のパーソナリティ　207　→家族主義，家族主義的な階級制
教室授業外学習　233
自主性に収まりきらないある過剰　212
学ぶ　**17-18**, 68, **74**, 76, 78, **81-82**, **86-87**, 101-102, 104, 120-121, 191, **205-206**, 210, **212**, 221, 232-233, **261**, 303, **315-317**, 326, 429
禁欲的なまでの学ぶ意欲　316
他動詞としての学ぶこと　212
学ぶ主体　206, 212, 316-317
学ぶ順番，学ぶ順序　315
学ぶ者の程度を考えることは教える者自身の堕落　17
マネージング　102
マネジメント　79, 102-103, 108
満足　39-40, **53-59**, 78-79, 122, **200-202**, 204, 212, 218, 251, 262

■み
見えない　52, 102, 108, 283, 316　→遠い
ミクシィ　114, 308, **312**, 314, **323**, 332-333, **338-339**, 341, 407
未決　343, 370
短い時間　273, 311-312, 358, 361, 370, 378
短い時間における終わり　361　→終わり
短い時間の＝火急の唯物論　273　→唯物論
未熟児のまま生まれた人間の社会的な母胎　76
見たこともない、会ったこともない人を動かす能力 102　→遠い
三つの Policy　216-217
アドミッションポリシー（Admission Policy［英］）216, 224
カリキュラムポリシー（Curriculum Policy［英］）216, 224
ディプロマポリシー（Diploma Policy［英］）216, 224
見て取り（ansehen［独］）383-384
⇒予感する（ahnen［独］，Ahnen［独］）3, 384-386
身分や格差　206
未来　**292**, 340-342, 350, **354-355**, 363, 373, **386**
見る（εὑρίσκω［希］）344-345
見終えていること　365
見終わること　345
見た（Gesehen-haben［独］）344, 365, 372, 379-380
見つけた（εὕρηκα［希］）345, 403
無視　**289-292**, 295, 300
⇒目撃，瞬間（Augenblick［独］）372, 374-375, 383-384, 386-387
民主主義　284, 302, 347, 362, 370
民族　103, 308

純粋な驚きに発する勉強，純粋な勉強　83-84　→純粋
全体を勉強することの本来の意味　93
単なる後悔の勉強　83
無垢な勉強　82-83
割り算にならない勉強　81　→割り算
偏差値　17, 103, **108**, **117**, 156, **225-227**, **229-230**, 236-237, **240**, 254, 325, 334-335, **378**, **425-426**, 429-430, **436-437**
偏差値業者テスト　325
偏差値の低い親たち　156　→親
落ちこぼれ学生，低偏差値の学生，できない学生　222, **225-227**, 232, **335**, **378-380**, 382　→学生
企業の偏差値，企業偏差値　227, 229
社会人としての偏差値，社会人＝職業人としての偏差値　225, 227
消費者偏差値，消費偏差値　240, 425-426, 436-437　→消費，偏差値
弁証法　361

■ほ
忘却　268, 292, 300, 342, 350, 363, 390
奉公制度　237
方法論　369
欲しいものにしかお金を使わない人　62
ポスト近代型能力　227　→ハイパーメリトクラシー
ポストモダン　342, 367, **370**, 401, 407
ポストモダンの思想家　367, 370
母胎からの別離の第二の別離　159
没落と新生との交点　98　→新生
現在　**97-99**, 267, **272-273**, 292, 294-295, 299, 301, 311-315, **318-321**, **338-343**, 345, 350-351, 355, 357-359, **361-362**, 364-367, **370-371**, 376, 383-384, **389-390**
⇒目撃，瞬間（Augenblick［独］）372, 374-375, 383-384, 386-387
⇒新人　34, 39, 45-46, **269**, **372-378**, **381-384**, 386-387, 390, 440
ポリテクニクモデル　239
ポルシェ　59
本　18, **21-23**, 83, **87-89**, 113, 120, **126-127**, 293, 313, 322, 403, 413　→テキスト，書物，専門書，読む
本の全体とか部分　127
本文　22
本をまともに読むことができるのは学生時代だけ　89
本を読めない人，本を読める人　127
動機は本文の中にこそある　22
ノウハウ本　83, 87, 113, 313
難しい本　126-127
本質（essentia［羅］）48, **128**, 168, **176**, 178, 194, 235, **239**, 269, 277, **292-293**, **345**, 348, 355, **375**, 379, **384-385**, 389, **395**, 397
本質的なこと（Wesenhaftes［独］）3
本質的なことがわれわれの注視の中へそれ自身を与える sich geben［独］3
本命，母親原型　191
翻訳　137, 282, 305
本来的な予感　3
⇒予感する（ahnen［独］，Ahnen［独］）3, 384-386

■ま
マークシート方式　307-308
マーケット　**36-37**, **48-51**, 63, 79, **86**, 102, **186**, 210, **268**, 373

プッシュ　332-333, 340
　プッシュ型　332
　プッシュ配信　332
不動の動者　344, 346
プランナー　329
フリーター　54, 62-63, 74-75
　フリーター問題　74
　ニート, ニート問題　62, 74-75
フレーム問題（frame problem［英］）　286, 288, **292-293**, 295, 298, 300, 371, 386
　フレーム問題における無視と忘却という問題　300
　フレーム問題の本質, フレーム問題の本質は時間性　292-293
　驚くことができるロボット　289
　自分を育てた環境, 自分の環境　279, 293
　副産物（side effect［英］）　287-288　→サイバネティクス
　無視　**289-292**, 295, 300
　有限の能力しかもたない情報処理の主体　292
プロの仕事　39
フロー　21, 318, 327
　タイムライン　311, **319-321**, 333, 338-340, 351, 361, 364, 366, **368**, 371
　開き直った短文　21　→長文の名手である専門家（知識人）
　⇒オンライン自己　324, 331
ブログ　**18-21**, 155, 308, 314, 333, **341**, 389, 439-440
文化　17, 68, **70**, 130, 137, 166, 266, 279, 306, 321, **425-426**
文学　**128**, 194, 279, 398-399
分割体（dividual［仏］）　368
分割, 分有（partage［仏］）　349-351, 386
分業　85-87, 89, 91-93
　分業主義　86-87, 91-93
　分業主義的、職業主義的な引用　87
　分業における効率と精度の意味　85
文体　20-21, 131, 412　→話体
　私的な文体と公的な文体との接点　20
　太宰の文体の彩　21
　日常的に巻き起こる案件に引きずられた文体　20
文明　48, **68-70**, 76, 80, 279, 306
　文明開化　306
　文明化度　70

■へ

塀　**211-212**, 316, 373, 387-388
ヘーゲル　22-23, **50**, 119, 128, **176-177**, 290, 350, **359-362**, **370**, **381-382**, 386, 413
　ヘーゲル的な回帰の円環　386
　ヘーゲルの精神の現前性　370　→現前性
　ヘーゲルの留保　361
　始原への想起（Erinnerung an den Anfang［独］）　382
　弁証法　361
べたーっと地べたに溶解している感じ　365　→気分（Befindlichkeit［独］）
ベトナム戦争　369
べ平連運動　368
ペラス, 限界（πέρας［希］）　380-381
変化　45, **47-48**, **70**, 80, 82, **115-117**, 122, 227, **267-268**, 270-271, 273, **279-280**, 296-297, 353, 365, 396
　変化に耐える能力　115
勉強　**75-76**, **81-83**, 93, **108-109**, 113, 115-116, **228**, 234, 236-237, **240**, 260, **304**, 308, 369, **378-379**, 402, 426, **430**
　掛け算で勉強するということ　82
　時間や利益や社会性に関係のない勉強　83
　受験勉強　104, **107-109**, 116, 118, **226-227**, 234, **378**

348, 356, 389, 395, **398**, 414
表現＝表出＝文学　398
表現過程　398
表現転移論　21
表現力　121-122
⇒自己表現　**74**, **206**, **213-215**, 221, 257, 327, 348, 389
開き直った短文　21　→長文の名手である専門家（知識人）
非力（nichtig［独］）349, 385-386, 390
非力さ（Nichtigkeit［独］）349, 385-386
非力なアルケー　386
非力な根拠（nichtiger Grund［独］）386
根拠の非力性　349
自己の非力性　349
状況（Situation［独］）386
広島大学　152, 248, 252-253

■ふ
ファシズム　70, 326, 336
ファンクション, 機能, 関数（function［英］）169, **180-182**, 201, **275-276**, 282, **286**, 289, 292, **295-297**, **300-302**, 333, 338, 347, **355-358**, 362, 369, 371, **373-374**, **376-378**, 387, **399-401**, 414　→機能
ファンタジーの現実化　361-362
フィードバック　278, **279-281**, 333, 357　→サイバネティクス
風化や横すべり　21　→話体
封鎖解除（Entschluß［独］）366, 382-386
封鎖解除性　366, 382
因果, 因果を超えた事態（Ereignis［独］）**99**, **128**, 277, 289, 291, 310, **376**, **386-387**
将来性（Zukunft［独］）383, 386
先駆的決意性（die vorlaufende Entschlossenheit［独］）365, 382
抑止解除（Entnehmung［独］）366, 374
⇒時間を曲げる　374, 377, 382, 386
⇒目撃, 瞬間（Augenblick［独］）372, 374-375, 383-384, 386-387
フェイスブック　312, 322-323, 339, 369
フェイスブックのいいね　369
フェミニズム　195-196
フォイエルバッハ主義　273
深い退屈（tiefe Langeweile［独］）390
不可能なもの　374, 398
不可能なものに賭ける営み　398
不可能なものの可能性（Möglichkeit der Unmöglichkeit［独］）374　→可能性
復員軍人教育プログラム　202
副産物（side effect［英］）287-288　→フレーム問題, サイバネティクス
複線型　430-431, 436　→「今後の学校におけるキャリア教育・職業教育の在り方について」答申（中央教育審議会・文科省）, 中曽根臨教審
フクヤマの歴史の終わりの民主主義　362
不幸　64, 192, 228
不自由　72, 128, 316
不足　57, 201, 203
フッサール　18, 294, **364-366**, 370, 384, 415
フッサールの言う現象　365
フッサールの現象概念　384
フッサールの現象の現前性　370　→現前性
フッサールの超越論的意味論　365　→超越論的
⇒現象　22, 268, 273, 294, 336, 338, 345, 357, **364-366**, **370**, 384, 400

パロール（話し言葉） 360
エクリチュール, 書き言葉 18, 20, 360, 439
反人間的なもの 312 →人格, 人間
反近代的なもの 195 →近代
反グーグル的, 反検索主義 319, 332
⇒検索主義 312, 317, 319, 332, 413
反社会 211-212 →社会
阪神・淡路大震災 362 →事件主義
反省 27, 80, 142, **176-177**, 217-218, 272, **281**, 287, **314**, 370
反動物性 389
反復（Wiederholung［独］） 131, 269, 273, 368, 382, 415
反唯物論的なファンクショナリズム 410 →唯物論, 機能主義

■ひ

美 23, 178, 182, 261, 279, 413
Be-1 35-36, 38
ピオリ＆セーブル的な大量生産の終焉（Das Ende der Massenproduktion 論（1985 年）＝柔軟な専門化論 228
引き受け直せる, 再解釈 373-374 →新人
悲劇 398-400, 406, 410
悲劇の解読, 悲劇の自己表出 400, 406, 410 →自己表出
ビジネス 83, 91-93
ビジネスノウハウ本 83
非性 385 →非力（nichtig［独］）
非性の存在論的根源（ontologische Ursprung der Nichtheit［独］） 385
非制御変数 278-279 →サイバネティクス
非正規労働者 54, 74
うるさく言われない非正規労働者 74
必然 99, 345, 384, 400
必要 58-59, 78, 81, 84, 201, 378-379
否定 37, 40, 97, **174-177**, 179, 270, 320, 366
否定すること 174, 176, 179, 366
否定的 97
精神の否定 177
人殺しに無縁な人 178
人は偶然出世し、偶然落伍する 98
批評（Kritik［独］） 376, 398, 413, 437
微分 272, **311-312**, 320-322, **338-343**, 351, 358, 363, **366-368**, 370-371, 440
ビヘイビア, 行動, ふるまい（behavior［英］） **280-284**, 287-288, 290, **292**, **301**-302, 322, 336, **356-357**, 361 →行動
ビヘイビアリズム, 行動主義（behaviorism［英］） **282-284**, 336, **356-358**, 378, **388** →行動主義
暇（σχολή［希］） 376, 386, 389
ながーい時間の遊動と暇 386 →長い時間（Lange-weile［独］）, 遊動
ヒューマニスト 174, 177
凡庸なヒューマニスト 174
ヒューマニズム 298, 385
ヒューマンマネージメント 150
評価 42-43, 50, **97-99**, 101-102, **134-135**, 215, 227, 253, 269, 298, **308**, 313, 322, 329, 358, 376, 433, 435, 438
病気 47, 168, **180-182**, 287, 335, 347, 414
病気も健康も死ぬことの様相でしかない 182 →死
最大の病は人間が死ぬということ 182 →死
死が故障ではないようにして、病気も故障ではない 181 →故障
人間の病気は機械の故障ではない 182
表現 21, 74, 121-122, **127**, 176, 206, **213-215**, 221, 257, 309, 311,

398, 414, 424
人間力　217, 228, 256, 326-327　→力教育
認識　17-18, 400
認識論的な跳ね上がり現象　400
認識を地べたに引きずり落とすこと　18　→トーク

■ね

ネット上の人間関係　324
ネットの書き手　21
年功賃金　236　→企業
年に一回の試験で合否が決まるという集約性（偶然性）　117　→受験，就職

■の

脳科学　347
能動的な健忘　291
ノウハウ本　83, 87, 113, 313
ノウハウ本で就職できるような会社は直ぐつぶれる会社　113
ビジネスノウハウ本　83
濃密手帳　353-354, 357-358, 361
能力　40, 70, 102, 108, **116**, 121, **196**, **226-227**, 258, 283, 289, 426
ノエイン，思惟すること（νοεῖν［希］）　344, 365, 375, 379
軒遊び　378
後に来るもの　270

■は

背後世界の倒錯　364
配視（Umsicht［独］）　344　→視
敗者復活装置，過去の達成の御破算主義　308
ハイデガー　3, 18, **23**, 119, 128, 177, 269-270, 272, 276, 290, 294, 322, **343-346**, 349, **365-367**, **370-376**, 379, **382-387**, **390-391**, 412, 414-415, 440
ハイデガーの気分（Befindlichkeit［独］）の現前性　370　→現前性
ハイデガーの転向論　415
レヴィナスのハイデガー批判　349
ハイパーメリトクラシー　217, 227-229, 233, 263, 326, 334
ハイパーメリトクラシー教育　217, 326　→キャリア教育
近代型能力　227
ポスト近代型能力　227
ハイパーリンク　315-317
ハイパーリンク主義　317
バウマンの職人の倫理論　228
バカ　**16-17**, 113, 164, **185**, 312-313, 322, 329, 334-335, **408-410**, 426
バカな課長　313
バカな人　16-17, 312, 322
バカほど恨みを買うと怖いものはない　185
破壊 - 構築（(dé)(con)struction［仏］）　351
始まり　98-99, **128**, 223, 268-270, 290, **346**, 361, **376**, **379-383**
始まりが終わりであるような将来性（Zukunft［独］）の新人賞　383　→新人賞
始まりの偉大さ　270
始まりも終わりもない書物や文学の本質　128
⇒終わり　**128**, 223, 270, 272, 344, 349, **361-363**, 366, 371, **375-376**, 379-380, **382-383**
走り出そうとしている人　383-384, 386, 390, 440　→新人
蓮實が糾弾して止まない制度・風景　400
発信が同時に受信であるようなメディア　360
発達心理学　37　→心理学
母親　70, 159, 188-192, 198
母親原型　191
happening［英］　310　→事件主義
パブロフの犬　275-276
ハルマゲドン　361-363

413
乳幼児 , 乳幼児期　70, 159, 189-190
入力 , インプット　**21**, 217, 233, **247**, **253**, **277**, 280-281, **284**, 297-299, 310, 313-314, **318-320**
　→インプット
人間　31, 39, 44, **48**, 50, 60, 64, **68-70**, 72-73, 75-77, 96, **98-99**, 114, **122-123**, **136**, **164**, 166, 168, **174-176**, **178**, **180-182**, 187, **207**, 215, 217, 227-229, 231, 256, 259-261, **273**, **279**, **281-286**, 288-293, **295**, 297, 299-302, 304, **307-309**, **311-312**, **321-322**, 326-327, 331, 333, **336**, 339, 341, 343, 346, 354, **356-358**, 362, **364**, **366-371**, **373**, **378**, 380, 396, **398**, 414, 424
　人間が人間であることの原理　176
　人間的　136, **283-285**, 308-309, 312, 378
　人間の嗅覚　3
　人間の最大の自由　176
　人間の全体　343
　人間の組織の一つの美　178
　人間のダメージも物のダメージも区別がつかないぐらいに現在に刻まれている　273
　人間の非自立度＝社会依存度　70
　人間の病気は機械の故障ではない　182
　人間の本質　48
　人間の目的や機能→目的 , テロス（τέλος［希］）180-181
　人間の歴史の進歩→歴史　175
　人間は殺しうるものだけを愛しうる　174
　人間は絶対最下位　77
　人間らしさ　283
　人間力　217, 228, 256, 326-327
　人間みんなちょぼちょぼ　368
　IT は人間の経験（人間的な経験）のノウハウを反映したもの　136
　反人間的なもの　312
人間関係　101-102, 120-121, **225-226**, 257, 324, 331, 351-352, 355, **378-379**, 395
　人間関係重視の AO 入試　378
　→ AO 入試
　人間関係主義者　226
人間性　48, 215, 227, **229**, 231, **259-261**, 300, 307, 311
　人間性とは若者のことだよ　48
人間の死　182, 343, 346, 367
　人間の死が毎日再生する可能性の中にあること　182
　人間の死は曲がっている　346
　→時間を曲げる
人間の生　181-182, 367
　人間の生死は曲がっている 367
　→時間を曲げる
　人間は生まれた理由を全否定することができます　366 →否定
　動物の生死　366-367
人間のダメージも物のダメージも区別がつかないぐらいに現在に刻まれている　273
　⇒現在　98-99, 267, **272-273**, 292, **294-295**, **299**, 301, **311-315**, **318-321**, **338-343**, **355**, 357-359, **361-362**, 364, **366-367**, **370-371**, 386-387, **389-390**
　⇒人間　31, 39, 44, **48**, 50, 60, 64, **68-70**, 72-73, 75-77, 96, **98-99**, 114, **122-123**, **136**, **164**, 166, 168, **174-176**, **178**, **180-182**, 187, **207**, 215, 217, 227-229, 231, 256, 259-261, **273**, **279**, **281-286**, 288-293, **295**, 297, 299-302, 304, **307-309**, **311-312**, **321-322**, 326-327, 331, 333, **336**, 339, 341, 343, 346, 354, **356-358**, 362, **364**, **366-371**, **373**, **378**, 380, 396,

実力主義　205, 237, 284
生活機会の均等　205, 211
⇒階級主義　303, 356
⇒家族主義，家族主義的な階級制　205, 303, 308
⇒メリット（merit［英］）205, 305, 307
トレーニング教育　231　→技能教育，技術教育，教育
泥だらけ　34-37, 40
泥だらけの過程，泥だらけの決断　37
泥の厚みを跳ね返しても輝き続ける個性　35

■な

内閣府　235, 256
内在　350-351, 355
内発的な衝動を重視するメンタリティー　353
内面，内部　94, 131, 228, 277, **283**, 289, 295, 331-332, **335-339**, 348, **356-357**, **363-365**, 369, 382, 388-389, 397-400
内面の肥大，内面の肥大化　337, 348
内面を強要される　332　→オンライン自己
内部幻想　357
外面性の強度は、内面性の強度と相関している　356
外面ではなくて内面だ　364
強力な自己承認　354
内閉的個性志向　352　→個性
⇒外面　190, **356**, 358, **364-365**, **388**
直木賞の文学　128
長い時間（Lange-weile［独］）54, **308-310**, 312, 314, 320, 323, 358, 361, 371-**372**, **390**
長い時間の終わりというファンタジー　361
長い時間の観察　309, 312
ながーい時間の遊動と暇　386
瞬時（kurze Zeit［独］）322, 360, 375
退屈論　272, 351, 371
中曽根臨教審　202, **206-209**, 213-214, 216, 221, 240-241, 324, 331, 430
中曽根臨教審の根本思想　214
中曽根臨教審路線＝多様化・個性化路線の自己批判　241
臨教審思想　209, 372
殴って勝てばいい　226, 378　→対面
ナチズム　370
納得　56, 112, **329-330**, 378
納得には、正しい納得も間違っている納得も存在しない　329
⇒心理主義　53, **59**, **131**, **218**, **330**, 356, 363, **368-370**, **374**, 388
名前　156, 289
怠け者だけれども目標を達成する人，怠け者で目標を達成できない人　26
がんばり屋で目標を達成する人，がんばり屋で目標を達成できない人　26-28
何回も犯人が変わる推理小説　128
難関大学と全入大学との処遇格差　304　→大学

■に

ニート，ニート問題　62, 74-75
⇒フリーター　54, 62, 74-75
肉体を鎖から解放したが、それは心を鎖に繋いだからだ　368
二四時間　114, **331-332**, 336-337, 342, 348, 355
二四時間の覚醒　332
日常　361, 363, 366, 389
日常的に巻き起る案件に引きずられた文体　20　→文体
２ちゃんねる　320
日教組　213-214
日本電子専門学校　248
日本の労働市場　235
日本ムラのような学会　17
入射角，出射角　**88**, 92, 400, 406,

「今後の学校におけるキャリア教育・職業教育の在り方について」答申（中央教育審議会・文科省） 237-238, **428-436**
「専門学校における職業実践的な教育に特化した枠組みについて」骨子案（専修学校の質の保証・向上に関する調査研究協力者会議・文科省） 433-444
「我が国の高等教育の将来像」答申（中央教育審議会・文科省） 216-217, 224
遠山答申 216
動性（Bewegtheit［独］） 385
同性 187-189, 191 →男性, 女性
同性／異性 188
同性である母親から異性である父親への移行 189
⇒異性 **187-194**, **196**, 198
東大, 東京大学 103, **108**, 145-147, 209, 234, **238**, 241, 284, 306, 427, 438
東京大学さえ出れば、家が貧乏人であろうと、犯罪者の息子であろうと、社会的な差別からはとりあえず抜け出せる 306
東大の数学や歴史の試験 145
道徳哲学 165
負い目 37, 178
こいつ俺とは違うな、と思われたらもう終わり 164
責めある存在（Schuldigsein［独］） 386 →非力, 封鎖解除
良心, 良心の非力 322, 386, 390
動物 **68-70**, 75, 175-176, 178, **278**, 346, 362, **366-367**, 378-379, 389
動物的な生死反応→生死 378
動物の愛と人間の愛 176
動物の殺し合い 175
動物の生死 366-367
動物の組織 178
動物のように必要と経験で生きている 379
反動物性 389
遠い 50-52, 102, 108-109, 172, **178-179**
遠い責任（負い目）を受け入れることのできる人 178
遠いものへの意識 108
遠いものを見る力 106, 109
遠さ 52, 102
まだ見ぬ他人を納得させる能力 112
見えない 52, 102, 108, 316
見えない消費者 52
見えないものを制御する意識 108
見たこともない、会ったこともない人を動かす能力 102
私の私にとっての近さ 350
⇒対面 225-226, 231
トーク 18, 20, 60, 97, 135, 151, 407
トークの解体力 18
⇒話体 16, 21-23
遠山答申 216 →答申
読書 87-88, 94, **126-128**, 395, 397, **410**, **412**
特色 GP, 特色ある大学教育支援プログラム 135, 216, 218, 249
教育 GP, 質の高い大学教育推進プログラム 216, 249
現代 GP, 現代的教育ニーズ取組支援プログラム 249
都市 153, 155
都市の孤独な生徒たち 153
ドメスティック 237
努力 **27-33**, 113, 115-116, 227 →考える（think［英］）
努力主義, 時間主義 29-31, 113, 304, 435
努力する, 努力する人 28, 31-33, 304
努力では仕事ができない 115
努力に逃げる人 33
努力の質 30
失敗する可能性の高い努力 30
トリレンマ 205

かくあったは意志の歯ぎしり 296, 340
テーマ 272, 288, 290, 320-321, 409
テーマ主義 287, 320-321, 341
テーマ主義的な行動 287
テーマの特定性 321
テーマのフレームとその外 288
デカルトの主観の現前性→現前性 370
出来事（Ereignis［独］） 375-376, 386 →事態, 出来事
テキスト 84, 130-131 →本, 書物, 専門書, 読む
テキストデータベース 19 →データベース
テキストの像 132
テキストは心理主義的には声を上げない 131 →心理主義
テキストを読むこと, テキストを読む 131
優れたテキストとは、自分の意見の出番がないほどに先行的で内面的な議論を反復してくれるもの 131
すべての言葉は、全部が鳴ることによって一つの音を出している 132
文章の“全体”に始まりも終わりもない 128
適性
適性にあった就職 115
⇒就職 **54**, **100-102**, **104-109**, **111-118**, 122, 224-227, 230-231, 234-236, 241, 247-248, **250-252**, 254-257, 262-263, **334-335**, 429, 431-432, 435
できない学生 227, 378-380, 382 →学生
できる学生 316, 378, 426 →学生
できること（Vermögen［独］） 383-384 →可能性（Vermögen［独］, possibilitas［羅］, potentia［羅］）
デザイン 59, 261
哲学 20, 119, 290, 294, 387, 440
哲学論文の概念思考 20
手抜き授業 134, 233 →授業
デビュー作 376 →新人賞
デュナミス（δύναμις［希］, dynamis［羅］） 345
エネルゲイア（ἐνέργεια［希］, energeia［羅］） **344-345**, 365, 375-377, 380, 384-385, 387
テロス, 目的（τέλος［希］） **180-181**, 201-202, **210-212**, 281, 344, 375
目的に基づいて反省するプロセス 281
人間の目的や機能 180-181
点, 線, 面 380-381 →ウーシア
電気時代, 電気の時代 332
天気予報, 天気予報屋 47-48
電気冷蔵庫 332
転向論（ハイデガーの） 415
伝統 372-374, 376
天皇 303, 308

■と

問いの専門家 135
東京の人間の自宅通いの社会人 64
統計学 369-370
統計学的なコンピュータサイエンス 369-370
⇒機能主義, 関数主義, ファンクショナリズム（functionalism［英］） **275-276**, **282**, 286, **289**, **292**, **295-297**, **300-302**, **333**, 347, **355-358**, 362, **369**, 371, **373-374**, **376-378**, **387**, **399-401**, 406, **410-411**, 414
答申 「新しい専門学校制度の在り方（専門学校の将来像）」答申（全国専修学校各種学校総連合会・文科省） 434
「学士課程教育の構築に向けて」答申（中央教育審議会・文科省） 216-217, 233, 241

って就職がいいということにはならないと平然と言う教員　230　→教員, 先生
一生涯続けていける知識や技術の深みに出会えるところ、それが学校というところ　122　→学校
父親　170, 189-190, 192, 194, 198
知的生産の技術研究会　274
地方　64
注視（Acht［独］）　3, 375　→視
抽象的
抽象的な教育目標　253
抽象的な指標選抜　237
抽象的な目標　249, 253
チューリングテスト　283, 357
超越論的　365, 367, 385
超越論的意味論　365　→意味
超越論的仮象　367
超越論的差異　385
⇒可能性（Vermögen［独］, possibilitas［羅］, potentia［羅］）　182, **345**, 374, **383-385**, 387
長所　114
調整機（governor［英］）　278　→サイバネティクス
長文の名手である専門家（知識人）　322　→開き直った短文
直接的　70
著者　22-23, 87-88, 408
著者の像　88　→像
著者のモチーフとそのモチーフの解決場所　87
作者の死　406, 409
鎮守の森　378
沈黙　131, 164, 184, 186, 331, 395, 404, 406, 410
沈黙の解読　410
死者の声　131

■つ

追再試体制　433
ツイッター　19-22, 114, **272**, **308-312**, 314, **317-322**, 333, **338-343**, 351, **357**, 361, 363-364, **366-368**, 370-371, 390, 440
ツイッターの現前性　351, 367, 370　→現前性
ツイッターの心理主義的な現前性　363　→心理学
秒刻みのつぶやき　22
作る動機に転換させることがキャリア教育　437　→消費者偏差値, キャリア教育
つねにすでに（immer schon［独］）　343, 375
積み上げ型　220-221, 224, 232, 238, 241, 438
積み上げ型カリキュラム　232, 241, 438
積み上げ型カリキュラムこそがリメディアル授業　232

■て

出会う　143
手足を使う仕事　304
DNA　70, 74
ディープ・ブルー　299
定義　188, 364, 382, 414
抵抗値（反時代性）　269
ディスコミュニケーションを共有するもの　395
ディプロマポリシー（Diploma Policy［英］）　216, 224
データベース　268, **296-297**, **299-301**, 303, **310**, 313, 318-319, 340, 343
データベース＝ストック情報　313, 318
データベース＝専門家　313
データベース主義　310, 319
データベースならざるデータベース　340
データベースの根源的な欲望　299
後悔を先立たせるデータベース　300
死のデータベース　343
テキストデータベース　19

殴って勝てばいい　226, 378
目の前の人間　378
⇒遠い　50-52, 102, 108-109, 172, 178-179
代理　117, 168, 347-348
代理性　347-348
代理のきかない行動　168
代理不可能なもの　348
代理不能　347　→死
機能主義的な代理　347
記号化，記号化（代理性）の起源　201, 347-348
対立　35, 37, 40, 49-50
対立（やある種の負い目や受動性）を担わないような提案　37
対立をはらんだもの、ダイナミックで闘争的なもの　35
太宰の文体の彩　21　→文体
他者　**323**, **337**, 339-340, 347-348, **350**, 352, 354, 356-358, 398
他者からの評価→承認，個性幻想　354, 358
他者の死　348　→死
他者の存在　337, 350, 352
世界大の他者　340
特定の他者との現在　321
多数決　37, 370, 374, 376, 387
世俗（先行する第一の多数決）から世俗（第二の多数決）への展開　374
正しい　55-56, 60
正しいこと　55-56
他動詞としての学ぶこと　212
他人　**50**, **73**, 97, 112-114, 118, 168, 343, **347-348**
他人の経験分が自分の生き様に付加されること　73
他人を養う力　118
まだ見ぬ他人を納得させる能力　112
多平面主義　367
騙されやすいということ　194　→女性
魂　87, 283, 369, 381
多様性と標準性との調和（文科省）　241
堕落　17, 47
単純な仕事　41-43, 45, 226　→仕事
短所　114
男女の差　312
男女平等　195
男性　**187-197**, 312
男性像　191-194
男性の主体的な努力　197　→主体性
男／女　188
男の社会的なプレゼンス　196
男のマザーシップ　159
浮気しやすい男性　192
遊ぶ性（遊びうる性）　191
本命，母親原型　191
⇒女性　167, **187-198**, 279, 302, 312
⇒同性　187-189, 191, 198
単なる後悔の勉強　83　→勉強
担任主義　433
担保できない時間，留保できない時間（決着がついてしまっている継続）　366

■ち

地域　113, **206-208**, **211**, 225, 240, 307, 373, 378, 428-429
地域人材としてのキャリア像　428　→キャリア
地域の影響　206-207
地域論　210
小さな物語の連続　363
地縁　76
地下鉄サリン事件　362　→事件主義
知識　22, **122**, 147, 207, **239**, 246, **259-262**, 298, 328-330, **379**, 388
知識基盤型社会　388
知識主義　287
知識は相対的な道具ではなくて対象そのものに関わっている　261
知識や試験点数がいいからとい

Durchsichtigkeit［独］） 344 →視
存在論的な自由論 397

■た

大学 100, 104, **107**, 117, 134, **137**, 204, 210, 213, 215-217, **220-222**, **224-226**, **229-239**, 246-247, 249-250, **253-256**, 261, **263**, 309, 324-325, **327**, 334-335, 340, **377-380**, **387-388**, 390, 410-411, 426, **429-433**, 436, 438
大学関係者が職業教育を嫌う理由 238
大学教授 20, 97, 121, **137**, 237-239, **379**, 382, 386, 410
大学全入 17, 204, 215, 255, 334, 436
大学全入現象を巡るこの三つの深刻な事態 215
大学大綱化 , 大綱化 210, 213-214, 216-217, 220-221, 324
大学のエネルゲイア 387
大学の教養主義的な人材育成 236
大学の大衆化 , 大衆化した大学生 222, 379
大学や専門学校がキャリア教育やスキル教育に走るのは高等教育の自殺行為 247 →キャリア教育
一流大学 , 三流大学 100, 107, 234-235, 238, 429
研究の大学 , 教育の大学 254
難関大学と全入大学との処遇格差 304
読むという行為をもっとも貧弱化しているのが大学の研究者たち 410
キャンパス 327, 340, 373, 376-377, 381-382 →遊動空間, 校門と塀
ジョブ型 , メンバーシップ型 236-237 →総合職, スペシャリスト
抽象的な指標選抜 237
大学教育 **215-216**, **220-222**, **231**, **236**, 239, 246, 255, 263 →学校教育
大学教育と職業教育は知識の質そのものが違う 239
大学の教育改革モデルの主流 134
これからの大学教育と職業教育との関係 236 →職業教育
研究者でもある大学の教員はキャリア教育ができないのではなくて、本質的に嫌いだということ 239 →キャリア教育
退屈（Langeweile［独］） 271-272, 351, 371, 389-390
ながーい時間の遊動と暇 386
退屈論 272, 351, 371 →長い時間（Lange-weile［独］）
第三次産業 57, 121, 328
胎児 68, 70, 116
対自 , 対他 188-189
大事件 271-273 →事件主義
大衆化 222, 379, 390
大学の大衆化, 大衆化した大学生 222, 379
大衆の原像 22, 398-401, 406
対象の可能性の条件 385 →可能性
耐忍（Austrag［独］） 116, 375
耐える（austragen［独］） 375
タイマー内蔵ビデオデッキ 332
タイムライン 311, **319-321**, 333, **338-340**, 351, 361, 364, **366**, 368, 371
オンライン自己 324, 331
人物の特定化、話題の特定化に抗うタイムライン 321
開き直った短文 21 →長文の名手である専門家（知識人）
フロー 21, 318, 327
対面
対面関係を越えること 226
対面教育 231
対面人間関係 225-226

専修学校の質の保証・向上に関する調査研究協力者会議　432, 435
専修学校の振興に関する検討会議　430-431
専門士　434
組織の中での“部品”のように代替が効く　237
担任主義，資格主義教育，追再試体制　433-434
⇒職業教育　121, 222, **230**, **236-239**, 242, 263-264, **426-431**, **433**, **435-438**
⇒職業実践専門課程　432-435
専門書　89　→テキスト，本，書物，読む
専門性　17, 33, **120-124**, 218, **228**, 246-247, **262-263**, **312-314**, 363
専門技術　246
専門性の時間性　313
専門性の真の意味　122
専門性のストックの衰退　247
専門性の鎧　228
専門知識　246, 259, 377
専門的な現役性　124
進路とは、進路を考えなくても済む専門性や自立性を身につけること　120

■そ

像　22, 88, 132, 190, 380, 413-414　→吉本隆明
言語の像　22, 380
書物の意味の像　88
大衆の原像　22, 398-401, 406
著者の像　88
テキストの像　132
唯物論的な像　414
すべての言葉は、全部が鳴ることによって一つの音を出している　132
著者のモチーフとそのモチーフの解決場所　87
想起（Erinnerung［独］）　382
臓器移植　347-348
総合職　105, 237　→メンバーシップ型，就職
早産　68-72, 74, 76　→生理，文明
創造
創造性　34, 227-228
相対化の強度　371
相対的な選択主義　356
操舵者，舵を取る人，キュベルネーテース（κυβερνήτης［希］）278-279　→サイバネティクス
ソーシャル　123, 195, 271, 309, 323, 336, 339-340, 348, 388-389
ソーシャル化　340
ソーシャルメディア　123, 195, 271, 323, 336, 348, 388-389
ソーシャルメディア論　271
疎外　395, 397
疎隔（distanciation［仏］）　360
疎隔化　358
速度は死を乗り越えられるのか　371
組織　20, 26-28, 102, 178, 196, 237, 347
組織の中で一番大切なこと　26
組織の中での“部品”のように代替が効く　237
組織文書　20
組織への忠誠心はもっとも希薄な人種　237
ゼークトの組織論　26
それなり教育　234-236, 242　→教育
尊敬と敬意（教員への）　203-204　→教員，先生
存在　349, 375, 384-386, 415
存在からの（存在者への）『還り』　415
存在 - 神 - 論的体制　370, 375
存在者　415
存在者からの存在への『往き』　415
存在論　294
存在論的差異，存在論的差異論　375, 385
存在論的透視性（ontologische

セネットの職人技論　228
責めある存在（Schuldigsein［独]）　386　→非力, 封鎖解除, 道徳哲学
せめても能力　231
セルフ・ファッショニングによる自己救済　389
前衛主義や啓蒙主義の本性　17
全共闘時代の自己否定の論理　270
先駆的（vorlaufend［独]）　365, 382-383, 386
先駆的決意性（die vorlaufende Entschlossenheit［独]）　365, 382
先駆的な時間性　383
先駆的な封鎖解除性　382
因果, 因果を超えた事態（Ereignis［独]）　**99**, **128**, 277, 289, 291, 310, **376**, **386-387**
将来性（Zukunft［独]）　383, 386
封鎖解除（Entschluß［独]）　366, 382-386
⇒目撃, 瞬間（Augenblick［独]）　372, 374-375, 383-384, 386-387
⇒時間を曲げる　374, 377, 382, 386
全国模擬試験　108
潜在的な失業人口のプール　334　→就職
専修学校　237, 427, 430-435　→専門学校
先生　**16-17**, 73, 76, **134**, 146-147, 229, 233-234, 254, **317**　→教員
先生のバカ　16
先生のプレゼンス　16
学校の先生というのは、もっとも人間性の怪しい人種　229
まじめな先生　29
教員資格　206, 433-434
全体　84, **86-88**, **91-94**, **127-128**, 343, **381**, 412
全体性　88
全体を勉強することの本来の意味　93
選択　53, 63-64, 300, 302, 314, **317**, **334-335**, 356, 365, 367, **396**
選択型カリキュラム　221
選択する主体　334　→主体
選択の自由　356, 396　→自由
選択の自由の手前にもう一つの大きな自由があること　396
選択の余地のない買い物　63-64
相対的な選択主義　356
全入学生　378　→学生
専門家　60, **78-81**, **121**, 123, 135, 239, 258, **313-314**, 320-322, **380**, 382
コミュニケーション能力開発の専門家　258
内部の専門家　80
専門学校　93, **100-101**, **103-110**, 120-**123**, **203-204**, **220-222**, 226, 230-231, 234-240, 244, **246-247**, 254-259, 261-263, 326, 328, 334, 424, **426-429**, **431-438**
専門学校キャリア教育は自己敗北宣言　429　→キャリア教育
専門学校教育　220, 231, 246, 427, 431, 434, 437　→学校教育
専門学校生　**100-102**, 104-109, **120-121**, 241
専門学校の職業教育　433, 436　→職業教育
大学や専門学校がキャリア教育やスキル教育に走るのは高等教育の自殺行為　247　→キャリア教育
専修学校　237, 427, 430-435
専修学校一条校化　431
専修学校制度　427, 432, 434
新たな学校種, 新たな枠組み　431, 434, 436
時間主義　29, 435
スペシャリスト　237
ジョブ型, メンバーシップ型　236-237

■す
水洗便所としてのタイムライン 320, 340
推理小説 128
隙間（Lichtung[独]） 373 →校門と塀，遊動空間，新人
スキル 104, 116, 236, 240, 245-247
優れたテキストとは、自分の意見の出番がないほどに先行的で内面的な議論を反復してくれるもの 131 →テキスト
スコラ哲学 345
素性 113, 229
すでにあること 374
すでに在るもの（慣習・風習・伝統・偏見・先入見、そして親やふるさとなど） 373-374 →受動性
ストック 18, 20, **114**, **116**, 234, **247**, 275-276, **310**, **313-314**, **318-322**, 327-328, 330, **335**, **339-341**, 363, **376-377**, **380**, **382**
　専門性のストックの衰退 247
　データベース＝ストック情報 313, 318 →データベース
スプートニクショック 209-210
スペシャリスト 237 →ジョブ型
スポーツのできる国体級の学生 108

■せ
生 23, 177-179, 182, 353-354, 367
性愛 191, 193-194 →愛，恋愛
　性愛の学習過程 191
性格のプラマイを相殺した絶対値 114 →向きや不向き
生活 61, **63-64**, 78, 84, 111, 168, 205, 211, 378, 399
　生活機会の均等 205, 211
　生活必需品の買い物 63
　⇒トリレンマ 205
制御，コントロール 278-282, 378 →サイバネティクス
制限のない長文 21
成功事例の王道 37
生産 57-59, 201
　生産が消費の前提 201
　生産型の教育 203
　⇒経済学 57, 59, 156, 201
生死 23, 181-182, 346, 366-367, 378, 389 →死
　生死の余分 23
　生死は間断なく再生する 182
　間断ない生死の象徴 366
精神の痛み 177
精神の否定 177
成長 73
生の受動性 178 →受動性
生理
　生理的 68-70
　生理的な自立 70
　生理的な伝承 70
ゼークトの組織論 26
世界 48, 99, 122, 181, 206, 279, 336-337, 340
　世界観 48, 279
　世界史 99
　世界性 99
　世界大の他者 340
　自分の現在に世界史を見い出せない人間に、どんな上昇が可能だろうか 99
せき立て（Ge-stell［独］） 272 →事件主義
責任 178-179, 400
セクト主義 86
セグメントマーケティング 339
世間 97, 122
世俗 374, 377
　世俗（先行する第一の多数決）から世俗（第二の多数決）への展開 374
接遇 244-246, 259
絶対性 395-397, 406, 413 →吉本隆明
絶対的な受動性 181 →受動性
説明 409
雪面の人文字作り 161

263, 424, 429 →教育
人材像が存在しない職業教育 427 →職業教育
人材目標 214-215, 250, 253-254
具体的な人材像 224
仕事の質を変える人材 33
述語人材 378 →述語
城壁の中で生じる人材 80
地域人材としてのキャリア像 428 →キャリア
もっとも有害な人材 26
新人 34, 39, 45-46, **269**, **372-378**, **381-384**, 386-387, 390, 440
新人作家 386
新人登場のプロセス 376
新人を発掘する 269, 373
認められた新人 374
始原への想起（Erinnerung an den Anfang［独］） 382
事態, 出来事（Ereignis［独］） 375-376, 386
走り出そうとしている人 383-384, 386, 390, 440
⇒目撃, 瞬間（Augenblick［独］） 372, 374-375, 383-384, 386-387
⇒予感する（ahnen［独］, Ahnen［独］） 3, 384-386
新人賞 374-376, 381-383, 386
新人賞作品 375, 382
新人賞の振幅（Schwung［独］） 381
新人賞の論文を書き続ける人 382
始まりが終わりであるような将来性（Zukunft［独］）の新人賞 383
デビュー作 376
新生 98-99
人生かくあったか、ではもう一度 390
人生論 48, 224, 327, 367
身体 117, 167-169, 181, 190, 196, 226, 228, 311, 319, **347-348**, **368**, 370
身体の自己表現性 348 →自己表現
身体の心理主義化 368
真の自立 76
振幅（Schwung［独］） 270, 375, 381, 413 →新人賞
人物の特定化、話題の特定化に抗うタイムライン 321 →タイムライン
親密圏 225, 351
信用 44-45, 71-73, 75, 314, 361
心理 71, 108, 262, 329, 336, 363
心理的に肥大した仲間 336
心理学 37, 174, 289, 369, 371, 379
機能主義心理学 289, 369
機能主義心理学で言う学習 289
サイバネティクス以後の心理学 369
発達心理学 37
心理主義 53, 59, 131, 218, 330, **356**, **363**, **368-370**, **374**, **388**
心理主義的な述語収集 374
心理主義的な相対化 368
身体の心理主義化 368
極端に肥大した心理主義 388
ツイッターの心理主義的な現前性 363 →現前性（Anwesenheit［独］）
勉強嫌いの心理主義 369
内部の実体論 356
⇒機能主義, 関数主義, ファンクショナリズム（functionalism［英］） **275-276**, **282**, 286, **289**, **292**, **295-297**, **300-302**, **333**, 347, **355-358**, 362, **369**, 371, **373-374**, **376-378**, **387**, **399-401**, 406, **410-411**, 414
進路とは、進路を考えなくても済む専門性や自立性を身につけること 120

処女作に収斂する，処女作への収斂 268, 270, 375, 383
女性 111, 175, **187-198**, 279, 302, 312
女性というものは存在しない 194
女性の社会進出という問題 197
女性の特有な水準 196
女性論 187
女性を大切にしなくてはならない 197
努力の女性 196
主体性が強化されればされるほど、女性は恋愛から疎外される 195 →主体性
遊べない性 193
男／女 188
女の子の最初の愛の対象 198
処女性を巡る諸問題 190
騙されやすいということ 194
フェミニズム 195-196
他の男性への柔軟性 194
本命，母親原型 191
⇒男性 **187-197**, 312
⇒同性 187-189, 191, 198
ジョブ型，メンバーシップ型 236-237
⇒企業 20, 26, **29**, 31, 33, **48**, 57, 59, 64, **71**, **79-81**, **99-104**, 105, 107-110, **117**, **178**, 186, 200, 226-227, **229-231**, **236**, 240, 247, 251, 254, 256-257, 335, **372**, 428, 433-434
⇒就職 **54**, **100-102**, **104-109**, **111-118**, 122, 224-227, 230-231, 234-236, 241, 247-248, **250-252**, 254-257, 262-263, **334-335**, 429, 431-432, 435
⇒専門学校 93, **100-101**, **103-110**, 120-**123**, **203-204**, **220-222**, 226, 230-231, 234-240, 244, **246-247**, 254-259, 261-263, 326, 328, 334, 424, **426-429**, **431-438**
⇒大学 100, 104, **107**, 117, 134, **137**, 204, 210, 213, 215-217, **220-222**, **224-226**, **229-239**, 246-247, 249-250, **253-256**, 261, **263**, 309, 324-325, **327**, 334-335, 340, **377-380**, **387-388**, 390, 410-411, 426, **429-433**, 436, 438
書物 20, 84, 87-89, 94, 127-128 →テキスト，本，専門書，読む
書物の意味の像 88
書物の心，書物の全体 87-89, 127
所与 181 →受動性
シラバス **19**, 108, 213-214, 216, 218, 227, 230, **233-234**, 249, 253, **425**, **434**
シラバス・コマシラバス 19, 233-234, 425, 434
自立 **37-38**, 62, 69-72, 74-77, **201**, **211**, 415
自立した消費者 201
自立性 37, 120, 211
自立的自我 37
自律的な教育 212
人格 228, 311, 333, 358, 413
人格批評 413
新学習指導要領 207, 209
新学力観 208-209 →教育，ゆとり教育
神経症的な反応の応酬 358
人工知能 284, 288, 292-293, 356
人工知能の設計の自由→受動性 356
震災 121, 266-268, 270-271, 362, 389, 440 →事件主義
震災によって作られたり、注目されたりするシンガーやその歌 267
人材 17, **26-28**, **33**, 40, 51, 64, 74, 76, **79-80**, 107, 110, 121, **204**, 211, **222**, 231, 236-237, 241, **250**, 252, 328, 330, 372, 379, **424-426**, **429**
人材教育 204, 222, 250, 255,

消費社会　56, 202, 328, 331, 334
消費大国　59, 201
消費の必要のない消費　201
学校は非消費的な場所　203
個人消費　57, 200, 328
生産が消費の前提　201
⇒経済学　57, 59, 156, 201
消費者　**52-53**, **200-201**, 203, 210, **239-240**, 244-245, 335, **373**, **425**, **437**
消費者水準　240
消費者の時代　200-201
消費者偏差値 , 消費偏差値　240, 425-426, 436-437
消費者満足（consumer satisfaction［英］）53
学生消費者論　210, 240　→上から
顧客や消費者　373
自立した消費者　201
見えない消費者　52
商品　36, **50**, 52, 64, 80, **85-86**, 103, 240, 244, 424, 437-438
商品知識　258-260
城壁の中で生じる人材　80　→割り算，掛け算 , 人材
情報　**53**, **74**, 203, 276, 292, **297-301**, 312-314, 318-319, 341, 408
情報化　22, 53, 74, 275
情報化社会　74, 275
情報の膨大性　300
情報教育協会　248
将来　111, 120, 272, 293-294, 361, 367, 386
将来性（Zukunft［独］）383, 386
将来の夢　111
初期・中期・後期　376
初期マルクス　395, 399, 406
初級 , 中級 , 上級　41-42, 54, 85, 87-88, 246, 315
コピー初級 , コピー中級 , コピー上級　41-42
職業　87, 250, 256, 428
職業教育　121, 222, **230**, **236-239**, 242, 263-264, **426-431**, **433**, **435-438**
職業教育の高度化　435
職業教育をもう一度差別する答申　429
訓練主義的な職業教育に対する（故（ゆえ）ある）差別視の問題　228
高度職業教育　237-238, 430, 436
高度職業教育のできる学校　237
高度職業教育のモデル　436
これからの大学教育と職業教育との関係　236
今後の学校におけるキャリア教育・職業教育の在り方について　428, 430
専門学校の職業教育　433, 436
大学関係者が職業教育を嫌う理由　238
大学教育と職業教育は知識の質そのものが違う　239
キャリア教育　208-210, 224-225, **236**, **238-239**, 241, **246-247**, 250, 252, 254-**255**, 259, 263, 327, **378**, 388, **428-430**, **433**, **435-438**　→キャリア , 教育
ジョブ型 , メンバーシップ型　236-237
スペシャリスト　237
職業実践専門課程　432-435
新たな学校種 , 新たな枠組み　431, 434, 436
グランドデザイン　238-239, 424, 430, 436
担任主義 , 資格主義教育 , 追再試体制　433-434
職業人　44, 54, 78, 84, 226, 239, 428
職業人としての最大の栄誉　54
職務ローテーション制　236
処女作　268-270, 375, 383

男性の主体的な努力　197
学びの主体　207, 210-211, 315
学ぶ主体　206, 212, 316-317
学校教育以前のパーソナリティ　207
教室授業外学習　233
主体主義・自立主義的な近代化のなれの果て　195
主体の散乱脱中心化　360
述語 , 形容詞　369-370, 374, 376-378, 382, 409-410　→主語
述語（規定）をいくつも無限に集めれば、主語（実体）に至りつくという幻想　410
述語収集　374
述語人材　378
述語だらけの論文　410
心理主義的な述語収集　374
出自　229, 302-304, 356　→受動
出射角 , 入射角　88, 92, 400, 406, 413
出世　42, 46, 96-98, 122, 197, 305, 307
人は偶然出世し、偶然落伍する　98
出生　177　→受動
出力 , アウトプット　**21**, 114, 135, 217, **247**, **276-278**, **280-281**, **284**, 299, 310, **312-314**, **318-320**　→アウトプット
受動　181, 193
受動性　37-38, 177-178, 181, 279, 303
受動性（有限性）の最大の徴表　37
自分の受動性や有限性　38
生の受動性　177-178
絶対的な受動性　181
先行性を有した受動的な主体　373
対立（やある種の負い目や受動性）を担わないような提案　37
引き受け直せる　373
所与　181
循環的な定義　188
瞬時（kurze Zeit［独］）　322, 360, 375　→希少性（Seltenheit［独］）
長い時間（Lange-weile［独］）　54, **308-310**, 312, 314, 320, 323, 358, 361, 371-**372**, **390**
純粋　**38**, **40**, **81-84**, 143, 194, 205, 270, **305**, 365, **379**
純粋な驚きに発する勉強 , 純粋な勉強　83-84　→勉強
純粋なカリキュラム　84
純粋な自由　305
純粋な知識　379
純粋無垢なもの　35
イノセント　34, 37-38, 40, 373
生涯学習 , 生涯教育→教育　76, 78, 201-203, 206-210, 240, 274, 372-373, 388, 427, 435
学校教育＝生涯学習論思想　210
リカレント教育　435　→生涯学習 , 生涯教育
生涯身を立つるに懶く、騰々天真に任す　390
状況（Situation［独］）　386
条件反射論の思考　277
上司　27-28, 32, 42-43, 45, 78, 81, 101-102
少子化 , 少子化現象 , 少子化問題　48, 195, 204, 210, 215, 236, 347
消失 - 現出（(dis)(ap)parition［仏］）　351
昇進試験　43
承認　176, 270, 339, 354, 358　→個性幻想
強力な自己承認　354
他者からの評価　354, 358
少年　119, 140-143
消費　57-59, 201, 360, 425
消費が生産の主体になっている　58
消費型の教育モデル（生涯学習モデル）　427
消費教育　203

社会的
社会的個性論　355
社会的な親　212　→親
社会的な階層流動性，階層の流動化　211-212
社会的な伝承　70
社会的な幼児　75
未熟児のまま生まれた人間の社会的な母胎　76
社長　41, 45, 93, 98, 101-102, 329
社長の目＝知的な目　93
自由　174-176, **214**, 302-303, 305, 307, 309, 316, 320-321, 356, 380, 396-397, 413
自由化論者　213
宗教　174, 229, 356, 368
宗教的内面主義　356
秀才と優等生は日本では侮蔑語である　306
就職　**54**, **100-102**, **104-109**, **111-118**, 122, 224-227, 230-231, 234-236, 241, 247-248, **250-252**, 254-257, 262-263, **334-335**, 429, 431-432, 435
就職活動　100, 104-106, **111-118**, 165, 250
就職センター　122, 225, 247-248, 251, 255
知識や試験点数がいいからといって就職がいいということにはならないと平然と言う教員　230
適性にあった就職　115
一括採用　236
一般職，専門職　237
地頭がいい　236
自分の夢，将来の夢　111, 118
職務ローテーション制　236
ジョブ型，メンバーシップ型　236-237
潜在的な失業人口のプール　334
総合職　105, 237
抽象的な指標選抜　237
奉公制度　237
⇒ハイパーメリトクラシー　217, 227-229, 233, 256, 263, 326, 334
集積（struction［仏］）　127, 350-351
充足根拠律　387
柔軟な専門性　228　→専門性
授業
授業アンケート主義　240
演習型授業　433
学生参加型の授業　134
教室授業外学習　233
実習授業　261-262
積み上げ型カリキュラムこそがリメディアル授業　232
手抜き授業　134, 233
受験
受験勉強　104, **107-109**, 116, 118, **226-227**, 234, **378**
受験勉強モデル　108
遅れてきた受験教育　222, 427
学歴差別の実際は受験勉強有無差別　108
全国区受験体験　226
大学受験　117, 147, 428
敗者復活装置，過去の達成の御破算主義　308
⇒ AO 入試　215, 226, 378
主語　369, 409-410　→固有名詞
主語（＝内面）としての人間　369
⇒述語，形容詞　369-370, 374, 376-378, 382, 409-410
主体
主体性　195, 302, 307, 335
主体的　196-197, 201, 233-234, 302, 365
主体的な学び　233
n 個の主体　195
学校側の主体性　335
学校教育以前の学びの主体　207
近代的な主体の蹉跌　196
先行性を有した受動的な主体　373
選択する主体　334

市場調査　186
自助論（Self-Help）　306
自制の中で開かれたもの（Aufbehaltenes im Ansichhalten［独］）　390
自然　48, 174-175, 279, 396
　自然論　48
　自然を愛することの根拠　174
思想的なお父さん　394
事態，出来事（Ereignis［独］）　375-376, 386
　⇒目撃，瞬間（Augenblick［独］）　372, 374-375, 383-384, 386-387
時代の制約　270　→新人
自他関係　324
　自-他身体認識の契機　347
実際の行動　280　→予定の行動，サイバネティクス
実習授業　261-262
実体　**49**, 59, **277**, 335, 352, **356-357**, **380**, **409-410**　→ウーシア，固有名詞
実務家講師　327, 340
実務能力の格差　226
実務の卓越性　433　→職業実践専門課程
実力主義　205, 237, 284
　実力主義と家族主義と学校教育との三者の関係　205
　トリレンマ　205
　⇒階級主義　303, 356
　⇒家族主義，家族主義的な階級制　205, 303, 308
　⇒学校教育　79, **81**, 84, **200-203**, **205-214**, 220, 222, 229, 231, 240, 257-258, 306, 315-**316**, 330, **334-335**, **372-374**, 377-378, 427, 429, **431**, 435, **437-438**
　⇒メリット（merit［英］）　205, 305, 307
私的な文体と公的な文体との接点　20　→文体
　私事　19, 47
自伝　293-294
自動詞，自動詞性　206, 326, 358　→学び
自分
　自分が使いたくないものにもお金を使うということ　62
　自分しか自分の支持者でない状態　72
　自分に適した会社　122
　自分の意見　130-131, 137, 313
　自分の個性，自分の特長　114
　自分のことを棚に上げて子育てを語ること　165
　自分の自由やポジティビティを阻害するもの　38-39
　自分の受動性や有限性　38
　自分の身体の受け入れ方　169
　自分の夢，将来の夢　111, 118
　自分を育てた環境，自分の環境　279, 293
市民主義　369
社会
　社会観の究極の認識　98
　社会性　83, 98, 178, 339
　社会の起源　197
　家族の自律性，家族の自律性の反社会性　205, 211-212
　時間や利益や社会性に関係のない勉強　83
　反社会　211-212
　予習や復習が効かないのが実社会　115
社会学と教育学との架橋をかけ損なっている　228
社会人
　社会人基礎力　229, 231, 257, 326
　社会人教育　201-202, 255　→教育
　社会人としての偏差値，社会人＝職業人としての偏差値　225-227　→偏差値
　社会人になっても要求される数々の心理モデル　108
　社会人はすべて卒業生　424

277
⇒機能主義, 関数主義, ファンクショナリズム（functionalism［英］） **275-276**, **282**, 286, **289**, **292**, **295-297**, **300-302**, **333**, 347, **355-358**, 362, **369**, 371, **373-374**, **376-378**, **387**, **399-401**, 406, **410-411**, 414
事件主義　272
オウム事件, オウムのハルマゲドンによる救済, ハルマゲドン　361-363
危険社会　273
大事件　271-273
地下鉄サリン事件　362
happening［英］ 310
阪神・淡路大震災　362
⇒震災　121, 266-268, 270-271, 362, 389, 440
試験点数　226, 230-231, 308
試験点数と就職実績とが相関しない　231
知識や試験点数がいいからといって就職がいいということにはならないと平然と言う教員　230
始原への想起（Erinnerung an den Anfang［独］） 382
自己　21, 31, 108, 324, 334-335, **349**, 352-354, **356-358**, **367**, 399
自己意識　61, 64, 178, 350, 353, 362
自己嫌悪の極点　123
自己実現　111
自己点検, 第三者評価 251, 253, 433, 435
自己の非力性　349
自己否定　270
自己評価　97, 99
自己分析　334-335
n 個の自己　367
オンライン自己　324, 331
機能主義的な自己　357
強力な自己承認　354
子供っぽい自己意識　64
全共闘時代の自己否定の論理　270
志向性　365　→現象
至高のコミュニケーション　186
思考の臍　412
仕事　**28-31**, **33**, 37, **39**, 41-46, 56, 79, 82, 84, 115, 168, 181, 235-236, 238, **240**, **303-304**, **347**, 375, 379, 429
仕事能力の実体　121
仕事の質を変える人材　33
頭を働かせてする仕事　304
考え始めるときりがない仕事の諸段階　42
単純な仕事　41-43, 45, 226
手足を使う仕事　304
プロの仕事　39
リーダーの仕事　347
自己表現　**74**, **206**, **213-215**, 221, 257, 327, 348, 389　→表現
自己表現カリキュラム, 自己表現主義カリキュラム　214-215
自己表現志向　74
自己表現主義教育　221
自己表現能力　257
身体の自己表現性　348
私の自己表現の手段　206
自己表出　**22**, 275-276, **394-400**, 405-408, **410**, **413**
自己表出と指示表出との関係　394-396
自己表出と指示表出との交点　22, 413
悲劇の自己表出　400
指示表出　22, 276, 394-396, 400, 406, 410, 413
時熟する（zeitigen［独］） 376　→目撃, 瞬間（Augenblick［独］）
自主性　212-213, 326-327
自主性、個性、多様性　331
自主性教育　213, 326
自主性に収まりきらないある過剰　212
思春期　188-189, 191

死者の声　131
死に続けている存在　346
死ぬなう　371
死ねというのか　27-28
死の受動性こそが先にある　181
死のデータベース　343
死の日常化　366
死の忘却　350
現在こそが死だ　366
作者の死　406, 409
速度は死を乗り越えられるのか　371
他者の死　348
病気も健康も死ぬことの様相でしかない　182
私の死　186, 348, 350
⇒終わり　**128**, 164, **223**, **270**, 272, 344, 349, **361-363**, **366**, 371, **375-376**, **379-380**, **382-383**
⇒生死　23, 181-182, 346, 366-367, 378, 389
⇒人間の死　182, 343, 346, 367
⇒目撃, 瞬間（Augenblick［独］）372, 374-375, 383-384, 386-387
死ぬこと　177, 182, 343, 347-348, 367
死ぬことの記号化　348
死ぬことの練習　347
死へ　349, 365
死へと関わる存在　349
死への先駆的決意性（vorlaufende Entschlossenheit zum Tode［独］）365
死への存在　349
自意識　61, 399-400, 406
小林秀雄的な自意識　399-400, 406
ジェネラルエデュケーション　211-212, 220, 226, 373, 426, 430, 437
ちょっと高級な程度のジェネラルエデュケーション　220
自我　37
自我の自立性　37
自活志向　74
資格主義教育　433-434　→教育
資格教育とは教育担当者が自立的に目標を形成できない教育目標　239
時間
時間がない　38-40
時間差度　314
時間主義, 努力主義　29-31, 113, 304, 435
時間性　127, 292-293, 295, 312-314, 344, 380, 383
時間や利益や社会性に関係のない勉強　83　→勉強
カント的な直観の時間の問題　342
担保できない時間, 留保できない時間（決着がついてしまっている継続）366
ながーい時間の遊動と暇　386
長い時間の終わりというファンタジー　361　→長い時間
長い時間の観察　309, 312　→長い時間
短い時間における終わり　361
短い時間の＝火急の唯物論　273
コストダウン, 時間短縮　80
時間を曲げる　374, 377, 382, 386
時間を曲げる原理　386
曲がった時間　376
因果, 因果を超えた事態（Ereignis［独］）**99**, **128**, 277, 289, 291, 310, **376**, **386-387**
リニアな時系列, 継続的な時系列　346, 374
⇒先駆的（vorlaufend［独］）365, 382-383, 386
⇒非力（nichtig［独］）349, 385-386, 390
⇒封鎖解除（Entschluß［独］）366, 382-386
刺激 - 反応　277
刺激 - 反応の一定の規則性

サービス　57, 103, 121, 214, 240, 328, 334, 437-438
サービス産業　57, 121, 328, 437
サービス社会　334
学生サービス　214
第三次産業　57, 121, 328
差異　41, **59**, 65, 188, 290, 357-358, 365, **375**, **385**, 396
差異の経済　59
存在論的差異, 存在論的差異論　375, 385
再解釈, 引き受け直せる　374
最高判断、最高認識が露呈する仕方で学ぶ者に接しなさい　17
最後の学校, 最後の学びの場, 最後の学生時代　76, 78, 85, 94, 226
最初のものを反復するということ　269
再生　36, 181-182, 188, 361
再生専用機, 再生機　36
才能　31, 376, 387, 424
サイバネティクス　276-280, 369, 378, 387
サイバネティクス以後の心理学　369
サイバネティクスの思考　277, 279
サイバネティクスの文化論、文明論、世界観　279
アウトプットからインプットへの差し戻しの過程　281
コントロールの変数（制御変数）とアンコントロールの変数（非制御変数）　278
実際の行動　280
制御, コントロール　278-282, 378
操舵者, 舵を取る人, キュベルネーテース（κυβερνήτης［希］）　278-279
調整機（governor［英］）　278
非制御変数　278-279
予定の行動　280
⇒アウトプット, 出力　**21**, 114, 135, 217, **247**, **276-278**, **280-281**, **284**, 299, 310, **312-314**, **318-320**
⇒インプット, 入力　**21**, 217, 233, **247**, **253**, **277**, 280-281, **284**, 297-299, 310, 313-314, **318-320**
採用　86, 100, 107, 229, 231, **235-237**, 240, 251, 306, 328
差延　368
逆立ち　395, 397　→吉本隆明
作者の死　406, 409
作品（Werk［独］）　267-270, 374-376, 382
作品は最初にそこにすべてがあるというようにして変化を読み込んでいる　268
新人賞作品　375, 382
作家　34, 88, 268, 320, 375-376, 386, 395
作家の個性とか創造性　34
処女作に収斂する, 処女作への収斂　268, 270, 375, 383
差別　104-105, 108, 196, **229**, 236, 238, **283-284**, 298-299, 302-303, **308-309**, 428, **429**, 433
残虐性　179
参照文献の一切ない論文　137

■し

視　344, 365, 375
顧視（Rücksicht［独］）　344
存在論的透視性（ontologische Durchsichtigkeit［独］）　344
注視（Acht［独］）　3, 375
配視（Umsicht［独］）　344
目撃, 瞬間（Augenblick［独］）　372, 374-375, 383-384, 386-387
死　60, 99, 166, 177, **179**, **181-182**, 184, 186, **343**, **346-350**, 363-364, **365-367**, **370-371**
死が故障ではないようにして、病気も故障ではない　181

効率 , 効率と精度 , 効率主義　85, 89, 93
厚労省 , 厚生労働省　222, 235, 256-257, 326, 427
超えて襲う（überkommen［独］）3
顧客　53, 200-201, 204, **240**, 245-246, 262, 373
　顧客志向のエリート　240
　顧客にわざわざ聞かないで済むための接遇　245
　顧客満足（customer satisfaction［英］）53, 55-57, 59, 200-202, 204
　顧客満足主義　204
　顧客満足の反対語　200
　顧客や消費者　373
心　27, **86-89**, **92-94**, 177, 228, 258-259, 268, **277**, 283, 368-369, 395
顧視（Rücksicht［独］）344　→視
故障　29, 52, 91, 180-182
　故障と修理と元の状態への復帰　180
　死が故障ではないようにして、病気も故障ではない　181
　人間の病気は機械の故障ではない　182
コスト　60, 62, 80, 150, 328
古典　57, 128, 201, 218
　古典的とも言われる名品の書物　128
孤独　**37**, 117, 131, 153, 157, 269, 329, 378, 386, 419
　孤独な決断　37
言葉　88, 94, 127, 132, 200, 360, 364, 366, 368, 399, 439
子供　**37-38**, 62, **64**, 72, **76**, **179**, 198, 202, 205-206, 211-212, 347, 373, 430, **437**
　子供っぽい自己意識　64
誤配（destinerrance［仏］）351
小林秀雄的な自意識　399-400, 406
コピペ　133, 135-138, 410
　自由なコピペ文化　137
互報性の原理　339
コミュニケーション　**106**, **185-186**, **246-247**, 257-258, 312, **334**, 349-350, 356-358, 365, 395, 399, 437
　コミュニケーション教育　244, 246-247, 437
　コミュニケーションスキル教育　246
　コミュニケーション能力 , コミュニケーションスキル　**106**, 217, 227-229, 231, **237**, 244, 246-250, 253, **256-259**, 262-263, 326-327, 334, 336, 426
　コミュニケーション能力開発の専門家　258
　最低の貧相なコミュニケーション　186
　至高のコミュニケーション　186
固有名詞　409-410　→ウーシア
殺すこと , 殺人　174-178, 336
　殺しうることと愛しうること　176
　殺しうる自由　176
　殺意と殺人の起源　177
　人間は殺しうるものだけを愛しうる　174
　人殺しに無縁な人　178
　否定すること　174, 176, 179, 366
根拠の非力性　349　→非力
根性　88, 113-118
　根性探し　118
　根性だけが、他人を動かすことができる　113
コントロール，制御　278-282, 378　→サイバネティクス
コンピテンシー　113
コンプレックスがあるということの意味　97

■さ

サーバー　19, 299, 332, 336, 348, 370

個人情報　230
個人的に見える失敗　31
剥き出しの個人　388
個性　**34-35**, **114**, 206, 213-215, 217, 227, 241, 331, **351-354**, 358, 430
個性教育, 個性教育　206, 213, 326-327, 334
個性教育・自主性教育路線　213
個性幻想　351-352, 355, 357
個性幻想とコミュニケーション幻想　357
個性重視の教育　213
個性主義　213-214, 430
個性主義教育＋意欲主義教育　207-208　→関心・意欲・態度
個性の内在幻想　351
作家の個性とか創造性　34
自分の個性, 自分の特長　114
社会的個性論　355
泥の厚みを跳ね返しても輝き続ける個性　35
内閉的個性志向　352
中曽根臨教審路線＝多様化・個性化路線の自己批判　241
コアカリキュラム　225, 247, 253　→カリキュラム
こいつ俺とは違うな、と思われたらもう終わり　164
後悔　82-84, 296-297, 299-301
後悔先に立たず　296
後悔を先立たせるデータベース　300
公教育規制派　213
高校生の私　21, 266
公私　19-20
公的　20
私的な文体と公的な文体との接点　20　→文体
私事　19, 47
構成的な話体　21
⇒自己表出　**22**, 275-276, **394-400**, 405-408, **410**, **413**
⇒トーク　18, **20**, 60, 97, 135, 151, 407
講談社　219, 241, 395
行動, ふるまい, ビヘイビア（behavior［英］）**280-284**, 287-288, 290, **292**, **301**-302, 322, 336, **356-357**, 361
行動主義, ビヘイビアリズム（behaviorism［英］）**282-284**, 336, **356-358**, 378, **388**
行動主義的な強迫神経症　336
機能主義の次の段階の行動主義　282
極端に肥大した行動主義　388
実際の行動　280
予定の行動　280
外面化と内閉化　358
外面性の強度は、内面性の強度と相関している　356
内面を強要される　332
⇒機能主義, 関数主義, ファンクショナリズム（functionalism［英］）**275-276**, **282**, 286, **289**, **292**, **295-297**, **300-302**, **333**, 347, **355-358**, 362, **369**, 371, **373-374**, **376-378**, **387**, **399-401**, 406, **410-411**, 414
⇒サイバネティクス　276-280, 369, 378, 387
高等教育　108, 123, 204, 210, 220, 222, **238**, 246-248, 262-264, 426-427, **430**, **434**, **436-437**
高等教育機関　76, 326, 430
第三番目の高等教育機関　326
⇒グランドデザイン　238-239, 430, 436
⇒高度職業教育　237-238, 242, 430, 436
⇒職業実践専門課程　432-435
高度成長　56, 209
紅白歌合戦　143, 266　→歌
神戸電子専門学校　248
公務員試験　145
校門と塀, 校門や塀　208, 211-212, 316, 373, 387-388　→遊動

検索　299, 310, 312-313, 317-318, 332, 408-410
検索主義　312, 317, 319, 332, 413
検索による説明や理解　409
検索バカ　408-410
グーグルの検索主義　312
反グーグル的, 反検索主義　319, 332
現実性（Wirklichkeit［独］, actualitas［羅］, actus［羅］）292, 345, 363, 384-385
⇒可能性（Vermögen［独］, possibilitas［羅］, potentia［羅］）182, **345**, 374, **383-385**, 387
現実存在（existentia［羅］）384-385
現象　345, 364-366, 370, 384, 412
現象学　294, 359, 362, 365, 384
現象学的意味論　365
フッサール　18, 294, 364-366, 370, 384, 415
フッサールの言う現象　365
フッサールの現象概念　384
フッサールの現象の現前性　370
フッサールの超越論的意味論　365
近代的な様相概念　384
志向性　365
担保できない時間, 留保できない時間, 決着がついてしまっている継続　366
分母としての外面　365
見て取り（ansehen［独］）383-384
⇒予感する（ahnen［独］, Ahnen［独］）3, 384-386
原子力ムラ　377
現前（Anwesen［独］）350, 386, 390
現前化, 現前する（anwesen［独］）299, 332-333, 343, 383-384
現前性（Anwesenheit［独］）351, 363, 367, 370, 390
ツイッターの心理主義的な現前性　363
デカルトの主観の現前性　370
ハイデガーの気分（Befindlichkeit［独］）の現前性　370
フッサールの現象の現前性　370
ヘーゲルの精神の現前性　370
還相　400, 406, 414
往相　400, 406, 414
現存在　344, 346, 350, 365
⇒ハイデガー　3, 18, **23**, 119, 128, 177, 269-270, 272, 276, 290, 294, 322, **343-346**, 349, **365-367**, **370-376**, 379, **382-387**, **390-391**, 412, 414-415, 440
現代化カリキュラム　209-210
現代 GP, 現代的教育ニーズ取組支援プログラム　249
教育 GP, 質の高い大学教育推進プログラム　216, 249
特色 GP, 特色ある大学教育支援プログラム　135, 216, 218, 249
現代思想　18, 292, 407-408
『現代思想』バカ　408
原理（Prinzip［独］）**48**, 175-176, 194, 212, 278, 280, 305, 339, 341, 345, 357, **381**, 386, 397, 410
権力主義　326

■こ

個　132, 195, 237, 241, 337, 399-400, 406
個が類を担わざるを得ない必然　400
類と個との関係　406
個人　99, 107, 230, 308, 362, 388-389
個人指導, 個別指導　145, 149-150
個人消費　57, 200, 328　→消費

fahrung［独］） 385
経験主義 87, 93, 224
経験論 48
経験を積む 78
動物のように必要と経験で生きている 379
経済学 57, 59, 134, 156, 201
古典経済学 57, 201
作る人中心の経済学 57
欠乏の経済 59
差異の経済 59
⇒消費 **52-53**, **56-59**, **200-203**, 210, **239-240**, **244-245**, **328**, **331**, 334-335, 360, **373**, 425-427, 436-437
⇒生産 **57-59**, 103, **201-203**, 211, 228, 274
形式化の諸問題 397
形而上学 294, 356, 370, 374-375, 384, 387, 390, 403
形而上学の存在 - 神 - 論的体制（Die onto-theo-logische Verfassung der Metaphysik［独］） 370, 375
⇒アリストテレス 290, 335, **344-345**, 369, 373, 375, **380-381**, 383-384, **387**, 390
掲示板騒動 20
携帯電話 57-58, 80, 338, 388
形容詞 370, 374, 410 →述語
気仙沼 266-268, 273, 440
血縁 76
結婚 83, 152, 155, 170, 194
欠如 201, 203-204, 215
決着 365-366, 371, 375
決着がついてしまっている継続 366
決着の強度 371
担保できない時間，留保できない時間（決着がついてしまっている継続） 366
もっとも純粋な理論的観照でさえ、平静な滞留にすぎない 365
欠乏の経済 59
結論だけを見るものは良心がない 322
ケリをつけている 164 →道徳哲学
現役性 124
限界 302, 341, 350, 362, 380-381
限界＝境界，限界＝境（ペラス）（πέρας［希］） 380-381
研究者 **17-18**, **136-137**, 239, 254, 275, 381, 390, **410**, **412**
言語 21-22, 276, 380, 394-395, 408, 413-414
言語の像 22, 380
健康 168, 182, 291
病気も健康も死ぬことの様相でしかない 182
⇒病気 168, 180-182
原・痕跡（Urspur［独］） 158-159
現在 **98-99**, 267, **272-273**, **314**, **318-321**, **338**, **341-343**, 350-351, 355, **357-359**, **361-362**, **366-367**, 370-371, 386, 389-390
現在が永遠であるように留まり続ける 361
現在が持っていることの迫力（リアリティ） 314
現在こそが死だ 366
現在の概念が狭すぎる 362, 387
現在の共有，現在を共有 318-319, 321, 338
現在の微分度 341
現在は、差別なく平等に（没落に向かっても、新生に向かっても）与えられている 99
拡張された現在 358
人間のダメージも物のダメージも区別がつかないぐらいに現在に刻まれている 273
自分の現在に世界史を見い出せない人間に、どんな上昇が可能だろうか 99
クローチェの歴史論 387
⇒現前（Anwesen［独］） 350, 386, 390

知識や試験点数がいいからといって就職がいいということにはならないと平然と言う教員 230
教科書 76, 258
共 - 現（com-parution［仏］） 349-350
起源の共 – 現 , 共 - 現の起源 349
教材 76, 230, 232, 241, 263
教室授業外学習 233
競争 46, 54, 109, 208, 216, 226, 305
兄弟姉妹喧嘩 347 →死
教養 **83**, **212**, 220-221, 236, 238, 250, 262, 306, 326
教養書 83
大学の教養主義的な人材育成 236
共立性（consistance［仏］） 367
共立平面（plan de consistance［仏］） 367-368
極端な主観性と極端な客観性 358
去勢不安 347
キリスト教 , キリスト教の原罪 97, 291
近接化 358
近代 **195-196**, 221, 227, 239, **275**, **302-303**, 306, **308**, 332, 345, **347**, **356**, **362**, **369-370**, 373, **384**
近代化 195, 306
近代性 347
近代的 **195-196**, 239, **302-303**, **345**, **356**, **362**, **370**, **384**
近代的な学問の神様 370
近代的な自由 , 近代的な自由の最大の限界 302-303
近代的な主体の蹉跌 196
近代的な様相概念 384
近代哲学 221, 345, 370
ウルトラ近代主義 308
反近代的なもの 195
近代型能力 227 →ハイパーメリトクラシー
禁欲的なまでの学ぶ意欲 316

■く
グーグルの検索主義 312
⇒検索主義 312, 317, 319, 332, 413
偶然 98, 178-179, 192, 194, 197, 280
偶然性を否定すること 179
クオリア理論 136
朽ち果てる（ableben［独］） 367
クライアント 19, 40
グランドセイコー 141-143
グランドデザイン 238-239, 430, 436
職業実践専門課程 432-435
専門学校の職業教育 433, 436
担任主義 , 資格主義教育 , 追再試体制 433-434
クリトリス 189-190, 192, 198
クリトリスからヴァギナへの移行 189
クリトリス反復の問題 190
ヴァギナ快感 189, 193
クリプキ的な共同体の規制 188
グループウェア , グループウェア導入 19
クレジットカード 362
クローチェの歴史論 387 →歴史
グローバル化 235, 239
グローバル時代の個と組織との関係 237

■け
経営（＝管理職）の本質 , 経営の本質 168
経験 46, **48**, 72-73, **78**, **83**, **87**, **93**, 99, 122, 136, 188, 193, 197, **224**, 238, **260-262**, 289, **378-379**, 382, 385, 436
経験一般の可能性の条件は、同時に経験の対象の可能性の条件である（Bedingungen der Möglichkeit der Erfahrung überhaupt sind zugleich Bedingungen der Möglichkeit der Gegenstände der Er-

330, 356, 363, **368-370**, **374**, 388
技能教育　261-263　→教育
気分（Befindlichkeit［独］）　365, 368, 370
べたーっと地べたに溶解している感じ　365
キャリア　102, 196, 208-209, **224-225**, **235-239**, 241, **246-248**, **250-252**, 254-255, 259, 263, 327, **378**, 388, **428-430**, **432-438**
キャリア教育　208-210, 224-225, **236**, **237-239**, 241, **246-247**, 250, 252, 254-**255**, 259, 263, 327, **378**, 388, **428-430**, **433**, **435-438**
キャリア支援　248, 250, 263
キャリアデザイン　247, 252
研究者でもある大学の教員はキャリア教育ができないのではなくて、本質的に嫌いだということ　239
研究者でもある大学の教員はキャリア教育ができないのではなくて、本質的に嫌いだということ　239
「今後の学校におけるキャリア教育・職業教育の在り方について」答申（中央教育審議会・文科省）　428, 430
専門学校キャリア教育というのは自己敗北宣言　429
地域人材としてのキャリア像　428
作る動機に転換させることがキャリア教育　437
大学や専門学校がキャリア教育やスキル教育に走るのは高等教育の自殺行為　247
職業教育　121, 222, **230**, **236-239**, 242, 263-264, **426-431**, **433**, **435-438**
キャンパス　327, 340, 373, 376-377, 381-382 →遊動空間, 校門と塀
教育　**16-17**, 79, 81, 84, 107, **123**, **135**, **200-208**, **211-212**, 215, 217-218, **220-223**, 225, **229**, 231, **234-235**, 240, **244-247**, **250-258**, **316-317**, **330**, **334-335**, **372-374**, 377, **424-440**
教育改革　134, 209, 225, 305
教育における政府の役割　202
教育の自由, 教育の自由化　214
教育の大学, 研究の大学　254
教育バウチャー論　202
教育評価　215
教育目的の形成　202
教育を通じて獲得される文化の価値　306
それなり教育　234-236, 242
トレーニング教育　231
リカレント教育　435
力教育　258, 263, 326
力教育の反対語　258
サポーター　207, 241, 325
⇒トリレンマ　205
⇒ゆとり教育　209-210, 241
教育 GP, 質の高い大学教育推進プログラム　216, 249
現代 GP, 現代的教育ニーズ取組支援プログラム　249
特色 GP, 特色ある大学教育支援プログラム　135, 216, 218, 249
教員　206, 433-434　→先生, 教員資格
教員人事問題　224
教員とは教える人ではなくて、問う人　135
学校で形成される教員と学生との関係　203
学校のカリキュラム成績、教材成績、教員成績、ひいては教育成績　230
研究者でもある大学の教員はキャリア教育ができないのではなくて、本質的に嫌いだということ　239

大企業　57, **99-100**, **102-103**, 105, 107-108, **178**, 200, 227, 229, 231
大企業の経営者　178
大企業マネジメントモデル　108
中小企業　101
職務ローテーション制　236
ジョブ型 , メンバーシップ型　236-237
年功賃金　236
⇒就職　**54**, **100-102**, **104-109**, **111-118**, 122, 224-227, 230-231, 234-236, 241, 247-248, **250-252**, 254-257, 262-263, **334-335**, 429, 431-432, 435
起源　348-350
起源の記号　348
起源の共 – 現 , 共 - 現の起源　349
起源の共同性, 起源の分割　349
危険社会　273
⇒事件主義　272
危険のあるところ、救うものもまた育つ（Wo aber Gefahr ist, wächst das Rettende auch.［独］）　391
記号　57, 59, 201, 284-285, 347-348
記号化 , 記号化（代理性）の起源　201, 347-348
記号そのものの起源　348
疑似進学者　334
技術　40-41, **52-54**, 56, 80, **85-86**, **104-105**, **107**, **121-122**, 136-137, **207**, 209, **225**, 229-230, 246, **258-262**, **273**, **328-331**, 333, 351, 356
技術教育　261　→教育
技術者 , 技術者としての誇り　49, 52-54, 85, 209, 328
技術論　351
技能教育　261-263　→教育
一生涯続けていける知識や技術の深みに出会えるところ、それが学校というところ　122
→学校
⇒大学教育　**215-216**, **220-222**, **231**, **236**, 239, 246, 255, 263
希少性（Seltenheit［独］）（kurze Zeit［独］）　375　→瞬時
貴賤や貧富の区別　304
基礎学力　215, 223, 234, 239, 382, 426
期待以上の成果　44
機能 , 関数 , ファンクション（function［英］）169, **180-182**, 201, **275-276**, 282, **286**, 289, 292, **295-297**, **300-302**, 333, 338, 347, **355-358**, 362, 369, 371, **373-374**, **376-378**, 387, **399-401**, 414
機能主義 , 関数主義 , ファンクショナリズム（functionalism［英］）　**275-276**, **282**, 286, **289**, **292**, **295-297**, **300-302**, **333**, 347, **355-358**, 362, **369**, 371, **373-374**, **376-378**, **387**, **399-401**, 406, **410-411**, 414
機能主義科学　369
機能主義者　292, 295, 378
機能主義者の環境論　295
機能主義心理学　289, 369　→心理学
機能主義心理学で言う学習　289
機能主義的な自己　357
機能主義的な述語 , 機能主義的な述語化　376-377
機能主義的な代理　347
機能主義の次の段階の行動主義　282
内部の実体論　356
反唯物論的なファンクショナリズム　410
⇒行動主義 , ビヘイビアリズム（behaviorism［英］）　**282-284**, 336, **356-358**, 378, **388**
⇒サイバネティクス　276-280, 369, 378, 387
⇒心理主義　53, **59**, **131**, **218**,

神による世界創造　181
神も主観も、そして動物も死なない　346
科目　146, 206, 210, **213-217**, **220-224**, 227, **232-233**, 238, **250-253**, 255, 325, 327, 352, 428-429
科目単独主義　221
オプショナル科目, オプショナルな科目　249-250
コアの科目, コア科目, 中核科目　250-252, 255
カリキュラム　33, 40, **76-77**, **84**, 106, 108, 209-210, **213-216**, **220-221**, 224-225, **229-230**, **232-235**, 241, 247, **249-251**, **253**, **258**, 263, 324-325, 379, 425, 433-434, 438
カリキュラム委員会　249
カリキュラム開発　221, 224, 229, 241, 263, 434
カリキュラムポリシー（Curriculum Policy［英］）216, 224
学校のカリキュラム成績、教材成績、教員成績、ひいては教育成績　230
コアカリキュラム　225, 247, 253
自己表現カリキュラム, 自己表現主義カリキュラム　214-215　→自己表現
純粋なカリキュラム　84
選択型カリキュラム　221
積み上げ型カリキュラム　232, 241, 438
ゆとりカリキュラム　210
考え始めるときりがない仕事の諸段階　42　→仕事
考える（think［英］）32-33, 74-77　→努力
環境　68, 70, 228, **268**, **279**, **291-296**, 302, 304, 307, 356, 365, 378
環境問題　295　→フレーム問題
ポスト近代型能力は、個々人の生来の資質か、あるいは成長する過程における日常的・持続的な環境要件によって決まる部分が大きい　227-228
関係の絶対性　395-397, 406, 413
関西調査　207　→ゆとり教育, 新学力観
関心・意欲・態度　206-207　→ゆとり教育, 新学力観
意欲を育てるのはむしろ学力であって、学力のない者は意欲もない　207-208
関数主義　275, 295, 355
⇒機能主義, 関数主義, ファンクショナリズム（functionalism［英］）**275-276**, **282**, 286, **289**, **292**, **295-297**, **300-302**, **333**, 347, **355-358**, 362, **369**, 371, **373-374**, **376-378**, **387**, **399-401**, 406, **410-411**, 414
感性的な痛みの極限　177
間断ない生死の象徴　366
がんばり屋で目標を達成する人, がんばり屋で目標を達成できない人　26-28
怠け者だけれども目標を達成する人, 怠け者で目標を達成できない人　26
管理職　19, 168　→リーダー

■き

機械　127, 180, 182, 271, **278**, **280-284**, 297　→病気
起業　103, 340, 388
企業　20, 26, **29**, 31, 33, **48**, 57, 59, 64, **71**, **79-81**, **99-104**, 105, 107-110, **117**, **178**, 186, 200, 226-227, **229-231**, **236**, 240, 247, 251, 254, 256-257, 335, **372**, 428, 433-434　→会社
企業内組合　236
企業の偏差値, 企業偏差値　227, 229
企業の見果てぬ夢　29
企業連携　433-434

肩書き　97
傍に（an［独］）　3, 23, 384
学校　20, 43, 52, 56, 69, **73-76**, 78-79, **81-82**, **84-86**, 109, 113-114, 122, 200, **202-204**, **206**, 208-209, **210-212**, 222, **229-231**, **235-237**, 247, 252, 259, **306**, **315-317**, 325, **334-335**, **373**, 376, 378, 380, 388, 427-428, 430-432, **435-439**
　学校側の主体性　335　→主体性
　学校後進国の体系　437
　学校接続（高大接続）　435
　学校中心主義　209-210
　学校で形成される教員と学生との関係　203
　学校のカリキュラム成績、教材成績、教員成績、ひいては教育成績　230
　学校の先生というのは、もっとも人間性の怪しい人種　229
　学校の不自由　316
　学校は全体を学ぶところ　86
　学校は非消費的な場所　203
　一生涯続けていける知識や技術の深みに出会えるところ、それが学校というところ　122
学校教育　79, **81**, 84, **200-203**, **205-214**, 220, 222, 229, 231, 240, 257-258, 306, 315-**316**, 330, **334-335**, **372-374**, 377-378, 427, 429, **431**, 435, **437-438**
　学校教育＝生涯学習論思想　210
　学校教育以前のパーソナリティ・学校教育以前の学びの主体　207
　学校教育の基本モデル　202
　学校教育の特長　81
　学校教育の反対概念　201
　学校教育法　203, 211, 222, 431
　社会批評、社会選択を基盤にした学校教育体系が存在すべき　437
　実力主義と家族主義と学校教育との三者の関係　205
　学ぶことが仕事に就くことと結びついていない学校教育　429
　実力主義　205, 237, 284
　生涯学習，生涯教育　76, 78, 201-203, 206-210, 240, 274, 372-373, 388, 427, 435
　専門学校教育　220, 231, 246, 427, 431, 434, 437
　大学教育　215-216, 220-222, 231, 236, 239, 246, 255, 263
　納得　56, 112, **329-330**, 378
　⇒階級主義　303, 356
　⇒家族主義，家族主義的な階級制　205, 303, 308
　⇒メリット（merit［英］）　205, 305, 307
学校派と生涯派の論争　210
金沢工業大学，金沢工大　135, 225, 433
必ず達成できる努力　30　→努力
可能性（Vermögen［独］, possibilitas［羅］, potentia［羅］）　182, **345**, 374, **383-385**, 387
　可能性の条件　385
　可能性を可能性として開示する時間性　383
　可能的なものの静かな力（stille Kraft des Möglichen［独］）　385
　可能なもの（possibile［羅］）　385
　対象の可能性の条件　385
　いき　383, 386
　近代的な様相概念　384
　できること（Vermögen［独］）　383-384
　⇒未だない，未だないこと（noch nicht［独］）　343, 375, 386
　⇒不可能なもの　374, 398
　⇒予感する（ahnen［独］, Ahnen［独］）　3, 384-386
神　181, 346, 370

かくあったは意志の歯ぎしり　296, 340　→データベース
学際（inter-discipline［英］）217-218
学習の契機　289
学士力　257
学生　16-17, 55, 61, 71-72, 77-78, **83-84**, **87**, **89**, **93-94**, 100, **111**, **117**, **121**, 123, 133-135, **200-204**, **211-212**, 215, **223**, **225-227**, **229-230**, **232**, 237, 240-241, **316**, 327, **335**, 373, **378-380**, **382**, **386**, 388, 408, 411, 437
　学生アンケート, 学生満足度アンケート　218, 251
　学生サービス　214　→上から
　学生参加型の授業　134
　学生時代の最大の特権　94
　学生消費者論　210, 240
　学生評価　135
　アジアのエリート学生　240, 425
　落ちこぼれ学生, 低偏差値の学生, できない学生　222, **225-227**, 232, **335**, **378-380**, 382
　数々の欠如に満ちた学生　204
　スポーツのできる国体級の学生　108
　全入学生　378
　できる学生　316, 378, 426
拡張された現在　358
　⇒現在　98-99, 267, **272-273**, 292, **294-295**, **299**, 301, **311-315**, **318-321**, **338-343**, **355**, 357-359, **361-362**, 364, **366-367**, **370-371**, 386-387, **389-390**
学歴　**83-84**, **97**, 104-105, **108**, **117**, **206**, 226, **229**, 240, **235**, 284, **303-304**, **306-307**, 322, 427
　学歴差　226
　学歴差別　105, 108, 229
　学歴差別の実際は受験勉強有無差別　108
　学歴社会　104, 206, 306-307
　学歴主義　303-304, 307
　学歴中間層　306
掛け算　81-82
　掛け算で勉強するということ　82
　割り算　80-81, 84
過去　291, **294-296**, 299, 308, 340-342, 350, 354-355, 361, 363-364, **367**, **373**, **386-387**
過剰　23, 212, 401
　自主性に収まりきらないある過剰　212
過剰な配慮や気遣い　337　→内面, 内部
家族　63, 69, 76, 79, 84, 112, **144**, 153, 176, 181, **196-197**, **205**, 208, **210-212**, **303**, 306-308, 337, 346, 356, **373**, 378, 388
　家族＝地域論＝社会的ニーズ論　210
　家族形成　196
　家族主義, 家族主義的な階級制　205, 303, 308
　家族の自律性, 家族の自律性の反社会性　205, 211-212
　家族は社会の基本単位なのではない　212
　家族や学校の自律性　212
　実力主義と家族主義と学校教育との三者の関係　205
　実力主義　205, 237, 284
　親は子供の生産者　202
　トリレンマ　205
　名門私立学校　211, 306-307
　⇒階級主義　303, 356
　⇒学校教育　79, **81**, 84, **200-203**, **205-214**, 220, 222, 229, 231, 240, 257-258, 306, 315-**316**, 330, **334-335**, **372-374**, 377-378, 427, 429, **431**, 435, **437-438**
課題発見・問題解決能力　248-250, 253　→ハイパーメリトクラシー

383
オンライン自己　324, 331　→自己
外面化と内閉化　358
外面性の強度は、内面性の強度と相関している　356
強力な自己承認　354
自己表現　**74**, **206**, **213-215**, 221, 257, 327, 348, 389　→表現
承認　176, 270, 339, 354, 358
タイムライン　311, **319-321**, 333, 338-340, **351**, 361, 364, **366**, **368**, 371
他者からの評価　354, 358
内部幻想　357
内閉的個性志向　352
内面の肥大, 内面の肥大化　337, 348
内面を強要される　332
開き直った短文　21　→長文の名手である専門家（知識人）
フロー　21, 318, 327
⇒外面　190, **356**, 358, **364-365**, **388**
⇒内面, 内部　80, **94**, **131**, 228, 277, **283**, 289, 295, **331-332**, **335-339**, 348, **356-357**, **363-365**, 369, 382, 388-389, 397-400

■か

階級　205, 302-304, 306, 356, 436
階級教育の変種としての職業教育　436
階級社会　303
階級主義　303, 356
実力主義　205, 237, 284
トリレンマ　205
⇒家族主義, 家族主義的な階級制　205, 303, 308
⇒メリット（merit［英］）　205, 305, 307
解散総選挙の学　370
会社　20, 37, **42-45**, **49-52**, 54, **71**, 75, **80-81**, **85-86**, 88, 97-98, **101-103**, **112-113**, **122**, **168**, 237
会社の外と内, 会社とマーケット（＝会社の外部）　50
大きな会社　98, 122
小さい会社, 小さな会社　97, 101-102
起業　103, 340, 388
解説書バカ　408
階層　208, 211-212, 304-306
階層差　208
学力や教育達成における階層間の不平等の拡大・顕在化の可能性　208
経済階層的な格差　304
社会的な階層流動性, 階層の流動化　211-212
学歴中間層　306
外面　190, **356**, 358, **364-365**, **388**
外面化と内閉化　358
外面性の強度は、内面性の強度と相関している　356
外面ではなくて内面だ　364
分母としての外面→現象　365
⇒内面, 内部　80, **94**, **131**, 228, 277, **283**, 289, 295, **331-332**, **335-339**, 348, **356-357**, **363-365**, 369, 382, 388-389, 397-400
解離性同一性障害（trouble dissociatif de l'identité［仏］）　367
概論　222-223, 262, 379-380
概論科目, 概論講座　222, 379-380
概論教育　222-223
概論教授　223, 379
買うという行為には根拠（＝正しさ）がない　59
変える人　33
科学技術者養成拡充計画　209
関わる存在の起源　349
書く　310, 314, 359-360, 395, 398
書き言葉, エクリチュール　18, 20, 360, 439
書き手（インプット）と読者（アウトプット）　319

FD 委員会　249
MIT（マサチューセッツ工科大学）
239
エルゴン（ἔργον［希］）375
エレメント, 境位　381　→ウーシア
エンジニア　54-55, 60, 241
演習型授業　433　→授業

■お
生い立ち　153, 307, 387
負い目　37, 178　→道徳哲学
往相　400, 406, 414
還相　400, 406, 414
オウム事件, オウムのハルマゲドンによる救済, ハルマゲドン
361-363
大きな物語　363
お金と時間がない　40
お客様というものが実は声を上げないもの　244
教え方　16
教えることによって学ぶ（Docendo discimus［羅］）17-18
教える人　135, 380
小樽商科大学　134-135
落ちこぼれ学生　232　→学生
お天気の変化に負けない意志と世界観　48
大人　16, **38**, **62**, 64, 69-71, 74, **81**, 100, 124, 142, **178-179**, 190, **225**, 257, 294, 357, **373**, 437-438
大人になる　16, 38, 62, 81, 225, 373
大人になるということの最大のポイント　38
おかしな大人　16
驚く（θαυμάζειν［希］）83, 289-290
驚くことができるロボット
289
純粋な驚きに発する勉強, 純粋な勉強　83-84
オプショナル科目, オプショナルな科目　249-250　→科目
親　**37-38**, **61-63**, **69-76**, 79, 84, 113-114, 116, 118, 121, 151, 156, **159**, **161**, **166**, **171-172**, **178**, 181, 188-192, 194, 196, 198, **202-203**, 205-207, **211-212**, 226, **302-303**, **307-309**, 311, 346-347, **374**
親は子供を子供満足のために育てているのではない　202
親を否定したいという気持ち
37
異性の親　198
社会的な親　212
人間の親子は動物の親子とは違う　70
先行する原因　196
オルフェウスの眼差しにおける二重の不在　343
オレ様化　352, 437
終わり　**128**, 164, **223**, **270**, 272, 344, 349, **361-363**, **366**, 371, **375-376**, **379-380**, **382-383**
終わりなき日常を生きろ　361, 366
終わりの内に終息してあること
375
終わりの強度　371
終わりの日常化　361
終わりの始まり　270
終わりを始める人　376
終わりを見た人とは、始まりに自由に遡行できる人のこと
380
単数の終わり　362
始まりが終わりであるような将来性（Zukunft［独］）の新人賞　383
始まりも終わりもない書物や文学の本質　128
複数の終わり　361
フクヤマの歴史の終わりの民主主義　362
短い時間における終わり　361
歴史の終わり　362
⇒始まり　**98-99**, **128**, **223**, **268-270**, **346**, 361, **376**, **379-**

インターネット　19, 74, 80, 82, 93-94, 271, 300, 312, 315, 409-410
イントラネット　19
インプット, 入力　**21**, 217, 233, **247**, **253**, **277**, 280-281, **284**, 297-299, 310, 313-314, **318-320**
　入力値を差別化してはダメだ　297
　アウトプットからインプットへの差し戻しの過程　281
　書き手（インプット）と読者（アウトプット）　319
　発信が同時に受信であるようなメディア　360
　⇒アウトプット, 出力　**21**, 114, 135, 217, **247**, **276-278**, **280-281**, **284**, 299, 310, **312-314**, **318-320**
　⇒サイバネティクス　276-280, 369, 378, 387
引用　87, 132, 135-137, 406, 409, 412-414

■う
ヴァギナ快感　189, 193
　クリトリス　189-190, 192, 198
ウィキペディア　408-409
Windows95　363
ウーシア（οὐσία［希］）　369, 376, 380-381
　ウーシアへの問い　369
　エレメント, 境位　381
　実体　**49**, 59, **277**, 335, 352, **356-357**, **380**, **409-410**　→固有名詞
　ストック　18, 20, **114**, **116**, 234, **247**, 275-276, **310**, **313-314**, **318-322**, 327-328, 330, **335**, **339-341**, 363, **376-377**, **380**, **382**
　点、線、面　380-381
上から　207, 211, 325
　上から目線の教育, 教育の上から目線　211
　上から目線の指導者　325
ウォークマン, ウォークマン初代機　36-37
歌　143, 266-268
　歌の意味はこちら（此岸）から生じているのではなく、あちら（彼岸）からやってくる　267
　歌は世につれ、世は歌につれ　268
　紅白歌合戦　143, 266
売る　57, 91, 259-260, 328-329
うるさく言われない非正規労働者　74
ウルトラ近代主義　308　→近代
浮気しやすい男性　192　→男性

■え
営業　49, 52, 85, 148, 259-261, 328-329
　営業の知識　260-261
　営業マンの鉄則　329
AO入試　215, 226, 378
　人間関係重視のAO入試　378
　受験勉強　104, **107-109**, 116, **226-227**, 234, **378**
　軒遊び　378
ATOK　300-301
エクリチュール, 書き言葉　18, 20, 360, 439
　パロール（話し言葉）　360
エゴイズム　31
エディプスコンプレックス, エディプスコンプレックス期　198, 347　→異性, 男性, 女性
江戸時代　305
n個　195, 337, 348, 367
　n個の自己　367
　n個の主体　195
　n個の友人関係　337, 348
エネルゲイア（ἐνέργεια［希］, energeia［羅］）　**344-345**, 365, **375-377**, **380**, **384-385**, 387
　デュナミス（δύναμις［希］, dynamis［羅］）　345

■い

家柄や身分　305
YES—プログラム , Youth Employability Support Program 256
いき　383, 386
生きることの余分　23
生きる力　228, 257　→力教育
意志　48, 177, 195, 296, 302, 332, 340, 396
意識　21, **61**, **64**, **178**, 296, 331, 333, 362, 382, 389, 396, 399-400
　意識の経験の学　382
異性　**187-194**, **196**, 198
　異性愛のダイナミクス　194
　異性原型　189, 191, 193
　異性像　190, 192-193, 196
　異性の親　198
　エディプスコンプレックス期　198
　⇒同性　187-189, 191, 198
忙しい　388-389
　忙しい窮状　389
　忙しい退屈　389
　無名（無力）の人が無名のままで忙しい社会　389
一億　328-329, 437
　一億総営業マン化　328-329
　一億総批評家　437
一条校　203, 211, 222, 429, 431-432, 436
一流 , 二流 , 三流　**96**, **99-100**, 103, **107**, 117, 128, 234-235, **238-239**, 241, 245, 247, 308, **394**, 408, 429
　一流企業　100, 103, 107, 117
　一流の大学 , 三流の大学　100, 107, 234-235, 238, 429
　一流の専門学校 , 三流の専門学校　238
　一流問題　96
　二流の人間　96
　三流の文学　128
　自分の近傍に天才や一流を見出せない人間に、どんな評価が可能だろうか　99
一括採用　236　→就職
一般職 , 専門職　237　→就職
イノセント　34, 37-38, 40, 373
いぶかしい（fremd［独］）　386
未だない , 未だないこと（noch nicht［独］）　343, 375, 386
　⇒可能性（Vermögen［独］, possibilitas［羅］, potentia［羅］）　182, **345**, 374, **383-385**, 387
　⇒死　60, 99, 166, 177, **179**, **181-182**, 184, 186, **343**, **346-350**, 363-364, **365-367**, **370-371**
　⇒ハイデガー　3, 18, **23**, 119, 128, 177, 269-270, 272, 276, 290, 294, 322, **343-346**, 349, **365-367**, **370-376**, 379, **382-387**, **390-391**, 412, 414-415, 440
いまの自分の、形を変えた自慢　294
意味　364-365, 368, 396
　意味があるということと意味を伝えるということとはまったく別のことだ　396
　意味の反復性　368
　現象学的意味論　365
　超越論的意味論　365
意欲主義　207-208, 215, 302, 430
　→関心・意欲・態度
イライザ　285
因果　**99**, **128**, 277, 289, 291, 310, **376**, **386-387**
　因果論　387
　因果を超えた事態（Ereignis［独］）　386
　歴史とはどんな必然性や因果とも無縁な概念　99
　⇒時間を曲げる　374, 376-377, 382, 386
インセンティブディバイド　207-208, 390

索引（五十音順）

・頁数が太字になっている頁表記は、該当箇所が比較的多い索引語について特に重要な箇所（基本的な解説がある箇所、発展的な解説がある箇所、重要な議論が含まれる箇所）を示しています。
・「A索引語⇒ B 索引語」「A索引語→B索引語」のような表記は、B索引語への参照を案内しています。「⇒」の表記のある項目には、参照頁も掲載してあります。
・日本語索引の頁表記には、対応する欧語索引の存在する頁も含まれています。同様に、欧語索引の頁表記には、日本語訳として対応する当該語句が存在する頁も含まれています。
・欧語索引語に［独］のように付加されている略語は、当該欧語索引語の言語種を意味します。それぞれ、［英］-英語、［独］-ドイツ語、［仏］-フランス語、［羅］-ラテン語、［希］-ギリシャ語を意味しています。

■あ

アーキテクト　105, 221
RSS　333
愛　92, **174-176**, 178, **187-193**, 198, 203　→性愛, 恋愛
　愛情の社会的な関係　203
　最初に愛し愛された人間　187
　動物の愛と人間の愛　176
IT　**103**, 105, 110, **136**, 208, **229**, 235, 241, 248-250, 253, **282**, **298**, **331**, **333-334**, 436
IDE 大学協会　248
iPod　36-37, 58
アウトプット, 出力　**21**, 114, 135, 217, **247**, **276-278**, **280-281**, **284**, 299, 310, **312-314**, **318-320**
　アウトプットからインプットへの差し戻しの過程　281
　書き手（インプット）と読者（アウトプット）　319
　発信が同時に受信であるようなメディア　360
　⇒インプット, 入力　**21**, 217, 233, **247**, **253**, **277**, 280-281, **284**, 297-299, 310, 313-314, **318-320**
　⇒サイバネティクス　276-280, 369, 378, 387
芥川賞　98, 128, 386
　芥川賞の文学　128
アジアのエリート学生　240, 425
ASIMO　282, 356
遊ぶ性（遊びうる性）　191　→男性
遊べない性　193　→女性
頭を働かせてする仕事　304
新しい学力観　210　→ゆとり教育
アドミッションポリシー（Admission Policy［英］）　216, 224
アドレス　22, 368
アハクイズ, アハ体験（Aha-Erlebnis［独］）　345
ア・プリオリ　188, 365
アメーバー　75, 77
アメリカ文化　17
新たな学校種, 新たな枠組み　431, 434, 436　→職業実践専門課程, 専門学校
アリストテレス　290, 335, **344-345**, 369, 373, 375, **380-381**, 383-384, **387**, 390
　アリストテレス的な魂　369
　アリストテレスのエネルゲイア解釈　344
　⇒形而上学　384, 387, 390
アルキメデスの原理　345
アルケー　269, 380-382, 386
　アルケーの振幅　381
アルバイト　**62-63**, **71**, 73-74, **106**, 114, **120-121**, 226, **235**, 424

著者紹介

芦田 宏直（あしだ　ひろなお）

1954年京都府生まれ。早稲田大学大学院文学研究科博士後期課程満期退学（哲学、現代思想専攻）。学校法人小山学園理事・東京工科専門学校（現東京工科自動車大学校）校長、東海大学教授を経て、現在、人間環境大学・副学長（岡崎学園理事）、河原学園・副学園長、辻調理師専門学校グループ顧問、上田安子服飾専門学校顧問。2000年度労働省「ＩＴ化に対応した職業能力開発研究会」委員、2003年度経済産業省「産業界から見た大学の人材育成評価に関する調査研究」委員、2004～2007年度文部科学省「特色ある大学教育支援プログラム」審査部会委員、2008年度文部科学省「質の高い大学教育推進プログラム」審査部会委員などを歴任。著作に『書物の時間― ヘーゲル・フッサール・ハイデガー』、翻訳（監訳）にＪ.-Ｌ.マリオン著『還元と贈与 ― フッサール・ハイデガー現象学論攷』など、最近の記事では日経BPnet「ストック情報武装化論」（10回連載）などがある。東京都品川区北品川4丁目在住。

Twitter アカウント：@jai_an
BLOG「芦田の毎日」：http://www.ashida.info/blog/

努力する人間になってはいけない
学校と仕事と社会の新人論

2013年9月2日　　第1刷発行
著　者　芦 田 宏 直
発行者　弘中 百合子
発　行　株式会社ロゼッタストーン
東京都豊島区要町1丁目27-21 第2荒井ビル301
（〒171-0043）
電話　03-5986-8088　FAX　03-5986-8087
E-mail　staff@rosetta.jp
URL　http://www.rosetta.jp
印刷所　シナノパブリッシングプレス
万一落丁、乱丁があれば、当方送料負担で、お取り替えいたします。
小社までお送りください。
ISBN978-4-947767-12-7　C0037